接续奋斗和中华民族伟大复兴

张神根　黄晓武　主编

人民东方出版传媒
People's Oriental Publishing & Media

东方出版社
The Oriental Press

图书在版编目（CIP）数据

接续奋斗和中华民族伟大复兴 / 张神根，黄晓武主编 . —北京：东方出版社，2022.10
ISBN 978-7-5207-2834-8

Ⅰ . ①接…　Ⅱ . ①张…②黄…　Ⅲ . ①中国特色社会主义—社会主义建设—文集　Ⅳ . ① D616-53

中国版本图书馆 CIP 数据核字（2022）第 105094 号

接续奋斗和中华民族伟大复兴
（JIEXU FENDOU HE ZHONGHUAMINZU WEIDA FUXING）

- -

主　　编： 张神根　黄晓武
责任编辑： 辛岐波
责任校对： 赵鹏丽
出　　版： 东方出版社
发　　行： 人民东方出版传媒有限公司
地　　址： 北京市东城区朝阳门内大街 166 号
邮　　编： 100010
印　　刷： 环球东方（北京）印务有限公司
版　　次： 2022 年 10 月第 1 版
印　　次： 2022 年 10 月北京第 1 次印刷
开　　本： 710 毫米 ×1000 毫米　1/16
印　　张： 22
字　　数： 335 千字
书　　号： ISBN 978-7-5207-2834-8
定　　价： 78.00 元
发行电话：（010）85924663　85924644　85924641

- -

目 录
CONTENTS

· 第六篇 ·

21世纪世界社会主义中流砥柱

前 言
PREFACE

习近平总书记在庆祝中国共产党成立 100 周年大会上的讲话中庄严宣告：
"经过全党全国各族人民持续奋斗，我们实现了第一个百年奋斗目标，在中华大
地上全面建成了小康社会，历史性地解决了绝对贫困问题，正在意气风发向着
全面建成社会主义现代化强国的第二个百年奋斗目标迈进。"回顾中国共产党百
年奋斗的光辉历程，回顾党为实现中华民族伟大复兴所创造的伟大成就，习近平
总书记深刻指出："中国共产党为什么能，中国特色社会主义为什么好，归根到
底是因为马克思主义行！"[1] 这一重要论述给我们深刻的启示。

一

一个民族要想站在科学的最高峰，就一刻也不能没有理论思维。要实现中
华民族伟大复兴，同样一刻也不能没有理论思维。马克思主义是我们立党立国
的根本指导思想，是我们党的灵魂和旗帜，是我们认识世界、把握规律、追求
真理、改造世界的强大思想武器。中国共产党坚持马克思主义基本原理，坚持
实事求是，从中国实际出发，洞察时代大势，把握历史主动，进行艰辛探索，
不断推进马克思主义中国化时代化，不断开辟马克思主义新境界。

近代以来的中国历史充分证明，没有先进理论的指导，没有能够领导中国
社会变革的新的社会力量，中国革命不会成功。十月革命一声炮响，给中国送
来了马克思列宁主义。在中国人民和中华民族的伟大觉醒中，在马克思列宁主

---

[1] 习近平：《在庆祝中国共产党成立 100 周年大会上的讲话》，人民出版社 2021 年版，第 13 页。

义同中国工人运动的紧密结合中，中国共产党应运而生。从登上政治舞台的那一刻起，我们党就坚持马克思主义立场观点方法，始终不渝为中国人民谋幸福、为中华民族谋复兴，从此，中国人民开始从精神上由被动转为主动，中华民族开始艰难地但不可逆转地走向伟大复兴。

在领导革命、建设和改革的过程中，如何将马克思主义运用于中国的具体实践，我们党进行了持续不懈的探索。1938年10月，在党的扩大的六届六中全会上，毛泽东首次提出"使马克思主义在中国具体化"[1]的命题。新中国成立后，毛泽东又提出，"马列主义的基本原理在实践中的表现形式，各国应有所不同。在中国，马列主义的基本原理要和中国的革命实际相结合"[2]。邓小平提出，"把马克思主义的普遍真理同我国的具体实际结合起来，走自己的道路，建设有中国特色的社会主义，这就是我们总结长期历史经验得出的基本结论"[3]。江泽民提出，"继承是创新的前提，创新是最好的继承。只有坚持这样做，理论才能真正顺应时代和实践的呼唤，实现与时俱进的要求"[4]。胡锦涛提出，要"把坚持马克思主义基本原理同推进马克思主义中国化结合起来，用党的理论创新成果武装头脑、指导实践、推动工作，巩固马克思主义在意识形态领域的指导地位"[5]。

党的十八大以来，面对新时代坚持和发展中国特色社会主义的新形势新任务，习近平总书记提出，"要以科学的态度对待科学，以真理的精神追求真理，不断赋予马克思主义以新的时代内涵"[6]。要"坚持理论联系实际，及时回答时代之问、人民之问，廓清困扰和束缚实践发展的思想迷雾，不断推进马克思主义中国化时代化大众化，不断开辟马克思主义发展新境界"[7]。

马克思主义中国化是一个重大命题，提出这个命题就需要很大勇气、面临

---

[1]《毛泽东选集》第2卷，人民出版社1991年版，第534页。

[2]《毛泽东文集》第7卷，人民出版社1999年版，第78页。

[3]《邓小平文选》第3卷，人民出版社1993年版，第3页。

[4]《江泽民文选》第3卷，人民出版社2006年版，第327页。

[5]《胡锦涛文选》第3卷，人民出版社2016年版，第59页。

[6]《习近平主持中共中央政治局第五次集体学习并讲话》，载《人民日报》2018年4月25日。

[7] 习近平：《在庆祝改革开放40周年大会上的讲话》，载《人民日报》2018年12月19日。

巨大压力和考验，而形成优秀成果，指导中国革命、建设和改革取得成功就更不容易。中国共产党人做到了这一点。

<h1 style="text-align:center">二</h1>

我们党的历史，就是一部不断推进马克思主义中国化的历史，就是一部不断推进理论创新、进行理论创造的历史。

1921 年中国共产党的成立，使中国人民谋求民族独立、人民解放和国家富强、人民幸福的斗争有了主心骨。然而，在一个半殖民地半封建的东方大国，选择一条什么样的道路才能把中国革命引向胜利成为首要问题。年轻的中国共产党，一度简单套用马克思列宁主义关于无产阶级革命的一般原理和照搬俄国十月革命城市武装起义的经验，中国革命遭受严重挫折。从革命斗争的失误教训中，以毛泽东同志为主要代表的中国共产党人深刻认识到，不能以教条主义的观点对待马克思列宁主义，必须从中国实际出发，推进马克思主义中国化。经过不懈探索，中国共产党人创造性地开辟了农村包围城市、武装夺取政权的革命道路。经过 28 年浴血奋战，取得了新民主主义革命的胜利，实现了几代中国人梦寐以求的民族独立和人民解放。

新中国成立后，以毛泽东同志为主要代表的中国共产党人带领中国人民，在迅速医治战争创伤、恢复国民经济的基础上，不失时机提出了过渡时期总路线，创造性地完成了由新民主主义革命向社会主义革命的转变，使中国这个占世界人口四分之一的东方大国进入了社会主义社会，实现了中国历史上最深刻最伟大的社会变革，为当代中国一切发展进步奠定了根本政治前提和制度基础。

在长期斗争实践中，以毛泽东同志为主要代表的中国共产党人，根据马克思列宁主义基本原理，创立了适合中国情况的科学指导思想——毛泽东思想。毛泽东思想以独创性理论丰富和发展了马克思列宁主义，是马克思主义中国化的第一次历史性飞跃。

粉碎"四人帮"之后，广大干部群众强烈要求纠正"文化大革命"的错误，使党和国家从危难中重新奋起。与此同时，世界经济快速发展，科技进步日新月异，国家建设百业待兴。在此时刻，以邓小平同志为主要代表的中国共产党人，科学评价毛泽东同志和毛泽东思想，彻底否定"以阶级斗争为纲"的错误理论和实践，深刻总结我国社会主义建设正反两方面经验，借鉴世界社会主义历史经验，创立了邓小平理论，解放思想，实事求是，作出把党和国家工作中心转移到经济建设上来、实行改革开放的历史性决策，深刻揭示社会主义本质，确立社会主义初级阶段基本路线，明确提出走自己的路、建设中国特色社会主义，科学回答了建设中国特色社会主义的一系列基本问题，成功开创了中国特色社会主义，实现了马克思主义中国化新的飞跃。

党的十三届四中全会以后，国际形势风云变幻，特别是 20 世纪 80 年代末 90 年代初，国内发生政治风波，国际上东欧剧变、苏联解体，党和国家处在决定前途命运的重大历史关头。以江泽民同志为主要代表的中国共产党人，加深了对什么是社会主义、怎样建设社会主义和建设什么样的党、怎样建设党的认识，形成了"三个代表"重要思想，在国内外形势十分复杂、世界社会主义出现严重曲折的严峻考验面前捍卫了中国特色社会主义，确立了社会主义市场经济体制的改革目标和基本框架，确立了社会主义初级阶段的基本经济制度和分配制度，开创全面改革开放新局面，推进党的建设新的伟大工程，成功把中国特色社会主义推向 21 世纪。

进入 21 世纪新阶段，国际格局加速演变，综合国力竞争空前激烈。面对世情、国情、党情的深刻变化，党的十六大以后，以胡锦涛同志为主要代表的中国共产党人，根据新的发展要求，深刻认识和回答了新形势下实现什么样的发展、怎样发展等重大问题，形成了科学发展观，强调坚持以人为本、全面协调可持续发展，着力保障和改善民生，促进社会公平正义，推进党的执政能力建设和先进性建设，成功在新的形势下坚持和发展了中国特色社会主义。

党的十八大以来，以习近平同志为主要代表的中国共产党人，就新时代坚持和发展什么样的中国特色社会主义、怎样坚持和发展中国特色社会主义，建设什么样的社会主义现代化强国、怎样建设社会主义现代化强国，建设什么样的长期执政的马克思主义政党、怎样建设长期执政的马克思主义政党等重大时代课题，提出一系列原创性的治国理政新理念新思想新战略，创立了习近平新时代中国特色社会主义思想，实现了马克思主义中国化新的飞跃。以习近平同志为核心的党中央，以伟大的历史主动精神、巨大的政治勇气、强烈的责任担当，统筹推进"五位一体"总体布局，协调推进"四个全面"战略布局，加强党的全面领导，坚持和完善中国特色社会主义制度，推进国家治理体系和治理能力现代化，推动党和国家事业发生历史性变革、取得历史性成就，党的面貌、国家的面貌、人民的面貌、军队的面貌、中华民族的面貌发生了前所未有的变化，近代以来久经磨难的中华民族迎来了从站起来、富起来到强起来的伟大飞跃，迎来了实现中华民族伟大复兴的光明前景。

三

理论实现的程度总是取决于满足需要的程度。回顾过去，中国共产党之所以能够领导中国革命、建设和改革事业不断取得伟大成就，很重要的一个原因就在于推动马克思主义中国化取得了一个个重大理论成果，并始终重视思想建党、理论强党，使全党始终保持统一的思想、坚定的意志、协调的行动、强大的战斗力。

今天，改革发展稳定任务之重、矛盾风险挑战之多、治国理政考验之大都是前所未有的。我们要赢得优势、赢得主动、赢得未来，必须不断提高运用马克思主义分析和解决实际问题的能力，不断提高运用科学理论指导我们应对重大挑战、抵御重大风险、克服重大阻力、化解重大矛盾、解决重大问题的能力，以更宽广的视野、更长远的眼光来思考把握未来发展面临的一系列重大问题，不断坚定马克思主义信仰和共产主义理想。

在实现第二个百年奋斗目标新的赶考之路上，必须继续推进马克思主义中国化实现新的更大发展。必须坚持把马克思主义基本原理同中国具体实际相结合、同中华优秀传统文化相结合，用马克思主义观察时代、把握时代、引领时代，继续发展当代中国马克思主义、21 世纪马克思主义，为实现中华民族伟大复兴不懈奋斗。

本书文章选自 2021 年《马克思主义与现实》和《当代世界与社会主义》杂志，经授权结集出版，出版时略有改动。在此向各位作者表示感谢！

编者

2022 年 3 月

第一篇

奋进新时代，
新征程上永远
跟党走

| 陈 理 | 中央党史和文献研究院学术和编审委员会原主任

中国共产党与中国现代化

2021 年是中国共产党成立 100 周年。在全面建成小康社会、实现第一个百年奋斗目标的基础上，中国共产党将团结带领中国人民乘势而上开启全面建设社会主义现代化国家新征程、向第二个百年奋斗目标迈进，把中国建成富强民主文明和谐美丽的社会主义现代化强国。

建设现代化国家，实现中华民族伟大复兴，是近代以来中国人民最伟大的梦想，也是中国共产党百年奋斗历史最鲜明的主题。中国共产党的 100 年，是团结带领中国人民为建设现代化国家接续奋斗的 100 年。这个百年奋斗，从大的方面来说，可以分为新中国成立前和新中国成立后两个阶段。

一

就新中国成立前的奋斗来看，这一阶段，与中国新民主主义革命的时间大体一致，主要任务是完成反帝反封建的历史任务，为中国的现代化创造根本政治条件。

在中国共产党成立之前，为了改变近代以来国家的悲惨境遇和民族屈辱的命运，无数仁人志士前赴后继，努力探求救国救民的道路，进行各种各样的尝试。当时，在不少中国人眼里，西方国家是先进工业文明的标杆，近代以来中国逐渐走向衰落，主要是因为技不如人。一开始许多人目光都向西看，试图从西方寻求出路。那时，求进步的中国人，只要是西方的新道理，什么书也看。不少人以为学习了西方的社会学说和自然科学，就可以救中国。比如，洋务运动试图"师夷长技以制夷"。从西方引进先进的洋枪洋炮、机器和科学技术，创办一批军事工业和"开煤铁、创铁路、兴商政",一度声势很大。但帝国主义的侵略打破了中国人学西方的迷梦。随着中日甲午战争的失败,这一在不触动封建根基的前提下的"自强""求富"运动随之宣告破产。孙中山是中国民主革命的伟大先驱,也是近代以来中国现代化的先驱代表人物。他领导的辛亥革命推翻了清王朝统治,结束了统治中国几千年的君主专制制度,打开了中国进步的大门。他撰写的《建国方略》大手笔地勾画了振兴中国实业、实现中国现代化的蓝图,强调"铁路、道路之建筑,运河、水道之修治,商港、市街之建设"是"实业之利器"[1],把实业建设看作"兴国之要图""救亡之急务"[2]。但实践证明,没有改变旧中国半殖民地半封建的社会性质,没有完成民族独立、人民解放的历史任务,中国的现代化和中华民族的伟大复兴是无法实现的。毛泽东深刻指出:"一个不是贫弱的而是富强的中国,是和一个不是殖民地半殖民地的而是独立的,不是半封建的而是自由的、民主的,不是分裂的而是统一的中国,相联结的。在一个半殖民地的、半封建的、分裂的中国里,要想发展工业,建设国防,福利人民,求得国家的富强,多少年来多少人做过这种梦,但是一概幻灭了。"[3] 这是中国共产党把中国革命分为新民主主义和社会主义两个阶段,并进而把中国现代化分两个阶段来进行,先完成反帝反封建历史任务,再进行现代化建设的根本原因,是当时中国半殖民地半封建的社会性质和基本国情所决定的。

中国共产党的成立,是开天辟地的大事变。中国现代化伴随着中国共产党登上中国政治舞台,开始从根本上有了转机,具备了现实条件。在种种探索屡屡碰壁、各种方案纷纷破产的情况下,十月革命一声炮响,为中国送来了马克思列宁主义,给苦苦探寻救亡图存出路的中国人民指明了前进方向,提供了全新选择。中国先进分子用马克思主义的宇宙观作为观察国家命运的工具,重新

[1]　广东省社会科学院历史研究室、中国社会科学院近代史研究所中华民国史研究室、中山大学历史系孙中山研究所合编:《孙中山全集》第 5 卷,中华书局 1981 年版,第 134 页。

[2]　广东省社会科学院历史研究室、中国社会科学院近代史研究所中华民国史研究室、中山大学历史系孙中山研究所合编:《孙中山全集》第 6 卷,中华书局 1981 年版,第 227—228 页。

[3]　《毛泽东选集》第 3 卷,人民出版社 1991 年版,第 1080 页。

考虑自己的问题，找到了中国革命的正确道路和依靠力量，中国革命的面貌从此焕然一新。中国共产党团结带领人民，经过 28 年浴血奋战，完成新民主主义革命，建立新中国，确立社会主义基本制度，为当代中国一切发展进步奠定了根本政治前提和制度基础，也为中国现代化创造了根本政治条件。

但即便是在新民主主义革命时期，中国共产党在领导中国人民完成反帝反封建历史任务的同时，也已经充分关注到中国实现工业化的问题。早在抗日战争期间，毛泽东便明确指出，"要打败日本帝国主义，需要工业。要使中国的民族独立有巩固的保障，就需要工业化。我们共产党是要努力于中国的工业化的。中国落后的原因，主要的是没有新式工业。日本帝国主义为什么敢于这样地欺负中国，就是因为中国没有强大的工业，它欺侮我们落后。因此消灭这种落后，是我们全民族的任务"[1]。在同英国记者斯坦因谈话时，毛泽东进一步指出，"中国社会的发展主要地要依靠工业的发展，因此，工业必须是新民主主义的主要基础。只有工业社会才能成为完全民主的社会"[2]。

那么，怎样才能建设中国的工业，中国共产党的使命任务又是什么呢？毛泽东在中国共产党七大上强调："在新民主主义的政治条件获得之后，中国人民及其政府必须采取切实的步骤，在若干年内逐步地建立重工业和轻工业，使中国由农业国变为工业国。"[3] 在七届二中全会上，毛泽东进一步全面规划了新中国建设蓝图。这些重要思想，为新中国成立后对中国现代化的探索提供了重要思想准备。

二

就新中国成立后的奋斗来看，中华人民共和国的成立，使中国人民从此站起来了。这一伟大事件，彻底改变了近代以来 100 多年中国积贫积弱、受人欺

---

[1]　中共中央文献研究室编：《毛泽东年谱（1893—1949）（修订本）》中卷，中央文献出版社 2013 年版，第 515 页。

[2]　同上书，第 528 页。

[3]　《毛泽东选集》第 3 卷，人民出版社 1991 年版，第 1081 页。

凌的悲惨命运，使中华民族走上了实现伟大复兴的壮阔道路，中国共产党团结带领中国人民开启了中国现代化波澜壮阔的奋斗征程。

为了尽快改变旧中国一穷二白的落后面貌，新中国成立伊始，中国共产党便及时把工业化提上重要日程。早在 1951 年，毛泽东便明确提出，从 1953 年起，我们就要进入大规模经济建设时期了，准备以 20 年时间完成中国的工业化。随后，他在过渡时期总路线中明确提出"在一个相当长的时期内，基本上实现国家工业化"的任务，并强调社会主义工业化的中心环节是优先发展重工业。在一届全国人大一次会议开幕词中，毛泽东进一步明确提出"准备在几个五年计划之内，将我们现在这样一个经济上文化上落后的国家，建设成为一个工业化的具有高度现代文化程度的伟大的国家"[1] 的宏伟设想。周恩来在这次会议上作的《政府工作报告》中，把这个宏伟目标定位为四个方面的现代化，即"强大的现代化的工业、现代化的农业、现代化的交通运输业和现代化的国防"[2]。在三届全国人大一次会议上，周恩来进一步把"四个现代化"规范表述确定下来，这就是"要在不太长的历史时期内，把我国建设成为一个具有现代农业、现代工业、现代国防和现代科学技术的社会主义强国，赶上和超过世界先进水平"[3]。

十一届三中全会后，中国共产党总结新中国成立以来的历史经验，成功探索出一条中国特色社会主义现代化建设的正确道路，并创造性地借用"小康"这个富有中国传统文化意味的概念来表述"中国式的现代化"，明确提出"三步走"战略，以此作为实现中国式现代化的现实路径。第一步，从 1981 年到 1990 年，国民生产总值翻一番，人民生活实现温饱；第二步，从 1991 年到 20 世纪末，国民生产总值再翻一番，人民生活达到小康水平；第三步，到 21 世纪中叶，人均国民生产总值达到中等发达国家水平，人民生活比较富裕，基本实现现代化。在中国共产党十五大上，进一步提出更加振奋人心的"两个一百年"

---

[1] 《毛泽东文集》第 6 卷，人民出版社 1999 年版，第 350 页。

[2] 《周恩来选集》下卷，人民出版社 1984 年版，第 132 页。

[3] 同上书，第 439 页。

奋斗目标，就是到建党 100 年时，使国民经济更加发展，各项制度更加完善；到 21 世纪中叶新中国成立 100 年时，基本实现现代化，建成富强民主文明的社会主义国家。在中国共产党十六大上，在胜利实现现代化建设"三步走"战略的第一步、第二步目标，人民生活总体上达到小康水平的基础上，中国共产党进一步提出全面建设惠及十几亿人口的更高水平的小康社会，使经济更加发展、民主更加健全、科教更加进步、文化更加繁荣、社会更加和谐、人民生活更加殷实。

党的十八大以来，以习近平同志为核心的党中央，自觉把"两个一百年"奋斗目标作为紧密联系、相互衔接和逐步递进的目标任务进行总体谋划和扎实推进，统筹推进"五位一体"总体布局、协调推进"四个全面"战略布局，"十二五"规划、"十三五"规划胜利完成，改革开放和社会主义现代化建设取得历史性成就，中华民族伟大复兴向前迈出了新的一大步。中国共产党团结带领中国人民用几十年时间走完了发达国家几百年走过的工业化历程，创造了经济快速发展和社会长期稳定两大奇迹。中华民族迎来了从站起来、富起来到强起来的伟大飞跃，迎来了实现中华民族伟大复兴的光明前景。

三

回顾中国共产党领导中国现代化百年奋斗历程，中国的现代化建设取得成功的原因有许多，最重要的原因在于，找到了一条适合自身实际的现代化建设道路。

第一，中国的现代化是中国共产党坚强领导下进行的现代化。中国共产党领导，是中国特色社会主义最本质的特征，是中国特色社会主义制度的最大优势，中国共产党是最高政治领导力量。中国现代化成功的原因有很多条，但归根到底最重要的一条是中国共产党的坚强领导。中国仍处于并将长期处于社会主义初级阶段，中国是世界上最大的发展中国家，发展是中国共产党执政兴国的第一要务，现代化建设是各项工作的中心。中华人民共和国宪法明确规定国家的根本任务，是沿着中国特色社会主义道路，集中力量进行社会主义现代化建设。中国共产党在国家和社会生活中居于总揽全局、协调各方的核心地位，中国共产党领导是中国现代化建设的必然要求和题中应有之义，是中国特色社会主义制度优势的集中体现。中国共产党集中主要精力抓好现代化建设，责无旁贷、义不容辞。现代化建设是党和国家各项工作中要突出抓好的牛鼻子，领导中国现代化建设是坚持和加强中国共产党全面领导的集中体现。

新中国成立 70 多年来，中国共产党始终注意根据时代形势和条件变化，制定符合实际的发展目标，引领中国发展进步和现代化进程。比如，新中国成立之初，中国共产党便开始制定和实施五年计划，先后完成了十三个五年规划（计划）。十三届全国人大四次会议表决通过了关于国民经济和社会发展第十四个五年规划和 2035 年远景目标纲要的决议，开启了实施第十四个五年规划的新征程。中国共产党还制定了著名的"三步走"战略目标，提出了振奋人心的"两个一百年"奋斗目标。在此基础上，党的十九大进一步对全面建设社会主义现代化国家作出分两个阶段来安排的战略部署，完整勾画中国社会主义现代化建设的时间表、路线图。中国共产党善于通过这种强有力的顶层设计和制度安排，对国家重大建设项目、生产力分布和国民经济重要比例关系等进行战略谋划和安排，对中国发展进行长远战略规划部署，团结凝聚全党全国各族人民为实现美好生活而奋斗，引领中国不断向前发展，取得一个又一个令世人惊叹的中国奇迹。

从中国共产党领导中国现代化的历程中可以清晰地看到，中国共产党胸怀大局、勇于担当，志存高远、规划长远，善于进行长远战略思维，一张蓝图干到底。这是中国现代化建设一个显著制度优势，也是中国现代化得以成功的一个重要原因。依靠这种制度优势，中国可以对几十年上百年、几代人十几代人的建设进行长远规划和战略思维，久久为功，直至最终实现既定的宏伟发展目标。

第二，中国的现代化是立足于中国实际的现代化。现代化是人类文明发展的共同趋向，但并不存在一成不变的固定模式。选择什么样的发展道路，怎样实现现代化，首先是由一个国家的基本国情决定的。与马克思主义经典作家当年关于无产阶级革命首先在若干个发达的资本主义国家取得胜利的设想不同，中国是在农民占人口绝大多数、半殖民地半封建的东方大国取得新民主主义革命胜利并开始进行社会主义建设的。对于中国共产党人来说，社会主义现代化建设究竟应该如何进行，这是一个全新课题，没有现成的答案。中国共产党立足中国基本国情进行了长期不懈的艰辛探索，并取得重大理论成果、实践成果和制度成果。邓小平指出："过去搞民主革命，要适合中国情况，走毛泽东同志开辟的农村包围城市的道路。现在搞建设，也要适合中国情况，走出一条中国式的现代化道路。"[1] 他强调要使中国实现四个现代化，至少有两个重要特点是必须看到和必须考虑的，"一个是底子薄""第二条是人口多，耕地少"。[2] 中国现代化是 14 亿人口的规模巨大的现代化，这是人类历史上前所未有的壮举，中国现代化又是在一个一穷二白基础上开始的现代化。这些都是中国的最大国情，也是中国现代化最显著的特征。中国的现代化建设，必须从中国的实际出发，必须从中国的特点出发。回顾中国现代化探索历程，中国现代化之所以能取得巨大成功，很重要的原因在于，中国共产党始终牢牢把握中国正处于并将长期处于社会主义初级阶段这个基本国情，始终牢牢立足于中国正处于并将长期处于社会主义初级阶段这个最大实际，始终把这个基本国情、这个最大实际作为认识当下、规划未来、制定政策、推进事业的基本依据，成功探索出一条符合中国国情的现代化建设道路。

第三，中国的现代化是坚持以人民为中心的现代化。人民是创造历史的动力，是历史发展和社会进步的主体力量。这是马克思主义唯物史观的一个基本观点，也是中国共产党人最鲜明的政治立场和价值取向。中国共产党是中国工人阶级的先锋队，同时是中国人民和中华民族的先锋队，中国共产党人的初心和使命，就是为中国人民谋幸福，为中华民族谋复兴。一部中国共产党领导中国现代化建设的历史，就是一部反映中国共产党人不忘初心、牢记使命，为中国人民谋幸福、为中华民族谋复兴的奋斗历史。中国共产党领导革命、建设、改革的根本目的都是为了让人民过上好日子，中国共产党人的一切奋斗都是践

---

[1] 《邓小平文选》第 2 卷，人民出版社 1994 年版，第 163 页。

[2] 同上书，第 163、164 页。

行为中国人民谋幸福、为中华民族谋复兴的初心使命。在新民主主义革命时期，中国共产党领导人民打土豪、分田地，开展抗日战争、赶走日本侵略者，推翻蒋家王朝、建立新中国，是为中国人民谋幸福，为中华民族谋复兴；新中国成立后，中国共产党领导人民开展社会主义革命和建设、改变一穷二白的国家面貌，实行改革开放、推进社会主义现代化，同样是为中国人民谋幸福，为中华民族谋复兴。中国现代化建设成功的一个重要原因在于，中国共产党在领导现代化建设过程中，始终坚持以人民为中心的发展思想，做到发展为了人民、发展依靠人民、发展成果由人民共享，充分发挥广大人民群众的积极性、主动性、创造性，使中国现代化建设获得源源不竭的根本伟力。

习近平总书记一再强调，实现中国梦必须凝聚中国力量，这就是中国各族人民大团结的力量。中国之所以能用几十年时间走完了发达国家几百年走过的工业化历程，中国现代化之所以得到广大人民群众衷心拥护和积极参与，根本原因在于中国共产党始终把中国现代化的伟大事业深深扎根于人民群众之中，坚持以人民为中心，坚持人民主体地位，发挥群众首创精神，紧紧依靠人民推动现代化建设。在中国共产党坚强领导下，14亿人汇聚成磅礴力量，把不可能变为可能，创造了惊天动地的人间奇迹，这是任何力量也阻挡不了的。

不少外国朋友经常会问，中国发展速度为什么那么快，中国人民发展热情为什么那么高，中国现代化建设为什么能取得那么大的成功？要回答这个问题，只要看看中国的昨天、今天和明天，就不难找到答案。近代以来，为了改变中华民族悲惨屈辱的命运、实现中华民族伟大复兴，中国人民经历了太多太多的磨难，付出了太多太多的牺牲，进行了太多太多的拼搏。在中国共产党坚强领导下，中国人民和中华民族积累的这种强大能量得以充分迸发释放出来，成为中国现代化建设和实现中华民族伟大复兴势不可当的磅礴力量。中国现代化建设历程又一次充分证明，人民是历史的创造者，人民是真正的英雄。中国现代化建设的巨大成就，中华民族迎来的从站起来、富起来到强起来的伟大飞跃，不是从天上掉下来的，更不是别人恩赐施舍的，是中国共产党团结带领全国各族人民用勤劳、智慧、勇气和汗水奋斗出来的。

第四，中国的现代化是全面发展的现代化。过去，一些人更多地把现代化看作工业化，以及随之而来的城市化。中国的现代化建设，不限于经济发展，而是建立在社会全面进步、全面发展基础上的现代化。从新中国成立后提出实现"四个现代化"，到改革开放和社会主义现代化建设新时期提出建设富强、民主、文明的社会主义现代化国家，从21世纪之初提出全面建设小康社会，到全面建成小康社会，再到把中国建成富强民主文明和谐美丽的社会主义现代化强国，随着时代条件和任务的变化，中国现代化的目标、内涵不断丰富发展。富强、民主、文明、和谐、美丽，既是中国现代化目标的基本定义，也是中国现代化目标的科学内涵。

按照党的十九大提出的在全面建成小康社会基础上，分两步走实现中国现代化的战略安排，中国的现代化在实现国家富强的同时，还包括要实现国家治理体系和治理能力现代化，要实现全体人民共同富裕，实现物质文明和精神文明相协调，实现人与自然和谐共生，要走和平发展道路、实现共同发展。仅以第一个阶段到2035年基本实现社会主义现代化的目标为例，到那时，中国经济实力、科技实力将大幅跃升，跻身创新型国家前列；人民平等参与、平等发展权利得到充分保障，法治国家、法治政府、法治社会基本建成，各方面制度更加完善，国家治理体系和治理能力现代化基本实现；社会文明程度达到新的高度，国家文化软实力显著增强，中华文化影响更加广泛深入；人民生活更为宽裕，中等收入群体比例明显提高，城乡区域发展差距和居民生活水平差距显著缩小，基本公共服务均等化基本实现，全体人民共同富裕迈出坚实步伐；现代社会治理格局基本形成，社会充满活力又和谐有序；生态环境根本好转，美丽中国目标基本实现。这一全面发展的目标任务，充分展现了中国现代化的光明前景，充分体现了中国特色社会主义是精神文明和物质文明全面发展的社会主义，充分体现了中国共产党对执政规律、社会主义建设规律、人类社会发展规律认识的深化，充分体现了中国共产党对时代发展要求和人民意愿的深刻把握。

第五，中国的现代化是既加快发展又保持自身独立性的现代化。进行现代化建设，不可避免会遇到道路和模式的选择问题。过去很长一段时间，不少人总以为实现现代化只有西方一种模式，只有西方一条道路。这显然并不符合客观实际。早在改革开放之初，邓小平就反复强调："我们要实现工业、农业、国防和科技现代化，但在四个现代化前面有'社会主义'四个字，叫'社会主义现代化'。"[1] 他还强调，"我们要在中国实现四个现代化，必须在思想政治上坚持四项基本原则。这是实现四个现代化的根本前提"[2]。"如果动摇了这四项基本原则中的任何一项，那就动摇了整个社会主义事业，整个现代化建设事业。"[3] 习近平总书记明确指出，中国特色社会主义是社会主义，不是别的什么主义。他一再强调，"我们的改革开放是有方向、有立场、有原则的"[4]。"必须完整理解和把握全面深化改革的总目标，这是两句话组成的一个整体，即完善和发展中国特色社会主义制度、推进国家治理体系和治理能力现代化。这里面有一个前一句和后一句的关系问题。前一句，规定了根本方向，我们的方向就是中国特色社会主义道路，而不是其他什么道路。也就是我经常说的，我们要坚定不移走中国特色社会主义道路，既不走封闭僵化的老路，也不走改旗易帜的邪路。后一句，规定了在根本方向指引下完善和发展中国特色社会主义制度的鲜明指向。两句话都讲，才是完整的。只讲第二句，不讲第一句，那是不完整、不全面的。"[5]

中国共产党十九届四中全会从 13 个方面系统阐述了中国国家制度和国家治理体系具有的显著优势。在这次统筹疫情防控和经济社会发展的战役中，我们用一个多月的时间初步遏制了疫情蔓延势头，用两个月左右的时间将本土每日新增病例控制在个位数以内，用三个月左右的时间取得了武汉保卫战、湖北保卫战的决定性成果，在全球主要经济体中率先实现经济正增长，交出一份人民满意、世界瞩目、可以载入史册的答卷。这为中国国家制度和国家治理体系的显著优势作了生动鲜活有力的诠释。中国国家制度和国家治理体系的这些显著优势是对中国共产党领导中国现代化建设伟大实践的深刻总结，是中国共产

---

[1] 《邓小平文选》第 3 卷，人民出版社 1993 年版，第 138 页。

[2] 《邓小平文选》第 2 卷，人民出版社 1994 年版，第 164 页。

[3] 同上书，第 173 页。

[4] 中共中央文献研究室编：《习近平关于协调推进"四个全面"战略布局论述摘编》，中央文献出版社 2015 年版，第 51 页。

[5] 同上书，第 82—83 页。

党和中国人民坚定中国特色社会主义道路自信、理论自信、制度自信、文化自信的基本依据。中国特色社会主义的成功，中国特色社会主义道路、理论、制度、文化的不断发展，中国现代化建设既注意加快发展又注意保持自身独立性的特点，拓展了发展中国家走向现代化的途径，给世界上那些既希望加快发展又希望保持自身独立性的国家和民族提供了全新选择，为解决人类问题贡献了中国智慧和中国方案。

石仲泉 原中央党史研究室副主任、研究员

天翻地覆慨而慷：中国共产党的 100 年

　　中国共产党百年前诞生是开天辟地的大事变。中国共产党百年华诞是中国人民欢天喜地的大事件。100 年来，中国共产党经历艰苦卓绝的伟大斗争，取得了改天换地的伟大业绩。习近平总书记在党史学习教育动员大会上的讲话中指出："我们党的一百年，是矢志践行初心使命的一百年，是筚路蓝缕奠基立业的一百年，是创造辉煌开辟未来的一百年。"[1] 这个业绩可以从多个维度总结。从党的历史发展进程看，建党百年可分为四个时期：新民主主义革命时期、社会主义革命和建设时期、改革开放和社会主义现代化建设新时期、中国特色社会主义新时代。据此，建党百年伟大业绩则可概括为"救国、建国、兴国、强国"的伟大斗争，神州大地由此发生了历史性巨变。

一、建党以来革命救国，中华民族站起来了

　　100 年前中国共产党为什么成立？一言以蔽之：救国！这是近代以来亿万同胞的心声。一个具有 5000 多年绵延不绝文明历史，且曾雄踞世界之巅、独领风骚的中华民族，居然在 1840 年鸦片战争后陷入半殖民地半封建社会的苦难深渊。建党前的中国到了这样的境地：方今强邻环列，虎视鹰瞵，久垂涎于中华五金之富，物产之饶。蚕食鲸吞，已效尤于接踵；瓜分豆剖，实堪虑于目前。这是 20 世纪中国第一位历史伟人孙中山先生对那时状况的描述。我们这个为人

---

　　[1]《学党史悟思想办实事开新局　以优异成绩迎接建党一百周年》，载《人民日报》2021 年 2 月 21 日。

类文明作出巨大贡献的民族怎么能容忍这种屈辱？绝对不可能。因此，先进的中国人大声疾呼，亟拯斯民于水火，切扶大厦之将倾。孙中山在成立救国的革命团体兴中会时破天荒地喊出了"振兴中华"[1]的伟大口号。

中华民族千年辉煌与百年衰败的变奏曲，呼唤着中国共产党的诞生。中国共产党接过一代又一代中国人"振兴中华"的接力棒，开启救国新征程。

新民主主义革命的28年就是中国共产党团结带领全国各族人民进行艰苦卓绝救国斗争的28年。在这28年里，对于建党和救国这两件大事而言，影响最大的当数陈独秀和毛泽东。没有陈独秀，就没有中国共产党在那时的创立；没有毛泽东，就没有中国共产党领导救国革命的胜利。

（一）陈独秀的救国初心与党的创立

陈独秀是充满激情的革命家，他五次东渡日本寻求救国救民真理，于1905年创立安徽第一个具有军事色彩的革命组织岳王会。1911年辛亥革命后，他任安徽都督府秘书长，成为安徽地区民主革命领军人物。辛亥革命的失败，使他认识到从根本上改造中国，还要有文化觉醒和思想启蒙。他创办《新青年》，高举德先生（Democracy）和赛先生（Science）两面大旗，率先吹响思想启蒙号角，担当新文化运动精神领袖。马克思主义传到中国后，《新青年》成为宣传马克思主义的主要阵地。五四运动爆发后，他积极投身爱国学生行列，起草并亲自散发《北京市民宣言》。一个名教授奔走呼号，直接冲锋陷阵，无第二者。毛泽东敬佩地称他为"五四运动的总司令"。他被捕获释后，由李大钊护送离京，他们在途中商讨建立共产党组织。这就是"南陈北李，相约建党"。陈独秀在上海工人群众中宣传马克思主义，发表《上海工人宣言》，呼喊"劳工万岁"。

经过五四运动洗礼和深入工人群众中的淬炼，陈独秀的思想境界得到升华，转变为马克思主义者。1920年8月，他在上海成立第一个共产党早期组织，积极推动北京、武汉、长沙、广州、济南，以及旅日、旅法华人建立党的早期组织。

---

[1] 广东省社会科学院历史研究室、中国社会科学院近代史研究所中华民国史研究室、中山大学历史系孙中山研究所合编：《孙中山全集》第1卷，中华书局1981年版，第19页。

有了这样的背景，在共产国际帮助下，中国共产党于1921年7月23日在上海召开第一次全国代表大会，并在8月初转移到浙江嘉兴南湖闭幕，宣告党的正式成立。陈独秀尽管没有出席会议，但被大会选举为党的最高领导机构中央局书记。无论就革命资历、活动能力、崇高威望和社会影响而言，这个职务非他莫属。

陈独秀是中国共产党的主要缔造者，也是党从一大到五大的最高领导人。在革命实践方面，中共二大民主革命纲领的制定，中共三大国共合作方针的确立，中共四大关于无产阶级在民主革命中领导权问题和工农联盟问题的提出等，他都起了无可替代的作用。对推动1924年至1927年大革命运动、领导五卅运动和上海工人三次武装起义、反对国民党新老右派的斗争和批判戴季陶主义等，他都发挥了重要指导作用。在理论探索方面，他对中国革命的若干基本问题也有自己的贡献。在建党及大革命的初期和中期，党的路线基本上是正确的，取得的成就是突出的。大革命后期，由于共产国际不主张共产党对国民党蒋介石新右派势力进行针锋相对的斗争，中国共产党作为共产国际一个支部，必须执行共产国际指示，使得妥协退让意见在党内占了上风。他在大革命危急关头，缺乏对复杂多变形势的正确判断，不善于应变处理同国民党的复杂关系，犯了右倾机会主义错误。诚如毛泽东指出的，这时的党还是幼年的党，"是对于中国的历史状况和社会状况、中国革命的特点、中国革命的规律都懂得不多的党，是对于马克思列宁主义的理论和中国革命的实践还没有完整的、统一的了解的党"[1]。因此，陈独秀不是党的成熟领袖，既有主观原因也有客观原因。大革命的失败在那时难以避免。

（二）毛泽东领导救国革命取得胜利，中华民族站起来了

青年时代的毛泽东，照今天的时尚语说，是陈独秀的"铁粉"。他回忆1920年到上海拜访陈独秀时说，陈独秀"对我的影响也许超过其他任何人"，"陈独秀谈他自己的信仰的那些话，在我一生中可能是关键性的这个时期，对我

---

[1]《毛泽东选集》第2卷，人民出版社1991年版，第610页。

产生了深刻的印象"。[1] 就此而言，两人可谓师生辈，在建党以后救国的征途上，毛泽东青出于蓝而胜于蓝。

毛泽东靠什么领导中国革命取得救国胜利呢？归根结底，是一条崭新道路、三个主要法宝。

一条崭新道路，即农村包围城市、武装夺取政权道路。城市武装起义先后失败，说明它不适合中国国情。在城市，反革命势力强大，革命力量弱小，不可能战胜敌人。相反，在偏远农村，反革命势力比较薄弱，广大贫苦农民拥护革命，党领导的革命武装能在这里开辟根据地，建立红色政权，打土豪分田地，发展武装，开展游击战争，打破反革命的"围剿"有较大的地域空间和丰厚的人力物力资源。毛泽东与朱德坚持井冈山斗争一年多后，下山创建了更大的革命根据地——中央苏区，在严酷的反"围剿"斗争中探索出"农村包围城市，武装夺取政权"的中国革命新道路。从此，毛泽东开辟的道路就是中国革命胜利救国的道路。这条新道路是中国革命救国的唯一正确之路，是中国共产党的伟大创造。

三个主要法宝，是统一战线、武装斗争和党的建设。毛泽东说这是中国革命的三个基本问题。"正确地理解了这三个问题及其相互关系，就等于正确地领导了全部中国革命。"这是"中国共产党在中国革命中战胜敌人的三个法宝，三个主要的法宝"。[2]

1. 关于党的建设。毛泽东是我们党以思想建党为核心的党的建设理论的主要缔造者。1929 年古田会议决议开创思想建党先河，初步回答了在党员队伍以农民成分为主的情况下，如何着重从思想上建设党以保持无产阶级先锋队性质的问题。古田会议决议标志着毛泽东建党学说初步形成，也为党的党建理论体系建构奠定了坚实基础。1935 年 1 月召开的遵义会议，既是党的历史的伟大转折，也是毛泽东人生的伟大转折。这次会议确立他在党中央和红军中的核心地位后，党摆脱了濒临的绝境，红军由被动变主动，突破国民党军围追堵截，取

---

[1] [美] 埃德加·斯诺：《西行漫记》，董乐山译，东方出版社 2005 年版，第 146、148 页。

[2] 《毛泽东选集》第 2 卷，人民出版社 1991 年版，第 605—606、606 页。

得万里长征伟大胜利。随着全民族抗战爆发，党的队伍空前壮大。至1938年底，党员人数从抗战初期四万多增加到50多万。党担负的抗战艰巨任务需要不断提高党员的政治水平和思想素质。从1941年初夏起，党中央决定在全党开展整风运动，教育广大干部学会运用马克思主义立场观点方法，研究和解决中国革命具体问题。这是加强党的建设的重要平台。经过整风，党的思想路线、政治路线、组织路线建设得到空前加强，三大作风成为党立于不败之地的根基。整风对于党建设成为马克思主义先进政党，无论在实践中还是理论上都起了决定性作用。正是因为党的建设有了坚实的实践和理论基础，我们党在抗日战争中成为中流砥柱才有了重要组织保证。解放战争中，也因为有坚强的党，人民解放军仅用一年时间就由战略防御转入战略进攻。在三大战役决战胜利后，毛泽东已开始考虑新中国成立后共产党怎样坚持"两个务必"，永葆党的先进性和纯洁性，始终成为中国人民革命事业的领导核心问题。党的建设是中国革命救国胜利的最重要法宝。

2. 关于武装斗争。毛泽东在大革命紧要关头提出以枪杆子对付枪杆子。大革命失败后党毅然拿起枪杆子，同反动派进行残酷的土地革命战争，并形成了一整套关于人民军队建设和人民战争战略战术理论。党领导的人民军队在全民族抗战中也有三大法宝。一是始终坚持全面抗战路线，进行人民战争。抗战伊始，八路军、新四军就深入敌后，广泛发动群众，组织各种形式的武装力量，独立自主作战。敌占区广大农村始终掌握在人民军队手中，敌后战争的武装力量最后承担了对日全面反攻作战的主要任务。二是将游击战争提到战略地位，始终实行"基本的游击战，但不放松有利条件下的运动战"军事战略方针。平型关战役和百团大战是在有利条件下进行运动战的典型战例。整个抗战时期，中国军队始终坚持广泛而又持久的游击战争，并使其成为抗战后期中国抗日战争的基本形态，对抗战胜利发挥了中坚作用。三是不断开辟的敌后根据地成为坚持人民战争的基地。1945年春，全国已有18个解放区，总面积近100万平方公里，人口近1亿，人民军队发展到120万人。这为夺取抗日战争最后胜利准备了重要条件。解放战争是决定中国命运的革命力量和反革命力量的最后比拼。历史的发展比党预计的快许多，党只用了三年时间就取得了全国革命胜利。

3. 关于统一战线。经历大革命的胜利和失败，党走向成熟。以毛泽东同志为核心的党中央有了丰富经验来处理第二次国共合作共同抗日的关系。党对于中国革命的基本问题已有深刻认识，对于国际政治的发展趋势也有深刻洞察，根据两国三方（中国的共产党和国民党及日本）关系不断变化的特殊格局，适时调整政策和策略，正确把握民族矛盾与阶级矛盾的关系。"共产党人现在已经不是小孩子了，他们能够善处自己，又能够善处同盟者。日本帝国主义者和蒋介石能够用纵横捭阖的手段来对付革命队伍，共产党也能够用纵横捭阖的手段对付反革命队伍。"[1] 抗战伊始，党就高举抗日民族统一战线大旗。相持阶段后，党对于抗战形势的逆转和与国民党关系的恶化，以及可能发生的紧急事变做了充分的思想准备，并陆续制定出相应的政策和策略。这包括"发展进步势力、争取中间势力、孤立顽固势力"的策略总方针和各项既团结又斗争的具体策略。特别是"坚持抗战、反对投降，坚持团结、反对分裂，坚持进步、反对倒退"三大方针，以及"有理、有利、有节"斗争原则，对团结国民党共同抗日到底起了重要作用。党在打退国民党顽固派发动的反共高潮时，一方面粉碎国民党军队的进攻，另一方面又密切关注抗战大局的发展走势，不仅使两国三方关系的特殊格局没有因两党关系的恶化失去掌控，而且迫使国民党政府回到继续抗日的正确方向，为夺取抗战最后胜利做了重要准备。抗战胜利后，国民党政府背信弃义，仰仗美国支持，悍然发动大规模内战。我们党没有被国民党反动派的嚣张气焰吓倒，敢于斗争、敢于胜利，进行自卫反击和解放战争，同时建立了包括全民族绝大多数人口的最广泛的统一战线。1949 年 9 月下旬，中国人民政治协商会议第一届全体会议通过《中国人民政治协商会议共同纲领》，宣布成立中华人民共和国中央人民政府。新中国诞生了，中国人从此站起来了！

二、新中国成立以来，社会主义基本制度立起来了

中华人民共和国的成立，开辟了中华民族历史新纪元。建立社会主义社会，

---

[1] 《毛泽东选集》第 1 卷，人民出版社 1991 年版，第 157—158 页。

是党创建时明确的奋斗目标。新中国成立后的 29 年历程，是为在神州大地建设社会主义而含辛茹苦的探索，既有波澜壮阔的凯歌行进岁月，也有狂风暴雨的曲折挫折时光。经过全党和全国人民不懈努力，社会主义基本制度终于在亚洲东方建立起来。

（一）以抗美援朝战争为首的三大运动，为建设社会主义新中国立稳了根基

朝鲜战争爆发不久，战火即烧到鸭绿江边，出现了我国是否应朝鲜政府请求出兵抗美援朝保家卫国问题。国家那时的情况异常困难，解放军武器装备基本处于"小米加步枪"水平，而面对的美国是世界上经济实力最雄厚、军事力量最强大的国家。就综合国力而言，1950 年美国的工农业总产值是 2800 亿美元，而我国仅有 100 亿美元；论军事装备，美国拥有包括原子弹在内的大量先进武器和现代化的后勤保障。敌我力量如此悬殊，出兵参战，能不能打赢？国内经济恢复和建设还能否进行？军情紧急，压力巨大，决策空前艰难。在反复权衡之后，党中央毅然决定，即使苏联不援助飞机，我们也派遣中国人民志愿军参战，并做好应付最坏局面的准备。中国人民志愿军出征后，经过七个月五次战役，粉碎了以美国为首的"联合国军"的猖狂进攻，从根本上扭转了朝鲜战局。中朝军队的节节胜利，使不可一世的美国侵略者不得不与我方坐下来谈判，最后低下傲慢的头颅，签订停战协议。我志愿军与所谓"联合国军"进行了两年零九个月的军事政治较量，克服了种种意想不到的艰难困苦，付出了巨大牺牲，成为中国人民心目中最可爱的人。他们创造的伟大抗美援朝精神，极大地鼓舞了全国人民。志愿军入朝作战，经受现代战争洗礼，既打出了人民军队的军威，也打出了新中国的国威。这不仅使中国人民真正扬眉吐气，而且使建设社会主义有了铜墙铁壁般的国家安全保障。与此同时，占全国人口一半多的新解放区正在进行废除封建土地制度的改革。到 1952 年底土地改革完成，全国有约三亿无地少地的农民无偿获得约七亿亩土地，从根本上铲除了中国封建制度的根基，解放了农村生产力。此外，党还大张旗鼓地开展镇压反革命运动。这场运动清除反革命残余势力，为巩固新生政权、恢复经济等各项工作提供了

保障。"三大运动"使新中国有了稳固根基。

（二）以实施过渡时期总路线进行三大改造，为新民主主义转变为社会主义奠定坚实的政治制度基础

随着抗美援朝胜利和国民经济全面恢复，毛泽东开始重新思考怎样实现由新民主主义向社会主义转变的问题。1953 年底党发布了过渡时期总路线，简单说来，即"一化三改"。"一化"，即通过几个五年计划的大规模经济建设实现国家工业化。"三改"，即创造一系列由低级到高级的过渡形式来实现国家对农业、手工业和资本主义工商业的社会主义改造。"三改"的过渡形式开辟出一条适合中国特点的改造道路。它以新的实践丰富了科学社会主义理论。到 1956 年，全国绝大部分地区基本上完成了对生产资料所有制的改造，初步确立起公有制占绝对优势的社会主义经济制度。在几亿人口的大国，实现不同形式的公有制，在总体上既促进经济发展，又保持社会稳定，说明它符合我国经济社会发展的客观规律。在此期间，一届全国人大一次会议于 1954 年 9 月开幕，首要任务就是审议毛泽东亲自主持起草的《中华人民共和国宪法》。这是新中国第一部大宪章，确立了我国社会主义社会的根本政治制度，明确规定了我国的国体、政体，向社会主义过渡的方向和途径等，选举了共和国新的领导人。这样，社会主义改造基本完成后，中国共产党的领导、人民民主专政的国家机器、马克思主义在意识形态领域的指导地位，成为中国人民建设社会主义的根本保证。人民代表大会根本政治制度、党领导的多党合作和政治协商制度、民族区域自治的基本政治制度，以及公有制为主体的基本经济制度，集中体现了我国社会的特点和优势。1956 年党的八大召开，正式宣布我国已建立起社会主义基本制度。这标志着我国成功实现数千年历史上最深刻最伟大的社会变革，也为以后中国一切发展奠定了根本政治前提和制度基础。

（三）以几个五年计划开展的大规模现代化建设和国民经济调整，为社会主义制度夯实了物质技术基础

我国从 1953 年开始实行第一个五年计划。"一五"计划较好地处理了优先

发展重工业和相应地发展农业、轻工业等的关系；调整经济布局，改变过去沿海与内地的不合理比例；对于经济建设的规模、速度和效益，坚持从中国实际出发、与国力相适应、量力而行的原则；在自力更生与争取外援关系上，强调凡能自己解决的就不依赖外援。到1957年底，"一五"计划各项指标大幅度超额完成，工业生产取得的成就远远超过旧中国100年的总和，增长速度同世界其他国家同一时期相比名列前茅。农业、轻工业生产得到相应发展，国民经济体系有了进一步发展的初始基础。"一五"计划完成后，照理应当实施"二五"计划。但在1957年反右派斗争后，以毛泽东同志为核心的党中央的思想有了很大变化。为了尽快改变国家贫穷落后面貌，党在1958年制定了社会主义建设总路线，发动了"大跃进"和人民公社化运动。两年的实践证明这样的运动违背了经济发展的客观规律。1961年，党正式决定对国民经济实行"调整、巩固、充实、提高"八字方针，国民经济建设由"大跃进"转入调整阶段。从1962年开始，党对国民经济进行大刀阔斧调整，到1965年国民经济接近并达到和超过新中国成立以来最高水平。人民摆脱了缺粮饥荒状况，物质生活普遍改善。同时，我国以研制原子弹、导弹、氢弹和人造地球卫星为核心的国防尖端科学技术取得重大进展。1964年，我国成功爆炸第一颗原子弹。人工合成牛胰岛素，成为世界首创。此外，大庆油田的开发和大小三线建设取得显著成就。杂交水稻栽培技术也取得重大突破。这个时期形成的全党全国人民团结一致战胜困难的革命精神和奋发图强的社会风貌，成为百年党史中一道不可磨灭的风景线。铁人精神、红旗渠精神、焦裕禄精神、雷锋精神、"两弹一星"精神等，将在我国社会主义建设史册上永放光芒！

（四）以多次纠"左"力挽狂澜，使中国社会主义在亚洲东方屹立不倒

毛泽东发动"文化大革命"的初衷是防止资本主义复辟、维护党的纯洁性和寻求建设社会主义的中国道路，但是由于对中国的实际情况做了错误估计，这场运动被林彪、江青两个反革命集团利用，社会主义事业遭受空前破坏。随着运动的发展，在党的领导层，在党的广大干部和群众中，对"左"倾错误和

极左思潮的抵制和抗争不断发展起来。1972年批判极左思潮和1975年全面整顿是党和人民觉醒的根本标志，对1976年粉碎"四人帮"结束"文化大革命"运动产生了深刻影响。

1. 1972年批判极左思潮的艰辛努力。1971年"九一三事件"后，广大党员、干部和群众愤怒声讨林彪反革命集团外逃叛国的严重罪行，同时希望以此为契机纠正"左"的错误，调整和改善党内外各种关系。周恩来自"文化大革命"开始，一直在可能范围内努力抑制极左思潮的泛滥，以减轻这场运动造成的损失。1972年，他根据毛泽东的决策，因势利导，在更大范围、以更大力度批判极左思潮，落实党的干部政策、经济政策、知识分子政策、教育政策、科学文化政策、民族政策、统战政策等，各项工作取得显著成效。首先，加快落实干部政策，一大批被打倒的党政军领导干部重新走上重要领导岗位，加强了党内抵制和纠正"文化大革命"错误的力量。落实各项经济政策，经过调整和整顿，经济形势明显好转，外经贸方面成为继"一五"计划后第二次引进外国先进技术设备规模最大、种类最多的一次。1973年国民经济计划的主要指标都完成或超额完成，全国工农业总产值比上年增长9.2%，国民收入比上年增长8.3%，是那些年经济形势最好的一年。

2. 1975年大刀阔斧地全面整顿。邓小平1972年复职，1975年受命主持国务院工作。他根据毛泽东指示，迅速整顿被搞乱了的各条战线，提出加快经济恢复和发展的一系列措施，进行了当时条件下所能进行的拨乱反正。整顿军队，牢牢地掌握军队领导权，抵制了"四人帮"夺取军队的图谋。整顿铁路部门和工交财经系统，仅仅三个月，堵塞严重的几个铁路分局的所辖路段全部畅通，铁路部门五年来第一次完成生产计划。工业生产和交通运输的许多产品创造历史上月产量最高水平。整顿国防科技和工业系统，科研、生产走上正常轨道，成功发射一颗人造地球卫星。整顿中国科学院和教育战线，时任中科院党组织负责人的胡耀邦提出实现四个现代化是伟大的新长征，他主持起草的《关于科技工作的几个问题（汇报提纲）》，得到邓小平完全赞同。整顿文艺，一批被打入"冷宫"的电影陆续开禁，沉寂多年的文化领域显露出一丝生机。整顿思想理论，提出"三项指示为纲"，成为全面整顿的有力武器。着手党的整顿，许多被打倒的老干部解除监禁，或安排工作或住院治疗，他们成为后来改革开放的重要骨干。经过这一年的全面整顿，政治经济形势和人们的精神面貌有显著变化，全国工农业总产值有较大增长，是"文化大革命"期间经济发展最好的一年。

3. 1976年粉碎"四人帮"，从危难中挽救了党和社会主义。毛泽东逝世后，"四人帮"抓紧了夺取党和国家最高领导权的活动。身为党中央第一副主席、主持中央日常工作的华国锋和老一辈革命家对"四人帮"篡党窃国的猖狂行径深感忧虑。华国锋同叶剑英、李先念、汪东兴等共同研究和反复商量，并得到政治局多数同志支持，决定对"四人帮"采取断然措施。10月6日晚，华国锋、叶剑英代表中央政治局执行党和人民的意志，对王洪文、张春桥、江青、姚文元及其在京的帮派骨干进行审查。当晚，中央政治局召开紧急会议，决定由华国锋任中共中央主席、中央军委主席。10月14日，党中央发表粉碎"四人帮"消息，广大人民群众欣喜若狂，神州大地一片欢腾。

粉碎"四人帮"从危难中挽救了党和国家。党和人民在经历了10年磨难后，终于结束了这场灾难。

三、改革开放以来兴国，中国人民开始富起来

十一届三中全会是党的历史上的又一次伟大转折，标志着我国进入新的发展时期。它以改革开放为鲜明特点，是一次伟大革命，开创了兴国的中国特色社会主义。改革开放的历史帷幕主要是邓小平拉开的。34年兴国历程中，以邓小平同志为主要代表的中国共产党人科学回答建设中国特色社会主义一系列基本问题，成功地开辟中国特色社会主义道路；以江泽民同志为主要代表的中国共产党人，在世界社会主义出现严重曲折的考验面前捍卫中国特色社会主义，成功地把中国特色社会主义推向21世纪；以胡锦涛同志为主要代表的中国共产党人，在全面建设小康社会进程中形成中国特色社会主义总体布局，成功坚持和发展了中国特色社会主义。正是这样的历史接力为兴国事业不懈奋斗，使中国人民走向富起来。

（一）以邓小平同志为主要代表的中国共产党人领导中国人民走向富起来

从党的十一届三中全会开始，邓小平成为改革开放和现代化建设的总设计师。他通过不断反思指出，走自己的道路，建设有中国特色的社会主义。"这条道路叫做建设有中国特色的社会主义的道路。""中国不走这条路，就没有别的路可走。只有这条路才是通往富裕和繁荣之路。"[1] 以邓小平同志为主要代表的中国共产党人，领导中国人民走向国兴民富，最重要的也是最根本的是弄清什么是社会主义、要建设什么样的社会主义。邓小平说：我们干革命几十年，搞社会主义30多年，但社会主义是什么，过去我们并没有完全搞清楚。"经济长期处于停滞状态总不能叫社会主义。人民生活长期停止在很低的水平总不能叫社会主义。"[2]

他批判"四人帮"时说，我们不要资本主义，也不要贫穷的社会主义。"我们要发达的、生产力发展的、使国家富强的社会主义。"[3] 根据这个思想，他领导开辟了使中国人民富裕起来的中国特色社会主义道路。

1. 提出从以阶级斗争为纲到以经济建设为中心的政策转变，推行全面改革和全方位开放。邓小平指出，1978年，我们"提出了一系列新的方针政策。中心点是从以阶级斗争为纲转到以发展生产力为中心，从封闭转到开放，从固守成规转到各方面的改革"[4]。为了坚持以经济建设为中心，必须改革开放。说改革是第二次革命，就是革贫穷之命。为了开启革贫穷之命的闸门，他提出三个大政策：一是让一部分人、一部分地区先富起来，先富帮后富，走向共同富裕。二是农村推行家庭联产承包责任制，让八亿农民获得土地经营权，在城市实行全面改革。三是倡导兴办深圳等经济特区，推动形成全国对外开放格局。

2. 明确中国最大的实际是处在社会主义初级阶段，指导制定党在社会主义

---

[1] 《邓小平文选》第3卷，人民出版社1993年版，第65、149—150页。

[2] 《邓小平文选》第2卷，人民出版社1994年版，第312页。

[3] 同上书，第231页。

[4] 《邓小平文选》第3卷，人民出版社1993年版，第269页。

初级阶段的基本路线。1987年春，邓小平指出，社会主义的初级阶段就是不发达阶段。一切都要从这个实际出发。党的十三大对社会主义初级阶段基本路线作了科学概括。他不断指出，坚持党的十一届三中全会以来的路线方针政策，关键是坚持"一个中心、两个基本点"；不坚持社会主义，不改革开放，不发展经济，不改善人民生活，只能是死路一条；基本路线要管100年，动摇不得。历史充分证明，党的基本路线是使社会主义得到发展、使人民生活走向富裕的唯一正确路线。它是国家的生命线、人民的幸福线，不能有丝毫动摇。

3. 破天荒地提出社会主义可以搞市场经济，超越了传统社会主义模式。邓小平从1979年开始就在思考这个"异端"问题，认为社会主义和市场经济之间不存在根本矛盾，计划和市场都是方法。它为社会主义服务，就是社会主义的；为资本主义服务，就是资本主义的。他在1992年南方谈话中强调：计划多一点还是市场多一点，不是社会主义与资本主义的本质区别；计划经济不等于社会主义，市场经济不等于资本主义。这个思想挑战了社会主义不可能搞市场经济的偏见，发展了马克思主义。这个大决策对掀起改革开放洪流起了决定性作用。

4. 坚持社会主义物质文明和精神文明建设两手抓，强调整个改革开放过程都要反对腐败。邓小平最早阐明社会主义精神文明建设包括思想道德和教育科学文化的科学内涵。他非常强调改革开放要物质文明建设和精神文明建设"两手抓"，两手都要硬，只有两个文明建设赶上和超过亚洲"四小龙"，才是有中国特色的社会主义。为了落实建设社会主义精神文明要求，他强调打击经济犯罪和腐败现象。"我们要反对腐败，搞廉洁政治。不是搞一天两天、一月两月，整个改革开放过程中都要反对腐败。"[1] 只有这样，国才能真兴，民才有真富的获得感。

5. 提出建设中国式现代化的小康社会，擘画国兴民富三步走发展战略。邓小平在1979年提出，我们要实现的现代化是中国式的现代化，即"小康之家"。对于未来的发展，他的设想是：到20世纪末，基本实现中国式的现代化，达到小康状态，到21世纪中叶达到中等发达国家水平。党的十三大根据这个设想明确了"三步走"战略：第一步，从1981年到1990年，实现国民生产总值翻一

---

[1] 《邓小平文选》第3卷，人民出版社1993年版，第327页。

番，解决人民的温饱问题。第二步，从1991年到20世纪末，实现国民生产总值再翻一番，人民生活达到小康水平。第三步，到21世纪中叶，人均国民生产总值达到中等发达国家水平，人民生活比较富裕，基本实现现代化。这个战略目标为当代中国的发展进步明确了大致的时间表。1989年，我国经济发展总量为17179.74亿元，比1978年3679亿元增长近5倍；人均为1536元，比1978年385元增长近4倍。

邓小平的上述思想，还有其他不少思想，在党的十五大被概括为作为党的指导思想的邓小平理论。邓小平理论第一次比较系统地初步回答了中国这样经济文化落后的国家如何建设、巩固和发展社会主义的一系列根本问题，是马克思主义同当代中国实践和时代特征相结合的历史性飞跃，是马克思主义在中国发展的新阶段。通俗地说，邓小平理论是改革开放以来第一个使中国人民富起来的理论。

（二）以江泽民同志为主要代表的中国共产党人领导中国人民走向富起来

20世纪80年代末，以江泽民同志为主要代表的中国共产党人受命于严峻历史关头，坚持改革开放，团结带领中国人民进一步走向富起来。

1. 提出"三个代表"重要思想，扩展了党的先锋性内核，延续了党的兴国富民指导思想。以江泽民同志为主要代表的中国共产党人，加深了对什么是社会主义、怎样建设社会主义，建设什么样的执政党、怎样建设执政党的认识，形成了"三个代表"重要思想。这个新思想，对党的阶级性质和群众基础、民族基础作了新表述；也体现了对党代表的先进性的认识，以及同世界先进生产力和人类文明进步发展方向的密切联系。它要求大力发展先进生产力，使党的执政具有更加强大的物质力量；大力发展先进文化，使党的执政具有更加强大的精神力量；大力加强和改进党的建设，凝聚中国特色社会主义事业的所有建设者，使党的执政具有更加强大的群众根基。"三个代表"重要思想是兴国富民的新理论。

2. 确立社会主义市场经济体制的基本框架和社会主义初级阶段的基本经济

制度。党的十四大明确提出建立社会主义市场经济体制。党的十四届三中全会通过《关于建立社会主义市场经济体制若干问题的决定》，明确市场在国家宏观调控下对资源配置起基础性作用，勾勒了社会主义市场经济体制的基本框架。以此为基础，党的十五大和十六大进一步明确要坚持和完善公有制为主体、多种所有制共同发展的基本经济制度。一是毫不动摇地巩固和发展公有制经济；二是毫不动摇地鼓励、支持和引导非公有制经济发展；三是坚持公有制经济为主体，促进非公有制经济发挥各自优势，相互促进，共同发展。社会主义市场经济体制的确立和发展，加快了国兴民富步伐。

3. 坚持处理好改革、发展和稳定三者关系，促进经济社会健康发展。1995年9月，江泽民在《正确处理社会主义现代化建设中的若干重大关系》中论述了要正确处理改革、发展、稳定这个总揽全局的关系，速度和效益、东部地区和中西部地区的关系，以及收入分配中国家、企业和个人等关系。他指出，发展是硬道理，中国解决所有问题的关键要靠发展。从根本上摆脱经济落后状况，到跻身于现代化国家之列，都离不开发展。改革是社会主义制度的自我完善和发展的纽带，其决定性作用不仅在于推进社会生产力的解放和发展，还要为我国经济的持续发展和国家的长治久安打下坚实基础。稳定是发展和改革的前提，没有稳定的政治和社会环境，一切都无从谈起。正确处理改革、发展和稳定关系，是国兴民富的重要指针。

4. 实施跨世纪战略，有力推进中国特色社会主义事业向前发展。进入20世纪90年代，党中央正式提出并实施四大战略：一是科教兴国战略。科技发展总目标是加强原始性创新，在更深层面和更广泛领域解决国家经济社会发展中的重大科技问题，为国家未来发展提供科技支撑。教育发展的总目标是全民受教育水平有明显提高，各类专门人才的拥有量基本满足现代化建设需要，努力建立起比较完善的社会主义教育体系。二是可持续发展战略。党的十五大将其概括为合理利用资源，保护生态环境，搞好计划生育，促进经济和社会协调发展。三是西部大开发战略，力争用五到十年时间，使西部开发有一个良好开局，到21世纪中叶建成经济繁荣、社会进步、民族团结、山川秀美的新西部。四是"走出去"战略，要求推动全方位、多层次、宽领域的对外开放，充分利用国内国外两种资源、两个市场。这四大战略的实施，既使国兴上了新台阶，也为民富开拓了新境界。

5. 提出在新时期推进党的建设是"新的伟大工程"，全面加强党的执政能力建设。1994 年 9 月党的十四届四中全会明确提出将党的建设作为"新的伟大工程"继续推进。党的十五大规定的总目标是：首先必须解决好两大历史性课题，一要不断提高党的执政能力和领导水平，二要不断增强拒腐防变和抵御风险的能力。加强党的思想建设，要充分发挥党的思想政治优势。加强党的组织建设，要充分发挥党的组织优势。加强党的作风建设，要充分发挥党密切联系群众的优势。这样，围绕"一个总目标"，解决"两大课题"，加强"三方面建设"，构成新的历史条件下继续推进新的伟大工程的基本内容。

经过十多年的艰苦创新，以江泽民同志为主要代表的中国共产党人领导全党和全国人民使中国特色社会主义事业有较快发展。我国经济发展总量到 2002 年达到 121717.42 亿元，人均 GDP 达到 9506.2 元，分别为 1989 年的七倍多和六倍多，总体实现小康水平。

（三）以胡锦涛同志为主要代表的中国共产党人领导中国人民走向富起来

21 世纪初，以胡锦涛同志为主要代表的中国共产党人在全面建设小康社会讲程中，顺应国内外形势发展变化，抓住重要战略机遇期，求真务实，开拓进取，在兴国富民的征程上又有新的跨越。

1. 提出科学发展观，实现党的指导思想与时俱进。进入 21 世纪后，以胡锦涛同志为主要代表的中国共产党人，在深刻分析世界发展趋势、借鉴外国发展经验的基础上提出科学发展观。它的第一要义是发展，核心是以人为本，基本要求是全面协调可持续，根本方法是统筹兼顾。科学发展观是对新形势下实现什么样的发展、怎样发展等重大问题作出的新的科学回答，开辟了当代中国马克思主义发展新境界，是党和国家的又一指导思想，也是兴国富民的新的行动指南。

2. 制定全面建设小康社会纲领，形成中国特色社会主义事业"五位一体"

格局。党的十六大制定全面建设小康社会宏伟纲领，提出我国在 21 世纪头 20 年，全面建设惠及十几亿人口的更高水平的小康社会，使经济更加发展、民主更加健全、科教更加进步、文化更加繁荣、社会更加和谐、人民生活更加殷实。此后，根据"社会更加和谐"要求，先是提出建设社会主义和谐社会的战略目标，随即加快推进以改善民生为重点的各项社会建设。为了改善广大农民生计，切实减轻农民负担，在 2005 年废止农业税，从此结束了绵延 2600 年的"皇粮国税"。同时，大力加强生态文明建设。党的十七大将其确定为全面建设小康社会的重要目标后，形成经济建设、政治建设、文化建设、社会建设、生态文明建设的"五位一体"格局，这也是推进国兴民富的新格局。

3. 继续深化改革，推动经济又好又快发展。2003 年 10 月制定的《关于完善社会主义市场经济体制若干问题的决定》，提出完善基本经济制度、建立逐步改变城乡二元经济结构的体制，形成促进区域经济协调发展的机制，健全就业、收入分配和社会保障制度等重要措施。经过几年努力，经济社会发展中的一些突出矛盾得到缓解。部分行业和地区盲目投资和低水平重复建设得到遏制，粮食生产有一定幅度提高，国民经济保持了增长较快、结构趋优、效益提高的良好态势，农民收入实现较快增长。2006 年中央提出将指导经济发展的方针由以往的"又快又好"，改为"又好又快"，体现了科学发展的本质要求，有助于避免经济发展的大起大落。它既利于兴国，也利于富民。

4. 加强党的执政能力建设，提高党的建设科学化水平。胡锦涛上任伊始就率领新领导班子到西柏坡重温毛泽东关于"两个务必"的教导。他号召各级领导干部要时刻把人民群众的安危冷暖挂在心上，做到权为民所用、情为民所系、利为民所谋。党的十六届四中全会作出的《关于加强党的执政能力建设的决定》，是党的百年史上第一个专门加强党的执政能力建设的纲领性文献。这个《决定》明确提出"党的执政地位不是与生俱来的，也不是一劳永逸的"重要理念，进一步要求加强党的执政能力建设，深入开展保持共产党员先进性教育活动。党的十七届四中全会作出《关于加强和改进新形势下党的建设若干重大问题的决定》，强调不断提高党的建设科学化水平，促进从严治党，推进科学执政、民主执政、依法执政，提高党的建设科学化水平。这既是兴国之需，也是富民之要。

5. 正确应对各种风险挑战、突发事件和自然灾害，夺取全面建设小康社会新胜利。2003 年春夏发生了突如其来的"非典"疫情。党领导全国人民不仅取得抗击"非典"的胜利，而且完成了党的十六大提出的全面建设小康社会的具体任务。党的十七大提出实现全面建设小康社会奋斗目标新要求——增强发展协调性，努力实现经济又好又快发展；扩大社会主义民主，更好保障人民权益和社会公平正义；加强文化建设，明显提高全民族文明素质；加快发展社会事业，全面改善人民生活；建设生态文明，基本形成节约能源资源和保护生态环境的产业结构、增长方式、消费模式。党的十七大后，面对新的风险挑战、突发事件和自然灾害，党中央领导和团结全国人民再一次成功应对国际金融危机冲击，战胜四川汶川大地震等自然灾害，坚决平息和妥善处理了拉萨等地和乌鲁木齐地区严重打砸抢烧暴力犯罪事件，并完成了"十一五"规划的主要目标和任务。2010 年国内生产总值超过 40 万亿元，我国成为仅次于美国的世界第二大经济体。2012 年，我国的 GDP 总量达到 538579.95 亿元，人均为 37874.3 元。无论经济总量还是人均水平都上了新台阶，国兴民富达到一个新水平。

四、新时代以来强国，百年苦难的中国开始强起来

党的十八大以来，以习近平同志为核心的党中央以巨大政治勇气和强烈责任担当，提出一系列治国理政新理念新思想新战略，出台一系列重大方针政策，解决了许多长期想解决而没有解决的难题，办成了许多过去想办而没有办成的大事，中国特色社会主义进入新时代。目前，在实现全面建成小康社会目标后，又开启全面建设社会主义现代化国家新征程，进入向第二个百年奋斗目标进军的新发展阶段。这意味着百年苦难的中国向强起来的新时代新阶段进军。

（一）经济社会发展走向强起来的新时代

在改革开放以来不断取得巨大成就的基础上，以习近平同志为核心的党中央统筹推进"五位一体"总体布局、协调推进"四个全面"战略布局，引领改革不断向纵深推进；提出新发展理念，经济社会发展又上新台阶。面对 2020 年

的突发疫情和复杂国际形势，党中央保持战略定力，果断采取行动抗疫防疫和复工复产，使我国成为全球唯一实现经济正增长的主要经济体，对全球经济增长的贡献超过三分之一。这意味着历经疫情冲击和美国科贸打压后的中国经济在世界上的分量进一步增强。

1. 经济结构空前优化，坚持发展实体经济，以推动高质量发展为主题，以深化供给侧结构性改革为主线，经济发展状况明显改善。根据新发展理念，供给侧结构性改革推动我国经济加快实现动力变革、质量变革、效率变革，产业结构不断转型升级。2015年服务业对增长的贡献率已占据半壁江山。数字经济等新兴产业蓬勃发展，实体经济逆势上扬，经济发展向中高端水平迈进。2019年我国GDP增长6%，高于其他主要经济体，连续十年保持世界第一制造大国地位。2020年，面对严峻的形势，我国经济总量首次突破100万亿元大关。

2. 科技创新不断融入经济社会发展全局，创新驱动发展战略成果显著，经济社会发展的科技含量让世界刮目相看。党的十八大明确提出创新驱动发展战略以来，党始终坚持创新在我国现代化建设全局中的核心地位，营造大众创业、万众创新的制度环境，科技自立自强成为促进发展大局的根本支撑。这些年重大科技成果呈井喷式迸发，并迅速转化成生产力，明显加快经济发展科技含量的提升速度。仅2020年，就有"九章"量子计算机成为世界上算力最强的量子计算机；北斗卫星导航系统在全球组网后正式开通，已与137个国家签下合作协议；探月工程嫦娥五号探测器在月球挖取了近两公斤月壤成功返回地球；等等。我国的科技进步贡献率上升到59.5%，关键核心技术取得一系列重大突破，创新正在成为引领经济社会发展的第一动力。

3. 发展速度在总体上保持中高速增长，正确应对疫情后，实施国内国际双循环战略，新发展格局初步显现。2013年至2016年，国内生产总值年均增长7.2%，高于世界同期2.5%的平均增长水平，在世界主要国家中名列前茅。2020年以来，党中央面对全球市场萎缩的外部环境，决定通过繁荣国内经济、畅通国内大循环为我国经济发展增添动力。我国抗疫取得胜利后，党中央实施一系列重大举措，使一个个国家级重大战略打通区域协调发展"经络"，各大区域板块形成良性互动，经济运行总体平稳。目前，一个以国内大循环为主体、国内国际双循环相互促进的新发展格局正在形成。

4.开放型经济新体制逐步健全，高水平开放联通国内外市场，连续多年成为全球经济第一大增长引擎。面对国际经济环境复杂多变的不利形势，党和政府实施并逐步扩大自贸区等一系列重大改革举措，逐步健全不断拓展的开放型经济体制。2013年到2016年，我国对世界经济增长的平均贡献率超过美国、欧元区和日本贡献率的总和，居世界第一位。2020年，我国正确应对新冠肺炎疫情的冲击，在世界主要经济体中一枝独秀。出台高质量高标准建设海南自由贸易港总体方案，自贸试验区扩容达到21个，增开到欧洲的进出境中欧班列累计突破3.1万列、通达21个国家的92个城市；等等。这一系列重大举措和成就，表明中国更高水平的开放型经济新体制在加快建设，标志着我国正在由经贸大国稳步走向经贸强国。

（二）民生福祉走向强起来的新时代

民生福祉是民族安身立命之根。习近平总书记就职伊始郑重宣示：人民对美好生活的向往，就是我们的奋斗目标。党中央坚持以人民利益为中心，不断注重民生、改善民生，人民群众获得感、幸福感、安全感更加充实。面对2020年突发的新冠肺炎疫情，党中央一开始就宣示"人民至上、生命至上，保护人民生命安全和身体健康可以不惜一切代价"。经过全国人民近三个月的艰苦奋战，以湖北为中心抗击疫情的人民战争取得决定性胜利。截至2020年5月9日，全国累计报告新冠肺炎确诊病例82901例，累计治愈出院病例78120例，治愈率达到94%以上。我国在较短时间以较小代价，阻遏住百年来全球最严重的传染病，在世界抗疫史上罕见。这充分显示了中国共产党把人民生命安全放在第一位的价值情怀。

1.脱贫攻坚战取得决定性进展，全面建成小康社会目标圆满实现。以习近平同志为核心的党中央为打响全面建成小康社会攻坚战，实施两个前所未有的战略：一是提出精准扶贫、精准脱贫理念，要求把真正的贫困人口、贫困程度、致贫原因等搞清楚，做到因户因人施策，不让一个贫困群众掉队。二是选派得力党员干部到贫困地区基层党组织担任第一书记，每个贫困村都有驻村工作队

（组），每个贫困户都有帮扶责任人，实现全覆盖。至 2019 年底，全国共派出 25.5 万个驻村工作队，累计选派 290 多万名县级以上党政机关和国有企事业单位干部到贫困村担任第一书记或驻村干部。面对 2020 年疫情，党中央仍采取一系列措施确保按期完成脱贫攻坚任务。2020 年 11 月下旬全国 832 个贫困县全部脱贫。习近平总书记指出，我们如期完成现行标准下近一亿贫困人口脱贫任务，这意味着我国提前十年实现联合国 2030 年可持续发展议程的减贫目标，对全球减贫贡献率超过 70%。

2. 人均可支配收入不断增长，中等收入群体持续扩大。进入新时代，党中央十分关注普通居民的改革红利的获得感和不断扩大的中等收入群体的幸福感。政府基本民生投入只增不减，居民人均可支配收入从 2012 年的 16510 元增长至 2019 年的 30733 元。按照世界银行标准，我国中等收入群体数已由 2010 年的一亿多人增加到 2019 年的四亿多人，占全球中等收入群体的 30% 以上，是世界上人口最多的中等收入群体国家。有关方面预测，2020 年我国人均 GDP 将达到 7.4 万元左右。按美元兑人民币的平均汇率在 6.8 左右计算，人均 GDP 将达到 1.09 万美元。我国居民人均预期寿命达到 77.3 岁，主要健康指标总体上居于中高收入国家前列。

3. 社会建设持续进步，覆盖城乡居民的社会保障体系基本建成。党中央不断加强社会建设，持续扩大社会保障覆盖面，着力解决人民群众普遍关心的突出问题。2020 年尽管出现严重疫情，但建设覆盖城乡居民的社会保障体系的工作没有放松。一是多管齐下稳定和扩大就业。2020 年前 11 个月，全国城镇新增就业 1099 万人，完成全年目标任务的 122.1%。二是大幅提高人民健康和医疗卫生水平，建立城乡居民大病保险制度。全国基本医疗保险参保人数超过 13.5 亿人，参保率稳定在 95% 以上，基本医保总体实现全覆盖。三是大力加强中西部和农村教育，国家财政性教育经费坚持向农村地区、边远贫困地区和民族地区倾斜，促进优质资源共享，中西部和农村中小学校的设施大有改善。四是保障性住房建设显著加快，城镇中低收入家庭的住房条件明显向好。五是深化社会保障制度改革，建立了全国统一的城乡居民基本养老保险制度，基本养老保险覆盖近十亿人；完善立体化社会治安防控体系，建设平安中国。

4.生态文明建设成就显著，人与自然走向和谐相处。党中央坚持落实习近平生态文明思想。一是把保障粮食安全放在突出位置，加强种子库建设，培育优良品种，从源头上确保中国人的饭碗任何时候主要装中国粮。二是实施乡村振兴战略，打造现代化美丽乡村。全面改善农村生产生活条件，提升乡村宜居水平，让乡村望得见山看得见水，留得住乡愁。三是加大污染防治力度，持续改善环境质量。经过多年努力，2019年与2015年相比，全国337座城市空气质量优良天数比率达到82%。四是坚持绿色发展，推行山水林田湖草一体化保护和修复，使绿水青山成为金山银山。2018年我国单位国内生产总值二氧化碳排放比2005年下降45.8%，我国可再生能源投资位居世界第一，累计减少的二氧化碳排放量居世界首位。

（三）国防军事力量走向强起来的新时代

党的十八大以来，以习近平同志为核心的党中央大力推进国防和军队现代化，坚持政治建军、改革强军、科技兴军、依法治军的战略思路，提出习近平强军思想，明确新时代国防和军队建设一系列根本性方向性全局性重大问题，形成引领军队现代化全面进入新时代新征程的科学指针。在实践层面，坚定不移走中国特色强军之路，推动国防和军队改革取得历史性突破。

1.全面实施改革强军战略，人民军队组织架构和力量体系实现历史性变革。从2016年底起，人民军队打破原有的领导管理体系和作战指挥体系，成立陆军领导机构、火箭军、战略支援部队，调整组建15个军委机关职能部门，划设五大战区，完成海军、空军、火箭军、武警部队机关整编工作，实施联勤保障体制改革，组建军委联合作战指挥机构和战区联合作战指挥机构。这次改革建立起"军委管总、战区主战、军种主建"的新格局，形成"军委—军种—部队"的领导管理体系和"军委—战区—部队"的作战指挥体系。我军以精锐作战力量为主体的联合作战力量体系正在形成，实现了人民军队组织架构和力量体系的整体性、革命性重塑，发展了中国特色社会主义军事制度。

2.坚持和完善党对人民军队的绝对领导制度，推进政治建军、依法治军战略，人民军队政治生态得到重大提升。2013年3月，习近平主席提出，建设一支听党指挥、能打胜仗、作风优良的人民军队，是党在新形势下的强军目标。2014年10月底，他在古田召开的全军政治工作会议上讲话，强调在任何时候都要坚持党对人民军队的绝对领导，培养有灵魂、有本事、有血性、有品德的新时代革命军人，永葆人民军队性质、宗旨、本色。全面从严治军以来，重振政治纲纪，深入贯彻习近平强军思想，坚定不移地推进政治整训，有效解决了弱化党对军队领导的突出问题；重塑作风形象，强力推进正风肃纪反腐，有效解决了不正之风和腐败现象滋生蔓延的突出问题。政治工作向战而行，全军各级把强有力的政治工作融入军事斗争准备全过程。坚持依法治军，建立健全法治监督体系，把培育法治精神作为强军文化建设内容，推动治军方式根本性转变。全军政治素质显著提高。

3. 坚持科技兴军，加快推进军事理论现代化和武器装备现代化。当今世界新军事革命加速推进，需要中国军队坚持科技兴军，加快推进军事理论现代化和武器装备现代化。加快军事理论现代化，首要的是深刻领悟贯彻习近平军事战略思想，发展具有我军特色、符合现代战争规律的先进作战理论。加快武器装备现代化，聚力国防科技自主创新，打造更多克敌制胜的战略"铁拳"，牵引带动武器装备建设实现体系跃升。经过长期努力，一大批高新武器装备陆续亮相、加速列装、更新换代。在2019年庆祝新中国成立70周年大阅兵上，受阅装备不仅全部为中国制造，而且首次亮相装备达40%。中国军队推进武器装备现代化，是跨越由大向强的"关键一跃"。

4. 坚持战斗力标准，空前强化实战化训练。习近平主席强调：军队是要准备打仗的，一切工作都必须坚持战斗力标准，向能打仗、打胜仗聚焦。2014年3月，中央军委颁发《关于提高军事训练实战化水平的意见》，要求从军委领导到普通士兵时时都要想到当兵打仗、练兵打仗、带兵打仗。近年来，军事训练在紧贴实战、服务实战方面进步很大。数百场旅团规模以上实兵演习轮番上演，突出了全系统全要素参与、战略战役力量全覆盖、陆海空天电全维展开，体现了实战化训练格局、层次的跃升。2020年10月，我军在高加索参加多国部队联合集群演习时，俄罗斯参演军官赞叹说："中国军人有着过硬的军事素质。中国军队是一支非常有战斗力的部队！"[1]

（四）国际事务中的作用走向强起来的新时代

在习近平外交思想指引下，党中央深刻把握国内国际两个大局，积极推进外交理论与实践创新，完善外交方略，构建全方位、多层次、立体化的外交布局。习近平主席的出访足迹遍布五大洲 72 个国家。2020 年，他运用"云外交"，同外国领导人及国际组织负责人会晤、通话 80 多次，通过视频出席重要外交活动 20 多场，为全球抗疫凝聚共识，引领中国在复杂多变的国际格局中保持战略主动，彰显我国在日益走近世界舞台中心的态势。

1. 倡导推动"一带一路"建设，成功举办两届"一带一路"国际合作高峰论坛。2013 年秋，习近平主席提出共建"丝绸之路经济带"和"21 世纪海上丝绸之路"倡议，获得全球 100 多个国家和国际组织积极响应和参与。2017 年 5 月，来自 29 个国家的国家元首、政府首脑以及五大洲的 1600 多名参会代表齐聚北京，出席国际合作高峰论坛，共商"一带一路"建设合作大计。这是由中国首倡和主办的层级最高、规模最大的多边外交活动。它规划了"一带一路"建设的具体路线图，确定了一批重点项目。2019 年 4 月，参加第二届"一带一路"国际合作高峰论坛的国家元首、政府首脑和各国际组织领导人，以及各国和国际组织的嘉宾比第一届更多。至 2020 年底，我国累计与 138 个国家、31 个国际组织签署 202 份共建合作文件，开展超过 2000 个合作项目。在来势汹汹的疫情面前，"一带一路"合作展现出强劲韧性和旺盛活力，健康、数字、"绿色丝绸之路"正加快建设。

2. 积极运筹大国关系，努力发展或推进改善同主要大国的关系。新时代以来，中俄元首在不同场合会晤 20 多次。两国互相视为最主要、最重要的全面战略协作伙伴，不断深化双边务实合作，积极推进大项目建设。中美关系时有冲突，多次反复。习近平主席提出的不冲突不对抗、相互尊重、合作共赢的原则，是指导中美关系健康稳定发展的根本方针。近年来，中美关系呈现的复杂性，

---

[1] 梅世雄、梅常伟、张磊峰：《在党的旗帜下铸牢军魂》，载《人民日报》2020 年 12 月 3 日。

关系到是否遵守国际关系准则的较量。与欧盟，推进全面战略伙伴关系取得进展。2020 年，中国首次成为欧盟最大贸易伙伴。与日本，严格遵循已签订的政治文件精神，既坚决捍卫核心利益，又建立危机管控机制。与印度，加强战略沟通，妥善处理和管控分歧，推动战略伙伴关系向积极方面发展。

3. 秉持亲诚惠容理念，打造周边命运共同体。党和国家领导人秉持亲诚惠容理念，外交足迹遍布周边，全面加强同周边国家友好合作。中朝两国领导人互访，为实现朝鲜半岛和平稳定发挥积极作用。在 2014 年 11 月亚太经合组织第 22 次领导人非正式会议上，习近平主席倡导各方共同构建互信、包容、合作、共赢的亚太伙伴关系，推动实现共同发展、繁荣和进步的亚太梦想。在南海问题上，既坚定维护国家领土主权和海洋权益，又始终致力于同直接当事国通过谈判协商妥善解决争议，提前达成"南海行为准则"框架。2020 年疫情出现以来，中国与周边国家有效开展团结抗疫、复工复产等各领域合作。中国与东盟实现互为第一大贸易伙伴的历史性突破。习近平主席出席亚太经合组织领导人非正式会议，倡导共同建设亚太命运共同体。李克强总理出席东亚合作领导人系列会议，见证签署区域全面经济伙伴关系协定。中国宣布愿积极考虑加入"全面与进步跨太平洋伙伴关系协定"，进一步扩大周边命运共同体。

4. 推动构建以合作共赢为核心的新型国际关系，我国的"朋友圈"越来越大。以习近平同志为核心的党中央十分注重构建以合作共赢为核心的新型国际关系。对中国而言，大国小国一视同仁，发达国家和发展中国家都是朋友。中国对非外交提出真实亲诚工作方针，实施中非合作计划；同拉美和加勒比国家共同体创立中拉论坛，打造中拉关系新格局；同阿拉伯国家构建合作新布局；与太平洋建交岛国建立战略伙伴关系。中国同世界 100 多个国家和国际组织建立和发展了各种伙伴关系，实现了对世界各个地区、不同类型国家的全覆盖。2020 年疫情暴发后，习近平主席同非洲领导人成功举行中非团结抗疫特别峰会。推动国际社会落实《联合国 2030 年可持续发展议程》，与联合国共同举办减贫与南南合作高级别会议，深化农业、教育、妇女儿童、气候变化等领域的国际合作。

5. 倡导推动构建人类命运共同体，我国国际影响力、感召力、塑造力空前提高。习近平主席提出"人类命运共同体"理念后，赞同者越来越多，影响力与日俱增。他在 2015 年 9 月联合国成立 70 周年峰会上，系统阐述了推动构建人类命运共同体的总布局和总路径。2017 年 1 月，他在日内瓦万国宫全面阐述推动构建人类命运共同体的五大理念（要坚持对话协商，建设持久和平的世界；要坚持共建共享，建设普遍安全的世界；要坚持合作共赢，建设共同繁荣的世界；要坚持交流互鉴，建设开放包容的世界；要坚持绿色低碳，建设清洁美丽的世界），为人类社会发展进步描绘了宏伟蓝图。是年 3 月，构建人类命运共同体理念载入联合国安理会决议。面对 2020 年全球治理遭受的挫折，习近平主席在一系列多边会议上，全面系统阐述中国的全球治理观，提出积极应对全球性挑战的中国主张和中国方案。疫情伊始，我国最早向世界公布疫情，同世卫组织和国际社会携手抗击疫情，对 150 多个国家和九个国际组织提供抗疫援助；至 2020 年底，提供了 2200 多亿只口罩、23 亿件防护服、10 亿多份检测试剂盒。卫生健康命运共同体等多种共同体在不断扩大。

（五）全面从严治党使党的力量走向强起来的新时代

党的自身建设不仅关系到党的存亡，而且关系到国家的前途、民族的命运和人民的福祉。2014 年，习近平总书记提出"全面从严治党"，将党的建设新的伟大工程推向新阶段。以习近平同志为核心的党中央怎样全面从严治党呢？最重要的是提出"思想建党和制度治党紧密结合"新理念，要求思想建党和制度治党两手都要硬，两者互相贯通、双管齐下，同向发力、同时发力，既使加强思想建党过程成为加强制度治党过程，也使制度治党过程成为加强思想建党过程。它丰富和发展了马克思主义执政党建设理论，认真践行它能使我们党走向更强的新时代。

1. 反腐败斗争取得压倒性胜利，使我们党在现代政党政治理论上进一步强起来。在思想建党和制度治党紧密结合思想指导下，党中央以雷霆万钧之势开展反腐败斗争，标本兼治，坚持"打虎""拍蝇""猎狐"全覆盖、零容忍，严肃查处周永康、薄熙来、郭伯雄、徐才厚、孙政才、令计划等一批腐败分子，以及一批系统性塌方式腐败重大案件，反腐败斗争取得决定性胜利。全面从严治党是一场伟大的自我革命，校正了党和国家前进的航向，解决了党和国家事业发展带有全局性、根本性、方向性的问题。它在理论上将党的建设规律认识提到新高度，在实践上深得党心民心，进一步巩固了执政基础。

2. 重新强调思想建党，使广大党员在科学理论基础上确立的理想信仰信念进一步强起来。思想建党是中国共产党的一个本质特征。习近平总书记重新强调思想建党，要求各级干部特别是党的高级干部要把系统掌握马克思主义理论和马克思主义中国化理论最新成果作为看家本领，并且提出以德治党，落实思想建党要求。以德治党的核心，是要把在科学理论基础上确立的理想信仰信念作为共产党人精神上的"钙"，用坚定理想信仰信念炼就共产党人的"金刚不坏之身"，夯实党员、干部廉洁从政的思想基础，筑牢拒腐防变的道德防线，做到对党绝对忠诚，不忘初心，牢记使命。思想建党、以德治党，空前强化了全党对共产主义理想、马克思主义信仰、中国特色社会主义信念的坚定度。

3. 根据制度治党思想，使党的制度建设进一步强起来。习近平总书记不断强调把权力关进制度的笼子里，制定和健全系统完备的法规制度体系，让权力在阳光下运行。党中央出台或修订的党内法规超过此前党内法规的一半，初步形成以党章为根本，以准则、条例等党内法规为主干的党内法规制度体系。在出台的各种法规条例中，有两项法规发挥了特别重要的作用。一是强化巡视监督，使之成为从严治党利剑。中纪委立案审查的中管干部，一半以上是根据巡视组移交的问题线索查处的。二是修订《中国共产党党内监督条例》，成立各级监察委员会，健全和完善监察制度，推进中国特色国家监察体制形成。这是从我国国情出发加强对公权力监督的重大改革创新。

4. 狠抓作风强党，严肃党内政治生活，使党的先进性、纯洁性形象进一步强起来。严肃党内政治生活，最重要的是坚持依规治党，狠抓作风强党。十八届中央领导集体在党的十八大闭幕20天就召开政治局会议审议通过中央八项规定，一场激浊扬清的风气巨变从此开启。随后，党中央紧锣密鼓地开展党的群众路线教育实践活动、"三严三实"专题教育等，组织涣散、纪律松弛的宽松软局面有了很大转变。强化不敢腐的震慑，扎牢不能腐的笼子，增强不想腐的自觉，取得初步成效，为管党治党走向严紧硬奠定了基础。通过作风强党、从严惩治贪腐，党的先进性、纯洁性形象更加鲜明，开辟了管党治党新境界。

中国共产党既是百年大党，也是百年强党。全面建成小康社会第一个百年奋斗目标胜利实现后，党已开启全面建设社会主义现代化国家、向第二个百年奋斗目标进军的新征程。经历过狂风暴雨和惊涛骇浪的中国共产党人坚信，这个目标一定要实现，这个目标一定能够实现！

顾海良 北京大学博雅讲席教授、北京大学马克思主义学院教授

马克思主义中国化与中国共产党思想的
百年辉煌

在对中国共产党百年思想进行历史阐释时，习近平总书记指出，"我们党的历史，就是一部不断推进马克思主义中国化的历史，就是一部不断推进理论创新、进行理论创造的历史"[1]。中国共产党百年思想历程，是以马克思主义中国化为主线的。马克思主义中国化的理论精粹，是以中国共产党百年历程中的理论创新和理论创造为标识的。

一、马克思主义中国化的历程与中国共产党百年思想的主线

马克思主义中国化的历程是马克思主义基本原理同中国具体实际相结合的过程。中国共产党是马克思主义基本原理同中国实际相结合的主导者、践行者和理论创新者。

马克思主义基本原理是马克思主义理论体系的基本构件。在对中国共产党思想历史的阐释中，习近平同志对马克思主义基本原理的内涵曾作过两个方面的概括：一是马克思主义基本原理"体现马克思主义的根本性质和整体特征，体现马克思主义世界观和方法论的科学性、革命性的高度统一"；二是"相对于在特定的历史环境中所作的个别理论判断和具体结论而言，基本原理是对事物

---

[1]《学党史悟思想办实事开新局　以优异成绩迎接建党一百周年》，载《人民日报》2021年2月21日。

本质和发展规律的概括，具有普遍和根本的指导意义"。[1]把马克思主义基本原理同中国具体实际结合起来，分析和解决中国的现实问题，推进实践基础上的理论创新和理论创造，成为马克思主义中国化过程的决定性因素和根本性原则。

毛泽东曾经指出："马列主义的基本原理在实践中的表现形式，各国应有所不同。在中国，马列主义的基本原理要和中国的革命实际相结合。"[2]世纪沧桑、砥砺前行，中国共产党的百年历程，始终立足于中国实际，深刻理解和把握中国的历史和现状，具体分析和解决中国的实际问题，使中国化马克思主义成为中国社会进步和发展的思想旗帜，成为中华民族独立和复兴的精神支柱。

19世纪末20世纪初，马克思主义思想和社会主义学说在中国传播的涓涓细流，在俄国十月革命的影响下，经过五四运动的洗礼，开始汇成奔腾而起的社会政治思潮，成为中国共产党早期一批共产主义者改变中国的思想指南。1920年，李大钊已经提出，社会主义理想"因各地、各时之情形不同，务求其适合者行之，遂发生共性与特性结合的一种新制度（共性是普遍者，特性是随时随地不同者），故中国将来发生之时，必与英、德、俄……有异"[3]。青年毛泽东在1920年也已经认识到，"吾人如果要在现今的世界稍为尽一点力，当然脱不开'中国'这个地盘。关于这地盘内的情形，似不可不加以实地的调查，及研究"[4]。他们已经悟得马克思主义运用于中国实际时需要遵循的基本方法，体现了中国共产党创立者的思想自觉。

马克思主义基本原理同中国革命具体实际结合的历程，不是一帆风顺的，而是一个长期的实践探索和反复的思想认识的过程。中国共产党成立之初，出现过以陈独秀为代表的右倾机会主义路线，后来又发生了以王明为代表的"左"倾机会主义错误。他们对中国革命的实践探索和思想认识，脱离中国的实际，机械照搬马克思主义原理的个别词句、个别结论或者外国的现成经验，反对从

---

[1] 习近平：《中国共产党90年来指导思想和基本理论的与时俱进及历史启示》，载《学习时报》2011年6月27日。

[2] 《毛泽东文集》第7卷，人民出版社1999年版，第78页。

[3] 中国李大钊研究会编注：《李大钊文集》第4卷，人民出版社1999年版，第5页。

[4] 中共中央文献研究室编：《毛泽东年谱（1893—1949）（修订本）》上卷，中央文献出版社2013年版，第54页。

中国的实际出发走自己的社会革命道路，致使中国革命遭受严重挫折。毛泽东思想就是在同这些右倾和"左"倾机会主义错误的斗争中，坚持真理、修正错误，在坚持把马克思主义基本原理同中国革命具体实际结合中形成和发展起来的。马克思主义基本原理同中国实际的结合，是中国共产党思想发展的源头活水，也是中国共产党在社会革命和自我革命中永葆盎然生机的独特禀赋。

1938年，在党的扩大的六届六中全会上，毛泽东在提出"马克思主义的中国化"命题时强调，"离开中国特点来谈马克思主义，只是抽象的空洞的马克思主义"[1]。在新民主主义革命时期，中国共产党对当时中国社会性质的科学认识、对中国社会革命道路和方式的正确选择、对中国共产党路线方针政策的准确判断和制定，以及对社会革命和自我革命的推进，等等，无不体现着马克思主义基本原理在中国的成功运用，无不蕴含着中国共产党人在这一过程中的理论创新和理论创造。马克思主义基本原理与中国具体实际结合的根本原则，成为中国共产党推进马克思主义中国化的自觉遵循。

新中国成立后，特别是在1956年中国社会主义基本制度确立时，毛泽东从历史、理论与现实的结合上，提出了马克思主义中国化"第二次结合"的思想。1956年4月，毛泽东在谈到苏共二十大对中国共产党有"什么教益"的问题时指出："最重要的是要独立思考，把马列主义的基本原理同中国革命和建设的具体实际相结合。"回顾党的历史，毛泽东深有感触地谈道："民主革命时期，我们吃了大亏之后才成功地实现了这种结合，取得了新民主主义革命的胜利。现在是社会主义革命和建设时期，我们要进行第二次结合，找出在中国怎样建设社会主义的道路。"[2]进行"第二次结合"，成为中国共产党人探索在中国怎样建设和发展社会主义问题的指导思想。

1956年后经过20多年对中国社会主义建设道路的艰辛探索和曲折过程，中国共产党对"第二次结合"的意蕴有了更为深刻的感悟，增强了对"第二次结合"的思想认同和理论自觉。1982年，邓小平在党的十二大开幕词中提出：

---

[1] 《毛泽东选集》第2卷，人民出版社1991年版，第534页。

[2] 中共中央文献研究室编：《毛泽东年谱（1949—1976）》第2卷，中央文献出版社2013年版，第557页。

"把马克思主义的普遍真理同我国的具体实际结合起来，走自己的道路，建设有中国特色的社会主义。"[1]这一思想开辟了马克思主义中国化的新进程，拓展了新时期马克思主义中国化理论创新和理论创造的视野，升华了具有中国特色和时代特征的中国化马克思主义的境界。

改革开放和社会主义现代化建设新时期，中国共产党人赋予"第二次结合"以新的思想内涵，实现了马克思主义中国化的新飞跃。这主要体现在以下几个方面。

一是提出"真正的马克思主义"的问题。党的十一届三中全会召开之前，邓小平就提出新时期如何坚持马克思主义基本原理与中国实际结合的问题。在总结中国共产党在这个问题上有过的经验教训时，邓小平提出了"真正的马克思主义"的问题："我们不能够只从个别词句来理解毛泽东思想，而必须从毛泽东思想的整个体系去获得正确的理解"[2]，要从总体上把握马克思主义的基本原理、基本精神和基本方法，对于马克思主义既要坚持，又要发展，而且只有在发展中才能真正地坚持。"真正的马克思主义"的核心问题在于，"我们坚信马克思主义，但马克思主义必须与中国实际相结合。只有结合中国实际的马克思主义，才是我们所需要的真正的马克思主义"。[3]对"真正的马克思主义"的实质和核心问题的阐释，是邓小平新时期对"第二次结合"思想的赓续。

二是提出马克思主义与时俱进的理论品质的问题。在改革开放和社会主义现代化建设新时期，特别是在20世纪80年代末90年代初国际社会主义运动遭受严重挫折时，对马克思主义理论品质的理解，成为如何实现马克思主义基本原理与中国具体实际结合的关键问题。1998年12月，在改革开放20周年之际，江泽民提出："必须始终坚持以我国改革开放和现代化建设的实际问题、以我们正在做的事情为中心，着眼于马克思主义理论的运用，着眼于对实际问题的理论思考，着眼于新的实践和新的发展，勇于开拓前进。"[4]21世纪伊始，江泽民

---

[1] 《邓小平文选》第3卷，人民出版社1993年版，第3页。

[2] 《邓小平文选》第2卷，人民出版社1994年版，第43页。

[3] 《邓小平文选》第3卷，人民出版社1993年版，第213页。

[4] 中共中央文献研究室编：《十五大以来重要文献选编》（上），人民出版社2000年版，第680页。

有针对性地提出:"继承是创新的前提,创新是最好的继承。只有坚持这样做,理论才能真正顺应时代和实践的呼唤,实现与时俱进的要求。"[1]与时俱进的理论品质内涵于马克思主义基本原理和理论体系之中。坚守马克思主义与时俱进的理论品质,才能在改革开放的新的实践中,不断地运用好、发展好马克思主义。与时俱进的理论品质,成就了"三个代表"重要思想的形成和发展,成功地把中国特色社会主义推向21世纪。

三是提出马克思主义中国化、时代化和大众化的问题。2008年12月,在改革开放30周年之际,胡锦涛提出,要坚持改革开放的正确方向,"我们既不能把书本上的个别论断当作束缚自己思想和手脚的教条,也不能把实践中已见成效的东西看成完美无缺的模式"[2]。要不断赋予当代中国马克思主义鲜明的实践特色、民族特色、时代特色,不断推进马克思主义中国化、时代化和大众化。在坚持和发展中国特色社会主义中,要"不断作出新的理论概括,增强理论说服力和感召力,丰富发展中国特色社会主义理论体系,为进一步认识世界和改造世界、推动党和国家事业发展提供强有力的理论指导"[3]。坚守马克思主义与时俱进的理论品质,在推进中国特色社会主义的实践创新、理论创新和制度创新中,科学发展观得以形成和发展,全面建设小康社会得以成功推进。

党的十八大以后,以习近平同志为核心的党中央,面对新时代坚持和发展中国特色社会主义的新的实际,提出:"要以科学的态度对待科学,以真理的精神追求真理,不断赋予马克思主义以新的时代内涵。"[4]在庆祝改革开放40周年大会上,习近平总书记提出,在马克思主义中国化历程中,要"坚持理论联系实际,及时回答时代之问、人民之问,廓清困扰和束缚实践发展的思想迷雾,

---

[1]《江泽民文选》第3卷,人民出版社2006年版,第327页。

[2] 中共中央文献研究室编:《十七大以来重要文献选编》(上),中央文献出版社2009年版,第811—812页。

[3] 中共中央文献研究室编:《十七大以来重要文献选编》(中),中央文献出版社2011年版,第146页。

[4]《深刻感悟和把握马克思主义真理力量 谱写新时代中国特色社会主义新篇章》,载《人民日报》2018年4月25日。

不断推进马克思主义中国化时代化大众化，不断开辟马克思主义发展新境界"[1]。习近平总书记还提出："共产党人要把读马克思主义经典、悟马克思主义原理当作一种生活习惯、当作一种精神追求，用经典涵养正气、淬炼思想、升华境界、指导实践。"[2] 这是中国共产党人上好马克思主义理论"必修课"的底蕴所在，是练就"看家本领"的底气所在，也是中国化马克思主义永葆生机活力的精髓所在。习近平新时代中国特色社会主义思想，与时代同步伐，与人民共命运，关注和回答时代和实践提出的重大课题，升华了新时代马克思主义中国化的境界。

二、马克思主义中国化的阶段与中国共产党百年思想的主旨

1941年，毛泽东曾指出："应确立以研究中国革命实际问题为中心，以马克思列宁主义基本原则为指导的方针，废除静止地孤立地研究马克思列宁主义的方法。"[3] 中国社会百年来的历史性变迁，同马克思主义中国化的发展阶段及阶段性特征相契合，同中国共产党百年思想的形成、丰富和接续发展相辉映，也是在中国社会历史性变迁中，以中国社会实现两大历史任务为主旨，以中国的"实际问题为中心"，以中华民族伟大复兴为旗帜的。

中国共产党成立以来，始终以实现中华民族伟大复兴为己任，在坚持完成两大历史任务的目标中，使中国社会发生了三次历史性转变。中华民族伟大复兴面对着两大历史任务，"一个是求得民族独立和人民解放；一个是实现国家繁荣富强和人民共同富裕。前一任务是为后一任务扫清障碍，创造必要的前提"[4]。中国共产党在矢志完成两大历史任务中，相继实现了中国社会的三次历史性转变：一是新民主主义革命的伟大历史性转变；二是社会主义革命和建设的伟大历史性转变；三是改革开放的伟大历史性转变。

---

[1] 中共中央党史和文献研究院编：《十九大以来重要文献选编》（上），中央文献出版社 2019 年版，第 731 页。

[2] 同上书，第 434 页。

[3] 《毛泽东选集》第 3 卷，人民出版社 1991 年版，第 802 页。

[4] 中共中央文献研究室编：《十五大以来重要文献选编》（上），人民出版社 2000 年版，第 2 页。

在完成第一大历史任务中，中国共产党团结带领全国人民浴血奋战，打败日本帝国主义，推翻国民党反动统治，完成新民主主义革命，建立了中华人民共和国，进而"彻底结束了旧中国半殖民地半封建社会的历史，彻底结束了旧中国一盘散沙的局面，彻底废除了列强强加给中国的不平等条约和帝国主义在中国的一切特权，实现了中国从几千年封建专制政治向人民民主的伟大飞跃"[1]。

新中国成立后，中国共产党团结带领全国人民，不失时机地推进社会主义革命，实现生产资料的社会主义改造，确立社会主义基本制度，消灭一切剥削制度，推进了社会主义建设，从而"完成了中华民族有史以来最为广泛而深刻的社会变革，为当代中国一切发展进步奠定了根本政治前提和制度基础，为中国发展富强、中国人民生活富裕奠定了坚实基础，实现了中华民族由不断衰落到根本扭转命运、持续走向繁荣富强的伟大飞跃"[2]。

改革开放和社会主义现代化建设新时期，中国共产党团结带领全国人民进行改革开放新的伟大革命，极大激发了广大人民群众的创造性，极大解放和发展了社会生产力，极大增强了社会发展活力，人民生活显著改善，综合国力显著跃升，国际地位显著提高，进而"开辟了中国特色社会主义道路，形成了中国特色社会主义理论体系，确立了中国特色社会主义制度，使中国赶上了时代，实现了中国人民从站起来到富起来、强起来的伟大飞跃"[3]。这三大历史性转变，是中国共产党人实现的认识世界和改变世界的伟大创举。马克思主义中国化的历史发展，就是以这些历史性转变中的"实际问题为中心"的。

马克思主义中国化启程时，面对的"实际问题"就是民族独立和人民解放的问题。经过28年浴血奋战和顽强奋斗，中国共产党带领全国各族人民历经千辛万苦、付出巨大牺牲，夺取了新民主主义革命胜利，实现了几代中国人梦寐以求的民族独立和人民解放。中华人民共和国的成立，使中国人民成为国家、社会和自己命运的主人，实现了向人民民主制度的伟大跨越，实现了国家高度

---

[1] 中共中央党史和文献研究院编：《十八大以来重要文献选编》（下），中央文献出版社2018年版，第342页。

[2] 同上。

[3] 同上书，第342—343页。

统一和各民族空前团结。新中国成立后，以毛泽东同志为主要代表的中国共产党人，带领全国人民，在迅速医治战争创伤、恢复国民经济的基础上，创造性地完成了由新民主主义革命向社会主义革命的转变。在这一过程中，中国共产党开始以工业化和现代化为目标，着力实现以国家繁荣富强和人民共同富裕为主题的第二大历史任务。

1954 年 9 月，在一届全国人大一次会议开幕式的致辞中，毛泽东就提出"将我们现在这样一个经济上文化上落后的国家，建设成为一个工业化的具有高度现代文化程度的伟大的国家"的奋斗目标。周恩来在《政府工作报告》中也强调："如果我们不建设起强大的现代化的工业、现代化的农业、现代化的交通运输业和现代化的国防，我们就不能摆脱落后和贫困，我们的革命就不能达到目的。"[1] 实现国家现代化成为中国共产党治国理政的根本目标，成为全国各族人民不懈奋斗的根本任务，也成为马克思主义中国化面临的"中心问题"。

1956 年，社会主义基本制度的确立，为社会主义现代化奠定了坚实的政治前提、牢固的道路根基，提供了坚强的制度保障。以毛泽东同志为主要代表的中国共产党人，已经把社会主义现代化问题提到了国事论衡的重要议程上。1957 年 2 月，毛泽东明确提出，要"将我国建设成为一个具有现代工业、现代农业和现代科学文化的社会主义国家"[2]。1964 年 12 月，在三届人大一次会议的《政府工作报告》中，周恩来正式宣告中国实现"四个现代化"的宏伟目标。在 1975 年 1 月召开的四届人大一次会议上，周恩来再次宣告："在本世纪内，全面实现农业、工业、国防和科学技术的现代化，使我国国民经济走在世界的前列。"[3]

新时期伊始，邓小平就强调："能否实现四个现代化，决定着我们国家的命运、民族的命运。"[4] 他还提出："过去搞民主革命，要适合中国情况，走毛泽东同志开辟的农村包围城市的道路。现在搞建设，也要适合中国情况，走出一条

---

[1] 《周恩来选集》下卷，人民出版社 1984 年版，第 132 页。

[2] 《毛泽东文集》第 7 卷，人民出版社 1999 年版，第 207 页。

[3] 《周恩来选集》下卷，人民出版社 1984 年版，第 479 页。

[4] 《邓小平文选》第 2 卷，人民出版社 1994 年版，第 162 页。

中国式的现代化道路。"[1] "中国式的现代化"最为深刻地阐明了中国现代化的本质，最为直接地表达了实现中华民族伟大复兴的意旨。"中国式的现代化"深刻地揭示了马克思主义中国化的新的阶段性特征。

"中国式的现代化"与同时提出的"小康社会"建设相结合、相辉映，最为深刻地昭彰了中国共产党领导"中国式的现代化"的理论境界，最为生动地呈现了中国共产党实现中华民族伟大复兴的思想智慧。20世纪80年代初，中国共产党提出小康社会"三步走"战略，规划了从"解决人民温饱的问题"到"人民生活达到小康水平"，再到"人民生活比较富裕，基本实现现代化"的发展步骤。"三步走"的战略，成为"中国式的现代化"接续推进的历史路标。1997年，在"三步走"的前两步已经基本实现时，党的十五大对"三步走"战略作出新的规划，提出到党成立100周年时，使国民经济更加发展，各项制度更加完善；到新中国成立100周年时，基本实现现代化，建成富强民主文明的社会主义国家。中国共产党提出的"中国式的现代化"在"两个一百年"阶段的奋斗目标，成为中华民族伟大复兴关键阶段的伟大战略部署。

进入21世纪，中国共产党使"中国式的现代化"不仅与全面建设小康社会和"两个一百年"奋斗目标同行并进，而且进一步与中华民族伟大复兴的追求融为一体。在进入21世纪之际，江泽民强调："建设富强民主文明的社会主义现代化国家，是毛泽东同志、他的战友们和千百万革命先烈的伟大理想，是一百多年来中国社会发展的必然结论和中华民族的共同愿望。"[2] 站在世纪之交的历史高度，中国共产党人的庄严使命，就是坚持党的基本路线，团结和带领全国各族人民，"向着现代化的光辉目标前进，向着中华民族的伟大复兴前进"[3]。

党的十八大以来，以习近平同志为核心的党中央坚持和发展中国特色社会主义，不忘初心、牢记使命、不断前进，在决胜全面建成小康社会中砥砺奋进，赋予"中国式的现代化"以新时代的内涵。

---

[1] 《邓小平文选》第2卷，人民出版社1994年版，第163页。

[2] 《江泽民文选》第1卷，人民出版社2006年版，第360页。

[3] 《江泽民文选》第2卷，人民出版社2006年版，第126页。

新时代，"中国式的现代化"首先在目标内涵上得到升华。新时代，社会的主要矛盾已经转化为人民日益增长的美好生活需要和不平衡不充分的发展之间的矛盾。解决和处理好社会主要矛盾中不平衡不充分发展问题的基本战略和根本出路，就在于推进经济建设、政治建设、文化建设、社会建设、生态文明建设"五位一体"总体布局，党的基本路线的目标内涵也升华为"把我国建设成为富强民主文明和谐美丽的社会主义现代化强国"。

其次，在"四个全面"整体发展中，提出了国家治理体系和治理能力现代化的新课题。推进国家治理体系和治理能力现代化，就是要使各方面制度更加科学、更加完善，实现党、国家、社会各项事务治理制度化、规范化、程序化，善于运用制度和法律治理国家，提高党科学执政、民主执政、依法执政水平。

再次，提升了坚定"四个自信"和发展"四个伟大"的新标格。坚定中国特色社会主义道路自信、理论自信、制度自信、文化自信，我们就能毫不畏惧地面对一切困难和挑战，不走封闭僵化的老路，也不走改旗易帜的邪路，开拓新时代现代化发展的新天地，创造现代化建设的新奇迹。"四个伟大"紧密联系、相互贯通、相互作用，作为一个有机整体：伟大梦想是目标，指引着"中国式的现代化"正确航向；伟大斗争是力量，蕴含着"中国式的现代化"不竭动力；伟大工程是根本，铸就了"中国式的现代化"的坚固根基；伟大事业是路向，昭示着"中国式的现代化"发展方向。

最后，在战略规划上，进一步明确第二个一百年的阶段性目标。党的十九大提出，实现第二个百年奋斗目标，分作两个阶段，一是从 2020 年到 2035 年基本实现社会主义现代化，二是从 2035 年到 2050 年建成社会主义现代化强国。习近平总书记指出："从全面建成小康社会到基本实现现代化，再到全面建成社会主义现代化强国，是新时代中国特色社会主义发展的战略安排。我们要坚忍不拔、锲而不舍，奋力谱写社会主义现代化新征程的壮丽篇章！"[1]

与时俱进、守正创新，牢牢把握社会和时代发展的基本趋势和特征，以

---

[1] 中共中央党史和文献研究院编：《十九大以来重要文献选编》（上），中央文献出版社 2019 年版，第 21 页。

"实际问题为中心"，在马克思主义中国化的新的进程中，不断丰富中国共产党的思想成就；紧紧抓住中国社会历史性转变过程，以中华民族伟大复兴为初心和使命，彰显了中国化马克思主义的阶段性特征和中国共产党百年思想的主旨。

三、马克思主义中国化的历史性飞跃与中国共产党百年理论创新和创造

习近平总书记在强调学习中国共产党百年历史意义时指出："一百年来，我们党坚持解放思想和实事求是相统一、培元固本和守正创新相统一，不断开辟马克思主义新境界，产生了毛泽东思想、邓小平理论、'三个代表'重要思想、科学发展观，产生了新时代中国特色社会主义思想，为党和人民事业发展提供了科学理论指导。"[1]中国共产党百年思想不仅把马克思主义基本原理运用于中国的实际，而且还在这一过程中形成新的思想，并将其上升为马克思主义理论的新的内涵，实现中国共产党对马克思主义的理论创新和理论创造。

这里讲的"理论创新"，既包括中国化马克思主义对马克思主义理论的继承性发展和创新，就是与马克思列宁主义既一脉相承又与时俱进的理论过程；也包括对马克思主义理论与各种先进的或有价值的思想理论的集成性创新，就是对人类文明进步中各种思想文化资源的借鉴和吸收；此外，还包括对中华优秀传统文化的吸收、转化和创新。中华优秀传统文化是马克思主义中国化理论创新的沃土。1938 年，毛泽东就强调，"马克思主义必须和我国的具体特点相结合并通过一定的民族形式才能实现"[2]，这体现了毛泽东对马克思主义中国化的文化沃土和形态特征的深刻理解。

实事求是是毛泽东思想的精髓。"实事求是"一词出自《汉书·河间献王传》："修学好古，实事求是。从民得善书，必为好写与之，留其真。"毛泽东赋

---

[1]《学党史悟思想办实事开新局 以优异成绩迎接建党一百周年》，载《人民日报》2021 年 2 月 21 日。

[2]《毛泽东选集》第 2 卷，人民出版社 1991 年版，第 534 页。

予"实事求是"这一旧典以中国化马克思主义的新的内涵，认为"'实事'就是客观存在着的一切事物，'是'就是客观事物的内部联系，即规律性，'求'就是我们去研究"[1]。全面建设小康社会是中国特色社会主义理论体系中的重要思想，"小康"一词最早出自《诗经》，邓小平结合"中国式的现代化"建设目标进行思考时，赋予"小康"一词以全新的时代内涵。可以认为，马克思主义中国化的历史发展，不仅是马克思主义基本原理同中国具体实际相结合的过程，同时也是不断汲取中华优秀传统文化精粹，实现中华思想文化现代化的过程。

这里讲的"理论创造"：一是对马克思主义经典文本的理论创新，1978年，邓小平在对马克思《1857—1858年经济学手稿》里的"生产力中也包括科学"[2]的理解中指出："科学技术是生产力，这是马克思主义历来的观点。早在一百多年以前，马克思就说过：机器生产的发展要求自觉地应用自然科学。"[3]从中发掘了科学技术是第一生产力等理论的源头。二是完全以中国的具体实际或当代世界发展的新的现实为根据，中国共产党在其独特的社会革命和自我革命中实现的马克思主义的"理论创造"。毛泽东思想和中国特色社会主义理论体系，是马克思主义中国化历史发展的两大理论成果，是中国共产党理论创新和理论创造成就的集中呈现。

中国共产党百年思想辉煌，在马克思主义中国化第一次历史性飞跃中，集中体现为毛泽东思想的理论创新和理论创造。毛泽东多次强调，中国共产党"从中国的历史实际和革命实际的认真研究中，在各方面作出合乎中国需要的理论性的创造，才叫做理论和实际相联系"[4]。毛泽东揭示了马克思主义中国化中"理论性的创造"的本质规定，就在于"合乎中国需要"的马克思主义中国化的理论创新和理论创造。

毛泽东思想中蕴含的"理论创新"和"理论创造"的要义，就在于创造性地解决了马克思列宁主义基本原理同中国实际相结合的一系列"合乎中国需要"

[1]《毛泽东选集》第3卷，人民出版社1991年版，第801页。

[2]《马克思恩格斯文集》第8卷，人民出版社2009年版，第188页。

[3]《邓小平文选》第2卷，人民出版社1994年版，第87页。

[4]《毛泽东选集》第3卷，人民出版社1991年版，第820页。

的重大问题，深刻分析了中国社会形态和阶级状况，经过不懈探索，弄清了中国革命的性质、对象、任务、动力，提出通过新民主主义革命走向社会主义革命的两步走战略，制定了新民主主义革命总路线，开辟了以农村包围城市、最后夺取全国胜利的革命道路；就在于创造性地解决了在中国这种特殊的社会历史条件下建设马克思主义政党的一系列"合乎中国需要"的重大问题，把党建设成为用科学理论和革命精神武装起来的、同人民群众有着血肉联系的、思想上政治上组织上完全巩固的马克思主义政党；就在于创造性地解决了缔造一个在党的绝对领导下的人民武装力量的一系列"合乎中国需要"的重大问题，建成一支具有一往无前精神、能压倒一切敌人而绝不被敌人所屈服的新型人民军队；就在于创造性地解决了团结全民族最大多数人共同奋斗的革命统一战线的一系列"合乎中国需要"重大问题，为党和人民事业凝聚了一支最广大的同盟军；就在于创造性地提出和实施了一系列"合乎中国需要"的正确的战略策略，及时解决了中国革命进程中一道道极为复杂的难题，引导中国革命航船不断乘风破浪前进。[1]

新中国成立后，以毛泽东同志为主要代表的中国共产党人，依据中国独特的国情和经济社会发展的现状，走出了富有中国特点的社会主义过渡新道路，创造性地提出了中国特色的过渡时期理论，开辟了中国社会主义建设道路，提出了包括社会主义矛盾学说、综合平衡和统筹兼顾、独立自主和自力更生等在内的一系列极其重要的"合乎中国需要"的理论创新和理论创造。

改革开放和社会主义现代化建设新时期，在马克思主义中国化新的飞跃中，邓小平理论、"三个代表"重要思想和科学发展观，形成一系列"合乎中国需要"的中国特色社会主义的理论创新和理论创造。党的十一届三中全会重新确立解放思想、实事求是的思想路线，实现了党和国家工作重点的转移。党的十二大首次提出"建设有中国特色的社会主义"的命题，为创立中国特色社会主义理论奠定了基础、指明了方向。党的十二大以后，我国的经济体制改革迅

---

[1] 参见中共中央文献研究室编：《十八大以来重要文献选编》（上），中央文献出版社 2014 年版，第 689—690 页。

速地在全国范围内全面展开，党相继提出了社会主义改革开放理论、社会主义商品经济理论、社会主义初级阶段理论、党在社会主义初级阶段基本路线理论、"三步走"的国民经济发展的战略目标和步骤、社会主义本质理论，以及社会主义精神文明建设的指导方针、"一国两制"等一系列理论创新和理论创造。

党的十四大提出了"邓小平同志建设有中国特色社会主义理论"的概念，提出了建设和发展社会主义市场经济，并对社会主义的发展道路、发展阶段等作了精辟的阐述。"三个代表"重要思想在邓小平理论的基础上加深了对什么是社会主义、怎样建设社会主义和建设什么样的党、怎样建设党的认识，深化了对共产党执政规律、社会主义建设规律和人类社会发展规律的认识，实现了我们党指导思想的与时俱进。科学发展观深刻认识和回答了新形势下实现什么样的发展、怎样发展等重大问题，赋予马克思主义关于发展的理论以新的时代内涵和实践要求。党的十七大报告第一次使用了"中国特色社会主义理论体系"这一概念，提出"改革开放以来我们取得一切成绩和进步的根本原因，归结起来就是：开辟了中国特色社会主义道路，形成了中国特色社会主义理论体系"[1]。

党的十八大以来，习近平新时代中国特色社会主义思想紧扣时代课题，在推进马克思主义中国化的新的飞跃中，拓展了马克思主义中国化的理论创新和理论创造：提出党的领导是中国特色社会主义最本质特征和最大制度优势；提出全面从严治党，实现党的社会革命和自我革命"两个伟大革命"；提出新发展理念、经济新常态和供给侧结构性改革的新思路，坚持社会主义市场经济改革方向，推进高质量发展；提出"五位一体"总体布局、协调推进"四个全面"战略布局；提出社会主义初级阶段基本经济制度新判断；提出推进国家治理体系和治理能力现代化；提出"一带一路"倡议，开辟对外开放新格局；提出精准扶贫脱贫，实现脱贫攻坚战理论；提出马克思主义在意识形态领域指导地位的根本制度，增强"四个自信"，提升意识形态工作的领导权管理权话语权；提出绿水青山就是金山银山的理念，形成生态文明建设思想；提出新时代强军目

---

[1] 中共中央文献研究室编：《十七大以来重要文献选编》（上），中央文献出版社 2009 年版，第 45 页。

标和战略方针；提出推动构建新型国际关系、人类命运共同体理念等一系列理论创新和理论创造。习近平新时代中国特色社会主义思想，在一系列理论创新和理论创造中，赋予 21 世纪马克思主义以新的时代内涵。

回顾百年来中国共产党在理论创新和理论创造中的辉煌成就，可以看到，百年来马克思主义中国化的历程包含两个基本的方面：一方面是"化中国"，即把马克思主义基本原理运用于中国的具体实际，分析和解决中国的实际问题，就如毛泽东所指出的那样："使马克思主义在中国具体化，使之在其每一表现中带着必须有的中国的特性，即是说，按照中国的特点去应用它"[1]；另一方面是"中国化"，即把马克思主义基本原理运用于中国实际中形成的思想，上升为马克思主义的新内涵、新思想，升华为中国化了的马克思主义的新的理论和新的形式，就如毛泽东所指出的，"要使中国革命丰富的实际马克思主义化"，"要把马、恩、列、斯的方法用到中国来，在中国创造出一些新的东西"。[2]

"化中国"和"中国化"这两个方面及其相互结合，构成马克思主义中国化的基本过程。这两个方面，前者以理论运用于实践为过程特征，后者则以实践上升到理论为过程特征。前者呈现为理论指导和运用的过程，后者彰显为理论概括和升华的过程，也就是"理论创新"和"理论创造"。"化中国"与"中国化"两者相辅相成、相互推进，螺旋式上升，呈现了马克思主义中国化的历史进程，彰显了中国共产党百年思想中"理论创造"和"理论创新"的辉煌乐章。

四、马克思主义中国化的新境界与中国共产党百年思想的显著特征

中国共产党百年思想辉煌，源于马克思主义基本原理同中国具体实际相结合的改变中国、改变世界的不断实践和探索，昭彰于中国共产党带领中国人民

---

[1] 《毛泽东选集》第 2 卷，人民出版社 1991 年版，第 534 页。

[2] 《毛泽东文集》第 2 卷，人民出版社 1993 年版，第 374、408 页。

顽强拼搏、砥砺奋进取得的历史性变革和历史性成就之中，结晶于马克思主义中国化三次历史性飞跃中中国共产党的理论创新和理论创造之中。

毛泽东最早提出"使马克思主义在中国具体化""使中国实际马克思主义化"等一系列科学命题，奠定了马克思主义中国化的基石。作为马克思主义中国化第一次历史性飞跃的伟大理论成果，毛泽东思想不仅在新民主主义革命中，而且在社会主义革命和建设中都有新的发展和丰富。1956年，社会主义基本制度确立以后，如何在中国建设和发展社会主义成为中国共产党面临的崭新课题。在这一过程中，"毛泽东同志对适合中国情况的社会主义建设道路进行了艰苦探索。他以苏联的经验教训为鉴戒，提出要创造新的理论、写出新的著作，把马克思列宁主义基本原理同中国实际进行'第二次结合'，找出在中国进行社会主义革命和建设的正确道路，制定把我国建设成为一个强大的社会主义国家的战略思想"[1]。在整体上，毛泽东思想"系统回答了在一个半殖民地半封建的东方大国，如何实现新民主主义革命和社会主义革命的问题，并对建设什么样的社会主义、怎样建设社会主义进行了艰辛探索，以创造性的内容为马克思主义宝库增添了新的财富"[2]。

1978年，党的十一届三中全会开启了改革开放和社会主义现代化建设新时期。这一新时期形成和发展起来的中国特色社会主义理论体系，包括邓小平理论、"三个代表"重要思想以及科学发展观等建设中国特色社会主义重大战略思想。作为一个一脉相承的有机整体，它们都坚持以马克思列宁主义、毛泽东思想为指导，它们回答的首要的基本问题都是坚持和发展中国特色社会主义问题，它们立足的基本国情都是中国社会主义初级阶段，它们所要实现的奋斗目标都是中国的社会主义现代化和中华民族的伟大复兴。这些理论成果在围绕同一主题发展的前提下，坚持从实际出发，注重总结和提炼改革开放不同时期、不同阶段的新鲜经验，注重探索和回答不同时期、不同阶段遇到的新问题，呈现出

---

[1] 中共中央文献研究室编：《十八大以来重要文献选编》（上），中央文献出版社2014年版，第691页。

[2] 中共中央文献研究室编：《十七大以来重要文献选编》（下），中央文献出版社2013年版，第436页。

不尽相同的理论创新和理论创造的内容。

党的十八大以来，中国社会发展站到了新的历史起点上，中国特色社会主义进入了新时代。习近平新时代中国特色社会主义思想，是在中国特色社会主义进入新时代的历史条件下形成的。新时代之"新"，根本在于社会主要矛盾发生了新的变化，转变为人民日益增长的美好生活需要和不平衡不充分的发展之间的矛盾，这对党和国家各方面工作提出了新的要求。新时代之"新"，在于进入了新的发展阶段，发展环境、发展条件和发展目标任务等都发生了新的变化。新时代之"新"，还在于中华民族迎来了从站起来、富起来到强起来的伟大飞跃，在完成全面建成小康社会后，将踏上全面建设社会主义现代化国家的新征程。

结合马克思主义中国化的世纪历程和中国共产党百年思想辉煌，习近平总书记曾指出："马克思主义的命运早已同中国共产党的命运、中国人民的命运、中华民族的命运紧紧连在一起，它的科学性和真理性在中国得到了充分检验，它的人民性和实践性在中国得到了充分贯彻，它的开放性和时代性在中国得到了充分彰显！"[1] 这就是说，"科学性和真理性""人民性和实践性""开放性和时代性"，成为马克思主义中国化过程中，中国共产党思想辉煌的显著特征。

首先，百年历程，"科学性和真理性"在中国得到的"充分检验"，集中体现于中国共产党坚持从历史和现实相贯通、国际和国内相关联、理论和实际相结合的伟大实践中，升华了中国化马克思主义的科学性和真理性。特别是党的十八大以来，面对新时代坚持和发展什么样的中国特色社会主义、怎样坚持和发展中国特色社会主义，建设什么样的社会主义现代化强国、怎样建设社会主义现代化强国，建设什么样的长期执政的马克思主义政党、怎样建设长期执政的马克思主义政党等重大时代课题，以习近平同志为核心的党中央，运用马克思主义立场观点方法，牢牢把握时代变化的新趋势和新特点，提出了坚持和发展中国特色社会主义的核心要义和基本方略，凸显了科学性和真理性的理论特

---

[1]　中共中央党史和文献研究院编：《十九大以来重要文献选编》（上），中央文献出版社 2019 年版，第 427 页。

征和基本遵循，展现了 21 世纪马克思主义的思想内涵、精神实质和理论本质。

习近平总书记在对中国共产党百年历程概述中提出的社会革命和自我革命"两个伟大革命"的思想，是对中国共产党百年思想辉煌的新的概括，深刻揭示了中国共产党思想科学性和真理性的内在的本质的规定。中国共产党成立之初就提出"党的根本政治目的是实行社会革命"[1]，明确中国共产党进行社会革命的目标和方向，也提出中国共产党是"为无产阶级做革命运动的急先锋"，凸显党的性质"是为无产群众奋斗的政党"[2]，阐明中国共产党自身革命以及自我革命同社会革命的内在联系。

百年辉煌，是中国共产党不懈奋斗的历史，是推进理论创新的历史，是加强党的自身建设的历史，是进行伟大的社会革命和自我革命的历史。伟大的社会革命和自我革命紧密相连、有机统一，统一于党的不懈奋斗实践之中，统一于党的理论探索和创新发展的历程之中，统一于党的建设之中。党的历史就是一部成功推进社会革命、不断进行自我革命的历史。习近平新时代中国特色社会主义思想，就是中国共产党人实现"两大伟大革命"的最新成果，是继续推进"两大伟大革命"的科学指南，也是中国共产党百年辉煌保持其理论上科学性和真理性的根源。

其次，百年历程，"人民性和实践性"在中国得到"充分贯彻"，集中体现于中国共产党坚持以人民为中心，一切为了人民、一切依靠人民，毫不动摇地坚持为人民谋幸福、为民族谋复兴，在根本上彰显了中国共产党思想的根本立场和价值旨向。马克思主义"是为了改变人民历史命运而创立的，是在人民求解放的实践中形成的，也是在人民求解放的实践中丰富和发展的，为人民认识世界、改造世界提供了强大精神力量"[3]。中国共产党思想的"人民性"的要义就在于，人民是历史的创造者，是决定党和国家前途命运的根本力量。要时刻

---

[1] 中共中央文献研究室、中央档案馆编：《建党以来重要文献选编（1921—1949）》第 1 册，中央文献出版社 2011 年版，第 1 页。

[2] 同上书，第 162 页。

[3] 中共中央党史和文献研究院编：《十九大以来重要文献选编》（上），中央文献出版社 2019 年版，第 424 页。

坚持人民主体地位，坚持立党为公、执政为民，践行全心全意为人民服务的根本宗旨。要把党的群众路线贯彻到治国理政的全部过程中，依靠人民创造历史伟业，努力实现人民对美好生活的向往。

中国共产党百年思想发展，始终以强烈的问题意识为导向，无论是在革命、建设还是在改革的实践中，都能直面中国社会发展的现实和实践，直面社会、国家和中华民族发展面临的一系列重大理论和现实问题，以巨大的政治勇气、强烈的责任担当和科学的工作魄力，推进党和国家各项事业的发展，为实现中华民族伟大复兴不懈奋进。中国共产党的辉煌思想，就是在直面问题的过程中，在党领导的亿万人民群众不断实践过程中，在不断研究问题、解决问题的实践过程中形成和丰富起来的。1956 年 8 月底，在党的八大的预备会议上，毛泽东提出："马克思主义的普遍真理一定要同中国革命的具体实践相结合，这就是说，理论与实践要统一。理论与实践的统一，是马克思主义的一个最基本的原则。思想必须反映客观实际，并且在客观实践中得到检验，证明是真理，这才算是真理，不然就不算。"[1]

最后，百年历程，"开放性和时代性"在中国得到"充分彰显"，集中体现于马克思主义中国化的过程和中国共产党百年思想的发展中，秉持与时俱进的马克思主义理论品质，始终坚持培元固本、守正创新，使中国化马克思主义始终站在时代的前列，因时而进、因势而新，保持中国共产党思想的开放性与时代性。党的十八大以来，习近平新时代中国特色社会主义思想弘扬与时俱进的理论品质，立足时代之基、回答时代之问，站在时代发展的前沿，推进马克思主义中国化和时代化，成就 21 世纪马克思主义的精神风范和理论智慧，升华了 21 世纪马克思主义作为"不断发展的开放的理论"的境界。

习近平总书记指出："马克思主义指引中国成功走上了全面建设社会主义现代化强国的康庄大道，中国共产党人作为马克思主义的忠诚信奉者、坚定实践

---

[1]《毛泽东文集》第 7 卷，人民出版社 1999 年版，第 90 页。

者，正在为坚持和发展马克思主义而执着努力！"[1]习近平新时代中国特色社会主义思想，是当代中国马克思主义，是21世纪马克思主义，是中华文化和中国精神的时代精华，实现了马克思主义中国化新的飞跃。习近平新时代中国特色社会主义思想，必将开拓马克思主义中国化的新的征程，也必将成就中国共产党第二个百年更为璀璨的思想辉煌。

---

[1] 中共中央党史和文献研究院编：《十九大以来重要文献选编》（上），中央文献出版社 2019 年版，第 428 页。

▌ 李龙强 ▏ 青岛理工大学马克思主义学院副院长、教授

▌ 罗文东 ▏ 中国社会科学院世界历史研究所党委书记、副所长、研究员

中国式现代化新道路：历程、特征和意义

现代化建设关系到我国经济社会发展的全局，关系到社会主义事业的兴衰成败。在 100 年的奋斗历程中，中国共产党坚持以马克思主义为指导，把握中国的具体国情和时代的进步潮流，善于从战略全局高度谋划中国革命、建设和改革大业，领导人民为实现国家富强、民族振兴、人民幸福的社会主义现代化宏伟目标而奋斗，"创造了中国式现代化新道路，创造了人类文明新形态"[1]，拓展了发展中国家走向现代化的途径，给世界上那些既希望加快发展又希望保持独立的国家和民族提供了全新选择。

一、中国共产党对现代化道路的艰辛探索

中国是世界上唯一一个在文明上没有断层的国家，在相当长的历史时期里始终走在世界文明发展的前列。然而，西方主要国家相继经过文艺复兴、启蒙运动、民主革命和工业革命后，率先掀起现代化浪潮；中国人民也在新旧思潮和中西文化的冲撞下走上了现代化的征程。但 1840 年鸦片战争后，中国受到西方资本主义的严峻挑战，逐步陷入半封建半殖民地的深渊。正如毛泽东在《中国革命和中国共产党》一文中所说，"帝国主义列强侵略中国，在一方面促使中国封建社会解体，促使中国发生了资本主义因素，把一个封建社会变成了一个

---

[1] 习近平:《在庆祝中国共产党成立 100 周年大会上的讲话》，人民出版社 2021 年版，第 13 页。

半封建的社会；但是在另一方面，它们又残酷地统治了中国，把一个独立的中国变成了一个半殖民地和殖民地的中国"[1]。争取民族独立、人民解放，实现国家富强、人民幸福，就成为近代以来中国人民面临的历史任务；实现现代化和民族复兴，也必然成为中华民族最伟大的梦想。

早在革命和建设时期，中国共产党就领导人民为"四个现代化"而奋斗。1945年，毛泽东在党的七大上指出："中国工人阶级的任务，不但是为着建立新民主主义的国家而斗争，而且是为着中国的工业化和农业近代化而斗争。"[2]在党的七届二中全会上，毛泽东进一步提出中国由农业国变成工业国的战略目标。新中国成立后，毛泽东又多次强调走社会主义工业化道路。1953年，他在确定党在过渡时期的"一化三改"总路线时，提出"要在一个相当长的时期内，逐步实现国家的社会主义工业化"[3]。1954年，毛泽东强调要"将我们现在这样一个经济上文化上落后的国家，建设成为一个工业化的具有高度现代文化程度的伟大的国家"[4]。周恩来认为："我国的经济原来是很落后的。如果我们不建设起强大的现代化的工业、现代化的农业、现代化的交通运输业和现代化的国防，我们就不能摆脱落后和贫困，我们的革命就不能达到目的。"[5]1959年底到1960年初，毛泽东在《读苏联〈政治经济学教科书〉的谈话》中提出："建设社会主义，原来要求是工业现代化，农业现代化，科学文化现代化，现在要加上国防现代化。"[6]这表明我们党对"四个现代化"战略目标的认识已经比较清晰和完整了。1963年9月，经毛泽东修改的《关于工业发展问题（初稿）》明确指山，我们的工业发展可以按两步走来考虑：第一步，建立一个独立的完整的工业体系；第二步，使我国工业接近世界先进水平。1964年12月，周恩来明确提出实现"四个现代化"的战略目标和"两步走"的战略设想。"把我国建设成为一

---

[1]《毛泽东选集》第2卷，人民出版社1991年版，第630页。

[2]《毛泽东选集》第3卷，人民出版社1991年版，第1081页。

[3]《毛泽东文集》第6卷，人民出版社1999年版，第316页。

[4] 同上书，第350页。

[5]《周恩来选集》下卷，人民出版社1984年版，第132页。

[6]《毛泽东文集》第8卷，人民出版社1999年版，第116页。

个具有现代农业、现代工业、现代国防和现代科学技术的社会主义强国，赶上和超过世界先进水平。"从第三个五年计划开始，我国经济发展分"两步走"：第一步，建立一个独立的比较完整的工业体系和国民经济体系；第二步，全面实现农业、工业、国防和科学技术的现代化，使我国经济走在世界的前列。[1]经过"大跃进"的挫折和三年困难时期，毛泽东对实现现代化所需时间问题的考虑变得更加符合实际，他认为中国人口多、底子薄、经济落后，要把中国变成富强的现代化国家，50年不行，会要100年，或者更长时间。1975年，周恩来在《政府工作报告》中重申了分两步走、实现"四个现代化"的战略部署。在新中国成立以后29年内，党领导人民建立了独立的、比较完整的工业体系和国民经济体系，"四个现代化"取得了重大进展和历史成就；但由于党在全国范围内执政时间不长，对社会主义现代化建设缺乏足够的认识，加上当时复杂紧张的国际形势和"左"倾错误的影响，先后出现过反右派斗争扩大化和人民公社化运动等失误。这一时期的艰辛探索以及正反两方面的经验教训，为改革开放以后党中央提出完整的社会主义现代化建设的宏伟目标和战略安排，提供了必要的物质条件、理论准备和实践基础。

党的十一届三中全会以后，中国共产党领导人民解放思想、锐意进取，制定社会主义初级阶段的基本路线和社会主义现代化的发展战略，创造了改革开放和社会主义现代化建设的伟大成就。1979年3月，邓小平在党的理论工作务虚会上强调，我们的主要任务"就是搞现代化建设，能否实现四个现代化，决定着我们国家的命运、民族的命运"；"社会主义现代化建设是我们当前最大的政治，因为它代表着人民的最大的利益、最根本的利益"[2]。1979年12月，邓小平提出，到20世纪末，争取国民生产总值达到人均1000美元，实现小康水平。他把这个目标称为"中国式的四个现代化"，即"小康之家"。1980年2月，他又重申："我们党在现阶段的政治路线，概括地说，就是一心一意地搞四个现代化。"[3]

---

[1] 参见《周恩来选集》下卷，人民出版社1984年版，第439页。

[2]《邓小平文选》第2卷，人民出版社1994年版，第162、163页。

[3] 同上书，第276页。

1982 年党的十二大确定了我国经济发展战略目标是 20 年"翻两番"：第一步，从 1980 年到 1990 年实现工农业年总产值翻一番，解决人民温饱问题；第二步，从 1991 年到 2000 年，在新的基础上使工农业年总产值再翻一番，人民生活达到小康水平。[1] 随后，邓小平又将 20 世纪末的战略目标，由"赶上和超过世界上最先进的资本主义国家"改为达到第三世界中比较富裕一点的国家的水平 [2]，到 20 世纪末"在中国建立一个小康社会。这个小康社会，叫做中国式的现代化"[3]。这是"我们提出四个现代化的最低目标"[4]。这种调整既考虑到国家基础弱、底子薄的实际状况，也认识到实现社会主义现代化、赶上世界发达国家的长期性和艰巨性。继而，邓小平又对我国现代化发展战略作出跨世纪的构想。1987 年 3 月，邓小平在会见外宾时说，"我们确定了两个阶段的目标，就是本世纪末达到小康水平，然后在下个世纪用三十到五十年的时间达到中等发达国家的水平"，"这就是我们的战略目标，这就是我们的雄心壮志"。[5] 党的十三大概括了邓小平的"三步走"战略思想，将达到中等发达国家水平的第三步目标称为"基本实现现代化"。这样，我国现代化的"三步走"战略是：第一步，从 1981 年到 1990 年，国民生产总值翻一番，基本解决人民温饱问题；第二步，从 1991 年到 20 世纪末，国民生产总值再翻一番，基本消除贫困现象，国民生产总值超过一万亿美元，人均达到 1000 美元，人民生活达到小康水平；第三步，到 21 世纪中叶，用 30 年到 50 年的时间再翻两番，达到中等发达国家水平，人民生活比较富裕，基本实现现代化。[6] 1992 年党的十四大再次肯定这一发展战略，并将其作为中国特色社会主义理论的重要内容。

经过全党和全国人民的共同努力，原定 1990 年达到国民生产总值比 1980 年翻一番的目标，于 1987 年提前完成；原定 2000 年达到国民生产总值比 1980

---

[1] 参见《邓小平文选》第 3 卷，人民出版社 1993 年版，第 9 页。

[2] 参见《邓小平文选》第 2 卷，人民出版社 1994 年版，第 237 页。

[3] 《邓小平文选》第 3 卷，人民出版社 1993 年版，第 54 页。

[4] 同上书，第 64 页。

[5] 同上书，第 210、251 页。

[6] 参见《邓小平文选》第 3 卷，人民出版社 1993 年版，第 226 页。

年翻两番的目标，于 1995 年提前完成。我国胜利实现了"三步走"战略的第一步、第二步目标，人民生活基本达到小康水平，这是社会主义制度的伟大胜利，是中华民族发展史上一个新的里程碑。江泽民在党的十五大上明确提出新"三步走"发展战略：第一步，21 世纪第一个 10 年实现国民生产总值比 2000 年翻一番，使人民的小康生活更加宽裕，形成比较完善的社会主义市场经济体制；第二步，再经过 10 年的努力，到建党 100 年时，使国民经济更加发展，各项制度更加完善；第三步，到 21 世纪中叶中华人民共和国成立 100 年时，基本上实现现代化，建成富强民主文明的社会主义国家。"两个一百年"奋斗目标的首次提出，是对邓小平"三步走"发展战略的继承和发展，是第三步战略的具体化，是我们党在 21 世纪带领全国人民努力奋斗，实现中华民族伟大复兴的行动纲领。党的十六大重申了新"三步走"战略，并将第一个百年奋斗目标界定为"全面建设惠及十几亿人口的更高水平的小康社会"。胡锦涛在党的十七大上将第一个百年奋斗目标调整为全面建成小康社会。党的十八大进一步提出，要以经济建设为中心，坚持四项基本原则，坚持改革开放，自力更生，艰苦创业，为把我国建设成为富强民主文明和谐的社会主义现代化国家而奋斗。这次大会还提出了经济、政治、文化、社会和生态文明建设"五位一体"总体布局，并把全面建成小康社会看作实现社会主义现代化的必经阶段。

党的十八大以来，以习近平同志为核心的党中央带领全党全国人民，自信自强、守正创新，面对世界百年未有之大变局，顺应人民对美好生活的新期待，统揽伟大斗争、伟大工程、伟大事业、伟大梦想，统筹推进"五位一体"总体布局、协调推进"四个全面"战略布局，坚持和完善中国特色社会主义制度、推进国家治理体系和治理能力现代化，创造了新时代中国特色社会主义的伟大成就。党的十九大报告指出，从全面建成小康社会到基本实现现代化，再到全面建成社会主义现代化强国，是新时代中国特色社会主义发展的战略安排。第一个阶段，从 2020 年到 2035 年，在全面建成小康社会的基础上，再奋斗 15 年，基本实现社会主义现代化。第二个阶段，从 2035 年到本世纪中叶，在基本实现现代化的基础上，再奋斗 15 年，把我国建成富强民主文明和谐美丽的社会主义现代化强国。这一战略安排把我国基本实现现代化的时间提前了 15 年，并确定了全面建成社会主义现代化强国这一更高目标，勾画了全面建设社会主义现代化国家的时间表和路线图，可以说是"三步走"战略第三步目标的"升级版"，发出了实现中华民族伟大复兴的最强音。

从党的十九大到二十大，是"两个一百年"奋斗目标的历史交汇期，我们既要全面建成小康社会、实现第一个百年奋斗目标，又要乘势而上开启全面建设社会主义现代化国家新征程，向第二个百年奋斗目标进军。"三步走"战略的第一、第二步目标已提前实现，全面小康社会也如期建成，中国已经成为世界第二大经济体，经济社会保持健康发展的良好态势。2021年7月1日，习近平总书记庄严宣告："经过全党全国各族人民持续奋斗，我们实现了第一个百年奋斗目标，在中华大地上全面建成了小康社会，历史性地解决了绝对贫困问题，正在意气风发向着全面建成社会主义现代化强国的第二个百年奋斗目标迈进。""这一百年来开辟的伟大道路、创造的伟大事业、取得的伟大成就，必将载入中华民族发展史册、人类文明发展史册！"[1]

二、全面建设社会主义现代化国家的本质特征

社会主义现代化国家不是一个单纯抽象的概念和空洞的口号，而是丰富和拓展了现代化国家建设的新境界和新要求。建成富强民主文明和谐美丽的社会主义现代化强国，是全国各族人民的根本利益和共同愿望。"富强"是人类社会的永恒追求，是当今时代的鲜明主题，是中国特色社会主义的核心价值。中国是一个文明古国和人口大国，只有既富又强才能自立于世界民族之林；中国是社会主义国家，只有"民富"与"国强"相统一，才能体现社会主义的优越性。"富强"不仅是一个经济范畴，而且是一个综合概念，是硬实力与软实力的统一，是富国、强军、惠民的统一。到21世纪中叶，我国将拥有高度的物质文明，经济实力、科技实力和社会生产力将大幅跃升，成为综合国力和国际影响力领先的国家。"民主"是社会主义政治的本质和核心，其实质是人民当家作

---

[1] 习近平：《在庆祝中国共产党成立100周年大会上的讲话》，人民出版社2021年版，第2、7页。

主。没有民主就没有社会主义，就没有社会主义现代化。现代化语境中的"民主"，主要是指民主的制度化、法治化、程序化，发展全过程人民民主，保证人民广泛有序地参与国家治理和社会治理。到 21 世纪中叶，我国将拥有高度的政治文明，法治国家、法治政府、法治社会全面建成，中国特色社会主义民主政治成熟定型并发挥显著优势。"文明"是一个国家文化发展水平和精神生活状态的显著标志，包括思维方式、价值观念、道德修养、科学素质等。"文明特别是思想文化是一个国家、一个民族的灵魂。"[1] 没有文明的传承和发展，就不能实现社会主义现代化。到 21 世纪中叶，我国将拥有高度的精神文明，社会主义核心价值观深入人心、蔚然成风，中国精神、中国价值、中国力量成为国家稳定发展的定盘星和驱动力。"和谐"是人类梦寐以求的社会理想，是中国特色社会主义的本质属性。实现社会和谐、建设美好社会，是中国共产党不懈追求的奋斗目标。到 21 世纪中叶，我国将拥有高度的社会文明，城乡居民普遍拥有较高的收入、健康的生活、完善的公共服务，共同富裕基本实现，公平正义得到彰显，社会充满活力又规范有序。"美丽"是指保护生态环境、建设美丽中国。现代化的生态文明建设，要走生产发展、生活富裕、生态良好的文明发展道路，建设望得见山、看得见水、记得住乡愁的美丽家园。到 21 世纪中叶，我国将拥有高度的生态文明，天蓝、地绿、水清的生态环境成为普遍福祉，开创人与自然和谐共生的现代化新境界。

从唯物辩证法关于一般和个别的关系来看，我们建设的中国式现代化是共性和个性的统一，内在地包含着现代化的一般、社会主义现代化的特殊、中国现代化的个别三者的区别和联系，不仅符合现代化的一般属性和普遍规律，而且体现社会主义的本质特征和特殊规律，适应中国现阶段的具体国情和发展要求。因此，中国式现代化立足中国又面向世界，坚持四项基本原则，坚持改革开放，坚持以人民为中心，努力实现全体人民共同富裕和人的全面发展，努力促进世界和平与人类进步，成功开辟了具有中国特色的社会主义现代化新道路。

第一，坚持人民主体、实现共同富裕的现代化。马克思主义的最高理想和

---

[1] 习近平：《论坚持推动构建人类命运共同体》，中央文献出版社 2018 年版，第 161 页。

价值追求是满足人民群众日益增长的物质文化生活需要，保证全体人民政治社会生活权利，实现每个人的自由全面发展。实现共同富裕，是社会主义现代化的应有之义。坚持以人民为主体的现代化，在发展动力上强调全体人民共同建设现代化的伟大事业；在目标追求上强调全体人民共同享有现代化的成果；在评价标准上强调以人民群众满意作为检验现代化成效的标准。这种现代化不是对物的现代化的简单否定，而是人与物相统一的更高层次的现代化。这种现代化坚持人民主体地位，尊重人民首创精神，避免重蹈西方国家以资本为中心，导致物欲膨胀、人的异化、精神空虚的覆辙。共同富裕是社会主义现代化的本质要求，是人民主体地位在发展成果、财富分配上的体现。"现在我们实行这么一种制度，这么一种计划，是可以一年一年走向更富更强的，一年一年可以看到更富更强些。而这个富，是共同的富，这个强，是共同的强。"[1]改革开放以后，邓小平指出："社会主义最大的优越性就是共同富裕，这是体现社会主义本质的一个东西。"[2]中国特色社会主义进入新时代，习近平总书记强调，"我们追求的发展是造福人民的发展，我们追求的富裕是全体人民共同富裕"[3]。社会主义共同富裕，追求的是物质的客观尺度和人民的主体尺度的统一、生产力标准和人民利益标准的统一。

第二，坚持独立自主、适应中国国情的现代化。现代化的规律是不能违背的，但现代化的道路是可以选择的。每个国家都有权选择适合自己国情的现代化道路，收获属于自己的现代化成果。中国有独特的文化传统和现实国情，中国的现代化不能模仿他人、依附别国，必须自力更生、独立自主。邓小平指出："我们搞的现代化，是中国式的现代化。我们建设的社会主义，是有中国特色的社会主义。我们主要是根据自己的实际情况和自己的条件，以自力更生为主。"[4]习近平总书记也强调："坚持独立自主，就是坚持中国的事情必须由中国人民自

[1] 《毛泽东文集》第6卷，人民出版社1999年版，第495页。

[2] 《邓小平文选》第3卷，人民出版社1993年版，第364页。

[3] 中共中央文献研究室编：《习近平关于社会主义社会建设论述摘编》，中央文献出版社2017年版，第35页。

[4] 《邓小平文选》第3卷，人民出版社1993年版，第29页。

己作主张、自己来处理。世界上没有放之四海而皆准的具体发展模式，也没有一成不变的发展道路。历史条件的多样性，决定了各国选择发展道路的多样性。人类历史上，没有一个民族、没有一个国家可以通过依赖外部力量、跟在他人后面亦步亦趋实现强大和振兴。"[1]中国式的现代化道路，是人类历史上的一次伟大创举。我国现代化建设的实践证明，中国既没有与人类文明"脱钩"，又没有模仿依附他人；既融入经济全球化，构建人类命运共同体，推动"一带一路"高质量发展，又没有滑向"西方轨道"。独立自主和自力更生，是建设社会主义现代化国家的立足点。"我们积极学习借鉴人类文明的一切有益成果，欢迎一切有益的建议和善意的批评，但我们绝不接受'教师爷'般颐指气使的说教！中国共产党和中国人民将在自己选择的道路上昂首阔步走下去，把中国发展进步的命运牢牢掌握在自己手中！"[2]

第三，坚持开放合作、维护世界和平的现代化。中国式现代化秉持和平发展、合作共赢理念，不走侵略掠夺、殖民扩张的西方资本主义道路，不认同"国强必霸"的逻辑，开辟了"强而不霸"的和平崛起之路。中华民族爱好和平，倡导以和为贵、协和万邦的文化精神。古代丝绸之路是为了东西方交流互鉴、共同发展，当今"一带一路"更是为了开放合作、共促繁荣。从世界近现代史看，16世纪是葡萄牙、西班牙瓜分世界，17世纪是荷兰争夺海上霸权，18、19世纪是英法争霸，19世纪末20世纪初是德国日本崛起、两次世界大战接踵而来，20世纪是美苏对抗、冷战阴云弥漫全球。这些国家强大后都走上了霸权之路，而中国走的是和平发展道路，以实现现代化和民族复兴。中国过去、现在和将来都是世界和平的建设者、全球发展的贡献者、国际秩序的维护者。习近平总书记强调："中国共产党将继续同一切爱好和平的国家和人民一道，弘扬和平、发展、公平、正义、民主、自由的全人类共同价值，坚持合作、不搞对抗，坚持开放、不搞封闭，坚持互利共赢、不搞零和博弈，反对霸权主义和

---

[1] 《习近平谈治国理政》第1卷，外文出版社2018年版，第29页。

[2] 习近平：《在庆祝中国共产党成立100周年大会上的讲话》，人民出版社2021年版，第14—15页。

强权政治，推动历史车轮向着光明的目标前进！"[1]

第四，坚持绿色发展、保护生态环境的现代化。绿色是大自然的底色，绿色发展的要义是处理好人与自然和谐共生问题。生态环境是人类生存和发展的基础条件，生态环境变化直接影响文明的兴衰存亡。古代的埃及、巴比伦、印度、中国四大文明古国都发源于水量充沛、树木茂密、土壤肥沃的地区，而生态环境的恶化特别是土地沙漠化导致古代埃及、巴比伦文明的衰落。西方现代化过程中，由于掠夺性地开发自然资源，实行"先污染后治理""边污染边治理"的政策，造成了大气污染、水质恶化、资源枯竭等严重生态危机。生态文明是人类社会进步的重要成果，社会主义现代化是人与自然和谐共生的现代化，因而建设生态文明是中国式现代化的必然要求和重要任务。习近平总书记指出，"绿水青山就是金山银山。这是重要的发展理念，也是推进现代化建设的重大原则"；它阐明了经济发展和生态保护的关系，"指明了实现发展和保护协同共生的新路径"[2]。要从根本上解决生态环境问题，必须贯彻绿色发展理念，抛弃损害生态环境的增长方式，形成节约资源和保护环境的空间格局、产业结构、生产方式、生活方式，把经济活动、人的行为限制在自然资源和生态环境能够承受的限度内，加快构建尊崇自然、绿色发展的生态体系，团结全国人民和世界人民一道建设美丽中国和美好世界。

全面建设社会主义现代化国家，既要建设现代化经济体系，又要推进国家治理和社会生活的现代化。习近平总书记指出，"现代化的本质是人的现代化"；"要在坚持以经济建设为中心的同时，全面推进经济建设、政治建设、文化建设、社会建设、生态文明建设，促进现代化建设各个环节、各个方面协调发展"[3]。这些重要论述深化了对社会主义现代化建设规律的认识，为全面建设社会主义现代化国家提供了根本遵循。党的十九届五中全会对"十四五"时期发展作出全面规划，从 2021 年起开启全面建设社会主义现代化国家新征程。以

[1] 习近平：《在庆祝中国共产党成立 100 周年大会上的讲话》，人民出版社 2021 年版，第 16 页。

[2] 《习近平谈治国理政》第 3 卷，外文出版社 2020 年版，第 361 页。

[3] 中共中央宣传部：《习近平新时代中国特色社会主义思想学习纲要》，学习出版社、人民出版社 2019 年版，第 59 页。

习近平同志为核心的党中央明确提出全面贯彻创新、协调、绿色、开放、共享的新发展理念，实现更高质量、更有效率、更加公平、更可持续、更为安全的发展；加快构建以国内大循环为主体、国内国际双循环相互促进的新发展格局，提高在全球配置资源能力，争取开放发展中的战略主动，形成参与国际经济合作和竞争新优势。把握新发展阶段是明确我国发展的历史方位，为贯彻新发展理念、构建新发展格局提供现实依据；贯彻新发展理念是明确我国发展的指导思想，为把握新发展阶段、构建新发展格局提供科学指南；构建新发展格局是明确我国发展的主要途径，为应对新发展阶段的机遇挑战、贯彻新发展理念提供战略选择。三者紧密联系、有机统一，集中体现了全面建设社会主义现代化国家的历史逻辑、理论逻辑和实践逻辑。

三、拓展发展中国家走向现代化的途径

中国实现现代化，建设社会主义现代化强国，是人类历史上前所未有的大变革。新中国成立以来，我国用几十年的时间，走过了西方发达国家几百年的现代化历程，而且避免了资本主义制度所造成的贫富两极分化、对外侵略扩张、生态环境破坏等深重灾难，创造了经济迅速发展和社会长期稳定的伟大奇迹，成功开辟出一条中国特色社会主义道路。"中国人民的成功实践昭示世人，通向现代化的道路不止一条，只要找准正确方向、驰而不息，条条大路通罗马。"[1]

坚持社会主义道路是中国式现代化取得成功的前提条件。"我们要在中国实现四个现代化，必须在思想政治上坚持四项基本原则。这是实现四个现代化的根本前提。"[2] 社会主义经济是以公有制为基础的，生产是为了最大限度地满足人民的物质文化需要，而不是为了剥削。由于社会主义制度的这些特点，我国人民能有共同的政治经济社会理想和共同的道德标准。这些资本主义社会永

---

[1]　中共中央宣传部：《习近平新时代中国特色社会主义思想学习纲要》，学习出版社、人民出版社2019年版，第60页。

[2]　《邓小平文选》第2卷，人民出版社1994年版，第164页。

远不可能有。资本主义无论如何都不能摆脱百万富翁的超级利润，不能摆脱剥削和掠夺，不能摆脱经济危机，不能形成共同的理想和道德，不能避免各种严重的犯罪、堕落、绝望。"资本主义已经有了几百年历史，各国人民在资本主义制度下所发展的科学和技术，所积累的各种有益的知识和经验，都是我们必须继承和学习的。我们要有计划、有选择地引进资本主义国家的先进技术和其他对我们有益的东西，但是我们决不学习和引进资本主义制度，决不学习和引进各种丑恶颓废的东西。"[1] 在党的十三大召开前夕，邓小平指出："搞社会主义现代化建设是基本路线。要搞现代化建设使中国兴旺发达起来，第一，必须实行改革、开放政策；第二，必须坚持四项基本原则，主要是坚持党的领导，坚持社会主义道路，反对资产阶级自由化，反对走资本主义道路。这两个基本点是相互依存的。"[2] 中国特色社会主义进入新时代，以习近平同志为核心的党中央更加强调：只有社会主义才能救中国，只有中国特色社会主义才能发展中国。"我们要全面建成小康社会、加快推进社会主义现代化、实现中华民族伟大复兴，必须始终高举中国特色社会主义伟大旗帜，坚定不移坚持和发展中国特色社会主义。"[3]

推进国家治理体系和治理能力现代化，也要解决往什么方向走的根本问题。回答这个问题，必须完整把握全面深化改革的总目标，即完善和发展中国特色社会主义制度、推进国家治理体系和治理能力现代化。前一句规定了根本方向，也就是在坚持和完善社会主义基本制度的前提下，坚定不移走中国特色社会主义道路，既不走封闭僵化的老路，也不走改旗易帜的邪路。后一句规定了实现途径，也就是说完善和发展中国特色社会主义制度，必须完成国家治理体系和治理能力现代化的历史任务。这两句话是一个整体，"我们的方向就是中国特色社会主义道路"[4]。如果只讲推进国家治理体系和治理能力现代化，不讲完善和发展中国特色社会主义制度，就会偏离国家治理现代化的正确方向。

---

[1]《邓小平文选》第 2 卷，人民出版社 1994 年版，第 167—168 页。

[2]《邓小平文选》第 3 卷，人民出版社 1993 年版，第 248 页。

[3]《习近平谈治国理政》第 1 卷，外文出版社 2018 年版，第 8 页。

[4] 同上书，第 105 页。

推进国家治理体系和治理能力现代化，还要解决制度模式的选择问题。一个国家选择什么样的治理体系，是由这个国家的历史文化传统、经济社会发展水平决定的，是由这个国家的人民群众决定的。习近平总书记在省部级主要领导干部学习贯彻十八届三中全会精神全面深化改革专题研讨班上强调："我们治国理政的根本，就是中国共产党领导和社会主义制度。我们思想上必须十分明确，推进国家治理体系和治理能力现代化，绝不是西方化、资本主义化！"[1] 我们的国家治理体系，是在我国历史传承和革命建设实践的基础上长期形成、内生演化的。国家治理体系需要不断改进，需要现代化，但怎么改进，怎么现代化，我们要有主张、有定力，要以坚持和改善党的领导、坚持和完善中国特色社会主义制度为根本前提和最终目的。否则，就会出现颠覆性错误，引起经济衰退、政治动荡和社会动乱等严重后果。

实践是检验思想理论是否科学的最终标准，也是衡量社会道路是否正确的根本尺度。中国共产党刚在全国范围内取得执政地位，毛泽东就感慨地说："现在我们能造什么？能造桌子椅子，能造茶碗茶壶，能种粮食，还能磨成面粉，还能造纸，但是，一辆汽车、一架飞机、一辆坦克、一辆拖拉机都不能造。"[2] 经过 70 多年的奋斗，我们不仅解决了十几亿人口的吃饭问题，有了自己生产的汽车、飞机、坦克、拖拉机，而且建立了种类齐全的工业体系和国民经济体系，主要工农业产品的产量已居世界第一，原子弹、氢弹、人造卫星、载人航天、探月工程、载人深潜、高速铁路、航空母舰、超级计算机等具有世界先进水平的重大科技成果不断涌现，人民生活大幅改善，城乡面貌焕然一新，国际地位显著提高。以习近平同志为核心的党中央科学把握国内外发展大势，凝心聚力、攻坚克难，开创了改革开放和社会主义现代化建设的新局面，实现了经济社会的持续健康发展。2013 年至 2019 年，国内生产总值年均增长接近 7.0%，是同期世界 2.9% 的平均增速的 2 倍多，成为世界经济增长的动力之源、稳定之

---

[1] 中共中央文献研究室编：《习近平关于社会主义政治建设论述摘编》，中央文献出版社 2012 年版，第 8 页。

[2] 《毛泽东文集》第 6 卷，人民出版社 1999 年版，第 329 页。

锚。2020 年在新冠肺炎疫情全球大流行的严峻形势下，我国成为唯一实现正增长的主要经济体，经济规模不仅稳居世界第二位，而且全面建成小康社会的目标如期实现，人均国内生产总值超过 1 万美元，稳步迈入中高收入国家行列。中国共产党 100 年艰苦卓绝的斗争、新中国 70 多年翻天覆地的变化、改革开放40 多年举世瞩目的成就，都从不同层面验证了中国式现代化新道路的强大活力和显著优势。

180 多年前，历史悠久的文明古国在西方列强的侵略和清朝的统治下，陷入了半殖民地半封建社会的深渊。今天，我们如期实现全面建成小康社会的奋斗目标，开启全面建设社会主义现代化国家新征程，一个朝气蓬勃的社会主义中国巍然屹立在世界东方，成为推动世界和平发展与人类文明进步的重要力量；14 亿中国人赶上并引领时代潮流，迎来中华民族伟大复兴的光明前景。中国特色社会主义道路，是实现社会主义现代化的必由之路，是创造人民美好生活的必由之路。我们决不能走封闭僵化、固守以往高度集中的计划经济体制的老路，也不能走改旗易帜、背离社会主义基本原则的邪路，只能走改革开放、促进社会主义自我完善和发展的中国式现代化新路。习近平总书记强调："我国现代化是人口规模巨大的现代化，是全体人民共同富裕的现代化，是物质文明和精神文明相协调的现代化，是人与自然和谐共生的现代化，是走和平发展道路的现代化。"[1] 这是中国式现代化必须坚持的方向和原则，要在我国发展的方针政策、规划部署和实际工作中得到贯彻和体现。

中国式现代化新道路既符合我国的基本国情，具有鲜明的民族特色，又吸收世界优秀文明成果，具有巨大的国际影响。尤其是苏东剧变以后，社会主义运动遭到严重挫折，国际金融危机又使资本主义世界陷入经济衰退和社会动荡，而中国的改革开放和社会主义现代化建设却持续推进，吸引着世界进步人士和国际舆论的广泛关注。一些媒体认为，中国造就了 20 世纪最壮观的经济奇迹之一，扭转了 20 世纪后期世界社会主义运动陷入低潮的趋势。诺贝尔经济学奖获得者斯彭斯对中国现代化道路十分赞赏，认为许多亚洲国家和地区曾有过

---

[1] 习近平：《把握新发展阶段，贯彻新发展理念，构建新发展格局》，载《求是》2021 年第 9 期。

高速且持续的经济增长，但从未见过像中国这样规模庞大的经济体，在一段长时间内如此强劲增长，其发展规模和重要性之大，影响人口之多，都是空前的，中国经济发展模式独一无二。[1] 巴勒斯坦人民党总书记萨利希指出："中国特色社会主义帮助中国人民实现了减贫脱贫，实现了最大限度的社会公平正义……社会主义的未来并没有随着苏联的垮台而终结。与此相反，世界各国现在仍然有不同的社会主义探索，也存在着不同的社会主义模式。近年来，中国提出了'一带一路'倡议，倡导构建人类命运共同体，建设美好世界，这些经验可以帮助世界各国共同发展，维护世界和平与稳定，推进全球减贫，保护自然环境，维护世界公平正义。我们认为，中国道路、中国理念是对世界的巨大贡献；马克思主义将永远为世界发展注入动力。"[2]

世界上最大发展中国家实现现代化，意味着比现在所有发达国家人口总和还要多的中国人民将进入现代化行列，其影响将是世界性的。"我们的改革不仅在中国，而且在国际范围内也是一种试验，我们相信会成功。如果成功了，可以对世界上的社会主义事业和不发达国家的发展提供某些经验"[3]。到 21 世纪中叶，我们人均国民生产总值可以达到中等发达国家的水平，国民经济总量位居世界前列。"这不但是给占世界总人口四分之三的第三世界走出了一条路，更重要的是向人类表明，社会主义是必由之路，社会主义优于资本主义"[4]。习近平总书记指出："我们要建设的是中国特色社会主义，而不是其他什么主义。历史没有终结，也不可能被终结。中国特色社会主义是不是好，要看事实，要看中国人民的判断，而不是看那些戴着有色眼镜的人的主观臆断。中国共产党人和中国人民完全有信心为人类对更好社会制度的探索提供中国方案。"[5] 我们坚信，中国式现代化创造的奇迹和经验，充分证明国家发展模式和现代化道路是多种

---

[1] 参见 [美] 迈克尔·斯彭斯:《中国经济发展模式独一无二》，载香港《信报》2005 年 2 月 3 日。

[2] 宋涛主编:《21 世纪马克思主义与新时代中国特色社会主义——纪念马克思诞辰 200 周年国际会议实录》，人民出版社 2019 年版，第 184—185 页。

[3] 《邓小平文选》第 3 卷，人民出版社 1993 年版，第 135 页。

[4] 同上书，第 225 页。

[5] 《习近平谈治国理政》第 2 卷，外文出版社 2017 年版，第 37 页。

多样的。中国特色社会主义制度和社会主义现代化，不仅给处于低潮的世界社会主义运动增强了信心，而且为广大发展中国家走向现代化开辟了新路、贡献了智慧。当我国成为世界上第一个不是走资本主义道路，而是走社会主义道路建成富强民主文明和谐美丽的社会主义现代化强国时，中国共产党领导人民进行的伟大社会革命，将更加充分地展示出重大的现实意义和深远的历史意义。

第二篇

不忘初心，弘扬
伟大建党精神

❘ 侯且岸 ❘ 北京师范大学历史学院"双一流"特聘教授，中国李大钊研究会副会长

李大钊的建党思考与实践

2021年，是中国共产党成立100周年。值此百年华诞之际，我们更加怀念为党的创建、为中国人民的解放事业和社会主义改革大业作出奠基性贡献的伟大革命先驱——李大钊。本文集中探讨李大钊的建党理论思考与实践过程，分析如何继承他留下的宝贵精神遗产。

一、新政党观

在早期中国共产党人中，李大钊的政党观最为独特。这种独特性主要表现在他结合辛亥革命后政治斗争的变化和军阀统治对近代政党政治的强烈冲击，从政治理性、政党与国家、政党与人民等方面进行了深入的理性反思，形成了自己的新政党观。

由于对当时共和制下的政党政治的强烈不满，李大钊猛烈地抨击了参与"党争"的各派势力，"彼等见夫共和国有所谓政党者矣，于是集乌合之众，各竖一帜……实则所谓稳健者，狡狯万恶之官僚也；急进者，蛮横躁妄之暴徒也；而折其衷者，则又将伺二者之隙以与鸡鹜争食者也。以言党纲，有一主政，亦足以强吾国而福吾民。以言党德，有一得志，吾国必亡，吾民无噍类矣。此非过言也"[1]。李大钊针对政客们的一系列丑行断言："吾国今之所谓党者，敲吾骨吸吾髓耳。"[2]

---

[1] 中国李大钊研究会编注：《李大钊全集》第1卷，人民出版社2013年版，第7—8页。

[2] 同上书，第8页。

在李大钊看来，政党政治的腐败，使"人民厌弃政党已达极点"，他提出这些政党"都是趁火打劫，植党营私，呼朋啸侣，招摇撞骗"，既没有政党应该有的精神，也没有组织纪律，更无法指望他们作出为人民谋福利的改革事业。[1]

显然，李大钊对民国以来的政党政治彻底失望，认为它们于国于民都是灾难。但着眼于国家和民族发展的大局，李大钊仍然以乐观而富有理性的精神阐释了自己理想的政党观。

首先，国家利益是高于政党利益的，因此政党必须没有私自的利益，要把政党利益同国家利益相连，他认为这是近代政党观与封建党争的根本区别所在。民国初年，面对党争和兵争带来的社会混乱，李大钊虽然感到忧虑，但他认识到克服危机必须依靠政党。他认为，"党非必祸国者也。且不惟非祸国者，用之得当，相为政竞，国且赖以昌焉。且不惟国可赖党以昌，凡立宪之政治精神，无不寄于政党，是政党又为立宪政治之产物矣"[2]，由此，营私的政党就可以变为造福国家和人民的政党。

其次，政党发展与文化密切相关，文化发展有助于推动政党政治的进步。李大钊认为，中国近代政党形同散沙，"既无政党之精神，亦无团体的组织"，其根本原因在于"人类之社会的观念和组织的能力，和文化有相互的影响。文化高的民族，社会的观念和组织的能力，固然也高；亦为社会观念和组织能力既高，而文化始有进步"[3]。相对于欧美各国而言，中国人受"几千年专制之压迫，思想之束缚，和消极的、懒惰的、厌世的学说之浸染，闹得死气沉沉，组织的能力都退化了"[4]。因此，中国迫切需要"强固精密的组织"来进行"彻底的大改革"。

再次，中国的社会革命和社会改造必须有中心势力，即先进政党。李大钊认为，从中国整个政治格局看，作为先进政党的中心势力必不可少，同时它必须具备容纳其他各个力量的包容力。"为了要进行举国上下的根本改造，光靠打

---

[1] 参见中国李大钊研究会编注：《李大钊全集》第3卷，人民出版社2013年版，第350页。

[2] 中国李大钊研究会编注：《李大钊全集》第1卷，人民出版社2013年版，第1页。

[3] 中国李大钊研究会编注：《李大钊全集》第3卷，人民出版社2013年版，第350页。

[4] 同上。

倒军阀、埋葬政客这种表面上堂皇的口号，那是很不可靠的事情，而且也是非常危险的。这种根本性的改造，无论哪个国家都必须有其中心不可。"[1]李大钊曾寄希望于"以国民党作为中心"，认为其"尚有容纳我们考虑问题的包容力。而且孙文氏具有理解人们主张的理解力"[2]。

最后，在中国近代革命的进程中，"革命党"是一种新的政党形式，它有指导思想，有明确的目标，并且与世界革命相联系。李大钊分析了孙中山的思想及其实践活动与中国近代革命演变的关系，认为孙中山"整理了太平天国、三合会、哥老会一类的民间的民族的结社，改进了他们的思想，使入于革命的正轨"[3]。李大钊指出，孙中山于1905年在日本东京成立了中国同盟会，二次革命失败后又在东京改组中华革命党，1924年在广州改组中国国民党，容纳中国共产党的分子，由此"使中国的国民运动与世界革命运动联成一体；使民族主义的秘密结社，过渡而扩成现代的工农团体，一体加入国民革命党；使少数革命的知识阶级的革命党，过渡而成为浩大的普遍的国民的群众党"[4]。李大钊提出，这是孙中山"在中国民族革命史上继往开来、铸新淘旧，把革命的基础，深植于本国工农民众，广结于世界革命民众的伟大功绩"[5]。

李大钊通过历史解析，勾勒出中国近代革命党发展轨迹及其基本特点。他的上述观点虽然是在不同历史背景下，针对不同问题有感而发的，但这些观点有内在逻辑理路，为我们理解中国政党政治提供了基本认知标准，具有重要的思想价值。

二、建党思路

李大钊的建党思路直接源于他的政党观，其核心内容就是"中心势力"论、

---

[1] 中国李大钊研究会编注:《李大钊全集》第4卷，人民出版社2013年版，第222页。

[2] 同上书，第223页。

[3] 中国李大钊研究会编注:《李大钊全集》第5卷，人民出版社2013年版，第130页。

[4] 同上书，第130—131页。

[5] 同上书，第131页。

"大团体"思想和"革命党"观念。

1921年3月，李大钊写下《团体的训练与革新的事业》一文，这是他唯一一篇分析"党的建设"的文章，其中明确表示：我们要建立的"大团体"就是"社会主义团体"，它必须是"强固精密"的组织，它将使"中国彻底的大改革，或者有所附托"[1]。

李大钊回顾了世界政党的发展。他分析道：19世纪以来，"政党之发达，则人类组织能力之进步，又极可惊"，欧美社会方面，只要两人以上就成一个团体，"他们团体生活之习惯，几若出自天性，由小扩大，所以议会、政党，亦都行之若素"，"所以社会事业才能这样发达"，而"最近时代的劳动团体，以及各种社会党，组织更精密，势力更强大"，比如，俄罗斯共产党有党员60万人，"这种团体的组织与训练，真正可骇"[2]。

对比之下，李大钊痛感中国的落伍源自政党的腐败，立志从团体的训练开始进行彻底的改革。他指出，五四运动以后产生了学生团体，但学生团体主要有"几许热心侠气"，团体的训练不充足。因此，必须"赶快组织一个大团体以与各国C派（即共产主义组织——引者注）的朋友相呼应"[3]。李大钊关于"大团体"的思想在实践中又有所充实，后来发展为"国共合作"，衍生出超越党派界限、政党利益并弥合了政治分歧的合作思路。从这个意义上来看，我们研究中国共产党的创立也不可能脱离"国共合作"。

第一次国共合作不是偶然的。当时，从表面上看国共两党需要合作，共同完成北伐。实际上，则是要通过合作来改造国民党，振兴整个国民革命。因为在孙中山看来，此时的国民党已完全失去活力，两党合作可以"加强和恢复它的血液的流动"[4]。辛亥革命后，孙中山对国民党心怀忧虑，思考它的病源所在。他在写于1918年的《建国方略》一文中，力倡"心理建设"，认为问题主要出

---

[1] 中国李大钊研究会编注：《李大钊全集》第3卷，人民出版社2013年版，第350页。

[2] 同上书，第348页。

[3] 同上书，第350页。

[4] 北京大学图书馆、北京李大钊研究会编：《李大钊史事综录》，北京大学出版社1989年版，第643页。

在国民党党员"信仰不笃"。这里值得注意的问题是，孙中山是把解决认识论中存在的问题作为立党、立国的首要问题，切中国民党所存在问题的要害。因此，孙中山在《建国方略》中首先涉及了"心理建设"，之后才是有关实业计划的"物质建设"和有关民权的"社会建设"，并提出不仅要有"破坏的革命"，还要有"建设的革命"。

以"心理建设"为基础，孙中山力图从根本上改造国民党，使之成为国民革命的真正先锋。据李大钊在《狱中自述》中写道："孙中山先生因陈炯明之叛变，避居上海。钊曾亲赴上海与孙先生晤面，讨论振兴国民党以振兴中国之问题。曾忆有一次孙先生与我畅论其建国方略，亘数时间。"[1] 虽是寥寥数语，但却是提出了一个重大的政治命题，即政党的兴衰与国家的兴亡的关系。他们都希望改造政党以救中国，认为这是时代的主题。

1923 年 10 月 19 日，孙中山指定廖仲恺、汪精卫、张继、戴季陶、李大钊为国民党改组委员，并请孙伯兰密电李大钊来沪会商改组工作。1923 年 11 月 25 日，《中国国民党改组宣言》正式发表，表示"务求主义详明，政策切实，而符民众所渴望"，"吾党奋斗之成功，将系乎此"[2]。

1923 年 4 月，《向导》刊发了李大钊的《普遍全国的国民党》一文，这篇文章对孙中山的建党学说进行了理论上的丰富，同时也完善了李大钊的建党理论。李大钊在文中反思了国民党的根本弱点。他指出，对国民党来说，"'推倒满洲'是 个早熟的果实，反以延缓了国民运动的发育。白从第二次革命后，国民党受了北洋军阀重大的打击……国民党亦因此自懦，荒废了并且轻蔑了宣传和组织的工夫，只顾以武力抵抗武力，不大看重民众运动的势力，这不能不说是国民党的错误"[3]。显然，启蒙民众是未来国民党的中心工作。他接着写道，"今日的国民党，应该挺身而出，找寻那些呼唤的声音，去宣传去组织，树起旗帜来，让民众……结成一个向军阀与外国帝国主义作战的联合战线"，因为"一

<hr />

[1] 中国李大钊研究会编注：《李大钊全集》第 5 卷，人民出版社 2013 年版，第 298 页。

[2] 《孙中山选集》（下），人民出版社 2011 年版，第 559 页。

[3] 中国李大钊研究会编注：《李大钊全集》第 4 卷，人民出版社 2013 年版，第 209 页。

个政治革命的党，必须看重普遍的国民运动。要想发展普遍的国民的运动，必须有普遍的国民的组织"。[1]

综上所述，我们不难看出，李大钊的建党思路，特别是他特有的"大团体"思想随着中国政治情势的变化又有了新发展。在当时的情况下，李大钊寄希望国民党能够最大限度地、最广泛地团结全体国民，成为全国的中心势力，担当起国民革命的重任。随着国民革命的深入，李大钊更加感受到政党的重要性，他希望在孙中山思想的影响下，国民党"实具有中心位置"，"过渡而成为浩大的普遍的国民的群众党"，并使中国国民运动与世界革命运动相联结。[2] 他预言："中山主义所指导的中国国民革命的成功，亦必要影响到英国，经过英国影响到欧洲，到全世界。"[3]

三、革命实践

李大钊领导的北京共产党早期组织以北京大学为中心开展革命活动，使北京大学成为中国革命的摇篮和中国共产党的孕育地之一。

第一次世界大战后，在五四时期出现的进步社会思潮和俄国十月革命的双重影响下，中国思想界发生了近代以来最大的思想变动，其主要标志就是马克思主义和社会主义的广泛传播，而尤以社会主义更具实践意义。此刻，李大钊已进入北京大学，担任图书馆主任。因为对"欧洲文明之权威大生疑念"，他开始反思"其文明之真价"[4]，在比较研究中结合中华文明之特点，探索中国社会主义发展的可能性。其实，李大钊在日本留学期间，就已经接触并了解了社会主义思潮和西方社会主义学说，但那只是局限于书本和课堂。真正触发他进行深入研究的源头是他与时任北京大学教授胡适之间发生的一场关乎中华民族命运的讨论，即关于"问题与主义"的讨论。从这场讨论中，李大钊得到启示，

---

[1] 中国李大钊研究会编注：《李大钊全集》第4卷，人民出版社2013年版，第209—210页。

[2] 参见中国李大钊研究会编注：《李大钊全集》第5卷，人民出版社2013年版，第131页。

[3] 同上书，第199页。

[4] 中国李大钊研究会编注：《李大钊全集》第2卷，人民出版社2013年版，第316页。

必须在理论上对社会主义作更加深入的研究，其中尤其要关注主义、理论与实践的结合方式。

李大钊在与胡适的讨论中提出，社会主义者"必须要研究怎样可以把他的理想尽量应用于环绕着他的实境"[1]。他同时提醒胡适，要在宣传主义的过程注意滥用主义的危险固然存在，但不能"因为安福派也来讲社会主义，就停止了我们正义的宣传。因为有了假冒牌号的人，我们愈发应该一面宣传我们的主义，一面就种种问题研究实用的方法，好去本着主义作实际的运动，免得阿猫、阿狗、鹦鹉、留声机来混我们骗大家"[2]。

李大钊还耐心说服胡适，主义和问题原本就是不可分割的。他指出："所以我们的社会运动，一方面固然要研究实际的问题，一方面也要宣传理想的主义。这是交相为用的，这是并行不悖的。"[3]他还认为，问题的"根本解决以前，还须有相当的准备活动才是"[4]。他所说的"准备活动"包括了要有目的、有计划、有组织的实践活动。

李大钊认为，必须对社会主义学说进行必要的学理的探究。1921年1月，他发表了《中国的社会主义及其实行方法的考察》一文，其中明确指出，社会主义在中国的实现是必然的，但绝非易事，"为了使一般人民了解什么是社会主义，应首先翻译各国最简明扼要的关于社会主义的名著，进而深入研究中国与社会主义的关系及其实行的方法"[5]。然而，讨论理论与实践关系和研究社会主义的平台《每周评论》被军阀政府查封了。为了坚持对社会主义的研究，李大钊在北京大学领导建立了马克思学说研究会和社会主义研究会，后者的宗旨是"集合有信仰和有能力研究社会主义的同志，互助的来研究并传播社会主义思想"[6]。

社会主义研究会成立后即邀请罗素作有关社会主义的演讲，并决定编译

---

[1] 中国李大钊研究会编注：《李大钊全集》第3卷，人民出版社2013年版，第55页。

[2] 同上书，第54页。

[3] 同上书，第50页。

[4] 同上书，第55页。

[5] 中国李大钊研究会编注：《李大钊全集》第3卷，人民出版社2013年版，第329页。

[6] 北京大学图书馆、北京李大钊研究会编：《李大钊史事综录》，北京大学出版社1989年版，第486页。

"社会主义丛书"。李大钊指出，"在现阶段应着力介绍优秀书籍，组织编辑研究丛书，作为它的第一编已出版《基尔特社会主义》一书"，"目前正在翻译中，今后将陆续出版的书籍还有数种"[1]。

李大钊将社会主义理论研究与教学有机结合，通过教学途径扩大社会主义的影响，并以此作为社会主义研究会活动的重要组成部分。从1920年9月始，李大钊为北京大学政治学系、史学系、经济学系本科学生讲授《唯物史观》《社会主义史》《社会主义与社会运动》等课程。《社会主义与社会运动》是李大钊授课的讲义之一，根据北京大学本科经济学系三年级（1921级）学生邵纯熙的听课笔记整理而成，这是李大钊的一份非常重要的讲稿。在这份讲稿中，李大钊对社会主义在全世界的发展趋势及其实现的道路作出了精辟的分析和预见。他指出，"现代世界各国社会主义有统一之倾向，大体的方向群趋于马克思主义"，"此倾向固吾辈所宜知，然各国所有的特色亦岂可忽略"。[2] 他又说："因各地、各时之情形之同，务求其适合者行之，遂发生共性与特性结合的一种新制度（共性是普遍者，特性是随时随地不同者），故中国将来发生之时，必与英、德、俄……有异。"[3]

李大钊对世界社会主义发展总趋向的展望，对各国社会主义"特色"和"异点"的强调，为各国社会主义者提供了一条认知科学社会主义的新的理路，沿着这条理路进行探索，"求其适合者行之"[4]，必然会探寻出具有各国、各民族不同特点的社会主义道路。

在与胡适讨论社会主义的同时，李大钊于1919年在《新青年》六卷五号、六号上发表了《我的马克思主义观》一文。文章开门见山提出，"马克思的书卷帙浩繁，学理深晦"，尤其是《资本论》三卷，而"我们对'马克思主义'的研究极其贫弱"，要"使这为世界改造原动的学说，在我们的思辨中，有点正确的

[1] 中国李大钊研究会编注：《李大钊全集》第3卷，人民出版社2013年版，第329页。

[2] 中国李大钊研究会编注：《李大钊全集》第4卷，人民出版社2013年版，第299页。

[3] 同上书，第248页。

[4] 同上。

解释"[1]。在这篇对马克思学说进行"思辨"的文章中，李大钊在中国第一次将社会主义的概念和人民联系在一起，提出"社会主义的实现，离开人民本身，是万万作不到的，这是马克思主义一个绝大的功绩"[2]。他特别强调："社会主义有必然性的说，坚人对于社会主义的信仰，信他必然发生，于宣传社会主义上，的确有如耶教福音经典的效力。"[3] 他主张以唯物史观和认识论为导引，探讨社会主义与资本主义的关系，并尝试把理论研究的重点放在最富思辨价值和实践意义的《资本论》上。

社会主义作为学理的研究从北京大学开始后，直接推动了在北大建立党团组织的实践活动。社会主义研究会与北京早期党、团组织建立的时间几乎相同，只是各自使命不同，但都被李大钊看作社会主义实践。这个实践亦包括重点训练有知识、有朝气的青年学生，改造五四时代的学生团体，以实现"大团体"的"强固精密"。

1920 年 9 月至 11 月间，北京共产党早期组织和北京社会主义青年团成立。李大钊尤其关注社会主义青年团的建立，他亲自出任执行委员。至 1923 年，北京社会主义青年团已有一定规模，"近增团员，计各校已 250 余人，皆谋主义之发展，改造社会，拥护工友，推翻军阀为目的"[4]。随后，北方各地在李大钊和北京大学等高校学生的帮助下相继建团，其中天津社会主义青年团建于 1920 年 11 月，太原社会主义青年团建于 1921 年 4 月，唐山社会主义青年团建于 1921 年 7 月。这就出现了一个奇特的政治现象，社会主义青年团要早于共产党诞生。在当时，确实存在着党团不分，甚至国共不分的状况。

这种现象与李大钊受到日本社会主义运动的启发有很大关系。1898 年，日本共产党创始人片山潜等人在日本建立了社会主义研究会；两年后，改组为社会主义协会。1906 年，日本社会党诞生。1920 年 12 月，日本多个社会主义团

---

[1] 中国李大钊研究会编注：《李大钊全集》第 3 卷，人民出版社 2013 年版，第 1—2 页。

[2] 同上书，第 20 页。

[3] 同上。

[4] 北京大学图书馆、北京李大钊研究会编：《李大钊史事综录》，北京大学出版社 1989 年版，第 512 页。

体组成社会主义同盟。[1]北京大学社会主义研究会和北京社会主义青年团均成立于此时。可以想见，李大钊试图以社会主义信奉者的"大团体"方式组建新式政党。在中国北方的特殊条件下，他采取了以"建团"优先的方法，团结更多的青年朋友组建同盟，自然也使得党团界限并不明显，导致"党团不分"。这是完全可以理解的历史现象。

综上所述，北京共产党早期组织及其革命活动的实践，证明了以李大钊为代表的中国共产党人并未完全依循苏俄模式建党。他们从中国实际出发，探索符合自身特点的革命方略，努力实现自主建党。这是一份宝贵的思想遗产，体现了早期共产党人的"初心"。

四、精神遗产

今天，新的历史条件要求我们用李大钊所倡导的理性来认识李大钊和他未竟的事业。在对这一重要问题的认识中特别需要具备一个自由而宏大的认知视野，将李大钊首先看作民族的李大钊。我们要把李大钊放到广阔的中西双重文化背景中给以精细审慎的分析；我们还要从知识与社会生活层面去感悟人性，让李大钊回归民间、回归生活，真正理解作为学人和长者的李大钊。总之，我们要还原出一个文化的李大钊、人性的李大钊。以此为基，才能逐步发掘出真正的"李大钊精神"。

如果将"精神"定义为从人的思想意识中择选出的、具有真知性的精华，体现人的思想的最高境界，那么从李大钊的思想中，我们可以发掘出哪些独特的精神呢？有五种精神值得倡扬："国家至上与人民至上"精神、"调和与有容"精神、"民彝与平民"精神、"自反与迎受"精神、"求真与求实"精神。[2]这些理性精神是五四时期的思想产物，也是中华民族宝贵的精神遗产。这些崇高的

---

[1] 参见北京大学图书馆、北京李大钊研究会编：《李大钊史事综录》，北京大学出版社1989年版，第548页。

[2] 参见侯且岸：《大钊精神永存》，载《北京党史》2009年第6期。

精神在李大钊身上都有所体现。比如，在新文化运动中，中国先进知识分子不仅参照西方近代文明反思了中国传统文化，同时也理性批判了西方文明，其中贯穿了求真、求实的理性精神，而这种精神在李大钊身上体现得最为突出。

1917 年 1 月至 2 月，李大钊在为政治刊物《甲寅日刊》撰稿的文章中谈及了"调和"问题，同时也强调了要有原则、理性地探究真理。他指出，"余信世界文明日进。此真理者，必能基于科学，循其逻辑之境，以表现于人类各个之智察，非传说之迷信所得而蔽也"，"吾人欲寻真理之所在，当先知我之所在，即其我之身份、知识、境遇以求逻辑上真实之本分"[1]。论事析理，亦但求其真实之境而已。针对当时孔子之道入宪的问题，他说，"孔子之道也，佛法也，耶教也，未尝不本此真理而成也。然既称为真理，毕竟宇宙之间无古今、无中外，常有此真实之一境，非孔子、释迦、耶稣辈之私有物也"[2]。因此，它们合于"我之所在"、"逻辑上真实之本分"，"我则取之"；"否者，斥之"。[3]

长期以来，一直存在着这样一种思想误区：一些人习惯于用某篇文章作为某人接受某种主义的标志，而在很大程度上忽视了人的思想发展变化过程，忽视了思想家对主义进行理性审视的科学态度。因此，为了更深入地理解李大钊的真理观，可以深入剖析一下他对马克思主义和社会主义的科学态度。

如上所述，在中国近现代思想发展进程中，对社会主义进行严肃的"学理"探讨是从李大钊开始的。在他之前，一些学者在其著述中片段式地译介过马克思生平和社会主义学说，但都仅限于一般性介绍。而李大钊对社会主义的介绍建立在对"学理"的探究之上。他深刻认识到，马克思主义是科学，接受了马克思主义不等于能全面、准确理解其理论内涵、思想内容等。他说："拼上半生的工夫来研究马克思，也不过仅能就他已刊的著书中，把他反复陈述的主张得个要领，究不能算是完全了解'马克思主义'的。"[4]同时，李大钊坚持绝不盲从西方文明，而是以理性的态度对待，尤其注重马克思主义与中国国情的结合。

---

[1] 中国李大钊研究会编注：《李大钊全集》第 1 卷，人民出版社 2013 年版，第 426、427 页。

[2] 同上书，第 426 页。

[3] 同上书，第 427 页。

[4] 同上书，第 1 页。

李大钊所作出的最重要的理论贡献，反映在其主持的《新青年》的"马克思研究号"上发表的《我的马克思主义观》一文中。这篇文章是中国人系统介绍马克思学说的开山之作，而这篇文章的深刻内涵在今天还有待于重新认识。长期以来，我们一直习惯于用传统的观点，即马克思主义的三个来源与三个组成部分来界定李大钊关于马克思主义的认识，即从本本出发，而不是从实践出发动态分析理论，更不是从认识论角度观察问题。而李大钊明确强调，要用"思辨"的态度对待这"世界改造原动的学说"[1]。

应该说，《我的马克思主义观》是五四运动的产物，该文以"我"字当头，反抗奴性，充分展现了五四运动的启蒙精神。该文还立足于中国的实际，坚持独立思考，正确对待西方文明。正如李大钊在《强力与自由政治》一文中提出立言原则："彼西洋学者，因其所处之时势、境遇、社会各不相同，则其著书立说，以为救济矫正之者，亦不能不从之而异。吾辈立言，不察中国今日之情形，不审西洋哲人之时境，甲引丙以驳乙，乙又引丁以驳甲，盲人瞎马，梦中说梦，殊虑犯胡适之先生所谓'奴性逻辑'之嫌，此为今日立言之大忌。"[2]

---

[1]　参见侯且岸：《〈我的马克思主义观〉：中国共产党理论史的奠基之作》，载《新视野》2011年第6期。

[2]　中国李大钊研究会编注：《李大钊全集》第2卷，人民出版社2013年版，第301—302页。

| 王宪明 | 清华大学马克思主义学院教授

李大钊与中国共产党的初心

2014 年 5 月 4 日，习近平总书记来到北京大学，当看到当年《北京大学日刊》上刊登的马克思学说研究会成立启事及启事后所列 19 位发起者名单时，他对陪同的北京大学党委书记朱善璐说，"看来源头在这里"[1]。在随后主持的座谈会上，习近平总书记又提出"要到上海的石库门看一看，要到南湖的红船看一看，还要到北京大学来看一看。这里是重要的源头"[2]。此后不久，习近平总书记向全党发出"不忘初心，继续前进"的号召。他指出："不忘初心，方得始终。中国共产党人的初心和使命，就是为中国人民谋幸福，为中华民族谋复兴。这个初心和使命是激励中国共产党人不断前进的根本动力。"[3]习近平总书记反复强调的"初心"，都与一个人密切相关，他就是李大钊，其"一生的奋斗历程，同马克思主义在中国传播的历史紧密相连，同中国共产党创建的历史紧密相连，同中国共产党领导的为中国人民谋幸福的历史紧密相连"[4]。

一、确立三大"初心"

李大钊从少年求学时期起，就立下为中华民族求解放、为中国人民谋幸福

---

[1] 朱善璐：《铭记源头，不忘初心，继续前进——在"纪念李大钊就义 90 周年暨李大钊思想研究学术研讨会"上的讲话》，载《唐山学院学报》2017 年第 4 期。

[2] 同上。

[3] 《习近平谈治国理政》第 3 卷，外文出版社 2020 年版，第 1 页。

[4] 王沪宁：《在纪念李大钊同志诞辰 130 周年座谈会上的讲话》，载《人民日报》2019 年 10 月 28 日。

的"初心"。转向马克思主义以后，他进一步确立了为世界谋大同的共产主义理想，并为之奋斗，直到英勇献身。

（一）"青春中华之复活"

近代以来，西力东渐，资本帝国主义列强不仅从军事上侵略中国、从经济上掠夺中国，而且还打着"文明"的旗号，从政治上文化上打击中国，试图摧毁中华民族的自信心。正是在这样的时代背景下，"黄祸"说、"东亚病夫"说、"老大帝国"说等陆续提出，在国际范围内广泛传播。正如李大钊指出："异族之觇吾国者，辄曰：支那者老大之邦也。支那之民族，濒灭之民族也。支那之国家，待亡之国家也。"[1] 在列强军事、经济侵略和政治、文化打压的双重作用下，中国的领土主权完整和中华民族的尊严受到严重破坏，国际地位一落千丈，民族精神萎靡不振，亡国灭种危机压抑着中国民众的心。

1916 年 3、4 月间，李大钊在日本写下著名的《青春》一文，回溯了中华民族过去五千年辉煌的历史，提出了"青春中华""再造"的问题。李大钊指出，从世界历史看，民族与国家"递兴递亡者，蝉然其不可纪矣"，"粤稽西史，罗马、巴比伦之盛时，丰功伟烈，彪著寰宇，曾几何时，一代声华，都成尘土矣"[2]。他指出，遍观历史，文明古国之中，只有中国始终绵延不绝，"自黄帝以降，赫赫然树独立之帜于亚东大陆者，四千八百余年于兹矣。历世既久，纵观横览，罕有其伦。稽其民族青春之期，远在有周之世，典章文物，灿然大备，过此以往，渐向衰歇之运，然犹浸衰浸退，扬其余辉，以至于今日者，得不谓为其民族之光欤？"[3]

李大钊认为，"民族之命，垂五千载，斯亦寿之至矣"，足以值得我们自豪，当代青年的责任，不是要去争辩"白首之中国"是不是已死，而是应该急起努力，去"孕育青春中华之再生"[4]。中华民族今后是否能够在世界民族之林中存

---

[1] 中国李大钊研究会编注：《李大钊全集》第 1 卷，人民出版社 2013 年版，第 312 页。

[2] 同上。

[3] 同上。

[4] 同上书，第 313 页。

立，不在于"白首中国"能否苟延残喘，关键的是要"青春中国之投胎复活"，因为"生命者，死与再生之连续也。今后人类之问题，民族之问题，非苟生残存之问题，乃复活更生、回春再造之问题也"[1]。他提出，中国自辛亥以来的革命史"倾动九服"，其最终目标不过是"欲再造其神州"而已，在这一"再造神州"的时代潮流之中，只有青年才能够完成冲决历史桎梏、涤荡历史积秽、新造民族生命、挽回民族青春的历史重任。李大钊号召青年"本其理性，加以努力，进前而勿顾后，背黑暗而向光明，为世界进文明，为人类造幸福，以青春之我，创造青春之家庭，青春之国家，青春之民族，青春之人类，青春之地球，青春之宇宙，资以乐其无涯之生"[2]。

李大钊于 1916 年 8 月 15 日发表《〈晨钟〉之使命——青春中华之创造》一文，次年又发表《新中华民族主义》一文，进一步阐发了其复兴民族、创造"青春中华"的理想。他满怀深情地写道："际兹方死方生、方毁方成、方破坏方建设、方废落方开敷之会，吾侪振此'晨钟'，期与我慷慨悲壮之青年，活泼泼地之青年，日日迎黎明之朝气，尽二十稘黎明中当尽之努力，人人奋青春之元气，发新中华青春中应发之曙光。"[3] 针对西方列强诋毁中国为"待亡之国家"、中华民族为"衰老之民族"的说法，李大钊驳斥道："吾之国家若民族，历数千年而巍然独存，往古来今，罕有其匹，由今论之，始云颓亡，斯何足讳，亦何足伤，更何足沮丧吾青年之精神，销沉吾青年之意气！"[4] 他再次郑重提醒青年：中国和中华民族要在 20 世纪发其光华，并不是要保证"陈腐中华"不死，而是要让"新荣中华"再生，青年人如果想要为国家和民族贡献其精诚，就应该努力去创造一个"青春中华"。[5]

19 世纪末 20 世纪初，西方民族主义开始在中国广泛传播。民族主义思想的盛行加速了辛亥革命高潮的到来。中华民国建立后，孙中山倡导"五族共和"，

---

[1]　中国李大钊研究会编注：《李大钊全集》第 1 卷，人民出版社 2013 年版，第 313 页。

[2]　同上书，第 318 页。

[3]　同上书，第 328 页。

[4]　同上书，第 329 页。

[5]　参见中国李大钊研究会编注：《李大钊全集》第 1 卷，人民出版社 2013 年版，第 329 页。

但此时的"族"的观念已与三民主义之"民族主义"中的"民族"意思有很大不同，指的是构成中华民族的各个不同族群，从深层看，仍旧有一种区分族类、划分此疆彼界的意味。有鉴于此，李大钊提出：辛亥革命以后，历史上形成的旧的族类壁垒已经打破，从此以后，凡中国之人，都成了"新中华民族"里平等的成员。他说："民国建立，号称五族，此实分裂之兆。予以为吾中华若欲成一统一之国家，非基于新民族主义不可。新民族主义云者，即合汉、满、蒙、回、藏镕成一个民族的精神而成新中华民族。"[1] 李大钊认为，"今后之问题，非新民族崛起之问题，乃旧民族复活之问题"，而旧民族的复活，关键在民族的自觉，在"民族之自我的自觉，自我之民族的自觉"，"今日世界之问题，非只国家之问题，乃民族之问题也。而今日民族之问题，尤非苟活残存之问题，乃更生再造之问题也"[2]。

第一次世界大战期间，美国著名生物学家美德加父在欧伯林学院为中国留学生所作《科学与文明》的演讲中，谈到中国的将来时提出过这样一个问题：中国历史上曾经对人类作出过重大贡献，对人类产生过重大影响，但是，将来是否还能够"卷土重来，以为第二次之大贡献于世界之进步乎？"他认为，世界上还从来没有过哪一个国家和民族能够为世界人类的进步作出过两次重大贡献的，世界史上从来也没有哪一个"回春复活之民族，重为世界之强国"的。[3] 李大钊针对上述疑问答复道：毋庸讳言，中国文明确已达到烂熟的程度，古老的中国民族的命运，也确已濒临灭亡，但尽管如此，我们还是"深信"，我们的民族完全能够"复活"，能够为世界文明作出"第二次之大贡献"[4]。

李大钊反复致意的"青春中华之投胎复活""民族复活""神州之再造"等，所指向的都是同一件事，即中华民族的复兴。五四运动后，李大钊进一步发展其"青春"思想，提出创造"少年中国"的理想。他指出："我们的理想，是在

---

[1] 中国李大钊研究会编注：《李大钊全集》第 2 卷，人民出版社 2013 年版，第 339 页。

[2] 中国李大钊研究会编注：《李大钊全集》第 1 卷，人民出版社 2013 年版，第 477 页。

[3] 参见中国李大钊研究会编注：《李大钊全集》第 2 卷，人民出版社 2013 年版，第 312 页。

[4] 同上书，第 313 页。

创造一个'少年中国'。"[1]

（二）让人民"生活上一切福利的机会均等"

李大钊认为，"民之所以求获良政治者，亦曰欲享治平之幸福"[2]而已，为政者的责任就在于保障人民能够享此治平之幸福。信仰马克思主义之后，李大钊关注的重点，从抽象意义上的"民"，进一步聚焦于包括工人、农民、城市贫民、青年学生、妇女等在内的社会下层，尤其关注劳工问题。他认为：现代社会生活的方方面面都在朝着民主的方向发展，第一次世界大战之后蓬勃兴起的劳工运动，也是民主的重要表现，因为，民主的本义"就是人类生活上一切福利的机会均等。劳工们辛辛苦苦生产的结果，都为少数资本家所垄断、所掠夺，以致合理工作的生产者，反不得均当的分配，断断非 Democracy 所许的"，因此，应该使产业组织民主化，让那些劳苦做工的人，也都"得一种均等机会去分配那生产的结果"，不仅如此，"人类的生活，衣食而外，尚须知识；物的欲望而外，尚有灵的要求"[3]。劳工们像机器、牛马一样，辛辛苦苦，终日劳作，没有时间精力去开发其知识，涵养其性灵，最终必然使其人性完全消灭。人们只知道资本家掠夺劳动者所生产的物质成果是一种莫大的罪恶，但是，却不知道"资本家夺去劳工社会上精神上修养的工夫，这种暴虐，这种罪恶，却比掠夺他们的资财更是可怕，更是可恶"[4]。

李大钊认为，"凡是一个人，靡有不愿脱去黑暗向光明里走的。人生必须的知识，就是引人向光明方面的明灯"[5]，但是，劳动者为衣食所迫，终岁劳动，没有机会接受教育，这与现代社会的民主潮流格格不入。现代社会不仅在政治方面要求民主，在经济方面"要求分配平均"，而且在教育等诸方面，也"要求一个人人均等的机会"，李大钊建议应该多设立一些专门教育机构，以便让普通

---

[1] 中国李大钊研究会编注：《李大钊全集》第 3 卷，人民出版社 2013 年版，第 66 页。

[2] 中国李大钊研究会编注：《李大钊全集》第 1 卷，人民出版社 2013 年版，第 178 页。

[3] 中国李大钊研究会编注：《李大钊全集》第 2 卷，人民出版社 2013 年版，第 407 页。

[4] 同上书，第 407—408 页。

[5] 同上书，第 408 页。

劳工们在休息时，也可以就近到这些地方去学习，以"满足他们知识的要求"。

李大钊还探讨了妇女解放问题。他在《战后之妇人问题》一文中指出，现代社会中，所谓民主主义的精神，就是要让共同生活在社会中的所有人，不分种族、属性、阶级、地域，"都能在政治上、社会上、经济上、教育上得一个均等的机会，去发展他们的个性，享有他们的权利"[1]。

李大钊所理想的是"平民主义"的社会，即"工人政治"的社会。这种社会理论上源自马克思、恩格斯、列宁，实践上始自俄国十月革命。它与旧的资产阶级的民主制度不同。在这种社会中，除了老、幼、病、残外，其他所有人都要工作，大家"各尽所能以做工，各取所需以营生，阶级全然消灭"[2]。这种政治与西方资产阶级所说的"民有、民治、民享"的虚伪的旧式民主不同，它是完全属于工人，为工人而设，并由工人管理一切事务，它"没有治人的意义，这才是真正的工人政治"[3]。这种社会禁止富者、强者、老者、男子统治贫者、弱者、幼者、女子，同样禁止贫者、弱者、幼者、女子统治富者、强者、老者、男子。在这种社会里，阶级已经彻底消灭，人人平等，人人做事，各尽所能，各取所需，各得其所，幸福美满，一切事务都由劳动者自己管理。不难看出，李大钊所说的"工人政治"，就是马克思在《共产党宣言》里所宣布的，"代替那存在着阶级和阶级对立的资产阶级旧社会的，将是这样一个联合体，在那里，每个人的自由发展是一切人的自由发展的条件"[4]。

（三）"人类一体，世界一家"

李大钊是中国最早从理论上系统阐明俄国十月革命的世界意义的学者，也是中国最早的马克思主义传播者。

1918 年 7 月 1 日，李大钊发表《法俄革命之比较观》一文，高度评价十月革命在人类历史上的重大意义，指出，法国大革命是发生在 18 世纪末的革命，

---

[1] 中国李大钊研究会编注：《李大钊全集》第 2 卷，人民出版社 2013 年版，第 410 页。

[2] 中国李大钊研究会编注：《李大钊全集》第 4 卷，人民出版社 2013 年版，第 4 页。

[3] 同上书，第 5 页。

[4] 《马克思恩格斯文集》第 2 卷，人民出版社 2009 年版，第 53 页。

是一场政治革命，同时兼有社会革命的成分，其基本指导思想是国家主义。而俄国十月革命则不同，它是一场发生在 20 世纪初期的革命，是一场"社会的革命"，同时还兼有"世界的革命之采色"，其基本指导思想是社会主义。这两场革命，其"时代之精神不同，革命之性质自异"，因此，它们之间完全不可同日而语。[1]

李大钊劝告中国思想界、舆论界：十月革命绝不仅仅是俄罗斯人心变动的明显征兆，它实在是"二十世纪全世界人类普遍心理变动之显兆"，我们对于这样重大的历史事变，绝不能抱悲观的态度，而必须"翘首以迎其世界的新文明之曙光，倾耳以迎其建于自由、人道上之新俄罗斯之消息，而求所以适应此世界的新潮流"[2]。

1918 年底，第一次世界大战结束。在各界"庆祝战胜"的狂欢声中，李大钊先后发表《庶民的胜利》和《Bolshevism 的胜利》等文，论证第一次世界大战终结的真实原因，并不是像西方国家所宣传的那样是协约国的军队战胜了德国的军队，而是社会主义战胜了军国主义，是德国的军阀失败于世界新潮流。他认为，从根本上说，一战的胜利，得胜的是人道主义、和平思想，是公理、自由、民主主义、社会主义、布尔什维主义，是世界无产阶级。

那么，布尔什维主义是一种什么样的主义呢？李大钊解释道：所谓的布尔什维主义，其实就是"革命的社会主义"；他们所信仰的，是马克思的学说；他们的目的，是联合全世界无产阶级，打破资本主义私有制，实行社会主义。他们的具体主张是：无论男女都要工作，都要加入一个"联合"，每个这样的"联合"都要有一个"中央统治会议"，由这样的会议负责组织政府，旧有的一切政府机关都要扫除，留下的只有"劳工联合的会议，什么事都归他们定；一切产业都归在那产业里作工的人所有，此外不许更有所有权"；他们还要联合全世界的无产阶级，去创造一个自由的世界，并首先建设一个"欧洲联邦民主国"，以之作为建设"世界联邦"的基础。[3] 李大钊满怀信心地预言："由今而

---

[1] 参见中国李大钊研究会编注:《李大钊全集》第 2 卷，人民出版社 2013 年版，第 330 页。

[2] 中国李大钊研究会编注:《李大钊全集》第 2 卷，人民出版社 2013 年版，第 332 页。

[3] 参见中国李大钊研究会编注:《李大钊全集》第 2 卷，人民出版社 2013 年版，第 364、364—365 页。

后，到处所见的，都是 Bolshevism 战胜的旗。到处所闻的，都是 Bolshevism 的凯歌的声。人道的警钟响了！自由的曙光现了！试看将来的环球，必是赤旗的世界！"[1]

1919 年春，李大钊写成《我的马克思主义观》一文，分上下两篇发表于同年 9 月、11 月出版的《新青年》杂志"马克思研究号"上。李大钊在文中指出："自俄国革命以来，'马克思主义'几有风靡世界的势子，德、奥、匈诸国的社会革命相继而起，也都是奉'马克思主义'为正宗。"[2]

在《我的马克思主义观》一文中，李大钊系统介绍了马克思主义的唯物史观、政治经济学说、科学社会主义及阶级斗争理论，明确主张用"社会主义改造经济组织"[3]。同时，它也让中国先进分子清楚地认识到，资本主义必将灭亡，因为它的"脚下伏下了很多的敌兵，有加无已，那就是无产阶级。这无产阶级本来是资本主义下的产物，到后来灭资本主义的也就是他"，随着资本的不断集中，"集中的资本收归公有"，"资本主义趋于自灭，也是自然之势，也是不可免之数了"[4]。

1919 年 8 月，针对胡适《多研究些问题少谈些主义》一文中反对宣传社会主义、主张多研究问题少谈主义的错误观点，李大钊发表《再论问题与主义》一文，旗帜鲜明地指出，"'问题'与'主义'，有不能十分分离的关系"，要想解决一个社会问题，必须靠社会上大多数人共同行动。要共同行动，就必须先有一个大家共同赞成的理想或主义来作一个标准，才有可能一致行动去解决一个一个的具体问题，否则，如果连共同标准都没有，那么，社会问题永远没有解决的希望。他提出："所以我们的社会运动，一方面固然要研究实际的问题，一方面也要宣传理想的主义。这是交相为用的，这是并行不悖的。"[5]

李大钊坦承自己"是喜欢谈谈布尔什维主义的"，他认为，布尔什维主义

---

[1] 中国李大钊研究会编注:《李大钊全集》第 2 卷，人民出版社 2013 年版，第 367 页。

[2] 中国李大钊研究会编注:《李大钊全集》第 3 卷，人民出版社 2013 年版，第 1 页。

[3] 同上书，第 23 页。

[4] 同上书，第 39—40 页。

[5] 同上书，第 50 页。

的流行，"实在是世界文化上的一大变动"，我们应该去研究它，并在社会上广泛宣传介绍它。他坚持认为，在对待主义的态度方面，我们应该一方面"认定我们的主义"，并用它作材料和工具，去开展实际的社会运动，另一方面，也要积极去"宣传我们的主义"，以便使社会上大多数人都能够用它作材料和工具，去解决一个个具体的社会问题。

1919 年 2 月，李大钊发表《联治主义与世界组织》一文。他在文中宣布："现在的时代是解放的时代，现代的文明是解放的文明。"[1] 现在人类社会进化发展的轨道，都是沿着一条线。而这条线，就是到达"世界大同"的必经大道，也是连贯人类共同精神的脉络。它有两个看似相反实则相成的方面，一个是"个性解放"，一个是"大同团结"。这两种运动的最终结果，就是要把全世界的人类联合起来，组成一个"人类的联合，把种界国界完全打破"，而这恰恰就是全人类所向往的"世界大同"。[2]

李大钊断言，第一次世界大战是旧世界、旧社会的"总崩溃"，从此以后，人类社会将会在一个"新社会"中，过上"新生活"。这种新生活、新社会，内容较前扩大，它是一种"人类一体的生活，世界一家的社会"，中国人要建设新道德，就必须是一种"适应人类一体的生活，世界一家的社会之道德"[3]。从前那种旧的家庭主义、国家主义的道德，绝对无法适应一战后的世界经济时代，不但应该废弃，而且必然废弃。中国今日所需要的道德，不是别的，"乃是人的道德、美化的道德、实用的道德、大同的道德、互助的道德、创造的道德！"[4]

二、选定实现初心的道路：社会主义

如何实现"青春中华之再造"？如何为中国人民谋幸福？如何实现"人类一体，世界一家"？李大钊最初把希望寄托在学习西方资产阶级的代议政治

---

[1] 中国李大钊研究会编注：《李大钊全集》第 2 卷，人民出版社 2013 年版，第 395 页。

[2] 参见中国李大钊研究会编注：《李大钊全集》第 2 卷，人民出版社 2013 年版，第 399—400 页。

[3] 中国李大钊研究会编注：《李大钊全集》第 3 卷，人民出版社 2013 年版，第 146 页。

[4] 同上。

上。然而，民国初年的军阀专制、政党乱象和第一次世界大战的爆发，很快让他认识到，西方资产阶级的那套东西解决不了中国和人类所面临的难题，实现不了上述理想。李大钊开始探索如何才能"根本解决"中国和世界所面临的种种难题。

面对近代西方资产阶级主导的弱肉强食的悲惨世界，李大钊指出："现在的世界，黑暗到了极点，我们为继续人类的历史，当然要起一个大变化。这个大变化，就是诺亚以后的大洪水，把从前阶级竞争的世界洗得干干净净，洗出一个崭新光明的互助的世界来。"[1]

在《再论问题与主义》一文中，李大钊进一步指出，在一个腐朽的、没有生机的社会里，一切生机都已经丧失殆尽，无论你有什么好的工具，都没有使用的机会。在这种情况下，要想使社会恢复生机，"恐怕必须有一个根本解决，才有把一个一个的具体问题都解决了的希望"[2]。他提出，按照马克思主义的唯物史观，社会上精神的构造，都是表层，其下面有经济的构造作其基础，经济组织若一有变动，它们也都会跟着变动。换言之，"经济问题的解决，是根本解决"，经济问题一旦解决了，政治、法律、家族、女子解放、工人解放等问题，都可以迎刃而解，因此，"我们应该承认：遇着时机，因着情形，或须取一个根本解决的方法"[3]。

李大钊认为，造成近代以来中国濒临亡国灭种边缘的根源，是西方资本主义的兴起及其对外侵略扩张。随着西方资本主义的迅速发展，中国所受压迫也就日甚一日，中国虽曾试图从政治上进行抵抗，但结果都是败下阵来，被迫割地、赔款、开口通商，关税、铁路等都被外国控制，再加上近邻日本的侵略，中国传统的农业经济、家庭经济和手工业经济一齐破产，"全国民渐渐变成世界的无产阶级，一切生活，都露出困迫不安的现象"[4]。李大钊分析道，欧美国家的经济变动，都是由于其内部自然发展促成的，而中国的经济变动则完全不同，

[1] 中国李大钊研究会编注：《李大钊全集》第 2 卷，人民出版社 2013 年版，第 482 页。

[2] 中国李大钊研究会编注：《李大钊全集》第 3 卷，人民出版社 2013 年版，第 55 页。

[3] 同上。

[4] 同上书，第 188—189 页。

它是列强外部压迫的结果，所以，与欧美各国人民相比，中国人民所受的苦痛更多，所付出的牺牲更大。通过对世界局势和中国现状的考察，李大钊得出结论，帝国主义以其经济上的优势，压迫像中国这样经济落后的国家，并用各种不平等条约破坏中国的国家主权与民族独立，中国的"国民经济，遂以江河日下之势而趋于破产"[1]。中华民族要从根本上摆脱受全世界资产阶级剥削压迫的悲惨地位，就绝不能再寄希望于资本主义。中国要独立，要发展，就必须另辟蹊径，走社会主义道路。

1921年3月，李大钊发表《社会主义下之实业》一文，批驳了国内一些人所鼓吹的用资本主义方式来振兴中国经济的观点。该文指出，"谓振兴实业而必适用资本主义，其谬已极"，根据十月革命后俄国采用社会主义而使其经济迅速发展的经验来看，社会主义对于发展经济，实在是有利而无害，反观中国，辛亥革命以后虽然采用了资产阶级的共和制，但经济毫无发展，社会反而陷入动荡，民生凋敝，事实证明，"用资本主义发展实业，还不如用社会主义为宜"[2]。因为，在资本主义制度之下，资本根本无法集中，劳动也无法普及，效用因而大受影响，而社会主义则可以集中资本，普及劳动，效用也可大大提高，两相比较，当然是以社会主义更为合适。因此，"中国不欲振兴实业则已，如欲振兴实业，非先实行社会主义不可"[3]。

几乎与上文同时，李大钊又发表《中国的社会主义与世界的资本主义》一文，进一步阐明上述观点。他指出，一方面，从世界潮流看，经济组织方式已经开始由资本主义向社会主义转变，中国的资本主义虽然没有像欧美国家那样发展起来，但中国人民受资本主义制度间接的剥削压迫，比欧美各国直接受其本国资产阶级剥削压迫更为严重，更加痛苦。中国虽然还没有出现劳资严重对立的情形，但"中国人民在世界经济上的地位，已立在这劳工运动日盛一日的风潮中，想行保护资本家的制度，无论理所不可，抑且势所不能"[4]。另一方面，

---

[1] 中国李大钊研究会编注：《李大钊全集》第5卷，人民出版社2013年版，第297—298页。

[2] 同上书，第353页。

[3] 中国李大钊研究会编注：《李大钊全集》第3卷，人民出版社2013年版，第354页。

[4] 同上书，第359页。

从中国在世界上所处的地位来看，发达资本主义国家已经从自由竞争阶段发展到产业集中垄断阶段，因而需要"社会主义共营"，如果我们现在才从发达资本主义国家出发的地方开始沿着它们的足迹，一步步走其早已走了几千万里的路，差距巨大。在这种情况下，中国想在世界民族之林中取得一席生存之地，"恐非取兼程并力社会共营的组织，不能有成。所以今日在中国想发展实业，非由纯粹生产者组织政府，以铲除国内的掠夺阶级，抵抗此世界的资本主义，依社会主义的组织经营实业不可"[1]。

要复活民族、福利人民，就必须发展实业即现代工业经济，而要发展实业，就必须走社会主义道路。这是李大钊经过长期反复思考和比较研究之后得出的结论。历史证明，李大钊的结论是正确的，中国只有走社会主义道路才能实现独立富强。

三、凝聚实现初心的"中心势力"：建党

确立了初心，选定了道路，还要有走这条道路、实现这一初心的力量和组织。

民国成立伊始，政党政治兴起，李大钊面对"这个带有历史标志性的重要政治现象，深深地感到这是探索救国救民之路的最亟须回答的、最首要的严重问题"，并"开始初步形成了以科学民主思想为指导的、具有积极的超政党特点的政党观"。[2]

1917 年 4 月，李大钊发表《中心势力创造论》一文，提出"创造中心势力"以挽救国家危亡的主张。文中指出，一个国家一定要有一个"中心势力"，才有可能统一、进步，否则就会动荡分裂，甚至亡国。"吾国今日，不惟无中心势力所可凭依，即其历史上所分之系统，而能自成一部势力者，亦且零星散灭，不可收拾。正如散沙之难合，乱丝之难理。夫中心势力亡乃无异于国亡，若并余

---

[1] 中国李大钊研究会编注：《李大钊全集》第 3 卷，人民出版社 2013 年版，第 359—360 页。

[2] 朱成甲：《李大钊传》上册，中国社会科学出版社 2009 年版，第 136 页。

烬之各个势力而亦灭亡之，斯真堪为忧虑者也。"[1]

1918 年 6 月，李大钊参与发起创建少年中国学会。从名称上看，该会有意模仿世界近代史上著名的"青年德意志党""青年意大利党"等，但其宗旨和精神却与之有很大不同。1919 年 7 月 1 日，少年中国学会正式成立，根据李大钊等人的提议，将原定宗旨修改为"本科学的精神，为社会的服务，以创造少年中国"[2]，把"创造少年中国"突出了出来。该会所定《规约》详细规定了学会的宗旨、入会条件、会务与组织机关等，并规定了对违背学会宗旨、利用学会名义为个人谋私、加入学会后又加入其他党派、个人人格上有重大污点等会员的惩处除名办法等。该会组织纪律严密，已经基本具备了近代意义上的政党的性质。后来在中国共产党创立和发展过程中发挥重要作用的毛泽东、张闻天、邓中夏、恽代英、黄日葵、高君宇、刘仁静、张申府、许德珩等人都先后加入少年中国学会，成为该会骨干。

1918 年夏，北大学生牵头，联合北京各大学学生成立学生爱国会，后改称学生救国会。该会不仅在北京开展活动，而且还派会员到天津、济南、南京、武汉、上海等地开展活动，所到之处都有学生加入该会，该会由此成为一个全国性的组织。是年 8 月，全国已有会员 200 多人。[3]10 月，学生救国会组织成立《国民》杂志社，主要社员有许德珩、张国焘、易克嶷等。1919 年 1 月，该会出版《国民》杂志，发表《共产党宣言》部分章节的中译文，宣传社会主义思想。学生救国会和《国民》杂志社的活动得到了李大钊的有力指导和支持，其核心成员后来成为中共创建时期的骨干。

在李大钊的影响和带动下，北京大学师生中学习研究马克思主义的风气日盛。1920 年 3 月，北大学生发起成立马克思学说研究会，该会"以研究关于马克思派的著述为目的"，主要活动内容有四项：搜集德文、英文、法文、日文及中文版的有关马克思主义学说的材料，开讨论会，举办演讲会，编译刊印《马

---

[1] 中国李大钊研究会编注：《李大钊全集》第 2 卷，人民出版社 2013 年版，第 174 页。

[2] 《少年中国学会消息·本会通告》，载《少年中国》1919 年第 1 期。

[3] 参见张允侯等编：《五四时期的社团》(二)，生活·读书·新知三联书店 1979 年版，第 38 页。

克思全集》和其他有关的论文。次年 11 月，该会正式登报对外宣布成立，李大钊是该会实际领导者，但未列名发起人，主要原因是当时"组织上考虑到：他是党的领导人，对外界说，他还是以一个教授和一个马克思学说理论家的身份出现的，所以开始时李大钊同志并未出头露面，而只是在党内指导"[1]。

与马克思学说研究会差不多同时建立的，还有北京大学社会主义研究会。1920 年 12 月 4 日，该会正式对外宣布成立，李大钊是主要发起人。该会宗旨是：集合信仰和有能力研究社会主义的同志，互助地来研究并传播社会主义思想。该会招收会员的范围暂时限定为北大学生。主要活动内容有两项：文字宣传，包括编译社会主义大小丛书各一种、翻译社会主义研究集、发表社会主义论文等；举办演讲会。李大钊、陈启修、高一涵等人都曾在该会组织的演讲会上就社会主义和劳动问题等做过公开演讲。

1920 年 10 月，北京共产主义小组在北大李大钊办公室正式成立，成员除李大钊本人外，还有张申府、张国焘。不久，张申府应聘去法国里昂大学任教。在法期间，他参与了中共旅欧支部的筹建工作，并在此期间发展了周恩来、刘清扬等人入党。

1921 年 1 月，北京共产主义小组召开会议，正式定名为中国共产党北京支部，李大钊任书记。到中共一大召开前夕，北京支部共有李大钊、张国焘、邓中夏、罗章龙、刘仁静、高君宇、何孟雄、缪伯英、范鸿劼、朱务善、李骏、张太雷等 12 人 [2]，占全国党员总数的四分之一左右。

1921 年 3 月，李大钊发表《团体的训练与革新的事业》一文，阐述了他对现代社会中政党作用的认识及建党思想。他指出，从理论上看，人类的社会观念和组织能力，与其文化之间有相互影响的关系。文化程度高的民族，其社会观念和组织能力也高，社会观念和组织能力高的民族，其文化也会更进步。他分析道，19 世纪，政党组织发达，英美国家的政治纯受政党支配，这些国家的

---

[1] 北京大学图书馆、北京李大钊研究会编：《李大钊史事综录》，北京大学出版社 1989 年版，第 479 页。

[2] 参见中央党史资料征集委员会编：《共产主义小组》上册，中共党史资料出版社 1987 年版，第 217—218 页。

政党都有非常复杂巧妙的机关和组织体系，所以势力雄厚，简直可与政府并驾齐驱，甚至被称为第二政府。而在社会方面，这些国家只要有两人以上的共同行动，就会组织一个团体，所以其社会事业极为发达。他指出，无产阶级的团体及政党组织更为严密，势力更大，从各国无产阶级所组织的轰轰烈烈的罢工风潮及群众运动，就可以知道其组织能力之强。尤其是俄国十月革命以后的无产阶级所组织的共产党，"党员六十万人，以六十万人之大活跃，而建设了一个赤色国家。这种团体的组织与训练，真正可骇"[1]。

李大钊指出，中国的社会团体在组织方面的状况与欧美国家相比有极大差距。但是，现实迫使中国不能不"急求改革"，而"改革的事业，亦断非一手一足之力，自然还要靠着民众的势力"，因此"我们现在要一方注意团体的训练，一方也要鼓动民众的运动，中国社会改革，才会有点希望"[2]。他指出，虽然民国成立以来，政党纷起，党争不断，政局动荡，人们对政党厌恶已极，但是没有其他更好的办法，最终还是必须找到一种能够代替旧式政党的团体，"否则不能实行改革事业"[3]。

李大钊认为，中国社会腐败已极，人人口头上都在说改革，而实际上一点改革也没有，究其原因，就是因为团体的训练不够。为了改变这种现状，必须"急急组织一个团体"，这个团体既不是政客们所组织的那种政党，也不是中产阶级即资产阶级的政党，"乃是平民的劳动家的政党，即是社会主义团体"[4]。中国现在谈社会主义和共产主义的人不少，不过还没有形成强固精密的组织，而反观世界各国，"C"派朋友即共产主义者建立团体组织的很多，又有第三国际作中枢，其势力和影响必将日益扩大，中国共产主义者怎能"不赶快组织一个大团体以与各国 C 派的朋友相呼应呢？"[5] 中国现在所缺的，就是一个能够真正代表民众势力的团体，共产主义者"若能成立一个强固精密的组织，并注意促

[1] 中国李大钊研究会编注：《李大钊全集》第 3 卷，人民出版社 2013 年版，第 348 页。
[2] 同上书，第 349 页。
[3] 同上。
[4] 同上书，第 350 页。
[5] 同上。

进其分子之团体的训练，那么中国彻底的大改革，或者有所附托"[1]。

由此，通过李大钊的努力，为中华民族谋复兴、为中国人民谋幸福、为世界人类谋大同的组织架构和骨干队伍初步组建起来。

1927年4月6日，李大钊被奉系军阀逮捕，当月28日被残酷绞杀，英勇就义，年仅38岁。就义前，李大钊在狱中写下《自述》，坦承"吾党之所求，乃在谋国计民生之安康与进步"，"钊自束发受书，即矢志努力于民族解放之事业，实践其所信，励行其所知，为功为罪，所不暇计"。[2]

李大钊虽然"出师未捷身先死"，但先驱者的牺牲，换来的不仅仅是人们满襟的眼泪和痛苦的哀悼，更有无数后继者的觉醒。他们牢记李大钊"为推翻一切反动势力而斗争"的初心和使命，"愈加继起革命运动向前发展"[3]，为中华民族的独立和中国人民的自由、幸福而继续努力。正是因为有李大钊这样的先驱者的"登高一呼"表"初心"，才有了"群山应"，有了中国共产党的诞生，"从此神州不陆沉"[4]。中国人民从此在中国共产党的坚强领导下，经过百年艰苦卓绝的奋斗，实现了从站起来、富起来到强起来的伟大飞跃，向着中华民族伟大复兴的光明前景奋勇前进！

---

[1] 中国李大钊研究会编注：《李大钊全集》第3卷，人民出版社2013年版，第350页。

[2] 杨琥：《李大钊年谱》下册，云南教育出版社2021年版，第842页。

[3] 魏琴（维经斯基）：《悼李大钊同志》，载《向导》1927年第195期。

[4] 《李大钊选集》，人民出版社1959年版卷首。

第三篇

不断开辟马克思
主义中国化
新境界

┇ **张神根** ┇ 中央党史和文献研究院第四研究部主任、研究员

┇ **唐　莉** ┇ 合肥工业大学马克思主义学院教授、博士生导师

两个历史决议与中国革命和建设

我们党历来高度重视历史研究、学习、宣传和教育。党的领导人对此做过很多论述。毛泽东指出，"指导一个伟大的革命运动的政党，如果没有革命理论，没有历史知识，没有对于实际运动的深刻的了解，要取得胜利是不可能的"[1]。邓小平指出，要懂得些中国历史，这是中国发展的一个精神动力。[2] 习近平总书记指出，历史是最好的教科书，也是最好的清醒剂。他们不仅这样说，更是这样做的。毛泽东、邓小平分别领导形成了《关于若干历史问题的决议》和《关于建国以来党的若干历史问题的决议》，习近平总书记则在党的百年华诞到来之际，领导全党开展党史学习教育。通过研究、学习、宣传党的历史，促进革命和建设事业的发展。

党的两个历史决议是中国共产党人肩负民族独立、人民解放和国家富强、人民幸福历史使命，在领导推进革命、建设、改革和探索适合本国国情的现代化道路中形成的。

一、伟大转折关头的历史性决策

马克思、恩格斯在《共产党宣言》中指出，资产阶级"由于开拓了世界市

---

[1] 《毛泽东选集》第2卷，人民出版社1991年版，第533页。

[2] 参见《邓小平文选》第3卷，人民出版社1993年版，第358页。

场，使一切国家的生产和消费都成为世界性的了"，同时指出，"正像它使农村从属于城市一样，它使未开化和半开化的国家从属于文明的国家，使农民的民族从属于资产阶级的民族，使东方从属于西方"。[1] 马克思所说的从属的过程，无疑就是西方国家对东方国家进行侵略掠夺的过程，就是东方国家经受血与火洗礼的过程。

近代中国错过了工业革命的机遇，由几千年长期领先世界变成大大落后于世界。在西方列强侵略和封建腐朽势力统治下，中国人民和中华民族遭受了前所未有的苦难。救亡图存的民族使命迫在眉睫。为改变中华民族命运，无数仁人志士、各阶级代表进行了千辛万苦的探索和不屈不挠的斗争。著名的有：农民阶级的太平天国运动、义和团运动，封建地主阶级的洋务运动、清末立宪运动，资产阶级的戊戌变法和辛亥革命，但无一例外都失败了。

事实证明，不触动封建根基的自强运动和改良主义、旧式农民战争、资产阶级革命派领导的革命、照搬西方资本主义的其他种种方案，都不能完成中华民族救亡图存的民族使命和反帝反封建的历史任务。要解决中国发展进步的问题，必须找到能够指导中国人民进行反帝反封建革命的先进理论，必须找到能够领导中国社会变革的新的社会力量。

第一次世界大战充分暴露了西方资本主义制度的固有矛盾和弊端，使中国先进分子开始对其进行反思。这种反思，为中国先进分子放弃资产阶级共和国方案、继续探索救国救民的真理和接受社会主义思潮创造了条件。第一次世界大战期间，1917 年爆发的俄国十月社会主义革命极大地鼓舞了中国人民和中国的先进分子。俄国地大人多，国情与中国有近似之处。俄国革命给中国先进分子以巨大鼓舞，他们提出：走俄国人的路，这就是结论。

在这样的形势下，1921 年中国共产党诞生了。中国共产党是在近代以来中国社会的剧烈变革中，在中国人民反抗封建统治和外来侵略的激烈斗争中，在马克思列宁主义同中国工人运动的结合过程中应运而生的。

中国共产党一经成立，就把实现共产主义作为党的最高理想和最终目标，

---

[1] 《马克思恩格斯文集》第 2 卷，人民出版社 2009 年版，第 36 页。

义无反顾地肩负起实现中华民族伟大复兴的历史使命，团结带领人民进行艰苦卓绝的斗争。然而，在一个半殖民地半封建的东方大国进行革命，面对的特殊国情是农民占人口绝大多数，落后分散的小农经济及其社会影响根深蒂固，又遭受着西方列强侵略压迫，经济文化十分落后，选择一条什么样的道路才能把中国革命引向胜利，成为首要难题。年轻的中国共产党人，一度简单套用马克思列宁主义关于无产阶级革命的一般原理和俄国十月革命城市武装起义的经验，先后遭受 1927 年大革命失败、1934 年第五次反"围剿"失败的严重挫折。正如林伯渠指出的："我们常说中国、中华民族不会亡，可谁能挽救危亡？怎样才不会亡？我觉得，没有马克思主义或者不善于掌握马克思主义，是没有办法解决这个问题。"[1]

从革命斗争的这种挫折教训中，以毛泽东同志为主要代表的中国共产党人深刻认识到，面对中国的特殊国情，面对压在中国人民头上的"三座大山"，中国革命将是长期的过程，不能以教条主义的观点对待马克思列宁主义，必须从中国的实际出发，将马克思主义中国化。中国共产党人创造性地解决了马克思列宁主义基本原理同中国实际相结合的一系列重大理论问题，深刻分析中国社会形态、阶级状况，经过不懈探索，弄清了中国革命的性质、对象、任务、动力，提出通过新民主主义革命走向社会主义革命的两步走战略，制定了新民主主义革命总路线，开辟了以农村包围城市、最后武装夺取全国胜利的革命道路，引导中国革命的航船不断乘风破浪、胜利前行。

中国革命的道路从来都不平坦，它是在探索中前进的，也是在不断纠正各种错误中前进的。

（一）第一个历史决议的起草

中国共产党在幼年时期曾受过"左"倾或右倾思想统治和影响，这给党带来了极大危害。对此，中国共产党人进行了不懈斗争。1935 年遵义会议结束了"左"倾错误思想的统治地位，解决了党内所面临的最迫切的组织问题和军事问

---

[1]《林伯渠文集》，华艺出版社 1996 年版，第 463 页。

题，确立了毛泽东在中共中央和红军的领导地位。从此，中国共产党在以毛泽东同志为代表的马克思主义正确路线领导下，克服重重困难，一步步地引导中国革命走向胜利。然而，遵义会议并没有在思想上进行清算，抗日战争时期王明又犯了右倾错误。党在思想上的团结统一并没有完全解决。第一个历史决议就是在这样的背景下形成的。

起草的关键环节。

决议的起草是逐步提上日程的，它主要由以下环节构成。

1. 1937 年底，王明回国。回国前，斯大林会见他，谈话中要求中国共产党全力以赴地坚定国民党蒋介石长期抗战的决心。回国后，王明在工作中犯了右倾错误，主要表现是：政治上，过分强调统一战线中的联合，影响独立自主原则的贯彻；军事上，对党领导的游击战争的作用认识不足，不重视开展敌后根据地的斗争；组织上，不尊重、不服从以毛泽东同志为核心的中央领导。这一系列主张给党的领导带来混乱。按此路线发展下去，中国革命势必面临新的危险。

2. 1938 年 9 月 29 日至 11 月 6 日，党的扩大的六届六中全会召开。会议由王稼祥传达共产国际指示和季米特洛夫意见：中共一年来建立了抗日民族统一战线，尤其是朱德、毛泽东等领导了八路军，执行了党的新政策，政治路线是正确的；中共在复杂的环境和困难的条件下，真正运用了马克思列宁主义；在中共中央领导机关中，要以毛泽东同志为核心解决统一领导问题，中央领导机关要有亲密团结的氛围。当时，中共是共产国际的一个支部，这样的指示至关重要。毛泽东在会上作报告，号召大家要努力学习马克思主义理论，研究民族历史和当前运动的情况与趋势。他强调，今天的中国是历史的中国的一个发展，我们是马克思主义的历史主义者，不应当割断历史。从孔夫子到孙中山，我们应当给以总结，承继这一份珍贵的遗产。他特别提出"使马克思主义在中国具体化"。这些主张是对中国革命最重要的贡献之一。王明表面上承认"党要团结在毛泽东领导之下"，但实际上仍然坚持过去的错误。

3. 1940 年 3 月，王明把自己在 1931 年所写的、集中反映他的"左"倾错误观点的《为中共更加布尔什维克化而斗争》一书，在延安出了第三版，并且在序言中写道:"本书所记载着的事实,是中国共产党发展史中的一个相当重要的阶段,因此,许多人要求了解这些历史事实。"他还指出:"不能把昨日之是,一概看作今日之非;或把今日之非,一概断定不能作为昨日之是。"这表明,王明还在为过去的"左"倾错误做辩护。事实上,不仅王明的"左"倾错误思想根源没有得到应有清算,而且在抗战初期王明所犯的右倾错误在党内也还有一定的影响,并使党的事业遭受不应有的损失。

4. 自1940年下半年开始,毛泽东亲自主持收集文献,编辑《六大以来》。它由中国共产党六大以来主要文献构成。在这个过程中,毛泽东读到许多过去在中央苏区没有看到过的材料,对问题有了更系统的了解和认识,更深刻地感受到"左"倾教条主义对中国革命的严重危害。1940年12月4日,在中共中央政治局会议上,毛泽东第一次比较集中地谈到党的历史上的右倾和"左"倾错误。他强调指出,大革命末期的右的错误和苏维埃后期的许多错误,是由于马列主义没有和实际联系起来。总结过去的经验教训,对于犯了错误和没有犯错误的人都是一种教育。但在这次会议上,仍然有人不同意说苏维埃后期的错误是路线错误。

5. 1941年9月10日到10月22日,中共中央召开政治局扩大会议。会前,根据毛泽东的提议,中共中央先后发出王稼祥起草的《关于增强党性的决定》和毛泽东起草的《关于调查研究的决定》,还把《六大以来》发给大家,要求认真阅读,结合实际进行比较分析。这一系列措施,特别是对《六大以来》的阅读研究,使广大干部加深了对"左"倾教条主义危害的认识,为全党整风以及对历史问题作出决议打下了重要基础。在会议上,许多人以自我批评精神认真检讨了自己在历史上所犯的错误,党的领导层对必须反对主观主义和宗派主义这个根本问题取得了共识。会议期间,毛泽东就苏维埃运动后期的错误起草了《关于四中全会以来中央领导路线结论草案》。

6. 1943年9月7日至10月6日,以及11月3日至27日,中央政治局连续召开会议,对十年内战时期和抗战初期王明的错误路线进行严肃批评。许多中央领导人在会上回顾党的历史,并认真进行自我批评。在11月13日会议上,毛泽东系统回顾六届四中全会以来党内斗争的历史后,总结道:"我们的目的是揭发路线错误，又要保护同志，不要离开这个方向。"[1] 此时，系统总结党的历史经验，从思想路线的高度对党的历次错误根源进行系统清算，并在此基础上统一全党思想的历史条件已经成熟。

7. 1944 年 2 月 24 日，中共中央书记处会议讨论党的历史问题，统一了五个方面的认识：王明、博古的错误应视为党内问题；临时中央与六届五中全会因有国际承认，应承认是合法的，但必须指出其手续不完备；学习路线时，对历史上的思想问题要弄清楚，对结论必须力求宽大，目前是应该强调团结，以便团结一切同志共同工作；学习路线时，须指出党的六大的基本方针是正确的，六大是起了进步作用的；对六届四中全会到遵义会议期间，也不采取一概否定的态度，凡做得对的也应承认它。这次会议，实际上对党的历史问题作了明确结论。1944 年 5 月 10 日，中央书记处会议决定成立党内历史问题决议准备委员会，任弼时为召集人。

8. 1944 年 5 月 21 日，党的六届七中全会召开。这次全会的主要任务就是在整风基础上全面总结党的历史经验，为党的七大做准备。重新起草历史决议是全面总结历史经验最基础，也是最重要的工作。会议进行了 11 个月，是我们党历史上开的时间最长的一次会议。全会期间多次召开大会讨论党的历史问题和历史决议草案。毛泽东就此指出，"历史决议案上的问题，是关系到多数人的问题还是少数人的问题？我说是关系到多数人的问题，关系到全党和全国人民的问题。所以我们要谦虚谨慎，不要骄傲急躁"[2]。

1945 年 4 月 20 日，中共六届七中全会原则上通过了《关于若干历史问题的决议》；8 月 9 日，中共七届一中全会第二次会议一致通过该决议。《决议》总结了党的历史经验，特别是对六届四中全会至遵义会议期间中央的领导路线问题作出正式结论。

---

[1] 中共中央文献研究室编：《毛泽东年谱（1893—1949）（修订本）》中卷，中央文献出版社 2013 年版，第 481 页。

[2] 《毛泽东文集》第 3 卷，人民出版社 1996 年版，第 296 页。

（二）第二个历史决议的起草

经过 28 年浴血奋战，我们党和人民战胜日本帝国主义侵略，推翻了"三座大山"，夺取了新民主主义革命的胜利，实现了几代中国人梦寐以求的民族独立和人民解放，建立了新中国。

新中国成立后，以毛泽东同志为主要代表的中国共产党人带领人民，在迅速医治创伤、恢复国民经济的基础上，不失时机地提出了过渡时期总路线，创造性地完成了由新民主主义革命向社会主义革命的转变，使中国这个占世界人口四分之一的东方大国进入了社会主义社会，成功实现了中国历史上最深刻最伟大的社会变革。在此基础上，党带领人民对中国现代化建设道路进行了艰辛探索。毛泽东以苏联的经验教训为鉴戒，提出要创造新的理论、写出新的著作，把马克思列宁主义基本原理同中国实际进行"第二次"结合，找出在中国进行社会主义革命和建设的正确道路，制定把我国建设成为一个强大的社会主义国家的战略思想。1954 年，周恩来提出建设强大的现代化的工业、现代化的农业、现代化的交通运输业和现代化的国防的目标。1964 年，周恩来提出分两步走全面实现农业、工业、国防和科学技术现代化的构想。在中国共产党领导下，我国各族人民意气风发投身热气腾腾的社会主义建设。在不长的时间里，我国建立起独立的比较完整的工业体系和国民经济体系，成为世界上有影响力的大国。

在社会主义革命和建设时期，我们党在寻找现代化正确道路中也历经艰辛。一开始一边倒照搬苏联模式，发现问题后开始积极探索，也取得了一些成果。后来，由于对国际国内形势的认识逐步发生偏差，指导思想也发生偏差，最后发生了"文化大革命"这样全局性的长时间的严重错误，使党、国家和人民遭受新中国成立以来最严重的挫折和损失，没有找到一条完全符合中国实际的建设社会主义、实现国家现代化的道路。

正如恩格斯指出的，"所谓'社会主义社会'不是一种一成不变的东西，而应当和任何其他社会制度一样，把它看成是经常变化和改革的社会"[1]。"文化

---

[1]《马克思恩格斯文集》第 10 卷，人民出版社 2009 年版，第 588 页。

大革命"十年挫折从反面做了最好的说明。

"文化大革命"结束后,"中国向何处去"成为摆在中国人民面前头等重要的问题。邓小平以他的远见卓识、丰富的政治经验、高超的领导艺术,强调实事求是是毛泽东思想的精髓,旗帜鲜明反对"两个凡是"的错误观点,支持和领导开展真理标准问题的讨论,推进各方面的拨乱反正。在邓小平的指导下,1978年12月召开了党的十一届三中全会,重新确立了解放思想、实事求是的思想路线,停止使用"以阶级斗争为纲"的错误提法,确定把全党工作的重点转移到社会主义现代化建设上来,作出实行改革开放的重大决策,实现了党的历史上具有深远意义的伟大转折。

在历史性的伟大转折中,不可避免地遇到几个重大原则问题:如何评价毛泽东和毛泽东思想,如何评价"文化大革命",如何评价新中国成立以来中国共产党和中华人民共和国的历史?其中最关键的是如何评价毛泽东和毛泽东思想问题。不解决这些问题,改革开放和现代化建设就无法很好地前进。第二个历史决议就是在此背景下形成的。

起草的关键环节。

第二个历史决议的起草也是一步步提出来并付诸实施的,它主要由以下环节构成。

1. 1978年12月13日,邓小平在中央工作会议闭幕会上指出,"文化大革命"已经成为我国社会主义历史发展中的一个阶段,总要总结,但是不必匆忙去做。要对这样一个历史阶段作出科学的评价,需要做认真的研究工作,有些事要经过更长一点的时间才能充分理解和作出评价,那时再来说明这一段历史,可能会比我们今天说得更好。[1]

2. 1979年春天举行的理论工作务虚会对过去的一系列理论、政策进行了探索和讨论,为中央解决历史问题提供了重要参考。但会议上另一种倾向又开始冒头,出现了借纠正"文化大革命"错误而否定毛泽东、毛泽东思想和社会主义制度的一些言论。

---

[1] 参见《邓小平文选》第2卷,人民出版社1994年版,第149页。

针对这种形势，1979 年 3 月，邓小平发表题为《坚持四项基本原则》的重要讲话强调，现在一方面，党内有一部分同志还深受林彪、"四人帮"极左思潮的毒害，有极少数人甚至散布流言蜚语，攻击中央在粉碎"四人帮"以来特别是三中全会以来所实行的方针政策违反马列主义毛泽东思想；另一方面，社会上有极少数人正在散布怀疑或反对这四项基本原则的思潮，而党内也有个别同志不但不承认这种思潮的危险，甚至直接间接地加以某种程度的支持。因此，我们在批判极左思潮的同时，要着重对从右面来怀疑或反对四项基本原则的思潮进行批判。[1]

3. 1979 年 6 月，中共中央决定起草新中国成立 30 周年国庆讲话。中央认为，对过去 30 年特别是"文化大革命"十年的历史，应当在适当的时候，经过专门的会议，作出正式的总结。但是，在庆祝新中国成立 30 周年的时候，有必要给予初步的基本评估。9 月 29 日，叶剑英代表中共中央发表讲话，高度评价了毛泽东等老一辈革命家的不朽功绩，全面回顾新中国成立 30 年来的战斗历程，初步总结了社会主义革命和社会主义建设的基本经验。讲话获得全党全国的好评。

4. 1979 年 10 月下旬，邓小平就 1980 年部分重要工作的安排问题，同胡耀邦、姚依林、胡乔木谈话。他指出，经中央常委研究，准备为明年五中全会、六中全会和后年十二大做点准备工作。起草新中国成立以来党的历史问题的决议，现在着手，明年六中全会讨论通过。他还说，有了国庆讲话，历史决议就好写了。决议起草，由此正式拉开帷幕。

5. 1980 年 3 月 19 日，邓小平找胡耀邦、胡乔木、邓力群三人谈话，专门谈决议的指导思想问题。强调："第一，确立毛泽东同志的历史地位，坚持和发展毛泽东思想。这是最核心的一条……第二，对建国三十年来历史上的大事，哪些是正确的，哪些是错误的，要进行实事求是的分析，包括一些负责同志的功过是非，要做出公正的评价；第三，通过这个决议对过去的事情做个基本的总结。这个总结宜粗不宜细。总结过去是为了引导大家团结一致向前看。总的

---

[1] 参见《邓小平文选》第 2 卷，人民出版社 1994 年版，第 165—166 页。

指导思想，就是这三条。其中最重要、最根本、最关键的还是第一条。"[1] 在决议通过以后，党内、人民中间思想得到了明确，认识达到一致，历史上重大问题的议论到此基本结束。邓小平这次谈话提出的三条要求，成为起草小组始终坚持的原则。

6. 1980 年 10 月，《历史决议》稿提交党内 4000 名高级干部讨论，实际不止 4000 名。讨论持续了一个多月。讨论中，关于毛泽东同志和毛泽东思想的评价问题，仍然是热点，争论的焦点，有不少好的意见，但也有不少比较片面甚至极端地贬低或否定毛泽东和毛泽东思想的言论。发现这些倾向后，1980 年 10 月 25 日，邓小平坚定地表示："毛泽东思想这个旗帜丢不得。丢掉了这个旗帜，实际上就否定了我们党的光辉历史。""决议稿中阐述毛泽东思想的这一部分不能不要。这不只是个理论问题，尤其是个政治问题，是国际国内的很大的政治问题。如果不写或写不好这个部分，整个决议都不如不做。"[2] 邓小平的谈话，在当时争议最多、分歧最大的问题上，也是最根本、最核心的问题上，表明了党中央坚定的毫不含糊的态度。这是决议取得成功的关键。

7. 至 1981 年 3 月，《历史决议》稿仍然没有解决好如何评价毛泽东和毛泽东思想这一问题。这时，陈云提出了把中国共产党 60 年的历史联系起来写的意见，使邓小平思考长久的问题得到圆满解决。他高兴地说："六十年一写，毛泽东同志的功绩、贡献就会概括得更全面，确立毛泽东同志的历史地位，坚持和发展毛泽东思想，也就有了全面的根据。"[3] 同年 4 月，按照陈云建议修改的《历史决议》稿送党内几十位老同志审阅。大家普遍肯定了对毛泽东、毛泽东思想的评价，认为比较恰当。在邓小平的一再坚持下，如何正确评价毛泽东、毛泽东思想这一关键问题得到很好的解决。决议起草进入最后阶段。

8. 1981 年 6 月 27 日，全会一致通过《关于建国以来党的若干历史问题的决议》，标志着党在指导思想上完成了拨乱反正。十一届六中全会指出，《决议》

---

[1]　中共中央文献研究室编：《邓小平年谱（1975—1997）》（上），中央文献出版社 2004 年版，第 610 页。

[2]　《邓小平文选》第 2 卷，人民出版社 1994 年版，第 298—299 页。

[3]　同上书，第 303 页。

的通过和发表，对于统一全党、全军、全国各族人民的思想认识，同心同德地为实现主要的历史任务而奋斗，必将产生伟大的深远的影响。6 月 29 日，邓小平在党的十一届六中全会闭幕会上指出，《关于建国以来党的若干历史问题的决议》真正是达到了我们原来的要求。这对我们统一党内的思想，有很重要的作用。相信这个决议能够经得住历史考验。

二、围绕解决主要问题而展开的丰富内容

（一）第一个历史决议的主要内容

第一个决议共分七个部分。

其中，第一、第二部分是为解决主要问题所做的铺垫。

第一部分，是总论，对党成立以来整个历史进行总结概括，指出，中国共产党自 1921 年成立以来，就以马克思列宁主义的普遍真理和中国革命的具体实践相结合为自己一切工作的指针，毛泽东同志关于中国革命的理论和实践便是此种结合的代表。我们党领导的新民主主义革命的 24 年分为三个时期：第一次大革命时期、土地革命时期和抗日战争时期。党在斗争过程中取得伟大的成绩和丰富的经验：产生了自己的领袖毛泽东同志，发展了列宁、斯大林关于殖民地、半殖民地问题的学说和斯大林关于中国革命问题的学说；党在斗争中达到了在思想上、政治上、组织上空前的巩固和统一，有了 120 余万党员，领导了拥有近 10000 万人民、近 100 万军队的解放区，成为全国人民抗日战争和解放事业的伟大重心。

第二部分，对第一、第二个时期的历史进行回顾总结，指出，党在新民主主义革命的第一个时期中，特别是在 1924 年至 1927 年，中国人民反帝反封建的大革命得到迅速发展，取得伟大胜利。中国共产党发展了全国工人运动、青年运动、农民运动，推进并帮助国民党改组、国民革命军建立，形成东征、北伐政治上的骨干。但由于帝国主义和国民党反动集团的联合力量过于强大，由于国民党内的反动集团叛变，由于陈独秀右倾投降主义在党的领导机关中占了

统治地位，拒绝执行正确意见，革命失败。

在第二个历史时期，即1927年至1937年十年中，在反革命的极端恐怖统治下，全党团结一致地继续高举反帝反封建的大旗，领导进行了政治上、军事上和思想上的伟大战斗，创建了红军，建立了工农兵代表会议政府，建立了革命根据地，分配了土地，抗击了国民党反动政府的进攻和日本帝国主义的侵略。我们党以毛泽东同志为代表，创造性地把马克思、恩格斯、列宁、斯大林的革命学说应用于中国实际的工作，在这十年内有了很大发展。我们党终于在土地革命战争的最后时期，确立了毛泽东同志在中央和全党的领导地位。在这一时期，我们党也犯过一些错误，其中以党的1931年1月六届四中全会到1935年1月扩大的中央政治局会议这个时期内所犯"左"倾错误，最为严重。为了学习中国革命的历史教训，以便"惩前毖后，治病救人"，使"前车之覆"成为"后车之鉴"，党的六届七中全会认为，对于这十年内若干党内历史问题，尤其是六届四中全会至遵义会议期间中央的领导路线问题，作出正式的结论，是有益的和必要的。

第三、第四、第五部分是重点，主要解决批判"左"倾错误路线，确立毛泽东和毛泽东思想地位的问题。

第三部分，决议回顾总结了1927年至1937年党内发生的"左"、右倾偏向，指出，在此时期：一方面，以陈独秀为代表的一小部分投降主义者，对于革命前途悲观失望，逐渐变成取消主义者。另一方面，小资产阶级的革命急性病"左"倾情绪很快发展。八七会议确定土地革命和武装反抗国民党反动派的总方针，但也助长了冒险主义和命令主义，以及组织上的宗派主义。到了1927年11月党中央扩大会议，就形成了"左"倾盲动主义路线，并使"左"倾路线第一次在党中央的领导机关内取得统治地位。但这一错误一开始就引起毛泽东等的批评，到1928年4月基本结束。

党的六大肯定中国社会是半殖民地半封建社会，引起现代中国革命的基本矛盾一个也没有解决，现阶段的革命依然是资产阶级民主革命，并发布了民主革命十大纲领，当时政治形势是在两个革命高潮之间，党的总任务不是进攻，而是争取群众。会议批判了陈独秀右倾机会主义和"左"倾盲动主义。大会也存在不足，"左"倾错误未能得到根本肃清，但成绩是主要的。党在这次大会以后一个时期的工作是有成绩的。毛泽东同志在实践和理论上发展了第六次大会正确的方面。1930 年 6 月开始，第二次"左"倾路线统治中央领导机关，定出组织全国中心城市武装起义和集中进攻中心城市的冒险计划，立三路线在反右倾口号下错误打击党内持不同意见的干部，发展了宗派主义。所幸立三路线在党内统治时间很短（不到四个月）。其间，毛泽东同志纠正了红一方面军的"左"倾错误，粉碎了敌人的第一次"围剿"。党的六届三中全会纠正了立三路线，但对其思想实质没有加以清算。

以 1931 年 1 月党的六届四中全会召开为标志，开始了以王明为首新的"左"倾路线在中央领导机关内的统治。新的"左"倾路线在中国社会性质、阶级关系问题上，夸大中国现阶段革命中反资产阶级斗争、反富农斗争和"社会主义革命成分"的意义；在革命形势和党的任务问题上，继续强调全国性的"革命高潮"和党在全国范围的"进攻路线"；在组织上继续发展宗派主义，一方面提拔了那些"左"的教条主义和宗派主义同志到中央的领导岗位上，另一方面过分地打击了犯立三路线错误的同志，等等。1933 年初，中央迁入江西南部根据地，更使错误路线得以在中央所在根据地和邻近各根据地进一步发展。六届五中全会标志着第三次"左"倾错误发展到顶点。第三次"左"倾错误在革命根据地的最大恶果，就是中央所在地区第五次反"围剿"的失败和红军主力退出中央所在地区。党在其他绝大多数革命根据地和广大白区的工作，也同样由于"左"倾路线的错误而陷于失败。遵义会议集中全力纠正了当时具有决定意义的军事上和组织上的错误，开始了以毛泽东同志为首的中央的新的领导。

遵义会议后，党中央在毛泽东同志领导下的政治路线是完全正确的。"左"倾路线在政治上、军事上、组织上都逐渐被克服。1942 年以来，毛泽东同志领导的全党反对主观主义、宗派主义、党八股的整风运动和党史学习，更从思想根源上纠正了党的历史上历次"左"倾以及右倾错误。过去犯过"左"、右倾错误的同志，在长期体验中，绝大多数都有了很大的进步，做过许多有益于党和人民的工作。这些同志和其他同志一起，在共同的政治认识上互相团结起来。扩大的六届七中全会指出，我党经过了自己的各种成功和挫折，终于在毛泽东同志领导下，在思想上、政治上、组织上、军事上，第一次达到了现在这样高度的巩固和统一。这是快要胜利了的党，这是任何力量也不能战胜了的党。

第四部分，从政治上、军事上、组织上、思想上四个方面对"左"倾错误进行分析。它首先阐述了以毛泽东同志为代表的正确路线的内容，而把错误路线放在与毛泽东同志的正确路线相比较的过程中来展开叙述。

第五部分，分析"左"倾路线产生的小资产阶级社会根源。分析了小资产阶级的构成、革命特点、党应该采取的政策。分析小资产阶级思想的三个方面：思想方法方面，表现为观察问题时带有主观性和片面性；政治倾向方面，表现为左右摇摆；组织生活方面，表现为脱离群众的个人主义和宗派主义。

第六、第七部分是结尾，明确政策和策略。

第六部分，强调克服"左"倾思想或右倾思想，既不能草率从事，也不能操切从事，而必须深入马克思列宁主义的教育，提高全党对于无产阶级思想和小资产阶级思想的鉴别能力，并在党内发扬民主，展开批评和自我批评，进行耐心说服和教育工作。

第七部分，结束语，回顾历史，展望未来。这部分强调，24年来中国革命的实践证明了，并且还在证明着，毛泽东同志所代表的我们党和全国广大人民的奋斗方向是完全正确的。以毛泽东同志为代表的马克思列宁主义的思想更普遍地更深入地掌握干部、党员和人民群众的结果，必将给党和中国革命带来伟大的进步和不可战胜的力量。在以毛泽东同志为首的中央的正确领导下，中国革命必将达到彻底的胜利。

（二）第二个历史决议的主要内容

第二个决议共分八个部分。

其中，第一、第二、第三、第四部分是为了解决主要问题所做的铺垫。

第一部分，"建国以前二十八年历史的回顾"。指出，只有中国共产党才给人民指出了中国的出路在于彻底推翻帝国主义、封建主义的反动统治，并进而转入社会主义。在1927年至1949年的22年中，如果没有毛泽东同志多次从危机中挽救中国革命，如果没有以他为首的党中央给全党、全国各族人民和人民军队指明坚定正确的政治方向，我们党和人民可能还要在黑暗中摸索更长时间。同中国共产党被公认为全国各族人民的领导核心一样，毛泽东同志被公认为中国共产党和中国各族人民的伟大领袖，在党和人民集体奋斗中产生的毛泽东思想被公认为党的指导思想，这是中华人民共和国成立以前28年历史发展的必然结果。

第二部分，"建国三十二年历史的基本估计"。从政治、经济、文化、国防、外交等10个方面概括了新中国成立32年取得的成就，强调32年来我们取得的成就是主要的，忽视或否认我们的成就、忽视或否认我们取得这些成就的成功经验，同样是严重的错误。

第三部分，"基本完成社会主义改造的七年"。强调，从1949年10月到1956年，我们党领导全国各族人民有步骤地实现从新民主主义到社会主义的转变，迅速恢复了国民经济并开展了有计划的经济建设，在全国绝大部分地区基本上完成了对生产资料私有制的社会主义改造。在这个历史阶段中，党确定的指导方针和基本政策是正确的，取得的胜利是辉煌的。

第四部分，"开始全面建设社会主义的十年"。指出，直到"文化大革命"前夕的十年中，我们虽然遭到过严重挫折，但仍然取得了很大的成就。党在这十年中积累了领导社会主义建设的重要经验。总之，我们现在赖以进行现代化建设的物质技术基础，很大一部分是这个期间建设起来的；全国经济文化建设等方面的骨干力量和他们的工作经验，大部分也是在这个期间培养和积累起来的。这十年中的一切成就，是在以毛泽东同志为首的党中央集体领导下取得的。这个期间工作中的错误，责任同样也在党中央的领导集体。毛泽东同志负有主要责任，但也不能把所有错误归咎于毛泽东同志个人。这个期间，毛泽东同志关于社会主义社会阶级斗争的理论和实践上的错误发展得越来越严重，他的个人专断作风逐步损害了党的民主集中制，个人崇拜现象逐步发展。党中央未能及时纠正这些错误。林彪、江青、康生这些野心家又别有用心地利用和助长了这些错误。这就导致了"文化大革命"的发动。

第五、第六、第七、第八部分是重点，主要解决确立毛泽东同志的历史地位、坚持和发展毛泽东思想的问题，同时，客观分析和评价"文化大革命"和毛泽东同志晚年错误。

第五部分，"'文化大革命'的十年"。指出，1966 年 5 月至 1976 年 10 月的"文化大革命"，使党、国家和人民遭受新中国成立以来最严重的挫折和损失。它是毛泽东同志发动和领导的。毛泽东同志发动"文化大革命"的错误论点，明显偏离了作为马克思列宁主义普遍原理和中国革命具体实践相结合的毛泽东思想的轨道，必须把它同毛泽东思想完全区别开来。对于"文化大革命"这一全局性的、长时间的"左"倾严重错误，毛泽东同志负有主要责任。但是，毛泽东同志的错误终究是一个伟大的无产阶级革命家所犯的错误。党和人民在"文化大革命"中同"左"倾错误和林彪、江青反革命集团的斗争是艰难曲折的，是一直没有停止的。"文化大革命"之所以会发生并且持续十年之久，除了前面所分析的毛泽东同志领导上的错误这个直接原因以外，还有复杂的社会历史原因。主要在于：社会主义运动的历史不长，社会主义国家的历史更短，社会主义社会的发展规律有些已经比较清楚，更多的还有待于继续探索；党在面临工作重心转向社会主义建设这一新任务因而需要特别谨慎的时候，毛泽东同志的威望也达到高峰，他逐渐骄傲起来，逐渐脱离实际和脱离群众，主观主义和个人专断作风日益严重，日益凌驾于党中央之上，使党和国家政治生活中的集体领导原则和民主集中制不断受到削弱以至破坏，也就使党和国家难于防止和制止"文化大革命"的发动和发展。

第六部分，"历史的伟大转折"。指出，1976 年 10 月粉碎"四人帮"到十一届三中全会两年，党的工作在徘徊中前进。1978 年 12 月召开的十一届三中全会，是新中国成立以来我党历史上具有深远意义的伟大转折。全会结束了 1976 年 10 月以来党的工作在徘徊中前进的局面，作出把工作重点转移到社会主义现代化建设上来的战略决策，重新确立了马克思主义的思想路线、政治路线和组织路线，使我们的国家在经济上和政治上都出现了很好的形势。毛泽东思想的科学原理和党的正确政策在新的历史条件下得到了恢复和发展，党和国家各项事业重新蒸蒸日上。

第七部分，"毛泽东同志的历史地位和毛泽东思想"。指出，毛泽东同志是伟大的马克思列宁主义者，是伟大的无产阶级革命家、战略家和理论家。他虽然在"文化大革命"中犯了严重错误，但就他的一生来看，他对中国革命的功绩远远大于他的过失。他的功绩是第一位的，错误是第二位的。

以毛泽东同志为主要代表的中国共产党人，根据马克思列宁主义的基本原理，对中国长期革命实践中的一系列独创性经验做了理论概括，形成了适合中国情况的科学的指导思想，这就是马克思列宁主义普遍原理和中国革命具体实践相结合的产物——毛泽东思想。毛泽东思想在以下几个方面以独创性的理论丰富和发展了马克思列宁主义：关于新民主主义革命、关于社会主义革命和社会主义建设、关于革命军队的建设和军事战略、关于政策和策略、关于思想政治工作和文化工作、关于党的建设。毛泽东思想的活的灵魂，是贯穿于上述各个组成部分的立场、观点和方法，它们有三个基本方面，即实事求是、群众路线、独立自主。

毛泽东思想是我们党的宝贵的精神财富，它将长期指导我们的行动。因为毛泽东同志晚年犯了错误，就企图否认毛泽东思想的科学价值，否认毛泽东思想对我国革命和建设的指导作用，这种态度是完全错误的。对毛泽东同志的言论采取教条主义态度，认为毛泽东同志说过的话都是不可移易的真理，只能照抄照搬，甚至不愿实事求是地承认毛泽东同志晚年犯了错误，并且还企图在新的实践中坚持这些错误，这种态度也是完全错误的。

我们必须珍视半个多世纪以来在中国革命和建设过程中把马克思列宁主义普遍原理和中国实际相结合的一切积极成果，在新的实践中运用和发展这些成果，以符合实际的新原理和新结论丰富和发展我们党的理论，保证我们的事业沿着马克思列宁主义、毛泽东思想的科学轨道继续前进。

第八部分，"团结起来，为建设社会主义现代化强国而奋斗"。指出，我们党在新的历史时期的奋斗目标，就是要把我们的国家逐步建设成为具有现代农业、现代工业、现代国防和现代科学技术的、具有高度民主和高度文明的社会主义强国，并强调，三中全会以来，我们党已经逐步确立了一条适合我国情况的社会主义现代化建设的正确道路。它的主要点是：党和国家工作的重点必须转移到以经济建设为中心的社会主义现代化建设上来，社会主义经济建设必须从我国国情出发，社会主义生产关系的变革和完善必须适应于生产力的状况，阶级斗争已经不是主要矛盾，逐步建设高度民主的社会主义制度是社会主义革命的根本任务之一，社会主义必须有高度的精神文明，巩固和发展社会主义的民族关系具有重大意义，必须加强现代化的国防建设，必须维护世界和平，必须把我们党建设成为具有健全的民主集中制的党。

三、促进中国革命和建设不断从胜利走向新的更大胜利

在伟大转折关头，我们党作出决策、形成通过两个历史决议，准备充分、方法得当，既弄清思想又团结同志，既解决历史问题又为解决现实问题提供启示，在中国革命和建设发展过程中发挥了至关重要的作用。

关于第一个历史决议。

1.《决议》总结建党以来，特别是六届四中全会至遵义会议前这一段时期党的历史及其基本经验教训，高度评价了毛泽东运用马克思列宁主义基本原理解决中国革命问题的杰出贡献，肯定了确立毛泽东同志在全党领导地位的重大意义。

2.全面详尽地阐述了历次"左"倾错误在政治、军事、组织、思想方面的表现和造成的严重危害，并着重分析了产生这些错误的社会根源和思想根源，分清了是非。

3.在总结开展党内思想斗争的经验时，强调要坚持"惩前毖后，治病救人""既要弄清思想，又要团结同志"的方针；提出，全党今后的任务，就是"在马克思列宁主义思想一致的基础上，团结全党同志如同一个和睦的家庭一样，如同一块坚固的钢铁一样，为着获得抗日的彻底胜利和中国人民的完全解放而奋斗"。

《关于若干历史问题的决议》对以毛泽东同志为主要代表的正确路线进行了阐述，实际上是对毛泽东思想的初步概括。党的六届七中全会通过《关于若干历史问题的决议》之后，召开了党的七大。六中全会解决了历史问题，七大集中精力解决新问题。"既放下了包袱，又开动了机器，既是轻装，又会思索。"[1] 自 1945 年党的七大召开以后的十多年间，在毛泽东思想的旗帜引领下，

---

[1]《毛泽东选集》第 3 卷，人民出版社 1991 年版，第 949 页。

中国共产党领导人民夺取了中国革命和社会主义建设的辉煌胜利。正如邓小平所说的，1945年在毛泽东同志主持下召开的党的第七次全国代表大会，是建党以后民主革命时期我们党最重要的一次代表大会。大会总结了我国民主革命20多年曲折发展的历史经验，制定了正确的纲领和策略，克服了党内的错误思想，使全党的认识在马克思列宁主义、毛泽东思想的基础上统一起来，达到了全党的空前团结。那次代表大会为新民主主义革命在全国的胜利奠定了基础。

关于第二个历史决议。

1.《决议》既对多年来的"左"倾错误和毛泽东晚年的错误做了科学分析和深刻批评，又坚决维护了党在长期斗争中形成的优良传统，维护了毛泽东的历史地位和毛泽东思想的科学体系，从而分清了是非，纠正了当时存在的"左"和右的错误观点，统一了全党全国人民的思想，为维护全党的团结和全国人民的团结，为社会主义建设事业的健康发展，提供了根本保证。

2.《决议》总结了新中国成立以来正反两方面经验，总结了改革开放和社会主义现代化建设的新鲜经验，对党的十一届三中全会开创的新道路的主要点所作的初步概括，为党和国家事业发展指明了方向。

3. 在"文化大革命"结束后不长时间内，就能产生这个《决议》，正确解决了既科学评价毛泽东的历史地位和毛泽东思想的科学体系，又根据新的实际和发展要求确立中国社会主义现代化建设正确道路这样两个相互联系的重大历史课题，充分体现了党中央的远见卓识和政治上的成熟。

《关于建国以来党的若干历史问题的决议》对十一届三中全会以来党已经确立的适合我国情况的社会主义现代化建设正确道路的主要点做了十个方面的概括，实质上初步回答了在中国建设什么样的社会主义和怎样建设社会主义的问题，也是对中国特色社会主义理论体系的初步概括。《决议》对于统一全党全国各族人民的思想认识，同心同德为实现新的历史任务而奋斗，产生了深远影响。党的十一届六中全会通过《关于建国以来党的若干历史问题的决议》之后，1982年召开了党的第十二次代表大会。党的十二大以提出建设有中国特色社会主义的重大命题而载入史册。以此次会议召开为标志，改革开放和社会主义现代化建设全面展开。

邓小平这样评价党的十二大："正如七大以前，民主革命20多年的曲折发展，教育全党掌握了我国民主革命的规律一样，八大以后社会主义革命和建设20多年的曲折发展也深刻地教育了全党。从十一届三中全会以来，我们党在经济、政治、文化等各方面的工作中恢复了正确政策，并且研究新情况、新经验，制定了一系列新的正确的政策。和八大的时候比较，现在我们党对我国社会主义建设规律的认识深刻得多了，经验丰富得多了，贯彻执行我们的正确方针的自觉性和坚定性大大加强了。我们有充分的根据相信，这次代表大会制定的正确的纲领，一定能够全面开创社会主义现代化建设的新局面，使我们党兴旺发达，使我们的社会主义事业兴旺发达，使我们的国家和各民族兴旺发达。"[1]

正如邓小平所揭示的那样，我们党和国家的历史进入改革开放和社会主义现代化建设新时期以后，无论国际形势风云如何变幻，国内改革发展任务多么艰巨繁重，我们党团结带领人民始终高举中国特色社会主义伟大旗帜不动摇，推动党和国家各项事业不断取得新的伟大胜利，我们伟大的祖国一天天走向繁荣富强。

党的十八大以来，以习近平同志为主要代表的中国共产党人，团结带领全党全国各族人民统揽伟大斗争、伟大工程、伟大事业、伟大梦想，创立习近平新时代中国特色社会主义思想，统筹推进"五位一体"总体布局，协调推进"四个全面"战略布局，解决了许多长期想解决而没有解决的难题，办成了许多过去想办而没有办成的大事，推进党和国家事业发生历史性变革、取得历史性成就，近代以来久经磨难的中华民族迎来了从站起来、富起来到强起来的伟大飞跃，迎来了中华民族伟大复兴的光明前景。

中国的发展不仅促进了自身繁荣富强，也为广大发展中国家走向现代化提供了成功经验、展现了光明前景，是促进世界和平与发展的强大力量，是中华民族对人类文明进步作出的重大贡献。

然而，社会主义从来都是在开拓中前进的。马克思主义也必定随着时代、实践和科学的发展而不断发展，不可能一成不变。我们党对社会主义的认识，

---

[1]《邓小平文选》第3卷，人民出版社1993年版，第2页。

对中国特色社会主义规律的把握，已经达到了一个前所未有的新的高度。但是，我国社会主义还处在初级阶段，我们还面临很多没有弄清楚的问题和待解的难题，对社会主义的认识和把握还非常有限，还需要在实践中不断深化和发展。

无论征程有多漫长、道路有多坎坷，中国人民对建设社会主义现代化强国、实现中华民族伟大复兴的光明前景始终充满坚定信心。这是因为中国人民有了对马克思主义的信仰，有了对中国特色社会主义的信念，同时也因为我们始终立足于自己的历史，高度重视历史经验的总结与学习教育。历史是我们党安身立命的基础和前进的基础。正因为如此，习近平总书记强调指出："站立在九百六十多万平方公里的广袤土地上，吸吮着五千多年中华民族漫长奋斗积累的文化养分，拥有十三亿多中国人民聚合的磅礴之力，我们走中国特色社会主义道路，具有无比广阔的时代舞台，具有无比深厚的历史底蕴，具有无比强大的前进定力。"[1]

由上可见，我们党在抗日战争即将胜利和改革开放初期伟大转折关头，分别对建党以来和新中国成立以来的历史进行总结，纠正错误、肯定成绩、明确方向，统一思想、统一意志、统一行动，促进了革命和建设事业取得新的伟大胜利。在迎接建党百年华诞之际，全党开展党史学习教育活动，意义重大、寓意深远。在学习教育活动一开始，习近平总书记就强调，要坚持以我们党关于历史问题的两个决议和党中央有关精神为依据。在学习中，做到学史明理、学史增信、学史崇德、学史力行，做到学党史、悟思想、办实事、开新局。按照这样的要求，立足实际、守正创新，高标准高质量完成学习教育各项任务，就一定能够在推进党的自我革命、永葆党的生机活力，坚定信仰信念、在新时代坚持和发展中国特色社会主义中发挥应有作用，也必将促进中华民族伟大复兴历史伟业取得新的更大胜利。

---

[1] 习近平：《决胜全面建成小康社会　夺取新时代中国特色社会主义伟大胜利——在中国共产党第十九次全国代表大会上的报告》，人民出版社 2017 年版，第 70 页。

徐俊忠 ┃ 中山大学马克思主义哲学与中国现代化研究所暨哲学系教授

中国共产党与人类政治文明新形态

习近平总书记在庆祝中国共产党成立 100 周年大会上指出："走自己的路，是党的全部理论和实践立足点，更是党百年奋斗得出的历史结论……我们坚持和发展中国特色社会主义，推动物质文明、政治文明、精神文明、社会文明、生态文明协调发展，创造了中国式现代化新道路，创造了人类文明新形态。"[1] 这一论述，不仅科学准确地总结了中国共产党带领人民进行革命、建设和改革的历史，更打开了中国研究，尤其是新中国的政治、经济、文化乃至整个文明研究的新境界，必将对于人们的思想方式和学术界的学术方式产生极具深远意义的影响。本文以新中国的人民政治为例，揭示其本质是一种不同于西方政党政治的新型政治文明。

一、新中国人民政治的逻辑

新中国所开创和发展的政治可以概括为人民政治。这一政治的逻辑直接导源于"民众大联合"的思想与实践，扎根于近代中国长期半殖民地半封建的社会形态下政治、经济和文化的发展状况，接脉于实现中华民族伟大复兴的人民集体意志，并以马克思主义为指导思想。新中国并非通常意义上的"共和国"，而是"人民共和国"；新中国的国家基本制度不是西方社会基于"政党政治"基础上的议会制，而是采用民主集中制的人民代表大会制；新中国的各级政府

---

[1] 习近平：《在庆祝中国共产党成立 100 周年大会上的讲话》，人民出版社 2021 年版，第 13—14 页。

和各种政权机关都以"人民"二字为基本标识，政府叫人民政府，法院叫人民法院，军队叫人民解放军，警察叫人民警察等，还有诸如人民银行、人民币、人民医院、人民铁路、人民出版社、人民文学、人民画报等，它们都是新型政治所内含着的人民价值观的外化表达。对于政府行政权的监督，西方通常借助于政党及其舆论工具。然而，新中国的政治不是也不能被归结为政党之间的事务，它是人民的政治，"只有让人民来监督政府，政府才不敢松懈"，"只有人人起来负责，才不会人亡政息"。[1] 人民才是监督政府行政权的更具合法性和根本意义的主体。总之，新中国所创造的人民政治是以人民为主体的政治，也是以"人民，只有人民，才是创造世界历史的动力"[2] 为哲学信仰的政治，更是以"为人民服务"为基本价值取向的政治。

人民政治是不同于西方政党政治的一种新型政治。孙中山说过，"政就是众人之事，治就是管理，管理众人的事便是政治"[3]。这一论述的要义在于揭示了政治从本质上是归属于社会公共领域的事务。然而，属于社会公共领域的事务并不等于就是为全社会所有人服务的事务。自从人类出现利益分化之后，阶级的存在成为一个基本的事实。公共事务的领域往往为占统治地位的阶级的意志所支配。争夺和运用公共权力几乎成为政治领域最重要的内容。近代以来的西方资本主义国家，形成和产生出一套以自由主义为基础的政治制度及其理论表达。这种制度和理论大多以所谓公民人人都是国家主权的平等参与者为预设前提。通过一定规则性的政党竞争，获得议会多数者或者选举人票多数者，即为执持公共权力的执政党。这种政党之间以竞争执政权为内容的政治游戏，由于外披公民参与的政治形式，因而通常被西方称为"民主政治"。但实际上，这种名为民主的政治与民主政治的应有之义与价值相去甚远。

就实际的政治过程看，西方民主政治所预设的前提，即公民人人都是国家主权的平等参与者，在阶级分化日益突出和严重的社会里并不存在。因为在社

[1] 中共中央文献研究室编：《毛泽东年谱（1893—1949）（修订本）》中卷，中央文献出版社2013年版，第611页。

[2] 《毛泽东选集》第3卷，人民出版社1991年版，第1031页。

[3] 《孙中山选集》（下），人民出版社2011年版，第719页。

会生活中，人们实际的经济文化状况、实际的社会地位等都与其预设前提相去甚远。"言论自由"，即对公共事务发表独立见解的言论自由，只有对于既有钱又有教育的人群或阶级，才可能是实际存在的。对于那些既缺钱又缺教育的人群和阶级来说，实际上只能处于社会公共性言论的弱势地位，因而在所谓"言论自由"的竞争中，部分人群和阶级永远只能处于消极、被动甚至被忽视的地位。在西方的实际政治过程中，参与政治竞争，需要组党，需要集会，需要文宣，需要庞大的党工人员队伍，需要完成包括获得选民联署、参选登记、缴纳政治保证金等一系列法定手续等。而这一切都需要拥有庞大的金钱支撑，缺少金钱的支撑，这一切几乎都会成为泡影。所谓"金钱是政治的母乳"，就是对这种政治的真实概括。因此，这种政治最终只能沦为那些在社会上处于有利地位的，也就是既有钱又有教育的精英集团之间争夺公共权力的游戏而已。对于政治上被标榜为国家主权平等参与者的广大公民来说，这种政治，充其量也就是周期性地在不同精英集团中选择公共权力的执持者而已。因此，这种所谓的民主政治被学者不无准确地戏称为"选主政治"，原来被预设为这一政治"主体"的公民，实际上也只能沦为精英们竞逐选票可利用的"客体"。马克思一针见血地指出，在这种政治中，"人是想象的主权中的虚构的成员"[1]。这是近代以来以欧美资本主义国家为主要代表的所谓民主政治的最真实的写照。

中国共产党领导人民在政治建设方面最突出的作为是：坚守民族复兴和人民解放的价值理想，立足于当下世情与国情，以马克思主义为指导思想，拒绝流行于当今世界的西方政治模式，不断探索，形成和创造出"人民政治"这一新型政治文明。"人民政治"，主体是人民。何谓人民？中国共产党向来认为，人民是区别于"敌人"的历史性范畴。换言之，人民在中国指的是除了"敌人"之外的所有人群。由于不同时期革命的任务和对象不同，"敌人"也会有所不同，人民所包括的人群也会随之变化。然而，不论有何变化，人民永远是社会中的绝大多数。在半殖民地半封建背景下的新民主主义革命时期，人民不仅包括社会中的最大群体——工农等劳动大众，还包括小资产阶级、民族资产阶级

---

[1]《马克思恩格斯文集》第 1 卷，人民出版社 2009 年版，第 31 页。

和知识分子等。进入新中国，中国共产党继续践行新民主主义革命的政治逻辑，明确指出，"在我们国家里，工人阶级同民族资产阶级的矛盾属于人民内部的矛盾"[1]，民族资产阶级是人民的一部分。因此，新中国开启的人民政治，是具有最广泛社会基础的政治。借用马克思、恩格斯在《共产党宣言》中的说法，所谓人民政治，就是依靠"绝大多数人的，为绝大多数人谋利益的"[2]政治。在这个政治中，社会的"绝大多数人"既是政治的主体，也是政治价值的指向所在。

二、新中国人民政治的重要特征

正是由于"人民政治"是依靠"绝大多数人的、为绝大多数人谋利益的"政治，这决定了它具有不同于西方自由主义政治的若干鲜明的重要特征。

第一，人民政治是寻求人民之间协同合力的政治。西方基于自由主义的政党政治，是典型的竞争、博弈的政治。不同政党为了争夺执政权而进行激烈竞争，政治永远被搅进不同政党争夺选票的过程，党派利益始终支配政党和政客的政治行为。这样的政治往往伴随着热闹非凡的场景，政客们进行别出心裁的政治表演，作出各种投合选民诉求的承诺，这些永远都只能称为政党和政客利用和争取选民的过程，不同政党和政客彼此不断相互攻讦、不断撕裂社会的过程。与这种博弈政治不同，人民政治的主体是人民。人民既然是指除极少数敌人之外的所有人群，那其真实的构成必然是非同质性的，或者说是有很大异质性的。在中国，谁都不应该忽视工人阶级与民族资产阶级之间的利益差别和对立。同样地，即使在劳动人民群体中，工人与农民之间的利益诉求也是明显不同的。甚至于知识分子群体相对其他社会群体而言，其利益倾向和要求也具有其特殊性。但是，除却种种差异，他们都面临共同的世情与国情，面临"三座大山"即帝国主义、封建主义和官僚资本主义的压迫，只有推翻"三座大山"，他们才能获得解放。进入新中国，民族独立不仅需要体现在政治和文化上，更

---

[1]《毛泽东文集》第7卷，人民出版社1999年版，第206页。

[2]《马克思恩格斯文集》第2卷，人民出版社2009年版，第42页。

应当体现在经济的硬实力上。一个工业不发达、农业无法满足人民生存需求、教育科技落后的国家，在弱肉强食的世界里，无法达到真正的独立和解放。因此，民族复兴成为中国人民共同的梦想。人民政治最突出的基本特点就是不断在非同质性存在的人民中，寻找共同利益，凝聚政治共识，形成共同的政治目标，结成政治上、经济上和文化上的统一战线。因此，这种政治不是排斥性的竞争，不是博弈政治，而是努力进行异中求同，不断寻找人民内部不同阶级与阶层的相互协同，形成合力的政治。毛泽东的"民众大联合"就是这一政治特质的集中而鲜明的表达。毛泽东关于"建立一个联合一切民主阶级的统一战线的政治制度"[1]的表述，则是这一政治在政权建构上的体现。习近平总书记在庆祝中国共产党成立100周年大会上的讲话中更进一步高举这一旗帜，特别强调"我们必须坚持大团结大联合，坚持一致性和多样性统一，加强思想政治引领，广泛凝聚共识，广聚天下英才，努力寻求最大公约数、画出最大同心圆，形成海内外全体中华儿女心往一处想、劲往一处使的生动局面，汇聚起实现民族复兴的磅礴力量"[2]。这些都充分体现了人民政治寻求协同合力的鲜明特性。

第二，人民政治是高度重视统筹兼顾、合理安排的政治。人民政治不是博弈政治，但谁也不能忽视一个基本的事实：人民毕竟是非同质性的存在。不同阶级和群体，有着各自不同的思想倾向、利益追求与文化差异，甚至还会有思想的、政治的、经济利益上的种种对立，出现彼此间种种关系的失调或冲突也在所难免。对待这种失调与冲突，如果不做及时恰当地调节处理，例如漠视这种失调与冲突，或者激化这种失调和冲突，就不仅与人民政治的基本取向相背离，甚至还会演变成为破坏性的社会危机。因此，正视人民内部的复杂矛盾，正确处理人民内部矛盾，就成为人民政治的重要主题。这也是中国共产党人历来高度重视正确处理人民内部矛盾的根本原因。

对于人民内部的矛盾，毛泽东指出，"在一般情况下，人民内部的矛盾不是对抗性的。但是如果处理得不适当，或者失去警觉、麻痹大意，也可能发生

---

[1] 《毛泽东选集》第3卷，人民出版社1991年版，第1056页。

[2] 习近平:《在庆祝中国共产党成立100周年大会上的讲话》，人民出版社2021年版，第18—19页。

对抗"[1]。对于人民内部有关思想认识问题，"可以用'团结——批评——团结'的方法去解决"[2]。通过这一方法，在分清是非的基础上，促进矛盾各方求同存异，相互谅解，不断化解分歧，形成共识。然而，对于不同阶级、阶层和人群的实际利益关系，则需要依据更为具体的切实的方针去解决。毛泽东把它概括为"统筹兼顾、适当安排"。他要求各级党和政府的领导，"作计划，办事、想问题，都要从我国有六亿人口这一点出发"，不能抱有"小圈子主义"思想。他特别指出，"我们的方针是统筹兼顾、适当安排。无论粮食问题，灾荒问题，就业问题，教育问题，知识分子问题，各种爱国力量的统一战线问题，少数民族问题，以及其他各项问题，都要从对全体人民的统筹兼顾这个观点出发，就当时当地的实际可能条件，同各方面的人协商，作出各种适当的安排"[3]，以此去达到"调动一切积极因素，团结一切可以团结的人，并且尽可能地将消极因素转变为积极因素，为建设社会主义社会这个伟大的事业服务"[4]。在这里，统筹兼顾、适当安排，是实现人民之间形成协同合力的基本方针。

其实，通过统筹兼顾来达成人民内部的协同合力，一直是中国共产党领导人民革命的一个重要法宝。早在 20 世纪 40 年代初毛泽东就指出，"中国的事情是一定要由中国的大多数人作主"，"不能由一党一派一阶级来专政"。[5] 中国必须建立"一个真正适合中国人口中最大多数的要求的国家制度"[6]，这样的国家制度是不同阶级之间的合作，"自然，这些阶级之间仍然是有矛盾的，例如劳资之间的矛盾，就是显著的一种；因此，这些阶级各有一些不同的要求。抹杀这种矛盾，抹杀这种不同要求，是虚伪的和错误的。但是，这种矛盾，这种不同的要求，在整个新民主主义的阶段上，不会也不应该使之发展到超过共同要求之上。这种矛盾和这种不同的要求，可以获得调节。在这种调节下，这些阶级

[1] 《毛泽东文集》第 7 卷，人民出版社 1999 年版，第 211 页。

[2] 同上书，第 210 页。

[3] 同上书，第 228 页。

[4] 同上。

[5] 《毛泽东选集》第 2 卷，人民出版社 1991 年版，第 732、733 页。

[6] 《毛泽东选集》第 3 卷，人民出版社 1991 年版，第 1056 页。

可以共同完成新民主主义国家的政治、经济和文化的各项建设"[1]。在这里，基本的政治逻辑就是在凝聚起各阶级的"共同要求"的前提下，正视不同阶级之间的矛盾，并努力调节矛盾，确保各阶级之间实现协同合力，共同完成新民主主义革命的任务。新中国成立后所形成的"统筹兼顾，适当安排"的方针和在这一方针下的一系列方法，就是这一逻辑的继承与发展。进入新时代，党中央进一步从实践和理论上极大地发扬了这一逻辑，在庆祝中国共产党成立100周年大会上，习近平总书记既把"最大限度凝聚起共同奋斗的力量"作为重要的历史经验，也把"汇聚起实现民族复兴的磅礴力量"作为中国走向新的百年征途的号召，并努力通过一整套体现"党总揽全局、协调各方"的制度系统和方法集群，去实现"寻求最大公约数、画出最大同心圆"的政治局面。

第三，人民政治是努力追求人民自己参与的全过程民主的政治。马克思曾经指出，"人民是否有权为自己制定新的国家制度？对这个问题的回答应该是绝对肯定的，因为国家制度一旦不再是人民意志的现实表现，它就变成了事实上的幻想"，"必须使国家制度的实际承担者——人民成为国家制度的原则"。[2] 这是马克思捍卫民主的鲜明立场表达，也是他向后人提出的"如何使国家制度真正表现人民的意志"，"如何使人民成为国家制度的原则"的历史任务。在新中国成立前夕，中国共产党就明确提出"让人民起来监督政府"，让"人人起来负责"的政治宣示。新中国成立后，各种体现人民民主政治的实践和探索，随着国家革命与建设事业的发展而蓬勃开展起来。新中国第一个重大的社会变革是土地改革。运动一开始，中国共产党明确反对政府任何"包办"和"恩赐"的做法，让土改成为农民自己解放自己的政治实践，从而实现了中国农村社会的政治再造。新中国第一部宪法的制定过程，更是人民政治的具体实践过程。当时不仅有大批社会各界别人士、专业人员和领导干部参加宪法的起草和讨论，而且在《宪法草案》公布后的持续两个多月里，全国通过各种切实可行的政治组织形式和活动方式参与讨论《宪法草案》的人数达到1.5亿之多，提出的修

---

[1] 《毛泽东选集》第3卷，人民出版社1991年版，第1056页。
[2] 《马克思恩格斯全集》第3卷，人民出版社2002年版，第73、72页。

改意见达 118 万多条，这可谓世界历史上人民参与制定国家宪法的奇观，彰显了新中国第一部宪法的"人民性"特征。进入 50 年代中后期，毛泽东借鉴苏联的经验教训，明确提出要探索人民自己参与管理国家政治、经济、文化等事务的途径和形式。他明确反对"一长制"的管理体制，防止官员专权独断。50 年代后期，他进一步提出，"我们不能够把人民的权利问题，了解为国家只由一部分人管理，人民在这些人的管理下享受劳动、教育、社会保险等等权利"[1]。他还提出民主有"资产阶级民主"和"无产阶级民主"以及"社会主义民主"和"资本主义民主"之分。"社会主义民主"不同于"资产阶级民主"，首先应体现在人民自己有权管理国家的政治、经济、文化等事务上。他指出，"人民自己必须管理上层建筑，不管理上层建筑是不行的"[2]。他还指出，"劳动者管理国家、管理军队、管理各种企业、管理文化教育的权利。实际上，这是社会主义制度下劳动者最大的权利，最根本的权利。没有这种权利，劳动者的工作权、休息权、受教育权等等权利，就没有保证"[3]。"人民自己必须管理"思想的强调，在一定程度上冲击和否定了发源于西方"代议制"中的"权能分立"原则在社会主义民主实践中的天然合理性。西方社会的政治正是依据这一原则，把社会大众看作"有权无能"的"阿斗"，将其排斥于公共权力的实际运行之外，西方"民主政治"之所以蜕变为"选主政治"，也是这种逻辑的产物。党的十八大以来，习近平总书记对于人民政治给予了更加明晰的概括，将其内涵延展为包括人民的协商民主、民主选举、民主决策、民主管理、民主监督等内容，并明确提出，人民民主是一种全过程的民主。这不仅是新中国人民政治区别于西方政党政治的又一重要体现，更是关于人民自己参与管理的要求与实际探索。

第四，人民政治是坚持中国共产党领导核心的政治。人民政治是人民之间协同合力的政治，达成人民之间的持续协同合力，需要正确处理人民内部矛盾，需要坚持统筹兼顾、适当安排的方针，需要创造人民全过程参与管理的政治体

---

[1]　中共中央文献研究室编：《毛泽东年谱（1949—1976）》第 4 卷，中央文献出版社 2013 年版，第 267 页。

[2]　同上书，第 267 页。

[3]　同上书，第 266—267 页。

制与机制等。所有这一切都维系在一个具有根本性意义的因素上，这就是中国共产党的领导。以正确处理人民内部矛盾而论，人民并非同质性的存在，要实现人民内部之间长期的"大联合"，就必须贯彻好"统筹兼顾，适当安排"的方针。这需要在实践中建构起有效的资源汇集系统，需要形成公平合理的规则，需要培育起守望相助的社会价值，需要拥有公正高效的执行机制，还需要有效的反馈与修正系统等。这一切都维系在能否形成一支忠诚于人民事业并为人民所拥护的先锋队上。在中国，能够担当起这一使命的，唯有中国共产党。这是被中国近现代历史所反复证明的事实。习近平总书记指出，"中华民族近代以来180多年的历史、中国共产党成立以来100年的历史、中华人民共和国成立以来70多年的历史都充分证明，没有中国共产党，就没有新中国，就没有中华民族的伟大复兴"[1]。成就这一事实的重要原因，在于中国共产党真诚地、执着地、严肃地把民族救亡与复兴的历史大任牢牢地扛在肩膀上，并把自身定位于人民与民族的先锋队。"中国共产党根基在人民、血脉在人民、力量在人民。中国共产党始终代表最广大人民根本利益，与人民休戚与共、生死相依，没有任何自己特殊的利益，从来不代表任何利益集团、任何权势团体、任何特权阶层的利益。"[2] 这既是历史的总结，也是中国共产党带领人民走向未来的庄严宣示。

从思想理论武装方面看，中国共产党坚持以马克思主义为指导思想，由此获得了一种自觉抵制那种"少数人的，或者为少数人谋利益的"狭隘党派观念，确立起依靠"绝大多数人的，为绝大多数人谋利益"[3] 的政治价值观。中国共产党从马克思主义那里得到了辩证唯物主义的思想武装，从而得以不断规避各种僵化的、片面的、极端的思想倾向。中国共产党还从马克思主义的唯物史观中获得了人民史观的信仰，获得了坚持"从群众中来，到群众中去"的思想方法和工作方法的自觉，也获得了一种洞察人类社会历史变迁的科学方法论。这个方法论的最基本内容是："一切社会变迁和政治变革的终极原因，不应当到人们

---

[1] 习近平:《在庆祝中国共产党成立100周年大会上的讲话》，人民出版社2021年版，第10—11页。

[2] 同上书，第11—12页。

[3] 《马克思恩格斯文集》第2卷，人民出版社2009年版，第42页。

的头脑中，到人们对永恒的真理和正义的日益增进的认识中去寻找，而应当到生产方式和交换方式的变更中去寻找；不应当到有关时代的哲学中去寻找，而应当到有关时代的经济中去寻找。"[1] 也就是说，中国共产党以马克思主义作为指导思想，使它具有正确的政治价值观、科学世界观和科学把握复杂社会历史现象的方法论。

因此，坚持中国共产党的领导，不是外在的抽象的意识形态教化，而是内在的实现中华民族伟大复兴目标的本质性要求，是新中国人民政治的基本要求和重要内容。基于这种内在要求，习近平总书记特别强调，"中国共产党领导是中国特色社会主义最本质的特征，是中国特色社会主义制度的最大优势，是党和国家的根本所在、命脉所在，是全国各族人民的利益所系、命运所系"[2]。与此同时，中国共产党清醒地认识到党并非存在于历史的真空中，必须始终牢记打铁必须自身硬的道理，把全面从严治党作为一个永远在路上的伟大工程，以党的政治建设为统领，全面持续进行党的思想建设、组织建设、作风建设和纪律建设，确保党永远忠诚于人民政治的事业。在这里，坚持党的领导同时内含着党的"自我革命"的重要内容。

三、人民政治的谱系及其发展

人民政治的上述特点，相辅相成，相得益彰，形成一个推动中华民族不断走向协同合力，走向全面复兴的崭新政治形态。这一政治形态虽根植于特殊的国情与世情，但实质上仍属于马克思主义政治思想谱系。从具体内涵上看，从政治价值观到具体的政治方式和行为规范，它都完全不同于西方流行的所谓"政党政治"或所谓"民主政治"。深入理解这一新型政治文明的内涵，有必要强调以下两个方面。

第一，人民政治是中国共产党带领全国人民自觉探索和创造的结果。中国

---

[1]《马克思恩格斯文集》第 3 卷，人民出版社 2009 年版，第 547 页。

[2] 习近平：《在庆祝中国共产党成立 100 周年大会上的讲话》，人民出版社 2021 年版，第 11 页。

共产党从建立起就自觉地把马克思列宁主义作为指导革命实践的思想武器，由此不断开创出中国社会革命和建设的新局面，也推进了马克思主义中国化的历史进程。历史的基本事实表明，人民政治是中国共产党领导人民在革命中自觉探索和创造的结果。对于这一认识的确认，可以从毛泽东在两个不同时期的思想片段中得到印证。在新民主主义革命中，毛泽东提问中国的"民主政治"建设："我们现在所要的民主政治，是什么民主政治呢？"他自己的回答是："它不是旧的、过了时的、欧美式的、资产阶级专政的所谓民主政治；同时，也不是苏联式的、无产阶级专政的民主政治。"[1] 进入社会主义建设时期，毛泽东批评那种把"资产阶级民主"斥为"虚假的民主"，而把"无产阶级民主"称为"真正的民主"的说教。他说，"这个'真正的民主'的说法，不确切。民主只能说是有资产阶级的民主，有无产阶级的民主；有少数人的民主，有大多数的民主。不好说是有真正的民主，有虚假的民主。因为对于资产阶级这个阶级来讲，资产阶级的民主也是他们阶级的真正的民主"[2]。不同时期的两个说法，背景和所指都不一样，但都把中国共产党所积极主张的和努力建设的"民主政治"与"资产阶级的民主"等作出了非常自觉的区分。这种自觉既是自觉把它们当作两个性质上各不相同的存在，也自觉地站在政治道德的高位，旗帜鲜明地批评"资产阶级民主"具有背时的、反人民的性质。这是基于透彻的认知前提的高度政治自信。明确这一点的意义在于提醒我们，研究和阐释人民政治需要注意不同政治谱系的分野。据此，必须十分明确地看到，中国的人民政治，以及体现人民政治要求的中国特色社会主义"民主政治"，不仅与欧美国家的民主政治分属于两种性质不同的政治文明，也是力图消除、超越欧美国家民主政治所导致的社会撕裂、治理泥淖的一种新的方案。进一步阐释和研究人民政治，需要从这样的高度去获得正确的理论视角，避免由淡化甚至混淆不同民主政治的性质而导致理论上的荒腔走板。当前，尤其要防止以欧美国家所谓民主政治的制度系统和理论体系为天然合理的范式去阐释、研究新中国人民政治的做法，更要

---

[1] 《毛泽东选集》第 2 卷，人民出版社 1991 年版，第 732 页。

[2] 中华人民共和国国史学会编：《毛泽东读社会主义政治经济学批注和谈话》，中华人民共和国国史学会 1992 年版，第 94 页。

防止有人以它们作为依据和尺度去评价甚至裁判新中国人民政治的粗暴做法。

第二，进一步推进人民政治的发展仍然是中国政治建设任重道远的议题。人民政治毕竟是一个全新的实践，它需要在多面向、多时段的实践中不断试错，不断积累经验，不断走向丰富、发展和完善。说它是全新的实践，并没有否定在这个实践中我们曾经吸取了苏联和其他社会主义国家的积极经验，而是说中国开启人民政治的实践毕竟是在中国条件下进行的，而且在许多方面还是通过批评苏联的经验而取得进展的。毛泽东就曾经严厉地批评过中国从 1950 年到 1957 年，在经济建设领域出现的照搬苏联经验的"教条主义"，批评照搬苏联的中央高度集权体制、把地方卡得死死的做法，也批评苏联搞"一长制"形成"特权阶层"，容忍"既得利益集团"的行为，批评这种体制脱离群众，忽视人民自己参加管理国家事务，尤其批评把民主理解为人民在一部分人管理下享受劳动、休息、保险等权利的错误看法。可以说，中国的人民政治也是在"以苏为鉴"的过程中，在克服苏联模式的消极影响下不断形成的。而且在苏联等社会主义国家改旗易帜后，中国依然高举人民政治的旗帜不断前行。在这个过程中，虽然不断遭遇自由主义政治思潮的冲击，但中国共产党人依然坚定不移地把对人民政治的探索延伸于社会主义市场经济的实践中，创造出人民政治更加丰富的实现形式。随着中国特色社会主义进入新时代，随着第二个百年征途的开启，相信人民政治将会在新的实践基础上进一步丰富、完善和发展。因此，以开放的态度去对待人民政治的发展和完善，是正确坚持人民政治立场的应有之义。

我们也确实看到，人民政治的基本原则、基本制度系统、基本运行机制、基本实现形式等方面都已有效地生成和良好地运行，并实实在在助推着国家的伟大复兴。但这并不意味着人民政治自身就是完美的，并不意味着人民政治无须随着实践的发展和人民的新期待而不断加以完善。例如，人民代表必须扎根于人民，但如何让扎根于具体部门和区域的人民代表全面掌握和理解国家的全局情况，进一步提高人民代表的议政能力？人民代表的选举，如何更加有效地调动民众的参与热情？人民自己参与管理政治、经济、社会、文化等事务，是人民政治克服"代议制"弊端，更好实现"一切权利归于人民"的重要方案，但如何形成吸纳人民自己参与管理的各种机制，并使人民自己参与管理成为一种有效的制度安排？人民政治包含着"人人起来负责"和"让人民起来监督政府"两方面内容，那么如何形成"人人起来负责"的动员机制，畅通人民监督政府的常规渠道？马克思说，应该使"人民成为国家制度的原则"，那么，在人们的利益日益多元，甚至利益的分立性有了很大程度发展的情况下，这一原则如何才能得到切实贯彻？人民代表不同于议会成员的重要特质就在于其不代表特定阶层、阶级、区域等特定群体利益；人民代表高于议会议员的政治道德优势就在于他们超越了特殊利益的羁绊，成为人民根本利益的代表者。这是人民代表值得人民信赖的根本依据。但在社会利益体系日益多元化，不同人群的利益竞争也日趋明显的情况下，如何确保人民代表不会降低为"阶层的代表""阶级的代表""区域的代表"，甚至沦为"特殊利益集团"的代表？这些都会成为严肃的问题。更为重要的是，人民政治内含着党的领导这一核心内容。中国共产党谨记着它的使命初心，具有刀刃向内的自我革命精神。但党毕竟不是生活于历史的真空中，各种复杂的思潮和不良的社会风气都会影响它。如何建立起有效的制度系统与良好的社会政治生态系统，确保党不变质、不变色、不变味，依然是一个需要在实践中加以探索的问题。总之，人民政治是中国共产党领导人民的伟大创造，是中国政治能够成为阳光灿烂的人民事务领域的根本制度安排，但这并不意味着它本身就是尽善尽美的、可以不必向前发展的。

人民政治作为一种新的政治文明形态，它需要有一个合适的理论表达。我们必须承认，在人民政治的发展过程中存在着实践与理论的严重不平衡。理论的表达远远落后于实践的发展。这与学界严重脱离社会、疏远实践关系极大，也与这些年来学界盛行欧风美雨有关，尤其与学界盛行以西方自由主义制度和理论为评价、裁判依据的不良学风直接相关。我们说人民政治是属于马克思主义政治谱系的，就是要反对在阐释和研究人民政治时脱离马克思主义的倾向。做好人民政治的理论阐释和研究，应该成为中国当代学者的历史使命。学界必须有走向生活、走向实践的自觉，运用马克思主义的立场、观点和方法，不断研究新问题，提炼新概念，创造符合中国人民伟大实践的新理论。在这里，立足于"人类文明新形态"的高度尤为重要！

| 熊亮华 | 中央党史和文献研究院第四研究部副主任、研究员

马克思、恩格斯对中国社会主义的预见

习近平总书记在纪念马克思诞辰 200 周年大会上的讲话中指出："马克思、恩格斯高度肯定中华文明对人类文明进步的贡献，科学预见了'中国社会主义'的出现，甚至为他们心中的新中国取了靓丽的名字——'中华共和国'。"[1] 这里提到的预见，是马克思、恩格斯于 1850 年作出的，经过将近 100 年时间由中国共产党人实现了。在建党 100 周年之际，回顾马克思、恩格斯对中国社会主义的预见及其实现的进程，追寻伟人深邃的历史视野，可以得到重要的启示和收获。

一、运用唯物史观，阐明中国闭关自守状态被打破后卷入了世界历史的发展中，正走向革命

马克思、恩格斯在 1850 年 1 月 31 日完成的一篇评论中，作出了关于中国社会主义的预言。从时间上看，那时的大清帝国至少表面上还国土广袤、江山稳固；那时离无产阶级取得胜利、建立新中国和社会主义制度，尚有 100 年之遥。马克思、恩格斯为什么能够拨开历史迷雾，作出准确的预见呢？那是由于他们在创立科学社会主义时，掌握并运用了唯物史观的科学方法。

关于那个时候对唯物史观的认识，恩格斯在《共产党宣言》1888 年版序言中曾回顾说，他和马克思在 1845 年前的几年中就已经逐步接近了这个思想，到 1845 年春他在布鲁塞尔再次见到马克思时，马克思的这个思想已经成熟，并且

---

[1] 习近平：《论党的宣传思想工作》，中央文献出版社 2020 年版，第 324—325 页。

用明晰的语句向他说明了。马克思、恩格斯认为："每一历史时代的经济生产以及必然由此产生的社会结构，是该时代政治的和精神的历史的基础。"[1] "只有从这一基础出发，这一历史才能得到说明；因此人类的全部历史（从土地公有的原始氏族社会解体以来）都是阶级斗争的历史，即剥削阶级和被剥削阶级之间、统治阶级和被压迫阶级之间斗争的历史；这个阶级斗争的历史包括有一系列发展阶段，现在已经达到这样一个阶段，即被剥削被压迫的阶级（无产阶级），如果不同时使整个社会一劳永逸地摆脱一切剥削、压迫以及阶级差别和阶级斗争，就不能使自己从进行剥削和统治的那个阶级（资产阶级）的奴役下解放出来。"[2]

对于此前把历史发展归于人类理性的发现的唯心主义历史观来说，唯物史观具有革命性意义。恩格斯指出："唯心主义从它的最后的避难所即历史观中被驱逐出去了，一种唯物主义的历史观被提出来了，用人们的存在说明他们的意识，而不是像以往那样用人们的意识说明他们的存在这样一条道路已经找到了。"[3] "在我看来这一思想对历史学必定会起到像达尔文学说对生物学所起的那样的作用。"[4]

掌握和运用唯物史观，使得马克思、恩格斯对中国社会的发展运动的分析考察，远远超越了与他们同时代的人们。

1840 年，英国发动鸦片战争，1842 年迫使清政府签订《南京条约》，开放五口通商，打破了封建王朝闭关自守的状态，中国逐渐沦为半殖民地半封建社会，中华民族陷入内忧外患的悲惨境地。而英国资产阶级当时却为开拓一片新的市场而欢欣鼓舞。恩格斯 1843 年到英国曼彻斯特的欧门—恩格斯公司实习经商，亲身感受到了这种氛围。他后来回忆那时的情形说道："鸦片战争为英国商业打开了中国的门户。新的市场，给予当时已经存在的蓬勃扩展，特别是棉纺织业的扩展以新的借口。'我们怎么会有生产过多的时候呢？我们要为 3 亿人提

---

[1] 《马克思恩格斯文集》第 2 卷，人民出版社 2009 年版，第 9 页。

[2] 同上书，第 14 页。

[3] 《马克思恩格斯选集》第 3 卷，人民出版社 2012 年版，第 401 页。

[4] 《马克思恩格斯选集》第 1 卷，人民出版社 2012 年版，第 385—386 页。

供衣服。'——当时曼彻斯特一位工厂主就是这样对笔者说的。"[1]

在恩格斯看来，资本主义用坚船利炮开拓中国市场，只是为更加剧烈的资本主义竞争拉开了序幕。1845年2月15日，他在德国埃尔伯费尔德的一次演说中指出，英国迫使中国开放港口以后，已经没有了夺取新市场的可能性。他们只能加紧压榨现有的市场，而且工业的扩展将来要缓慢得多，所以现在比以前更不能容忍竞争者了。"不用说，各国之间的竞争比个人之间的竞争要激烈得多，要尖锐得多，因为这是一个集中的、大规模的斗争，这个斗争只能以一方的决定性胜利和他方的决定性失败而告终。因此，我们和英国人之间的这种斗争，不管结果如何，既不会给我们的工业家，也不会给英国的工业家带来好处，它只能引起社会革命，正如我刚才所证明的那样。"[2]

恩格斯已经看到，西方列强的海外扩张其实是资本主义国家间竞争的延伸，这种竞争加剧了社会矛盾，必定会引起社会革命。那夹在西方列强争夺中的像中国这样的落后国家又将有怎样的命运呢？马克思、恩格斯用唯物史观对此进行了分析。

1845年秋至1846年5月，马克思和恩格斯共同撰写了《德意志意识形态》。这部阐述唯物史观和共产主义理论、奠定科学社会主义理论基础的重要著作，论证了物质生产在人类历史发展中的决定作用，从生产力和交往形式的矛盾运动中揭示了人类历史发展的一般规律，阐述了共产主义取代资本主义的历史必然性。

根据唯物史观，马克思、恩格斯阐明了其关于世界历史的思想。他们指出："各个相互影响的活动范围在这个发展进程中越是扩大，各民族的原始封闭状态由于日益完善的生产方式、交往以及因交往而自然形成的不同民族之间的分工消灭得越是彻底，历史也就越是成为世界历史。"[3]

他们举例说明了这种基于生产方式而相互影响的世界历史运动的现象。他们指出："如果在英国发明了一种机器，它夺走了印度和中国的无数劳动者的饭

---

[1]《马克思恩格斯文集》第7卷，人民出版社2009年版，第458页。

[2]《马克思恩格斯全集》第2卷，人民出版社1957年版，第623页。

[3]《马克思恩格斯文集》第1卷，人民出版社2009年版，第540—541页。

碗，并引起这些国家的整个生存形式的改变，那么，这个发明便成为一个世界历史性的事实；同样，砂糖和咖啡是这样来表明自己在 19 世纪具有的世界历史意义的：拿破仑的大陆体系所引起的这两种产品的匮乏推动了德国人起来反抗拿破仑，从而就成为光荣的 1813 年解放战争的现实基础。"[1] "由此可见，历史向世界历史的转变，不是'自我意识'、世界精神或者某个形而上学幽灵的某种纯粹的抽象行动，而是完全物质的、可以通过经验证明的行动，每一个过着实际生活的、需要吃、喝、穿的个人都可以证明这种行动。"[2] 可以看到，在这里，马克思、恩格斯已经在运用唯物史观，相互联系地、整体地而不是孤立地考察分析中国历史新的发展方向了。

1847 年，恩格斯在起草共产主义者同盟的纲领草案《共产主义原理》时，更进一步明确指出，"大工业便把世界各国人民互相联系起来，把所有地方性的小市场联合成为一个世界市场，到处为文明和进步做好了准备，使各文明国家里发生的一切必然影响到其余各国"[3]。恩格斯进一步分析道："如果现在英国或法国的工人获得解放，这必然会引起其他一切国家的革命，这种革命迟早会使这些国家的工人也获得解放。"[4] 机器劳动使工业品的价格不断降低，摧毁了旧的工场手工业或以手工劳动为基础的工业，"把本国的工场手工业工人置于死地。因此，那些几千年来没有进步的国家，例如印度，都已经进行了完全的革命，甚至中国现在也正走向革命"[5]。

1847 年 11 月 9 日至 12 月 8 日，共产主义者同盟在伦敦召开第二次代表大会，马克思、恩格斯受委托起草纲领，这就是 1848 年 2 月发表的《共产党宣言》。《共产党宣言》第一次全面阐述了科学社会主义原理，揭示了资本主义生产社会化和生产资料私人占有之间的内在矛盾；揭示了资本主义必然灭亡和共产主义必然胜利的历史规律。在这篇科学社会主义的宏文中，他们以宽广的世

---

[1] 《马克思恩格斯选集》第 1 卷，人民出版社 2012 年版，第 168 页。

[2] 《马克思恩格斯文集》第 1 卷，人民出版社 2009 年版，第 541 页。

[3] 《马克思恩格斯选集》第 1 卷，人民出版社 2012 年版，第 299 页。

[4] 同上。

[5] 同上书，第 331 页。

界眼光和如炬的历史眼光预见了中国的历史命运。

马克思、恩格斯指出："资产阶级，由于一切生产工具的迅速改进，由于交通的极其便利，把一切民族甚至最野蛮的民族都卷到文明中来了。它的商品的低廉价格，是它用来摧毁一切万里长城、征服野蛮人最顽强的仇外心理的重炮。它迫使一切民族——如果它们不想灭亡的话——采用资产阶级的生产方式；它迫使它们在自己那里推行所谓的文明，即变成资产者。一句话，它按照自己的面貌为自己创造出一个世界。"[1]

马克思、恩格斯指出，在人类社会开始由资本主义阶段向更高级阶段运动的时候，像中国这样尚未发展到资本主义阶段的国家，也将参与其中。"随着资产阶级的发展，随着贸易自由的实现和世界市场的建立，随着工业生产以及与之相适应的生活条件的趋于一致，各国人民之间的民族分隔和对立日益消失。无产阶级的统治将使它们更快地消失。联合的行动，至少是各文明国家的联合的行动，是无产阶级获得解放的首要条件之一。"[2]

科学社会主义理论的创立为马克思、恩格斯观察思考中国的前途命运问题打下了理论基础。随后不久发生的 1848 年革命，则让他们在考察中国问题时有了直接的革命斗争经验作基础。

二、在 1848 年革命中获得实践经验，坚定了革命胜利的信心，明确作出中国社会主义胜利和中华共和国诞生的预见

马克思、恩格斯对中国社会主义的预见，不仅基于科学的理论分析，更基于他们 1848 年革命的实践经验。

科学社会主义产生后不久，1848—1849 年欧洲爆发了一场规模浩大的资产阶级革命，其中以法国的"二月革命""六月起义"影响最大。在革命过程中，资产阶级暂时联合了无产阶级革命群众，使革命打上了无产阶级的印记。在封

---

[1]《马克思恩格斯选集》第 1 卷，人民出版社 2012 年版，第 404 页。

[2]《马克思恩格斯文集》第 2 卷，人民出版社 2009 年版，第 50 页。

建势力反扑下，资产阶级妥协退让，使革命遭到残酷镇压，工人运动陷入低潮，欧洲进入了黑暗的反动时期。

马克思和恩格斯参加了德国的革命，创办了《新莱茵报》，恩格斯还直接参加了普法尔茨的武装起义。革命失败后，马克思和恩格斯流亡英国伦敦，总结革命经验，形成新认识，丰富了科学社会主义理论。这些思想集中体现在《1848 年至 1850 年的法兰西阶级斗争》中。

虽然 1848 年革命失败了，但马克思、恩格斯对革命的前景并不悲观。马克思在《新莱茵报·政治经济评论》第 1、2 期发表《1848 年六月的失败》和《从 1848 到 1849 年》，即《1848 年至 1850 年的法兰西阶级斗争》长文的前两个部分，开始对 1848 年革命进行总结。他认为："在这些失败中灭亡的并不是革命，而是革命前的传统的残余，是那些尚未发展到尖锐阶级对立地步的社会关系的产物，即革命党在二月革命以前没有摆脱的一些人物、幻想、观念和方案，这些都不是二月胜利所能使它摆脱的，只有一连串的失败才能使它摆脱。""总之，革命的进展不是在它获得的直接的悲喜剧式的胜利中，相反，是在产生一个联合起来的、强大的反革命势力的过程中，即在产生一个敌对势力的过程中为自己开拓道路的，只是通过和这个敌对势力的斗争，主张变革的党才走向成熟，成为一个真正革命的党。"[1] "因此我们高呼：革命死了！——革命万岁！"[2]

显然，1848 年革命虽然失败了，但它的发生绝不是无意义的。1848 年革命的发生使无产阶级的革命不再是幽灵般的存在，而是夺取政权的行动，无产阶级在革命中展现的力量是任何政治势力都不能忽视的。无产阶级在这场革命中获得的经验教训将有力地指导新的革命斗争。1848 年革命的失败丝毫没有动摇马克思、恩格斯对革命事业的信心。对于反对势力的镇压和污蔑，马克思、恩格斯轻蔑以对，抓住机会予以反击。

就在这时，颇有影响的欧洲传教士郭士立对中国出现的革命趋向和社会主义运动发表了污蔑性言论，这引起了马克思、恩格斯的注意。

---

[1] 《马克思恩格斯选集》第 1 卷，人民出版社 2012 年版，第 445 页。

[2] 同上书，第 471 页。

郭士立曾出版过许多关于中国的论著，是当时少有的对中国有深入了解的西方人士。马克思、恩格斯在文中称他是"著名的德国传教士"。1849—1850年，郭士立回到欧洲，四处奔走演讲，鼓动来华传教。1849年12月，他在伦敦大学和一些协会进行了多场关于中国的演讲，其中有许多涉及中国各地的暴动和欧洲共产主义运动的评论。如1850年1月9日柏林出版的半官方报纸《新普鲁士报》就曾有相关报道，称郭士立1849年12月在伦敦统计协会演讲中说到中国的社会问题时提道："伴随这一运动的还有其他一些带有明显特征的现象，中国人对它也不陌生，在中国，到处都是无政府主义者，他们宣传：穷人日渐贫困，富人日渐富有……"[1]

　　如前所述，马克思、恩格斯早已从理论分析的基础上判断，中国在被迫开放后将走向革命。他们对郭士立这位著名的德国传教士在中国亲身经历的变化十分感兴趣。这些变化，即郭士立向欧洲人士传来的"有代表性的新鲜奇闻"是：本来，中国这个遥远东方"国家的缓慢地但不断地增加的过剩人口，早已使它的社会状况变得为这个民族的大多数人难以忍受"[2]，而鸦片战争后，英国和美国用机器生产的廉价工业品充斥这个国家，以手工劳动为基础的中国工业经不住机器的竞争，"国家濒于破产，大批居民落得一贫如洗，这些居民起而闹事，迁怒于皇帝的官吏和佛教僧侣，打击并杀戮他们"[3]。牢固的中华帝国遭受了社会危机，面临一场大规模革命的威胁，已经接近灭亡。

　　撼动那个帝国的是这样一种主张："在浩反的平民当中有人指出了一部分人贫穷和另一部分人富有的现象，要求重新分配财产，甚至要求完全消灭私有制。""当郭士立先生离开20年之后又回到文明人和欧洲人中间来的时候，他听到人们在谈论社会主义，于是就问：这是什么意思？别人向他解释以后，他便惊叫起来：'这么说来，我岂不到哪儿也躲不开这个害人的学说了吗？这正是中国许多暴民近来所宣传的那一套啊！'"[4]

---

[1]　参见陈力丹：《郭士立与马克思、恩格斯》，载《国际新闻界》1999年第1期。

[2]　《马克思恩格斯全集》第10卷，人民出版社1998年版，第277页。

[3]　同上。

[4]　同上。

在欧洲反动势力加紧镇压工人运动的特殊时刻，郭士立攻击社会主义是"害人的学说"，把反抗封建统治的中国民众称为"暴民"，以他的身份和独特经历，自然会造成不小的社会影响。马克思、恩格斯挺身而出，对这种攻击展开了有力的回击。

马克思、恩格斯在写于 1850 年 1 月 31 日的一篇时评中对郭士立的言论进行了评论。他们讲道："当然，中国社会主义之于欧洲社会主义，也许就像中国哲学之于黑格尔哲学一样。但是有一个事实毕竟是令人欣慰的，即世界上最古老最巩固的帝国八年来被英国资产者的印花布带到了一场必将对文明产生极其重要结果的社会变革的前夕。当我们的欧洲反动分子不久的将来在亚洲逃难，到达万里长城，到达最反动最保守的堡垒的大门的时候，他们说不定会看见上面写着：中华共和国。自由、平等、博爱。"[1] 这部分评论文字不长，但言简意赅，主要表达了以下几层意思。

一是中国的社会主义，会有中国的特色。中国的革命者要求消灭私有制，实行财富公平分配，但这些社会主义的要求又是植根于中国的具体国情，受中国的文化和历史传统影响，是在一个落后的农业国、一个充满危机的封建社会基础上，叠加了资本主义商品带来的冲击而发生的，必然与资本主义比较发达的欧洲出现的社会主义有不一样的特点，其间的区别"也许就像中国哲学之于黑格尔哲学一样"。

二是中国的革命会受到世界历史运动的影响。同传统的闭关自守的农业社会发生的农民革命不同，引发中国革命的因素，不仅有封建剥削和压迫，还有传统手工业和传统农业生产方式在机器竞争下的破产与凋敝，"国家濒于破产，大批居民落得一贫如洗"，看似牢固的中华帝国遭受了社会危机，"已经面临一场大规模革命的威胁"。因此，革命和社会主义，是顺应历史的潮流。

三是社会主义是世界的也是中国的必然前途。马克思生动描绘了反动势力将来在革命胜利后无处可逃的窘境，这是对极力镇压工人运动的欧洲反动势力的蔑视，也是革命低潮下对继续革命的坚定信念和对革命前途的无比信心。

---

[1]《马克思恩格斯论中国》，人民出版社 2018 年版，第 134 页。

正是基于对社会发展规律的深刻把握，基于对革命事业的高度自信，马克思、恩格斯回击了对社会主义事业的诬蔑，对中国社会主义前景作出了明确预见。在这个预见中，我们明显看到了1848年革命的印记。

马克思、恩格斯预想，将来革命胜利后，即使欧洲反动势力逃到中国，也只能在万里长城上看到法国"二月革命"中工人阶级的口号。这是对资产阶级的辛辣讽刺，也是对中国革命胜利的展望。马克思在《1848年的六月失败》中回顾道：二月革命中巴黎无产阶级要求临时政府两小时内宣布成立共和国，"两小时的期限未满，巴黎的各处墙壁上就已出现了具有历史意义的夺目的大字：法兰西共和国！自由，平等，博爱！"[1] 然而对资产阶级来说，这只是装点门面。"以普选权为基础的共和国一宣告成立，那些驱使资产阶级投入二月革命的有限目的和动机就无人记起了。"[2] 而到了6月无产阶级遭到镇压，资产阶级共和国现出了原形，就是要使资本的统治和对劳动的奴役永世长存。马克思愤怒地指出："博爱，一方剥削另一方的那些互相对立的阶级之间的那种博爱；博爱，在2月间宣告的、用大号字母写在巴黎的正面墙上、写在每所监狱上面、写在每所营房上面的那种博爱，用真实的、不加粉饰的、平铺直叙的话来表达，就是内战，就是最可怕的国内战争——劳动与资本间的战争。在6月25日晚间，当资产阶级的巴黎张灯结彩，而无产阶级的巴黎在燃烧、在流血、在呻吟的时候，这个博爱便在巴黎所有窗户前面烧毁了。博爱存在的那段时间正好是资产阶级利益和无产阶级利益友爱共处的时候。"[3] 因此，马克思强调："原先无产阶级想要强迫二月共和国予以满足的那些要求，那些形式上浮夸而实质上琐碎的、甚至还带有资产阶级性质的要求，就由一个大胆的革命战斗口号取而代之，这个口号就是：推翻资产阶级！工人阶级专政！"[4]

正是基于对社会主义事业的坚定信念，马克思、恩格斯在这篇评论中自信地预见，在这场欧洲和中国都置身其中的世界历史的运动中，世界上最古老、

[1] 《马克思恩格斯文集》第2卷，人民出版社2009年版，第86页。

[2] 同上。

[3] 同上书，第102页。

[4] 同上书，第103—104页。

最巩固的封建帝国必将为一场社会改革所摧毁，中国人民的革命斗争必将取得胜利，中国的前途是社会主义的"中华共和国"。

三、关注旧中国危机的一步步加深和新生产力发展要求的日益迫切，同情中国人民救亡图存的斗争，断言世界将看到整个亚洲新纪元的曙光

马克思、恩格斯对中国社会主义的预见，体现了马克思、恩格斯对唯物史观的运用和对社会发展规律的深刻把握，表达了马克思、恩格斯对中华民族寄予的殷切期望。

此后，他们对中国社会的发展演进给予了更多的关注。特别是1853—1862年，马克思应约担任美国进步报纸《纽约每日论坛报》驻伦敦通讯员，他和恩格斯在该报发表了大量的时评和政论，其中有关中国的就有17篇。他还在奥地利维也纳出版的《新闻报》上发表了一篇《中国记事》。在他们撰写的大量书信和著作中，也有大量关于中国的论述和分析评论。这些分析评论揭露和谴责了西方列强对中国的侵略和掠夺，热情支持中国人民救亡图存的正义斗争，在分析中国近代社会发展变化的基础上展望了新的中国的出现，特别是对集中体现旧中国社会危机、对中国近代社会发展中有重大影响的事件，如太平天国革命、第二次鸦片战争、中日甲午战争等进行了深刻分析。

马克思、恩格斯认为太平天国运动进一步暴露了封建统治的危机，反映了中国人民的觉醒。1853年6月，马克思在《纽约每日论坛报》上发表《中国革命和欧洲革命》一文，对太平天国运动的起因进行了分析。他指出："中国的连绵不断的起义已经延续了约十年之久，现在汇合成了一场惊心动魄的革命；不管引起这些起义的社会原因是什么，也不管这些原因是通过宗教的、王朝的还是民族的形式表现出来，推动了这次大爆发的毫无疑问是英国的大炮，英国用大炮强迫中国输入名叫鸦片的麻醉剂。满族王朝的声威一遇到英国的枪炮就扫地以尽，天朝帝国万世长存的迷信破了产，野蛮的、闭关自守的、与文明世界

隔绝的状态被打破，开始同外界发生联系。"[1] "与外界完全隔绝曾是保存旧中国的首要条件，而当这种隔绝状态通过英国而为暴力所打破的时候，接踵而来的必然是解体的过程，正如小心保存在密闭棺材里的木乃伊一接触新鲜空气便必然要解体一样。"[2] 随着鸦片日益成为中国人的"统治者"，皇帝及其周围墨守成规的大官们也就日益丧失自己的统治权。马克思感叹道："历史好像是首先要麻醉这个国家的人民，然后才能把他们从世代相传的愚昧状态中唤醒似的。"[3]

太平天国革命最终走向失败。马克思分析其原因，指出这场由西方列强入侵而催生的革命，却没有反映新的生产力和生产关系变化的革命纲领，未能摆脱农民战争改朝换代的历史局限。他分析道：太平天国革命"这种现象本身并不含有什么特殊的东西，因为在东方各国我们总是看到，社会基础停滞不动，而夺得政治上层建筑的人物和种族却不断更迭"。"运动发生的直接原因显然是：欧洲人的干涉、鸦片战争、鸦片战争所引起的现存政权的动摇、白银的外流、外货输入对经济平衡的破坏，等等。我曾感到很奇怪，鸦片没有起催眠作用，反而起了惊醒作用。""其实，在这次中国革命中奇异的只是它的体现者。除了改朝换代以外，他们不知道自己负有什么使命。""它是停滞的社会生活的产物。"[4]

第二次鸦片战争进一步把中国推向半殖民地半封建社会的深渊，英法侵略者的暴行激起了中国人民的反抗。马克思谴责了西方列强对中国的海盗式侵略，对中国人民反抗侵略的斗争深表同情和支持。

马克思指出，旧中国已经古老衰朽，任人宰割。"摇摇欲坠的亚洲帝国正在一个一个地成为野心勃勃的欧洲人的猎获物。这里又有一个这样的帝国，它很虚弱，很衰败，甚至没有力量经受人民革命的危机，而是把一场轰轰烈烈的起义都变成了看来无法医治的慢性病；它很腐败，无论是控制自己的人民，还是抵抗外国的侵略，一概无能为力。""一个人口几乎占人类三分之一的大帝国，

---

[1] 《马克思恩格斯选集》第 1 卷，人民出版社 2012 年版，第 779 页。

[2] 同上书，第 780—781 页。

[3] 《马克思恩格斯文集》第 2 卷，人民出版社 2009 年版，第 608 页。

[4] 《马克思恩格斯论中国》，人民出版社 2018 年版，第 122 页。

不顾时势，安于现状，人为地隔绝于世并因此竭力以天朝尽善尽美的幻想自欺。这样一个帝国注定最后要在一场殊死的决斗中被打垮。"[1]

而西方列强的侵略给中华民族带来了深重灾难，却被他们掩藏起来。马克思揭露道："非法的鸦片贸易年年靠摧残人命和败坏道德来填满英国国库的事情，我们一点也听不到。外国人经常贿赂下级官吏而使中国政府失去在商品进出口方面的合法收入的事情，我们一点也听不到。对那些被卖到秘鲁沿岸去当不如牛马的奴隶、被卖到古巴去当契约奴隶的受骗契约华工横施暴行'以至杀害'的情形，我们一点也听不到。外国人常常欺凌性情柔弱的中国人的情形以及这些外国人带到各通商口岸去的伤风败俗的弊病，我们一点也听不到。"[2] 而在战争中人民遭受的苦难更加深重。

民族苦难让中国人民日益觉醒。马克思指出，第一次鸦片战争时人民对战争和暴力平静、屈从，但是现在，至少在迄今斗争所及的南方各省，民众积极地而且是狂热地参加反对外国人的斗争。"压抑着的、鸦片战争时燃起的仇英火种，爆发成了任何和平和友好的表示都未必能扑灭的愤怒烈火。"[3]

马克思高度肯定中国人民觉醒的意义。他认为："有一点是肯定无疑的，那就是旧中国的死亡时刻正在迅速临近。""中国的南方人在反对外国人的斗争中所表现的那种狂热本身，似乎表明他们已觉悟到旧中国遇到极大的危险；过不了多少年，我们就会亲眼看到世界上最古老的帝国的垂死挣扎，看到整个亚洲新纪元的曙光。"[4]

恩格斯认为，中日甲午战争给了旧中国致命一击，加速了资本主义生产方式在中国的扩张。

西方列强顺利打开了中国的门户，但对中国市场的占领和对旧的生产方式的摧毁却并不顺利。1858 年 9 月，马克思在《纽约每日论坛报》发表的《英中条约》中指出："我们仔细考察了中国贸易的历史以后感觉到，一般说来，人们

---

[1] 《马克思恩格斯论中国》，人民出版社 2018 年版，第 8 页。

[2] 同上书，第 7 页。

[3] 同上书，第 55 页。

[4] 同上书，第 66 页。

过高地估计了中国人的消费能力和支付能力。"[1] "在以小农经济和家庭手工业为核心的当前中国社会经济结构中，根本谈不上大宗进口外国货。"[2] 在《资本论》第3卷中，马克思又进一步分析说："因农业和手工制造业的直接结合而造成的巨大的节约和时间的节省，在这里对大工业产品进行了最顽强的抵抗；因为在大工业产品的价格中，会加进大工业产品到处都要经历的流通过程的各种非生产费用。"[3]

中日甲午战争加速了旧的生产方式的解体。1894年9月，恩格斯在致劳拉·拉法格的信中分析说："不管这次战争的直接后果如何，有一点是必不可免的：古老中国整个传统的制度将完全崩溃。在那里，同家庭工业结合在一起的过时的农业体系，是通过无情排斥一切干扰成分而人为地维持下来的。这种全盘排外的状况，已由同英国人和法国人的战争而部分地打破了；这种状况必将由目前这场同亚洲人，即中国人最邻近的敌手的战争来彻底结束。在陆地和海上打了败仗的中国人必定欧洲化，开放他们的港口以进行全面通商，建筑铁路和工厂，从而把那种可养活亿万之众的旧制度完全摧毁。过剩人口将急剧地、不断地增长——被赶走的农民涌向沿海，到别的国家去谋生。"[4]

经过几十年的观察，马克思、恩格斯已经看到：一方面，封建王朝的危机日益加深，旧中国加速走向衰朽；另一方面，人民日益觉醒，新生产方式的成长要求日益迫切，潜在的劳动后备军极其庞大，革命条件正在成熟，不可避免。新的中国的前景、亚洲新纪元已经临近了。

四、马克思、恩格斯关于中国社会主义的预见给我们的启示

马克思、恩格斯未能看到社会主义在中国的诞生。他们的预见，由以马克思主义为指导的中国共产党人变成了现实。1911年，辛亥革命爆发，封建帝制

[1] 《马克思恩格斯选集》第1卷，人民出版社2012年版，第813页。

[2] 《马克思恩格斯论中国》，人民出版社2018年版，第79—80页。

[3] 同上书，第162页。

[4] 同上书，第171页。

在革命的炮火中轰然倒塌。资本主义在中国获得很大发展，为新的社会革命准备了阶级力量。1919 年五四运动中，中国无产阶级作为独立的政治力量走上了历史舞台。中国人民苦苦探寻救亡图存的出路，旧式的农民战争走到尽头；自强运动和改良主义不触动封建根基，屡屡碰壁；资产阶级革命派领导的革命、西方资本主义的其他种种方案，也都纷纷破产。十月革命一声炮响为中国送来了马克思列宁主义，为中国人民指明了前进方向，提供了全新选择。在这个历史大潮中，以马克思主义为指导、以民族复兴为使命的工人阶级政党——中国共产党诞生了。在新民主主义革命中，中国共产党人把马克思主义基本原理同中国革命具体实际相结合，团结带领人民经过长期奋斗，取得了革命胜利，实现了民族独立，建立了中华人民共和国。新中国建立起社会主义基本制度，进行了社会主义建设的艰辛探索，实现了中华民族从"东亚病夫"到站起来的伟大飞跃。

党的十一届三中全会后，中国共产党人把马克思主义基本原理同中国社会主义现代化建设实际结合起来，实行改革开放，团结带领人民进行建设中国特色社会主义新的伟大实践，使中国大踏步赶上了时代，实现了中华民族从站起来到富起来的伟大飞跃。

中国特色社会主义进入新时代，中国共产党人把马克思主义基本原理同新时代中国具体实际结合起来，团结带领人民进行伟大斗争、建设伟大工程、推进伟大事业、实现伟大梦想，推动党和国家事业取得全方位、开创性历史成就，发生深层次、根本性历史变革，中华民族迎来了从富起来到强起来的伟大飞跃。

中国共产党人用社会主义实践的一个个成就，把马克思、恩格斯关于中国社会主义的预见变成美好现实。从这一历史进程中，我们可以获得很多启示和收获。

第一，坚定对马克思主义的信仰。马克思、恩格斯关于中国社会主义的预见的实现，是马克思主义科学性和真理性的充分验证，展现了人类社会最终走向共产主义的必然趋势。我们要继续学习和实践马克思主义关于人类社会发展规律的思想，全面掌握辩证唯物主义和历史唯物主义世界观和方法论，深刻认识实现共产主义是由一个一个阶段性目标逐步完成的历史过程，坚守共产党人的理想信念。

第二，坚定"四个自信"。马克思、恩格斯对中国社会主义的预见在中国的实现，深刻改变了中华民族的历史命运。中国人民深深认识到，只有社会主义才能救中国，只有坚持和发展中国特色社会主义才能实现中华民族伟大复兴，这是历史的结论、人民的选择。我们要坚定中国特色社会主义道路自信、理论自信、制度自信、文化自信，更有定力、更有自信、更有智慧地坚持和发展新时代中国特色社会主义。

第三，不断推进马克思主义同中国具体实际相结合，在实践中发展马克思主义。马克思、恩格斯在预见中国社会主义前景时就认识到，在资本主义向更高阶段的社会运动中，中国所处的发展阶段、历史和文化传统，不同于资本主义发达国家，中国社会主义道路必然具有不同于那些国家的特点。中国共产党从实际出发，把马克思主义基本原理与中国实际相结合，走自己的路，在一个落后国家取得了革命胜利，建立起社会主义制度并使其不断发展完善。我们要始终明确："社会主义并没有定于一尊、一成不变的套路，只有把科学社会主义基本原则同本国具体实际、历史文化传统、时代要求紧密结合起来，在实践中不断探求总结，才能把蓝图变为美好现实。"[1]

第四，学习和实践马克思主义关于世界历史的思想。马克思、恩格斯预见到，中国这样尚未发展到资本主义阶段的国家，在打破闭关自守状态后，可以在世界历史的共同运动中实现跨越。在世界多极化、经济全球化、社会信息化、文化多样化的今天，中国开放的大门不会关闭，只会越开越大，推动构建人类命运共同体的脚步不会停滞。"从历史的长镜头来看，中国发展是属于全人类进步的伟大事业。中国将张开双臂，为各国提供更多市场机遇、投资机遇、增长机遇，实现共同发展。"[2]

社会主义在中国的历史还不长。中国共产党成立以来，在马克思主义指引下领导中国走上社会主义发展道路，带领人民在革命、建设、改革中不懈奋斗，

---

[1] 习近平：《论党的宣传思想工作》，中央文献出版社 2020 年版，第 335 页。
[2] 《习近平谈治国理政》第 3 卷，外文出版社 2020 年版，第 213 页。

走完了西方几百年的工业化发展历程，推动我国快速成为世界第二大经济体，使中国这个古老的东方大国创造了人类历史上前所未有的发展奇迹。现在，我们走上了全面建设社会主义现代化国家的康庄大道，在中国共产党领导下，一定能实现中华民族伟大复兴！

张志丹 上海师范大学马克思主义学院院长、教授、博士生导师

中国共产党百年意识形态建设的基本经验

中国共产党百年历史是一个充满坎坷磨难的伟大胜利史，其中既有"器物层面"的辉煌，也有包括意识形态在内的"精神层面"的伟业。总结党的意识形态建设的基本经验，需要抛弃唯心主义"概念运动史"理路，抛弃形而上学的孤立观点，坚持历史唯物主义观点，从历史中把握其基本规律和经验。质言之，中国共产党百年意识形态建设的基本经验有：坚持党管宣传、党管意识形态；坚持在党的坚强领导下与时俱进、守正出新地推进意识形态建设；围绕中心、服务大局、把握方向，不断推进马克思主义中国化时代化大众化；坚持不懈用党的理论创新成果武装全党、教育人民，以此推进党的事业发展。这些经验集中体现为"六个坚持"。

一、坚持党性和人民性相一致：从政治高度和战略层面重视意识形态建设，始终把准意识形态工作的政治方向

意识形态工作说到底是立党立国之本，是具有政治意义和战略意义的工作，因此，坚持党性原则是党的意识形态工作的根本原则。其内容主要包括：坚持正确政治方向，站稳政治立场，坚定宣传党的理论和路线方针政策，坚决同党中央保持高度一致，坚决维护党中央权威，牢牢掌握意识形态工作的领导权和话语权。

党成立百年来，无论历史如何嬗变，经济社会如何发展，坚持意识形态工作的党性原则始终如初。现实地说，坚持意识形态工作的党性原则，是与意识形态领域始终形势复杂、充满斗争的"常态"密不可分的。无论是在革命、建设、改革时期还是进入新时代，意识形态领域从来都不是"世外桃源"或者

"一片净土"。党成立之后，围绕着"主义之争""道路之争"的意识形态纷争始终伴随着革命进程。同样，无论改革开放之前还是改革开放期间，意识形态斗争也都非常激烈。20世纪90年代初苏东剧变，社会主义阵营发生了"大雪崩"，西方右翼势力借机兜售形形色色的"历史终结论"。21世纪以来，"普世价值"等"变戏法"似的层出不穷，各种歪曲历史、颠覆崇高、抹黑英雄的历史虚无主义一度甚嚣尘上，对党的意识形态建设产生很大冲击。党在百年奋斗历程中认识到，坚持意识形态工作的党性原则，就是要抓牢其领导权不放松。为防止领导权旁落，党在百年历程中做到了以下几点：一是旗帜鲜明讲党性，坚定政治方向，站稳政治立场，确保意识形态工作不偏离党的基本路线和方针政策；二是坚持正确的舆论导向，唱响主旋律，不断增强主流意识形态的魅力和立心铸魂的作用；三是树立坚守意识形态的阵地意识，严格落实意识形态工作责任制。

在坚持意识形态工作的党性原则的同时，党把人民性作为意识形态工作的根本导向。人民立场是中国共产党的根本政治立场。坚持人民性，就是把实现好、维护好、发展好最广大人民根本利益作为一切工作的出发点和落脚点，坚持以民为本、以人为本。无论何时，党的事业要想取得成功，人民群众的赞成、支持、拥护是根基。正如习近平总书记指出的："我们党来自人民、植根人民、服务人民，党的根基在人民、血脉在人民、力量在人民。失去了人民拥护和支持，党的事业和工作就无从谈起。"[1]意识形态工作亦如此。

做好意识形态工作，必须解决好"为了谁、依靠谁"这个根本问题，牢固树立以人民为中心的工作导向，把实现人民幸福生活作为根本追求，服务于人民群众的利益。习近平总书记指出："从根本上说，没有扎扎实实的发展成果，没有人民生活不断改善，空谈理想信念，空谈党的领导，空谈社会主义制度优越性，空谈思想道德建设，最终意识形态工作也难以取得好的成效。"[2]党非常

---

[1]《习近平谈治国理政》第1卷，外文出版社2018年版，第367页。

[2] 中共中央文献研究室编：《习近平关于社会主义经济建设论述摘编》，中央文献出版社2017年版，第5页。

重视"为了谁"，始终深深扎根于人民群众搞好意识形态工作，一方面重视做好党的宣传思想工作，努力在理论宣传的通俗化大众化上下功夫，推动党的指导思想"飞入寻常百姓家"；另一方面积极深入群众，了解群众所想所急所困，化群众的期望为改革发展契机，从而凝聚起勠力同心推动民族复兴的磅礴力量，实现意识形态工作之"虚"和人民群众现实生活之"实"的有机对接。除此之外，党十分重视"依靠谁"这一问题，重视依靠人民群众来搞好意识形态工作，始终发挥着"总揽全局、协调各方"的作用，树立"大意识形态工作"概念，整合全社会凝聚意识形态建设合力，依靠全社会抓好意识形态工作。

党在百年意识形态工作中深刻认识到："党性和人民性从来都是一致的、统一的……从本质上说，坚持党性就是坚持人民性，坚持人民性就是坚持党性，党性寓于人民性之中。"[1] 要言之，党在百年的意识形态工作中坚持党性和人民性相统一，主要做到了以下三点：加强党对意识形态工作的领导与坚持以人民为中心的工作导向相统一，宣传党的主张和反映人民心声有机统一，坚持党对意识形态的领导和依靠人民搞好意识形态工作有机统一。

二、坚持一元性与多样性相统一：坚持马克思主义一元指导地位的同时保持文化的多样性，保持"指导的统一"与"共生的多样"的辩证张力

党百年意识形态建设始终坚持指导思想的一元主导与多元文化并存的方针，既强调马克思主义指导地位，拒斥和批判错误思潮，同时又保持文化的多样性，坚持"百花齐放、百家争鸣""洋为中用、古为今用"的原则，主张不同文明、不同文化之间的互学互鉴。其经验主要体现为以下两个方面。

其一，始终高举马克思主义旗帜，坚持马克思主义在意识形态领域的指导地位。中国共产党的先进性在于把马克思主义作为其"内在基因"，坚持马克思主

---

[1] 中共中央文献研究室编：《习近平关于社会主义经济建设论述摘编》，中央文献出版社 2017 年版，第 23 页。

义指导攸关党的生死存亡、国家事业发展成败。中国革命史从多种维度共同证明了一个道理，马克思主义是唯一适合回应中国问题、解决中国矛盾的科学理论，此外别无第二个理论。"马克思主义是我们党的根本指导思想，这就决定了马克思主义是社会主义意识形态的旗帜。"[1] 苏东剧变、社会主义阵营发生"大雪崩"，其中重要原因就是没有一以贯之地坚持马克思主义的指导。因此，"如果动摇和取消马克思主义，全党全国人民就会失去最根本的思想准则。如果在意识形态领域不能巩固马克思主义的指导地位，东一个主义，西一个主义，在指导思想上搞多元化，搞得五花八门，最终必然由思想混乱导致社会政治动荡"[2]。

再者，没有马克思主义一元指导，多元文化不可能健康发展。毛泽东曾指出："由于现时中国革命不能离开中国无产阶级的领导，因而现时的中国新文化也不能离开中国无产阶级文化思想的领导，即不能离开共产主义思想的领导。"[3] 只有坚持马克思主义的理论武器，才能对多元文化进行必要的引领和规范。如果没有马克思主义指导，"不加批评，看着错误思想到处泛滥，任凭它们去占领市场，当然不行"[4]。在改革开放时期，针对历史虚无主义、文化虚无主义等错误社会思潮，邓小平旗帜鲜明地指出，"思想战线不能搞精神污染"[5]，否则"足以祸国误民"[6]。

其二，始终坚持多样文化并存，保持文化繁荣发展。文化多样性是文化的客观事实。有了多样性，世界才会丰富多彩，社会才有发展活力。多样性必须以有序性为前提，必须在一定的规则下进行。如果一个社会缺乏统一的指导思想和价值导向，社会运转就会陷入混乱。所以，需要在多样化中确立主导地位，在多样化中寻求共识；以主导扩大共识，以共识巩固主导。合理地坚持多样文化并存有助于意识形态建设。从历史上来看，无产阶级政党的指导思想都是在

---

[1]　中共中央文献研究室编：《十六大以来重要文献选编》（下），中央文献出版社 2011 年版，第788 页。

[2]　《江泽民文选》第 3 卷，人民出版社 2006 年版，第 228 页。

[3]　《毛泽东选集》第 2 卷，人民出版社 1991 年版，第 705 页。

[4]　《毛泽东文集》第 7 卷，人民出版社 1999 年版，第 232—233 页。

[5]　《邓小平文选》第 3 卷，人民出版社 1993 年版，第 39 页。

[6]　同上书，第 44 页。

与各种思潮"唇枪舌剑"式交锋，甚至是"枪林弹雨"式博弈中"杀出一条血路"，脱颖而出并成长壮大起来的，正如毛泽东所指出的，"真理是同谬误相比较而存在、相斗争而发展的"[1]。可见，交锋和角力是理论建设的必要条件。

总的来说，党的指导思想与文化并非水火不容的关系，而是一元指导、多元共生的关系。

在百年实践中，中国共产党人认识到，无论任何时候都不能以经济成分多样化为理由推行指导思想多元化。究其原因是，"占统治地位的思想不过是占统治地位的物质关系在观念上的表现，不过是以思想的形式表现出来的占统治地位的物质关系"[2]。

可以说，党的百年意识形态建设力求在多元多样中立主导，在交流交融中谋共识，主旋律是主导，多样文化不可或缺，二者统一于新民主主义社会主义文化建设的伟大实践中。

三、坚持理论性与实践性相结合：围绕党的中心工作加强意识形态建设，坚持以马克思主义中国化时代化大众化为理论创新方向

坚持理论性与实践性结合，是党的意识形态建设的基本经验。一方面，党始终围绕中心工作加强意识形态建设，加强理论指导。从历史上看，马克思主义为党和人民所接受，就是为了解决近代中国的突出矛盾和中国革命进程中的紧迫问题。马克思曾说："问题就是公开的、无畏的、左右一切个人的时代声音。问题就是时代的口号，是它表现自己精神状态的最实际的呼声。"[3]中国共产党成立之初的近代中国，一盘散沙、四分五裂，"民族得解放，人民求幸福"是1840年鸦片战争以来中国的"时代之问"。为了回答这一问题，无数仁人志士

---

[1]《毛泽东著作选读》上册，人民出版社1986年版，第10页。

[2]《马克思恩格斯文集》第1卷，人民出版社2009年版，第550—551页。

[3]《马克思恩格斯全集》第40卷，人民出版社1982年版，第289—290页。

抛头颅、洒热血，然而都无果而终。中国共产党成立之后，马克思主义作为党的指导思想，成为破解"时代之问"的锐利武器。就是说，"共产党不靠吓人吃饭，而是靠马克思列宁主义的真理吃饭，靠实事求是吃饭，靠科学吃饭"[1]。

另一方面，党始终坚持在实践中进行意识形态创新。坚持以问题为导向，不断推进马克思主义中国化时代化大众化，是党的意识形态永葆旺盛生命力的密码。马克思主义之所以能成为无产阶级的科学意识形态，关键就在于把理论创新作为其本质要求和内在品格。正如习近平总书记指出的："问题是创新的起点，也是创新的动力源。只有聆听时代的声音，回应时代的呼唤，认真研究解决重大而紧迫的问题，才能真正把握住历史脉络、找到发展规律，推动理论创新。"[2]

中国共产党人经过艰辛探索，"摸着石头过河"，得出把马克思列宁主义同中国实际相结合的结论，努力推进马克思主义中国化时代化大众化。关于马克思列宁主义应该与中国实际相结合的观点，中国共产党领导人在不同历史时期进行了多角度的论述。比如，1963年，毛泽东在同印度尼西亚共产党主席艾地谈话时说道："马列主义普遍真理与中国具体实践相结合，这个口号就是在延安整风时提出的。"[3]又如，邓小平认为意识形态问题上首要的一条就是"老祖宗不丢"，敢于"说新话"。邓小平指出："马克思列宁主义的普遍真理与本国的具体实际相结合，这句话本身就是普遍真理。它包含两个方面，一方面叫普遍真理，另一方面叫结合本国实际。我们历来认为丢开任何一面都不行。"[4]今天，面对新时代"两个大局"，党的意识形态创新不仅围绕为民族谋复兴、为人民谋幸福展开，还在积极回应为世界谋大同这一要求，努力构建人类命运共同体，并将此作为新时代党的创新理论的亮点。可见，中国共产党的意识形态创新做到了始终紧紧围绕实践问题、社会矛盾和时代主题展开。

总之，既围绕党的中心工作加强意识形态建设，又坚持在实践中创新和发展马克思主义，这是党百年意识形态建设的基本经验，也是党的百年大业取得

---

[1]《毛泽东选集》第3卷，人民出版社1991年版，第836页。

[2] 习近平：《在哲学社会科学工作座谈会上的讲话》，人民出版社2016年版，第14页。

[3]《毛泽东文集》第8卷，人民出版社1999年版，第339页。

[4]《邓小平文选》第1卷，人民出版社1994年版，第258页。

巨大成功的基本经验。

四、坚持继承性与发展性相耦合：高度重视意识形态 建设的理论思考，积极发挥党的主流意识形态 对于社会实践的全面引领作用

马克思主义经典作家的意识形态建设思想是中国共产党意识形态建设思想的理论源头。党在百年意识形态工作实践中，始终坚持和发展马克思主义意识形态工作的思想，积极发挥党的主流意识形态对于社会实践的全面引领作用。这主要体现在两方面。

其一，继承和发展了马克思主义经典作家关于意识形态工作的重要性思想。在马克思主义经典作家看来，为了人类解放，需要革命者自我革命，因而理论创新和理论武装十分重要。百年来中国共产党人结合不同时代背景、党的中心工作，多维度地坚持并发展了马克思主义关于意识形态工作的地位和价值的思想。比如，毛泽东强调："一定的文化（当作观念形态的文化）是一定社会的政治和经济的反映，又给予伟大影响和作用于一定社会的政治和经济。"[1] 这里的"文化"就是指意识形态。毛泽东认为，意识形态影响的不仅仅是社会存在中的经济关系，而且影响了其中的政治关系。改革开放之后，面对各种错误思潮，邓小平指出："我们一定要把思想政治工作放在非常重要的地位，切实认真做好，不能放松。"[2] 党的十八大以来，习近平总书记进一步强调意识形态工作的"极端重要性"，他指出，"能否做好意识形态工作，事关党的前途命运，事关国家长治久安，事关民族凝聚力和向心力"[3]，再次重申了意识形态领导权之于党的工作的全局性、根本性的指导意义。

其二，继承和发展了马克思主义经典作家关于如何推进意识形态工作的思

[1] 《毛泽东选集》第 2 卷，人民出版社 1991 年版，第 663—664 页。

[2] 《邓小平文选》第 2 卷，人民出版社 1994 年版，第 342 页。

[3] 中共中央文献研究室编：《习近平关于全面建成小康社会论述摘编》，中央文献出版社 2016 年版，第 103 页。

想。马克思主义经典作家具有丰富的意识形态工作经验，诸如在意识形态工作中始终坚持党的领导、从战略高度和政治层面推进意识形态工作等。中国共产党人继承和发展了这些思想和实践经验，积极发挥党的意识形态对于社会实践的全面引领作用。

中国共产党人深刻认识到，马克思主义作为党的指导思想的历史，本质上就是一部不断解放思想、与时俱进、开拓创新的思想理论建设史。中国共产党人在历史上坚决反对教条化地对待马克思主义，做到了与时俱进，同时，积极推动意识形态工作理论与实践的开拓创新，推进党的意识形态建设的思维方法和工作机制创新，在宣传思想工作方面重点"抓好理念创新、手段创新、基层工作创新"[1]。进入新时代，习近平总书记在继承与发展的基础上对意识形态工作进行了论述，这些论述可以总结为"十一论"[2]。其中重点从地位论视角强调了"意识形态工作是党的一项极端重要的工作"；从根本任务论视角强调了两个"巩固"，即"巩固马克思主义指导，巩固思想基础"；以及从内容论视角强调了如何搞好新时代意识形态工作，即要"把理想信念作为意识形态工作的核心"，要"学习、研究、宣传马克思主义"等。

五、坚持建设性与批判性相铆接：不断加强理论武装，推进社会整合和主体建构，在理论创新、理论学习与武装的同时时刻注意反对各种错误思潮

百年来党一直非常重视加强对广大党员干部和人民群众的理论武装，同时时刻注意防止各种错误思潮的侵袭。那么，为什么中国共产党坚持以建设性与批判性相铆接的方式来推进意识形态建设？其主要原因有二。

其一，坚持建设性和批判性相铆接，符合马克思主义基本原理。马克思主

---

[1] 中共中央文献研究室编：《习近平关于社会主义文化建设论述摘编》，中央文献出版社 2017 年版，第 31 页。

[2] 参见张志丹：《意识形态功能提升新论》，人民出版社 2017 年版，第 41—42 页。

义坚持唯物辩证法，以批判眼光看待世界，看待自身。马克思指出："辩证法在对现存事物的肯定的理解中同时包含对现存事物的必然的否定的理解，即对现存事物的必然灭亡的理解……按其本质来说，它是批判的和革命的。"[1]辩证否定的实质是"扬弃"，就是新陈代谢，既保留又克服。"建设性"就是保留并发展积极因素，"批判性"就是克服消极因素。建设性和批判性相统一的过程，正是在对旧事物"扬弃"的基础上构建、发展新事物的过程。作为一种革命学说，马克思主义要求批判旧世界的同时建构新世界，坚持建构性与批判性的统一。

其二，坚持建设性和批判性相铆接，是由意识形态建设的本质和特点决定的。党的意识形态建设的任务是以党的创新理论武装全党，教育人民，作为建设性之"立"是其根本。同时，党的创新理论的确立是在同错误思潮较量中进行的，作为批判性之"破"是其必须。试想，一种意识形态如果不能发挥自己的批判作用，无法维护政治合法性和思想统治，必定会丧失其统治思想的资格，所以，发挥自身的批判作用是由意识形态所固有的本性决定的。可以说，理论建设内在包含着批判，批判是为了建设。没有批判性的建设，就没有建设性的批判。同时，"没有建设性的批判，是不完善的批判。批判必须与合理化建议结合，才是建设性的批判，创造性的批判"[2]。对于马克思主义来说亦是如此。"马克思主义必须在斗争中才能发展，不但过去是这样，现在是这样，将来也必然还是这样。"[3]

坚持批判性和建设性相统一是被党的百年意识形态建设的实践反复证明的。不论是在新民主主义革命时期批判非无产阶级思潮，还是在新中国成立之后面临"两条道路""两个阶级"的斗争，还是社会主义建设时期面对极左思潮的冲击，以及在改革开放时期面对"左"和右两种错误倾向的冲击，党始终能准确把握意识形态领域的"立"与"破"，遵循意识形态工作中"立"与"破"的辩证统一，坚持以立为本、立破并举的原则。一方面，坚定马克思主义立场，牢牢把握正确

---

[1]《马克思恩格斯全集》第 43 卷，人民出版社 2016 年版，第 848 页。

[2]《叶剑英选集》，人民出版社 1996 年版，第 292 页。

[3]《毛泽东文集》第 7 卷，人民出版社 1999 年版，第 230 页。

舆论导向，通过正面教育宣讲，传导主流意识形态，唱响主旋律，传播正能量，同时做好内宣和外宣工作；另一方面，旗帜鲜明坚持真理、批驳谬误，与不良社会思潮和错误舆论斗争到底，破除不良社会思潮造成的思想迷雾，破解国际舆论中对中国特色社会主义的误判误读和对中国共产党的恶意抹黑。

具体来说，"破立结合"体现在党百年来加强和推进意识形态建设的一系列举措中。新中国成立之初，为了搞好意识形态建设，毛泽东强调，一方面要搞好意识形态工作和文化建设，另一方面要注重批判各种错误思潮。他提出："实行百花齐放、百家争鸣的方针，并不会削弱马克思主义在思想界的领导地位，相反地正是会加强它的这种地位。"[1]改革开放以来，针对有人对党的意识形态工作不加分析地一概拒斥和否定的情况，以及"淡化意识形态""消解主流意识形态""非意识形态化""去意识形态化"的论调在学术界和社会上滋生蔓延的现象，党中央深刻认识到错误社会思潮会祸及全党全社会，把打好"预防针"同做好疑难杂症的攻关治疗工作协同开展，打好"组合拳"，采取一系列措施坚决抵制错误观点。正如习近平总书记指出的："我们必须坚持以立为本、立破并举，不断增强社会主义意识形态的凝聚力和引领力。"[2]

六、坚持价值性与制度性相链接：坚持"刚柔并济"，在以社会主义核心价值观建设引领精神文明和先进文化建设中涵养意识形态建设，以制度化保障意识形态建设

坚持"刚柔并济"，将价值性与制度性相连接，在以社会主义核心价值观建设引领精神文明和先进文化建设中涵养意识形态建设，夯实意识形态建设的价值根基，同时以制度规范保障意识形态建设，是百年来党的意识形态建设的又一基本经验。价值观建设渗透于思想政治教育工作、社会主义先进文化建设、社会主义核心价值体系和社会主义核心价值观建设等各个方面。

---

[1] 《毛泽东文集》第7卷，人民出版社1999年版，第232页。

[2] 《习近平谈治国理政》第3卷，外文出版社2020年版，第311页。

一方面，以价值观建设为抓手，筑牢意识形态建设的价值根基。当代中国社会主义核心价值观是在我国革命、建设与改革的伟大实践中形成与发展起来的，其中以人民为中心的价值观为主线、以爱国主义为核心的民族精神和以改革创新为核心的时代精神为两翼，内容十分丰富。"为人民服务""实现人的自由而全面发展""以最广大人民群众的根本利益为本""满足人民群众日益增长的美好生活需要""实现中华民族伟大复兴的中国梦"等，已经成为党坚持的价值理念和价值追求。

在党的历史上，以毛泽东同志为核心的党的第一代中央领导集体首先对社会主义价值观进行了探索，并取得了丰硕成果。毛泽东在1944年提出了"为人民服务"的价值观，对中国共产党人的世界观、价值观、人生观和事业观做了最精辟、最明确、最集中的论述。"全心全意为人民服务"由此成为党的根本宗旨和中国共产党人一切工作的根本出发点与落脚点。党的十六届六中全会通过的《中共中央关于构建社会主义和谐社会若干重大问题的决定》首次明确提出建设社会主义核心价值体系的命题和任务。党的十八大对社会主义核心价值观进行了高度凝练和科学概括。党的十八大以来，党加大了培育和践行社会主义核心价值观的力度。2013年12月23日，中央办公厅印发《关于培育和践行社会主义核心价值观的意见》，指出了社会主义核心价值观培育和践行的重要意义、指导思想、坚持原则以及具体路径，成为培育和践行社会主义核心价值观的根本遵循。至此，以核心价值观建设来引领精神文明和先进文化建设，已成为党的意识形态建设的成功经验。

另一方面，从战略高度推进意识形态指导下的制度建设，同时重视推进意识形态工作的制度化和法治化。党从成立之初就重视马克思主义意识形态宣传、教育和学习，使之走上制度化、常态化、规范化之路，并将此作为当务之急的工作来抓。1921年党的一大明确规定："一切书籍、日报、标语和传单的出版工作，均应受中央执行委员会或临时中央执行委员会的监督。"[1]党中央于1923年

---

[1] 中共中央文献研究室、中央档案馆编：《建党以来重要文献选编（1921—1949）》第1册，中央文献出版社2011年版，第4页。

颁布了《教育宣传问题议决案》、1925 年颁布了《对于宣传工作之决议》、1926年颁布了《职工运动中之宣传问题草案》等一系列重要的思想教育宣传工作的专门性文件，以制度形式推进马克思主义理论的宣传普及。1929 年，红四军第九次党的代表大会通过的《古田会议决议》更是把肃清非无产阶级思想作为重要原则，对红四军做好政治工作做了大量细节性、操作性的规定和指导。[1] 党在延安时期进一步推进意识形态建设的制度化。新中国的成立为把党和军队的意识形态教育工作制度推向全国创造了条件，各行各业陆续开始推进马克思主义教育和学习的制度化。改革开放后，党领导了拨乱反正，恢复了党在长期的意识形态建设中形成的正确原则，优化了意识形态工作的方法，加强了相关组织领导和队伍建设，强化了马克思主义在意识形态领域的指导地位，并通过"坚持四项基本原则"使意识形态建设制度逐渐成熟。

党的十八大以来，习近平总书记从政治和战略高度明确了新时代意识形态工作的极端重要性，把坚持马克思主义在意识形态领域的指导地位作为"根本制度"，而这一根本制度已经写入党章和宪法。党的十九届四中全会提出，"坚持马克思主义在意识形态领域指导地位的根本制度"，这在党的历史上是第一次，也是中国社会主义制度建设的重大创新和重要成果。中国共产党百年来坚持制度化推进意识形态工作。为进一步推进意识形态建设，当前还需要继续坚持和完善以下具体制度：坚持和完善党管意识形态工作的制度，建立意识形态研究智库支撑制度，建立新闻发布制度和重大社会舆情研判制度，建立健全以意识形态工作为统领的教育法、信息法和知识产权法等法律保障，等等。

可以说，在意识形态建设中实现价值性与制度性的"刚柔并济"，充分彰显了社会主义意识形态建设的鲜明特征与独特优势。"价值"丰富和创新了意识形态建设的内容体系、引导着意识形态建设的方向，"制度"规范和约束了意识形态建设的实践要求和工作指向。只有继续坚持价值性与制度性的有机结合，党的意识形态建设才能行稳致远，基业长青。

---

[1] 参见中共中央文献研究室、中央档案馆编:《建党以来重要文献选编（1921—1949）》第 6 册，中央文献出版社 2011 年版，第 726 页。

我们要进一步深入理解中国共产党带领人民创造的惊天动地伟大奇迹的"关键密码"，构建具有强大凝聚力和引领力的社会主义意识形态，使全体人民在理想信念、价值理念、道德观念上紧紧团结在一起。

▍ **廖鹏辉** ▍ 南京师范大学社会主义意识形态研究中心特约研究员

▍ **王永贵** ▍ 南京师范大学社会主义意识形态研究中心主任

百年大党掌握意识形态话语权的
成功经验和未来展望

意识形态工作事关党和国家的前途命运，掌握意识形态话语权是意识形态工作的战略任务。在领导革命、建设和改革的百年历程中，中国共产党始终高度重视意识形态话语权的作用，在实践中不断加强意识形态工作，从而为党领导中国人民实现从站起来、富起来再到强起来的伟大飞跃提供了强大保证。特别是进入新时代，习近平总书记高度重视意识形态工作，擘画了意识形态话语权建设的战略布局。在全面建设社会主义现代化国家的新征程中，回望波澜壮阔的百年历史，系统总结中国共产党意识形态话语权建设的丰富实践，深入解读中国共产党掌握和巩固意识形态话语权的必然逻辑和成功经验，可在新的时代趋向中为进一步巩固意识形态领域主导权提供现实镜鉴。

一、意识形态话语权建设贯穿党的百年历史

掌握和巩固意识形态话语权是贯穿党的百年历史的重要线索。百年来，中国共产党将意识形态话语权建设作为一项战略工程来推进，紧紧围绕阶段性目标，不断创新话语体系，调整话语策略，拓展传播空间，使意识形态话语权建设更加系统、科学，从而在时代变化中牢牢掌握了意识形态话语权，为党领导中华民族接续取得救国、兴国、富国和强国的辉煌成就提供了关键保障。

（一）意识形态话语权建设贯穿于党领导中华民族解放事业的历史过程

中国共产党在内忧外患中诞生。复杂严峻的革命斗争形势促使党逐渐意识到，要实现党的纲领和奋斗目标，领导中国人民实现国家独立和民族解放，就必须掌握意识形态话语权。为此，党在民主革命时期开启了意识形态话语权建设的战略工程。

在建党初期和大革命时期，党就对意识形态话语权的重要性有着清醒的认识。1921年党的一大通过的第一个纲领和决议就明确了宣传思想工作的性质和任务，强调了党对意识形态工作的领导。《中国共产党第一个决议》提出："党应警惕，不要使工会成为其他党派的傀儡。"[1] 这实际上就强调要重视在工人群众中的意识形态话语权。1924年5月，为了更好地进行宣传鼓动工作，将群众团结在党的周围，党正式决定设立宣传部，并提出"中央的各部之中应当特别注意宣传部和工农部"[2]。宣传工作领导组织体系的初步建立，为意识形态话语权建设提供了组织保障。土地革命战争时期，党更加认识到人民群众在革命战争中的地位和作用，更加重视意识形态话语权的掌握。1928年党的六大提出了加强党内思想建设的任务，并明确党的总路线是争取群众，强调要更加重视在群众中的宣传工作。1929年12月形成的由毛泽东起草的古田会议决议，奠定了思想建党、政治建军的理论和原则。决议强调："红军的宣传工作是红军第一个重大工作"[3]，要高度重视群众宣传动员工作。以古田会议决议为指导，党在加强党内和军队思想教育的同时，通过开展各种形式和途径的群众宣传工作，增强了意识形态话语权，为红军和农村革命根据地的建设提供了重要保证。在抗日战争和解放战争时期，党的意识形态话语权理论和实践得到全方位发展。

---

[1] 中共中央文献研究室、中央档案馆编：《建党以来重要文献选编（1921—1949）》第1册，中央文献出版社2011年版，第4页。

[2] 中共中央文献研究室、中央档案馆编：《建党以来重要文献选编（1921—1949）》第2册，中央文献出版社2011年版，第74页。

[3] 中共中央文献研究室、中央档案馆编：《建党以来重要文献选编（1921—1949）》第6册，中央文献出版社2011年版，第743页。

1939 年底 1940 年初，毛泽东围绕革命的前途和性质等重大问题接连发表了《新民主主义论》等多篇重要文章，创造性地构建出一套以新民主主义为基本框架的革命话语体系，清楚回答了中国向何处去的问题，使党在多次思想论战中获得了广大群众的支持和认同。经过整风运动，全党在毛泽东思想的基础上达到空前的统一，为推进意识形态话语权建设提供了坚实基础，为夺取革命战争胜利做了关键的思想和政治准备。这一时期，为了将人民群众团结起来，党充分利用报刊和社团等载体，采取行之有效的宣传手段，加强马克思主义教育的实效。

总之，民主革命时期，通过有效的话语建构、思想教育和舆论宣传，党赢得了民心，有力掌握了意识形态话语权，从而确保中华民族解放事业的最终胜利。

（二）意识形态话语权建设贯穿于党领导社会主义建设的历史过程

新中国成立后，为了凝聚推进社会主义革命和建设的强大力量，党高度重视和积极推动意识形态话语权建设，在执政语境下进行了巩固意识形态话语权的有益探索。这期间，党主要从以下几个方面巩固和捍卫意识形态话语权。

一是在学习宣传工作的全面开展中巩固意识形态话语权。1951 年，中共中央发布了《关于健全各级宣传机构和加强党的宣传教育工作的指示》，明确要求各级党委宣传部要承担起推广马克思列宁主义、毛泽东思想的宣传任务。从1951 年秋开始，在全国范围内对知识分子进行思想改造学习运动。通过这个学习运动，"知识分子思想改造工作取得了重大成就，他们的思想有了显著进步，大部分人都坚决拥护并大力宣传马克思主义，成为意识形态建设的重要主体"。[1]1952 年，在《中共中央关于培养高等、中等学校马克思列宁主义理论师资的指示》《关于全国高等学校马克思列宁主义、毛泽东思想课程的指示》等文件中，党又对加强高校马克思主义教育作出系统安排。在此过程中，为了扩大

---

[1] 金民卿：《新中国社会主义制度创建过程中的意识形态探索》，载《高校马克思主义理论研究》2019 年第 2 期。

宣传的覆盖面、增强效率，党加强和改进了宣传方式和手段，充分运用报纸、戏剧、广播等各种宣传媒介开展宣传工作。通过在全社会大力开展马克思主义、毛泽东思想的学习宣传工作，增进了广大群众对马克思主义的了解和认同，有效确立了党在意识形态领域的话语权。二是在宣传工作制度化的初步探索中强化意识形态话语权。1951 年 1 月，中共中央发出《关于在全党建立对人民群众的宣传网的决定》，要求："必须有系统地建立对人民群众的经常性的宣传网"[1]，以加强思想宣传。1951 年 5 月，刘少奇在全国宣传工作第一次会议上系统阐述了宣传思想工作的方针政策，提出了推动宣传思想工作制度化的重要任务。在宣传工作制度的探索过程中，党加强了对宣传工作的领导，进一步增强了宣传机构和队伍的规范化、系统化，强化了意识形态话语权建设的组织保证。三是在批判错误思想中捍卫意识形态话语权。"无论在党内党外，都要注意思想斗争。"[2] 新中国成立后，党旗帜鲜明地批判资产阶级、小资产阶级等错误思想，纠正了思想文化领域中存在着的一些错误思想倾向，进一步巩固了马克思主义世界观和方法论在意识形态中的主导权和话语权。

在社会主义革命和建设时期，党的宣传思想工作虽然一度出现偏差和失误，话语系统也没有实现转换，但通过对意识形态工作的有益探索，使局域性和零散性的宣传工作走向整体化和规模化，推动了马克思主义由党的意识形态转化为人民群众的思想共识，确立了意识形态话语权，凝聚了推进社会主义革命和建设的强大力量，这对于巩固和壮大新生政权起到了极为重要的作用。

（三）意识形态话语权建设贯穿于党领导改革开放的历史过程

在改革开放和社会主义现代化建设新时期，面对世情、国情、党情的深刻变化，中国共产党勇于创新话语体系，不断推动意识形态话语权建设沿着更加系统、科学的道路发展，在新形势下稳固了意识形态话语权。

在改革开放起步和全面展开阶段，以邓小平同志为主要代表的中国共产党

---

[1] 中共中央文献研究室编:《建国以来重要文献选编》第 2 册，中央文献出版社 1992 年版，第 2 页。

[2] 同上书，第 301 页。

人对新中国成立以来党的重要历史事件作出了正确评价，旗帜鲜明地反对资产阶级自由化，推动意识形态工作重新走上正确的轨道。1978 年，党的十一届三中全会重新确立了实事求是的思想路线，为意识形态工作的正确开展发挥了关键作用。1979 年 3 月，邓小平在党的理论工作务虚会上提出："今天必须反复强调坚持这四项基本原则，因为某些人（哪怕只是极少数人）企图动摇这些基本原则。这是决不许可的。"[1] 他强调必须坚持四项基本原则，坚决反对资产阶级自由化思潮。1981 年，党的十一届六中全会通过了《关于建国以来党的若干历史问题的决议》，正确评价了新中国成立以来党的重大历史事件，对毛泽东和毛泽东思想作出了科学评价，对于统一全党、全国人民的思想认识具有重要意义。

随着改革开放的深入进行，党进一步明确了宣传思想工作的大政方针和重大部署，使意识形态话语权得以继续巩固。其一，对新时期宣传思想工作的地位和作用作出了新定位，为意识形态话语权建设的开展提供了基本遵循。2000 年 6 月，江泽民在中央思想政治工作会议上强调："党的思想政治工作，是经济工作和其他一切工作的生命线，是团结全党全国各族人民实现党和国家各项任务的中心环节，是我们党和社会主义国家的重要政治优势。"[2] 其二，利用各种传播方式和载体加强意识形态工作，巩固意识形态传播阵地。网络技术的发展深刻改变了信息传播版图，党提出要坚持"三贴近"原则，运用先进技术传播先进文化，充分利用各种传播媒介，采取有针对性的方式方法，增强宣传思想工作的有效性。其三，加强对外宣传，巩固国际话语权，为改革发展营造了有利的外部环境。1992 年，中共中央印发的《关于加强和改进宣传思想工作，更好地为经济建设和改革开放服务的意见》中提到要加强改革开放的宣传和对外宣传。2009 年，胡锦涛明确提出增强国际话语权的任务，强调："要加强具有世界眼光和战略思维能力的人才队伍建设，整合各方面优势和资源，深入开展重大国际问题研究，不断增加我国国际话语权。"[3]

---

[1] 中共中央文献研究室编：《改革开放三十年重要文献选编》（上），中央文献出版社 2008 年版，第 38 页。

[2] 《江泽民文选》第 3 卷，人民出版社 2006 年版，第 74 页。

[3] 《胡锦涛文选》第 3 卷，人民出版社 2016 年版，第 285 页。

改革开放以来，中国共产党积极推动理论创新，形成了中国特色社会主义理论体系，有力回答和阐明了中国特色社会主义的若干重大问题，提升了意识形态话语体系的解释力和吸引力。回溯改革开放的伟大实践，意识形态话语权始终是党团结带领中国人民实现富国大业的强大武器，为开辟中国特色社会主义事业的全新局面提供了有力的思想保证和舆论支持。

（四）意识形态话语权建设贯穿于新时代党领导中国特色社会主义建设的历史过程

党的十八大以来，以习近平同志为核心的党中央把意识形态工作摆在突出位置，先后主持召开全国宣传思想工作会议、新闻舆论工作座谈会、网络安全和信息化工作座谈会、哲学社会科学工作座谈会、高校思想政治工作座谈会、学校思想政治课教师座谈会等重要会议，对意识形态和文化工作进行战略安排，使意识形态话语权得到全方位强化。总体而言，可以从四个方面来把握新时代意识形态话语权建设的战略部署和显著成就。

第一，思想认识的战略提升。习近平总书记对意识形态工作进行了新的重要定位，明确提出，"意识形态工作是党的一项极端重要的工作"[1]，"争取国际话语权是我们必须解决好的一个重大问题"[2]。党的十九大以来，习近平总书记再次明确了要增强意识形态领域主导权和话语权。新时代党对意识形态工作和意识形态话语权的突出强调和全新定位，意味着党对意识形态话语权的重要性有了更加深刻的认识。

第二，话语体系的重大创新。以习近平同志为核心的党中央聚焦时代之问、人民之问和世界之问，形成了习近平新时代中国特色社会主义思想，实现了党的指导思想的与时俱进。与此同时，习近平总书记相继提出并系统阐释了"中国梦""人类命运共同体"等新理念，极大地提升了中国话语和思想主张在当今世界的广泛影响。

---

[1] 《习近平谈治国理政》第 1 卷，外文出版社 2018 年版，第 153 页。

[2] 中共中央文献研究室编：《习近平关于总体国家安全观论述摘编》，中央文献出版社 2018 年版，第 117—118 页。

第三，实践布局的全面展开。习近平总书记提出以"举旗帜，聚民心，育新人，兴文化，展形象"为主题思想的使命任务，全面系统阐述了宣传思想工作的努力方向，为新形势下巩固意识形态领域主导权和话语权作出重大战略部署。强化党对宣传工作的全面领导，培养宣传思想工作的精兵强将，构建全党动手、全社会参与的大宣传格局；坚持以核心价值观凝心聚力，坚持正面宣传为主，推动主流价值落细落小落实；推动媒体融合向纵深发展，着力打造新型传播平台，构建全媒体传播格局，牢牢占领传播阵地；高度重视网络意识形态话语权，将网络舆论引导工作作为重点来抓，全面提高治网管网能力。

第四，制度体系的丰富完善。党的十九届四中全会通过的《中共中央关于坚持和完善中国特色社会主义制度　推进国家治理体系和治理能力现代化若干重大问题的决定》对意识形态制度进行了整体谋划，以坚持马克思主义指导地位的意识形态根本制度为统领，对强化党的全面领导、贯彻落实党的创新理论、弘扬社会主义核心价值观、加强舆论引导等方面的工作机制进行了系统谋划，为巩固意识形态话语权提供了制度保障。

新时代，党对意识形态工作的战略布局推动了意识形态领域呈现出整体向好的主动态势，牢牢掌握意识形态领域的主导权和话语权，为党领导中华民族实现从富起来到强起来的伟大飞跃凝聚了力量。

二、百年大党掌握意识形态话语权的主要经验

中国共产党成立百年来，深刻把握时代历史趋势和中国发展的实际需要，始终坚持推进意识形态话语权建设，不断明晰和发展意识形态话语权建构的目标体系和实践方略，牢牢掌握了意识形态话语权，从而为救国、兴国、富国、强国事业提供了不竭的思想动力和强大的精神保障。鉴往知来，在新时代的复杂语境下，解码百年大党掌握意识形态话语权的成功之钥，总结和分析意识形态话语权的建构经验，能够为进一步巩固意识形态话语权提供思想指引和实践遵循。

（一）坚持党的领导是掌握意识形态话语权的逻辑前提

"掌握思想领导是掌握一切领导的第一位。"[1]坚持党管宣传、党管意识形态，是意识形态工作须臾不可离开的法宝，必须长期坚持，任何时候都不能有丝毫动摇。在100年多的伟大历程中，党正是依靠对宣传思想工作的有力领导，才能牢牢掌握意识形态话语权，有效保证革命、建设、改革事业的顺利进行。

坚持党对宣传工作的领导，首先要求各级党组织和宣传部门全面把握党的理论和路线方针政策，对宣传工作的方向、立场和内容等问题有着清醒的认识，在思想和行动上同党中央保持高度一致。因此，我们党高度重视思想建党，坚持不懈对党员进行马克思主义宣传和教育，坚持纠正党内错误思想倾向，确保全党上下在思想和行动上保持一致，为掌握和巩固意识形态话语权提供组织保障。其次，要求不断加强宣传思想工作队伍建设。党从成立之日起就非常重视宣传队伍和机构的建设，强调："群众的鼓动和宣传中一定要有一种鼓动和宣传的人才"[2]。在长期实践中，党着重从政治能力和工作本领等方面加强人才队伍建设，保证了宣传思想工作的成功开展。再者，要求坚持党性和人民性相统一的工作原则。"党性和人民性从来都是一致的、统一的。"[3]牢牢掌握意识形态工作的领导权和话语权，不仅要坚持党性立场，确保意识形态工作的领导权始终掌握在党和人民手中，而且要坚持群众路线，加强思想舆论的引导和宣传，使宣传工作深深扎根于群众之中，从人民群众的现实需求出发，在广大群众的火热实践中积极寻求意识形态话语权的巩固之道。

进入新时代，习近平总书记强调："要加强党对宣传思想工作的全面领导，旗帜鲜明坚持党管宣传、党管意识形态。"[4]这充分体现了党对宣传思想工作根本原则的精准把握，是新形势下进一步掌握和巩固意识形态话语权的重要遵循。

[1] 中共中央文献研究室、中央档案馆编：《建党以来重要文献选编（1921—1949）》第19册，中央文献出版社2011年版，第364页。

[2] 中共中央文献研究室、中央档案馆编：《建党以来重要文献选编（1921—1949）》第2册，中央文献出版社2011年版，第529页。

[3] 《习近平谈治国理政》第1卷，外文出版社2018年版，第154页。

[4] 《习近平谈治国理政》第3卷，外文出版社2020年版，第314页。

（二）推动理论创新是掌握意识形态话语权的必然要求

我们党之所以能够历经百年风雨，依然挺立在历史和时代发展的潮头，关键就在于不断推动实践基础上的理论创新，并用理论创新成果指导实践向前发展。"某一思想或理论在社会生活中话语权的获得，归根到底，取决于它对社会矛盾的批判力和对社会生活的解释力，满足这一国家和民族在特定时期实践的需要，从而真正掌握群众。"[1] 意识形态话语权建设的百年历程充分说明，理论创新是掌握意识形态话语权的必然要求。正是坚持了与时俱进的科学态度，不断根据实践的需要调整话语主题，科学回答和解释社会发展中出现的新的时代课题和现实难题，才能保证马克思主义的解释力和吸引力，有效地凝聚思想共识。以毛泽东同志为主要代表的中国共产党人，赋予马克思主义新的生命力，实现了马克思主义基本原理与中国实际的第一次结合，从而使马克思主义在中国大地上绽放出更加灿烂的真理光芒。改革开放以来，中国共产党勇于破除思想束缚，从国情出发，正确认识时代发展大势，不断深化对"坚持和发展中国特色社会主义"核心命题的科学认识，推动思想理论实现新的飞跃，在改革进程中获得了人民群众的广泛认同，使意识形态话语权得到及时巩固和强化。中国特色社会主义进入新时代，在准确把握改革发展中出现的新情况、新问题的基础上，习近平总书记作出一系列科学判断和理论阐发，从而廓清了困扰和阻碍实践发展的思想认识，为巩固意识形态领域话语权提供了思想支撑。在全面建设社会主义现代化国家的新征程中，必须进一步推进理论创新，根据实践发展不断调整和完善话语主题和话语内容，并且要增强用党的创新理论武装全党、教育人民的政治自觉，进一步筑牢全党全社会的思想基础。

（三）发展话语体系是掌握意识形态话语权的重要支撑

打造具有时代特质的话语体系，是意识形态话语权建设的重要支撑。不断

---

[1]　陈锡喜：《重构社会主义意识形态话语体系的目标、原则和重点——以马克思主义中国化历史经验为视角的思考》，载《毛泽东邓小平理论研究》2011 年第 11 期。

推进话语体系创新发展，是增强意识形态领域主导权和话语权的宝贵经验之一。革命战争年代，毛泽东就提出："洋八股必须废止，空洞抽象的调头必须少唱，教条主义必须休息，而代之以新鲜活泼的、为中国老百姓所喜闻乐见的中国作风和中国气派。"[1]100多年来，我们党立足中国实际，坚持用马克思主义解读中国实践，在面向时代和面向世界的过程中不断调整和创新话语主题和话语内容，构建出具有现实解释力和理论说服力的话语体系。

"在国际社会建立中国话语体系，用中国的话语解读中国实践、中国道路、中国问题，是马克思主义中国化、时代化、大众化的必然要求和重要标志。"[2]党在领导革命、建设和改革的历程中，首先鲜明地将马克思主义的立场观点方法贯穿于话语体系构建的始终，不断抽象凝练出能够解读时代的新概念和新表述。其次，增强世界视野，讲好中国故事，突出共识表达，建构出既符合中华民族价值追求，同时又包括人类价值共识，在国际上具有强烈道义感召力和话语创造力的话语体系。新时代，习近平总书记在推动意识形态话语权建设的过程中，不断强化话语体系的价值取向、问题意识和世界视野，采用融通中外的概念、范畴、表述，有力地扩大了当代中国思想文化和价值观念的传播和影响。例如，以"四个全面"擘画治国理政的整体思路，以"新发展理念"指引经济社会发展的正确方向，以"中国梦"凝聚实现民族复兴的磅礴力量，以"人类命运共同体"阐释中国发展的大同情怀，既体现了党在百年发展历程中的价值坚守，又以生动形象的语言系统使意识形态话语更加具有吸引力，彰显出意识形态话语体系的人民性、世界性和时代性。

（四）坚守传播阵地是掌握意识形态话语权的关键举措

守好传播阵地是意识形态话语权建设的关键内容，宣传阵地守得住，才能在意识形态交锋中占据优势地位。历史一再证明，在意识形态的话语斗争中，一种话语力量的壮大总是伴随着另外一种话语力量的退却，如果马克思主义不去占领

---

[1] 《毛泽东选集》第2卷，人民出版社1991年版，第534页。

[2] 尹汉宁：《问题导向：马克思主义中国化的原动力》，载《哲学动态》2012年第10期。

传播阵地，那么非主流思潮甚至是错误思潮就会趁虚而入，弄不好可能使阵地失守，危及执政安全。实际上，党历来重视传播阵地的建设，通过不断加强和改进宣传工作的方法、手段和载体，有效占领意识形态传播阵地。信息化时代以来，意识形态领域呈现更加复杂的舆论生态，多元文化的交融碰撞、舆论场域的众声喧哗、错误思潮的冲击侵蚀等，都考验着意识形态话语权的掌握。为此，党强化了对意识形态传播规律的科学认识，既重视思想舆论的引导，强调"要加强对宣传思想文化领域的管理，包括切实加强对报刊特别是小报小刊、图书出版、电视电影、网络以及其他传媒阵地的管理"[1]，也不断丰富和创新意识形态话语权建设的理念、话语和方法，采取新方式新手段提升意识形态的感染力和吸引力，从而守住了思想舆论的传播阵地，有效稳固了意识形态领域的话语权。可以说，中国共产党在社会发展进程中对掌握和占领传播阵地积累了充足的经验，有力巩固了意识形态话语权。新时代面临新情况和新难题，必须从国家安全大局的高度重视传播阵地建设，进一步提升传播实效，提高领导新闻媒体的定力和能力，守好马克思主义的宣传阵地，使意识形态话语权建设行稳致远。

三、新时代提升意识形态话语权的实践路径

行进在中华民族伟大复兴的新征程上，必须从历史经验中汲取走向未来的智慧，以创新精神和系统思维落实好党对意识形态话语权建设的恢宏布局，提升实践变革力、主体践行力、思想阐释力和话语传播力，增强宣传思想工作的创新性、实效性和世界性，不断巩固意识形态话语权，为实现中华民族伟大复兴提供坚强支撑。

（一）大力发扬改革创新精神，增强实践变革力

"创新是改革开放的生命。"[2]创新精神是推动事物向前发展的根本所在。新

---

[1] 《江泽民文选》第 3 卷，人民出版社 2006 年版，第 566 页。

[2] 习近平：《在庆祝改革开放 40 周年大会上的讲话》，载《人民日报》2018 年 12 月 19 日。

的历史条件下，必须在深刻总结实践经验的基础上，以改革创新精神加强和完善意识形态话语权建设，通过理论创新、制度创新和实践创新等各方面的创新确保牢牢掌握意识形态话语权。

"实践发展永无止境，我们认识真理、进行理论创新就永无止境。"[1] 随着全面深化改革不断深入，矛盾和问题必将暴露得更加充分。为此，在理论创新方面，要坚持用时代发展要求审视自己，注重研究改革中遇到的新情况新问题，谋求实践基础上的理论创新，并且要积极推动党的创新理论刻骨铭心进头脑，巩固全党全社会团结奋进的思想基础。在制度创新方面，要关照意识形态工作制度安排的发展现状，革除制度机制中的弊端，激发制度体系的内在生机活力，实现意识形态工作的科学化、规范化和系统化，并以制度建设的创新为基础，拓展意识形态话语权建设的广度和深度。在实践创新方面，意识形态话语权建设的变革要求集中体现在建设方法和实践手段两个层面。在建设方法上要求方式方法更加灵活和多样。在意识形态话语权谋篇布局过程中要讲求策略，注重各要素各环节的内在关联，在正面宣传和舆论斗争的结合上下功夫，在中国特色和国际眼光的结合上下功夫，在聚焦关键和全局推进的结合上下功夫。总之，就是要将意识形态工作置于事业大局中研判分析，根据现实情况的改变不断调整和完善建设思路、斗争方法，破解工作难题。在实践手段上，要注重将引导手段和斗争手段不断结合得更好，不仅要依托社会主义核心价值观，加强思想引导工作的实效，推动主流价值入脑入心，也要高度重视斗争，"在两大意识形态斗争中始终牢牢坚持马克思主义的指导地位，不断深化意识形态斗争的规律认识，不断增强现代技术手段背后意识形态渗透的甄别能力"[2]，坚决回击和批驳错误思潮和错误观点，取得意识形态话语权斗争的胜利。

（二）持续推进新的伟大工程，提升主体践行力

持续推进党的建设是进行意识形态话语权建设的重要保障。在实践过程

---

[1] 习近平：《在庆祝中国共产党成立 95 周年大会上的讲话》，人民出版社 2016 年版，第 9 页。

[2] 王永贵：《不断开辟中国特色社会主义意识形态建设的新境界——新中国 70 年意识形态建设的历程、经验和新时代前景》，载《当代世界与社会主义》2019 年第 5 期。

中，能否保持全党上下思想统一，能否保证党的先进性和战斗性，直接关系到意识形态话语权建设的实际成效。"要把新时代坚持和发展中国特色社会主义这场伟大社会革命进行好，我们党必须勇于进行自我革命，把党建设得更加坚强有力。"[1] 新时代，要坚持一以贯之推进党的建设新的伟大工程，提升党员干部的政治判断力、政治领悟力和政治执行力，使意识形态话语权的组织保障更加坚实。首先要全面加强马克思主义教育，坚定党员的理想信念，深入推进"不忘初心、牢记使命"主题教育活动，只有党员干部真听真懂真信，才能自觉为党和人民言说，才能取信于人民、立信于社会，从而真正掌握意识形态话语权。其次，要坚持进行自我革命，增进意识形态话语的现实说服力和感召力。"腐败是党面临的最大威胁，坚决防治腐败是党自我革命必须长期抓好的重大政治任务。"[2] 如果没有勇气进行自我革命，没有决心铲除腐败分子和其滋生蔓延的土壤，消极腐败的影响只会扩大不会消失，其结果必然是人民质疑党的纯洁性，最终将削弱意识形态的阶级基础。因此，唯有以猛药去疴的决心和刮骨疗毒的勇气推进全面从严治党，以徐徐图之的耐力和定力与腐败作斗争，才能化解消极情绪、消除偏见误解，提振群众认同。同时，也要重视能力建设。"宣传思想干部要不断掌握新知识、熟悉新领域、开拓新视野，增强本领能力，加强调查研究，不断增强脚力、眼力、脑力、笔力，努力打造一支政治过硬、本领高强、求实创新、能打胜仗的宣传思想工作队伍。"[3] 增强广大党员干部的意识形态风险化解、联系群众等能力，使党员干部真正成为让党放心、让人民满意、本领高强的行家里手，这也是守住阵地的关键所在。

（三）全面繁荣哲学社会科学，加强思想阐释力

"支撑话语体系的基础是哲学社会科学体系。没有自己的哲学社会科学体

[1]《习近平谈治国理政》第 3 卷，外文出版社 2020 年版，第 71 页。

[2] 中共中央党史和文献研究院编：《习近平关于防范风险挑战、应对突发事件论述摘编》，中央文献出版社 2020 年版，第 134 页。

[3]《习近平谈治国理政》第 3 卷，外文出版社 2020 年版，第 315 页。

系，就没有话语权。"[1] 构建具有时代特征和中国特色的意识形态话语体系，巩固意识形态领域的主导权，提升中国的国际话语权，迫切需要哲学社会科学更好地发挥作用。"构建我国哲学社会科学学科体系、学术体系、话语体系，形成全方位、全领域、全要素的哲学社会科学体系，是建设具有中国特色、中国风格、中国气派的哲学社会科学的基础和保障。"[2] 因此，新时代意识形态工作也必须重视三大体系的建设，构建具有自身特质的学科体系、学术体系和话语体系，将中国的发展优势和综合实力转化成学科优势、学术优势和话语优势，有力解决在意识形态领域"挨骂"的问题。

置身于实现中华民族伟大复兴的伟大时代，哲学社会科学界必须肩负起自身的学术责任，进一步增强哲学社会科学的解释力和时代感，一个重要使命就是要建设有中国特色的哲学社会科学学术话语体系。这就要求哲学社会科学队伍要从国内、国际两个维度做好工作：从国内维度来看，要以思想解放为导向，在全新视野中深化对共产党执政规律、社会主义建设规律、人类社会发展规律的认识，增强哲学社会科学的时代感；从国际维度来看，要立足中国、放眼世界，处理好坚守和对话的关系，既要坚持马克思主义在意识形态领域的指导地位，也要在对话和交流中发展和壮大自身，构建与我国综合国力和国际地位相匹配的学术命题、学术思想、学术观点、学术标准和学术话语，有力地阐释和传播当代中国的智慧、主张和方案，增强中国的国际话语权。

（四）加快推动媒体融合发展，强化话语传播力

媒体是意识形态话语权建设的硬件部分，主流意识形态能否"说得出""传得开"很大程度上取决于媒体的方向和能力。中国处于急骤深刻的社会转型期，经济、政治、社会和文化等各领域都不断变化发展，社会大众的思想也呈现多元开放的特征。在信息无处不在、无所不及、无人不用的时代，广播、电视、

---

[1] 习近平:《在全国党校工作会议上的讲话》，人民出版社 2016 年版，第 20—21 页。

[2] 谢伏瞻:《建设具有中国特色中国风格中国气派的哲学社会科学》，载《求是》2018 年第 20 期。

报纸等传统媒体需要顺应信息传播网络化和数字化的发展态势，否则难以独自承担传播工作的重担。这就决定了在媒体建设过程中，"要抓紧做好顶层设计，打造新型传播平台，坚持新型主流媒体，扩大主流价值影响力版图，让党的声音传得更开、传得更广、传得更深入"[1]，这也是当前意识形态话语权建设面临的紧急课题。

推动媒体融合向纵深发展需要明确方向，并从技术和内容等方面入手努力实现融合创新。媒体融合要坚持正确方向，坚持党对媒体融合发展的领导，遵循媒体发展规律，这是做好意识形态工作的根本保证。媒体融合必须明确目标指向，不断推进网络平台建设，以风清气正的网络空间为阵地，做大做强主流思想舆论，提升主流意识形态的引领力，推动宣传思想工作不断强起来。从技术层面看，向前不辍的技术革命是媒体格局变化的动力引擎，不断开拓着媒体的边界。在全媒体时代，媒体要以先进技术拓展意识形态工作能力，占据技术的制高点进行媒体平台的优化和建设、传播内容的生产和分发、价值观念的聚合与表达，提高意识形态的工作水平和治理效度。从内容层面看，"主流媒体守土有责，更要守土尽责，及时提供更多真实客观、观点鲜明的信息内容"[2]，牢牢掌握舆论主动权和主导权，夯实意识形态安全的基石，不断增强新时代中国特色社会主义的价值和魅力！

---

[1] 习近平：《论党的宣传思想工作》，中央文献出版社 2020 年版，第 356 页。
[2] 同上书，第 357 页。

第四篇

人民对美好生活的
向往，就是奋斗
目标

｜武　力｜　中国社会科学院当代中国研究所研究员

经济视野下中国共产党的四个伟大成就

习近平总书记在庆祝中国共产党成立 100 周年大会上的重要讲话，以中华民族伟大复兴为主线，回顾了中国共产党团结带领人民在四个历史时期取得的伟大成就。经济发展是民族复兴的基础，解放和发展生产力是中国共产党始终不渝的工作主线。从经济发展的角度看待百年党史，可以更深刻地理解四个伟大成就。

新民主主义革命时期，生产力受到严重束缚，国民经济处于帝国主义、封建主义、官僚资本主义"三座大山"重压之下。民族资产阶级、小资产阶级、工人阶级、农民阶级在多重盘剥压榨之下，不仅正常的生产经营受到阻碍，甚至连最基本的生存权利都没有保障。要实现民族复兴，首先要推翻"三座大山"的反动统治，彻底解放生产力。1927 年大革命失败后，中国共产党独自承担起领导民主革命的重任。由于抓住了中国社会最主要的矛盾，中国共产党开展土地改革、没收官僚资本、保护民族工商业，顺应了生产力发展的要求，得到了最广大人民的拥护。在此基础上，中国共产党团结带领人民，以"为有牺牲多壮志，敢教日月换新天"的大无畏气概，浴血奋战，百折不挠，最终彻底推翻了"三座大山"，建立了中华人民共和国。

历史越发展就越能证明，新民主主义革命的彻底性对当代中国具有重大而深远的意义。在美苏两国划分全球势力范围的背景下，中国共产党顶住压力，坚决统一了祖国大陆，废除了帝国主义在华一切特权，使得中华民族可以真正独立自主地选择发展道路，这在当时极为难得。纵观第二次世界大战之后独立的各个国家，或因没能摆脱列强控制而无法独立发展，或因没能彻底消灭本国旧势力而发展处处受制。英雄的中国共产党和中国人民，以最彻底的民主革命，清除了封建主义、官僚资本主义和近代以来盘踞在中华民族头上的一切外国经济势力，为中国人民解放和发展生产力、独立自主地发展经济扫除了障碍。从这个意义上说，新民主主义革命的伟大成就，足以载入中华民族发展史册、人类文明发展史册。

社会主义革命和建设时期，经济发展主要任务是完成工业化。在工业化道路选择上，如何确定"农、轻、重"的发展顺序是摆在中国共产党面前的首要问题。当时的中国，一方面需要重工业发展强大国防来保卫国家安全，另一方面也需要重工业为农业、轻工业提供设备和原料。因此，中国共产党确立了优先发展重工业的工业化发展战略。然而，重工业具有投资规模大、投资周期长的特点，中国当时作为一个落后的农业国，唯有举全国之力集中有限资源才可能完成这一任务。而在新民主主义制度下，分散的小农生产和个体私营经济显然无法胜任，这就需要进行更为广泛而深刻的社会变革。因此，原定 10 至 15 年以后再进行社会主义改造的计划提前从 1953 年逐步开始，即将分散的农业、手工业和资本主义工商业生产经营活动统一到国家主导的工业化建设上来。到 1956 年，中国基本建立起单一公有制和计划经济体制，万众一心进行社会主义工业化建设。在一穷二白的条件下，中国共产党团结带领人民自力更生，发愤图强，最终建立了独立的比较完整的工业体系和国民经济体系，实现了"两弹一星"等尖端国防突破，为民族复兴打下了坚实的基础。

今天回望这段历史，我们能更深切地感受其伟大意义。独立完整的工业体系，使中国具备了内生发展动力，既有能力学习和消化世界一切先进科技成果，又可以在极端条件下实现经济内循环，从而掌握了自主发展和应对风险的主动权。同时，这一时期确立了社会主义公有制，建立了强大的国有经济，这在改革开放后的经济发展中承担着主导发展方向和稳定社会的作用。从这个意义上说，社会主义革命和建设时期的伟大成就，足以载入中华民族发展史册、人类文明发展史册。

改革开放和社会主义现代化建设新时期，经济发展的主要任务是追赶世界先进水平，并在发展中改善人民生活。单一公有制和计划经济体制在完成了工业化奠基任务后，对于促进生产力更好更快地发展已经难以发挥作用。如何在确保社会主义制度优势的前提下调动发展积极性，考验着社会主义阵营的所有国家。中国共产党团结带领人民，从经济落后的基本国情出发，紧紧抓住"经济建设"这个中心工作，采取"改革开放"这一决定当代中国前途命运的关键一招。一方面，坚持改革开放，勇于冲破思想和制度教条，大胆采取承包经营、个体私营和外资经济、市场经济体制等一切有利于发展社会主义生产力的经济制度；另一方面，坚持四项基本原则，战胜来自各方面的风险挑战。在"一个中心、两个基本点"的路线指引下，中国共产党团结带领人民解放思想，锐意进取，走出了一条中国特色社会主义道路，形成中国特色社会主义制度。在经济制度方面，确立了公有制为主体、多种所有制经济共同发展，按劳分配为主体、多种分配方式并存，社会主义市场经济体制等基本经济制度，最大限度调动起一切积极因素，实现了从生产力相对落后到经济总量跃居世界第二的历史性突破，实现了人民生活从温饱不足到总体小康、奔向全面小康的历史性跨越。

今天回望这段历史，我们能更深切地感受到开创、坚持、捍卫、发展中国特色社会主义的不易。一方面，中国共产党能坚持发展这个第一要务，牢牢扭住经济建设不放松，并且在发展中不断改善民生，使人民共享发展成果，从而创造了经济快速发展与社会长期稳定的两大奇迹。另一方面，中国共产党能坚持扩大开放与融入世界，虚心学习一切先进技术和经验，同时又能在发展水平大幅落后的情况下坚定自信，坚持中国特色社会主义不动摇，从而为民族复兴提供了充满新的活力的体制保证和快速发展的物质条件。守得云开见月明，当前，中国特色社会主义制度优势日益彰显，更加印证了中国共产党的战略定力与远见卓识。从这个意义上说，改革开放和社会主义现代化建设时期的伟大成就，足以载入中华民族发展史册、人类文明发展史册。

随着中国特色社会主义进入新时代，经济发展的内外条件均发生改变。国内方面，规模速度型粗放增长走到了尽头，经济必须向着质量效率型集约增长转变，这需要更有效率的制度安排和更大气力的科技创新；同时，传统发展模式积累下来的绝对贫困、产能过剩、债务风险、环境污染等问题也亟待解决。国际方面，伴随产业升级，中国与发达国家在产业链、价值链上的关系由改革开放初期的"互补为主"转变为"竞争为主"，这导致外部环境的不稳定性和不确定性增强。面对复杂严峻的国内外形势，中国共产党团结带领人民自信自强，守正创新，作出经济发展步入"新常态"的战略判断，提出创新、协调、绿色、开放、共享的新发展理念，坚持和完善中国特色社会主义基本经济制度，发挥市场在资源配置中的决定性作用和更好地发挥政府作用，推动供给侧结构性改革，淘汰落后产能，营造有利于创业创新的营商环境，突破制约发展的科技和制度瓶颈，打赢脱贫攻坚、防范化解重大风险、污染防治三大攻坚战，健全生态环境保护制度，实现了全面建成小康社会的第一个百年奋斗目标，并实现了经济由高速增长向高质量发展的转变。同时，稳妥应对中美经贸摩擦，扩大高水平对外开放，完善维护国家安全的各项制度，推动民族复兴进入不可逆转的历史进程。

纵观世界经济史，从中等收入向高收入经济体跨越的过程充满风险。产业升级、科技攻关、财富分配、社会治理、外部冲击等一系列问题复杂交织，大多数国家的执政党都无力应对，致使国家陷入徘徊状态。跨越中等收入陷阱，需要执政党有总揽全局、协调各方的强大能力。党的十八大以来，在以习近平同志为核心的党中央坚强领导下，中国共产党统揽伟大斗争、伟大工程、伟大事业、伟大梦想，团结带领人民战胜一系列重大风险挑战，实现第一个百年奋斗目标，明确实现第二个百年奋斗目标的战略安排，为民族复兴提供了更为完善的制度保证、更为坚实的物质基础、更为主动的精神力量。这一伟大成就足以载入中华民族发展史册、人类文明发展史册。

100年来，中国共产党团结带领人民不断解放和发展生产力，不断为中华民族伟大复兴夯实经济基础。从经济角度深刻理解100年间的四个伟大成就，可以使我们更加坚定对中国共产党的拥护，更加珍视中国特色社会主义制度的优势，也更加明确未来前进的方向。

┊ 杨明伟 ┊　中央党史和文献研究院对外合作交流局局长、研究员

共同富裕：
中国共产党的坚定谋划和不懈追求

党的十九届五中全会明确把"全体人民共同富裕取得更为明显的实质性进展"写入 2035 年中国基本实现社会主义现代化的远景目标中，并把"扎实推进共同富裕"作为实现这一目标的工作要求。这是以习近平同志为核心的党中央把马克思主义理论精髓与中国特色社会主义伟大实践紧密结合的战略谋划，是回应人民群众长期共同期盼的坚定意志，是对中国人民和全世界作出的又一庄严承诺。

进入 2021 年，在中央政治局第二十七次集体学习时，习近平总书记进一步强调，"党的十九届五中全会向着更远的目标谋划共同富裕，提出了'全体人民共同富裕取得更为明显的实质性进展'的目标"，并特别提出，"进入新发展阶段，完整、准确、全面贯彻新发展理念，必须更加注重共同富裕问题"。[1] 走向共同富裕是马克思主义给无产阶级政党规定的基本目标，也是中国共产党人带领中国人民孜孜不倦、接续奋斗的理想追求。

一、"生产将以所有人的富裕为目的"

共同富裕是马克思主义理论的一个基本问题，是马克思、恩格斯对社会主义和共产主义社会状况的一个基本设想。这一设想是基于对资本主义社会的客

---

[1]《完整准确全面贯彻新发展理念，确保"十四五"时期我国发展开好局起好步》，载《人民日报》2021 年 1 月 30 日。

观认识、对资本主义制度的深刻剖析以及无产阶级的历史使命作出的。

马克思主义认为，在以私有制为基础建立的资本主义制度下，扩大生产不仅会导致生产过剩，而且会产生越来越严重的贫困问题。而按照共产主义原则组织起来的社会，生产不仅"必须大大扩大"，而且"超出社会当前需要的生产过剩不但不会引起贫困，而且将保证满足所有人的需要"，为此，"摆脱了私有制压迫"和"给社会提供足够的产品以满足所有人的需要"，这一点至关重要。[1]

马克思、恩格斯在《共产党宣言》中阐述共产党人的性质和宗旨时，特别强调指出共产党就是全体无产者的政党，"他们没有任何同整个无产阶级的利益不同的利益。他们不提出任何特殊的原则，用以塑造无产阶级的运动"，"共产党人同其他无产阶级政党不同的地方只是：一方面，在无产者不同的民族的斗争中，共产党人强调和坚持整个无产阶级共同的不分民族的利益；另一方面，在无产阶级和资产阶级的斗争所经历的各个发展阶段上，共产党人始终代表整个运动的利益"。[2] 这清楚地表明，共产党人的责任就是要为整个无产阶级谋取福利。

马克思在《资本论》《哥达纲领批判》等著作中进一步深刻揭示了资本主义社会的经济运动规律，阐明了资本主义生产方式产生、发展和最终必然走向灭亡的道理，并深刻揭示了人类最终将走向共同富裕的社会主义和共产主义社会的发展趋势和历史必然性。马克思阐述了由共产主义社会初级阶段发展到高级阶段后，随着生产力尽可能地快速增长和每个人的全面发展，集体财富的一切源泉都充分涌流之后，社会就进入了"各尽所能，按需分配"的状态。

在《1857—1858年经济学手稿》中，马克思还明确提出："社会生产力的发展将如此迅速，以致尽管生产将以所有的人富裕为目的，所有的人的可以自由支配的时间还是会增加。"[3]

恩格斯也强调，无产阶级及其政党的一个重要使命，就是"建立这样一种制度，使社会的每一成员不仅有可能参加社会财富的生产，而且有可能参加社

---

[1] 《马克思恩格斯文集》第1卷，人民出版社2009年版，第688页。

[2] 《马克思恩格斯文集》第4卷，人民出版社2009年版，第3页。

[3] 《马克思恩格斯文集》第8卷，人民出版社2009年版，第200页。

会财富的分配和管理，并通过有计划地经营全部生产，使社会生产力及其成果不断增长，足以保证每个人的一切合理的需要在越来越大的程度上得到满足"[1]。他明确指出："我们的目的是要建立社会主义制度，这种制度将给所有的人提供健康而有益的工作，给所有的人提供充裕的物质生活和闲暇时间，给所有的人提供真正的充分的自由。"[2]恩格斯也指明了这个社会具备的一些基本特点，其中就包括"通过社会化生产，不仅可能保证一切社会成员有富足的和一天比一天充裕的物质生活，而且还可能保证他们的体力和智力获得充分的自由的发展和运用"[3]。

马克思、恩格斯始终坚定并不断深化对共同富裕问题的认识。根据他们对未来社会的构想，共同富裕是无产阶级政党建设新社会的一个基本目标。在这个社会中，生产力的总量能够最大限度地增加，而社会生产将以所有人的富裕为目的，生产发展能够满足所有人的需要，所有人都能共同享受大家创造出来的福利；在所有社会成员经济逐步充裕、物质生活一天比一天富足的同时，他们的体力和智力也将获得充分自由的发展和运用，其可以自由支配的时间也会增加，最终实现"自由人联合体"。这个社会的初级阶段就是社会主义，而它的高级阶段就是共产主义。

二、"走社会主义道路，使农民群众共同富裕起来"

作为马克思主义的忠实传人，中国共产党是真正以实现全体人民共同富裕为己任的无产阶级政党。这个党自成立时起，就亮明了实行社会革命、建立无产阶级和普通劳动者政权、消灭私有制、物质财富归社会公有的旗帜。因此，建立一个真正由人民当家作主、让普通劳动者都能过上幸福生活的新中国，就是党在民主革命时期的奋斗目标；基于社会主义制度和共产主义理想的新中国

---

[1] 《马克思恩格斯文集》第 3 卷，人民出版社 2009 年版，第 460 页。

[2] 《马克思恩格斯全集》第 28 卷，人民出版社 2018 年版，第 652 页。

[3] 《马克思恩格斯文集》第 9 卷，人民出版社 2009 年版，第 299 页。

建立起来以后，带领全体人民逐步走共同富裕道路，就是以毛泽东同志为主要代表的中国共产党人开辟的社会主义道路选择。

（一）毛泽东对"共同富裕"目标作过"有把握的"判断

新中国成立后，毛泽东曾经提示过党内同志，在我们党的历史上，为了带领人民走共同富裕的道路，早在中央苏区时期，就有了"领导农民，组织带有社会主义萌芽的农业生产互助团体的经验"[1]，这种互助合作的探索实践从来就没有间断过。自 20 世纪 50 年代开始，以毛泽东同志为主要代表的中国共产党人根据马克思主义关于未来社会的构想，结合中国的实际，成功地领导了对农业、手工业和资本主义工商业生产资料私有制的社会主义改造。尽管在社会主义改造工作的后期也存在要求过急、工作过粗、改变过快等问题，但总体上看，社会主义改造不仅在理论上丰富和发展了马克思主义，而且在实践上极大地促进了工、农、商业的社会变革和整个国民经济的发展。社会主义改造的基本完成，真正标志着社会主义制度在中国的确立，实现了中国历史上最深刻、最伟大的社会变革，为中国的社会主义现代化建设奠定了坚实的基础。在这个基础上，中国人民迅速改变了国家"一穷二白"的面貌，建成强大的社会主义国家的愿望更加强烈。

由于主客观条件的限制，众多发展难题摆在我们面前。到底需要经过多长时间才能达到"共同富裕"的目标，建成社会主义现代化强国？对这一点，毛泽东通过新中国成立后几年时间的探索，根据实施"一五"计划的经验，在深入细致调查研究和反复慎重思考的基础上，于 1955 年 10 月在党的扩大的七届六中全会上作出了这样的预言和设想："大约在五十年到七十五年的时间内，就是十个五年计划到十五个五年计划的时间内，可能建成一个强大的社会主义国家。"[2] 这恰恰是基于对马克思主义的深刻认识理解，对中国社会实际的科学准确把握，对我们党领导建立的未来社会特别是共同富裕的社会主义现代化强

---

[1] 《毛泽东文集》第 6 卷，人民出版社 1999 年版，第 420 页。

[2] 中共中央文献研究室编：《毛泽东著作专题摘编》（上），中央文献出版社 2003 年版，第 926 页。

国目标的艰巨性、长期性的充分预测所作出的比较符合实际的判断。

作出这种初步判断和基本设想后，毛泽东自信并坚定地指出："我们马克思主义者看来，可以肯定，一切困难是能够克服的，一定会出现一个强大的社会主义中国"，"按照马克思主义，这是一定的"。[1] 在同时期召开的资本主义工商业社会主义改造问题座谈会上，毛泽东进一步"有把握"地指出，在中国共产党领导实行的社会主义制度下，中国的农村以"这么一种计划，是可以一年一年走向更富更强的，一年一年可以看到更富更强些。而这个富，是共同的富，这个强，是共同的强，大家都有份"，"这种共同富裕，是有把握的，不是什么今天不晓得明天的事。那种不能掌握自己命运的情况，在几个五年计划之内，应该逐步结束"。[2]

（二）"共同富裕起来"是农民群众相信共产党的理由

毛泽东认为，只有建成了一个"强大的社会主义中国"，实现全体人民"共同的富""共同的强"，才能体现出社会主义的优越性。而做到这一点是有前提的，一个强大的社会主义中国是离不开工业化的，而社会主义工业化又是不能离开农业合作化而孤立地去进行的，因此对农业实行社会主义改造就显得极为重要。只有在长期探索的基础上进一步发展农业合作社，走合作化道路，才能体现出社会主义制度的优越性。他认为这种优越性可以一直延续到共产主义社会。

正是在社会主义改造过程中，特别是在农业合作化的历史进程中，毛泽东多次谈到"共同富裕"问题。第一，要实现全体农民的共同富裕，互助合作比单干强。在 1955 年 7 月谈农业合作化问题时，毛泽东明确指出，必须"使全体农村人民共同富裕起来"[3]，要做到这一点，"合作社胜过互助组，更胜过单干户"，当然要"坚持自愿、互利原则"。[4] 第二，合作社出现问题时，必须看本

---

[1] 毛泽东：《农业合作化的一场辩论和当前的阶级斗争》。这是毛泽东在扩大的七届六中全会上的讲话的结论部分。

[2] 《毛泽东文集》第 6 卷，人民出版社 1999 年版，第 495—496 页。

[3] 同上书，第 437 页。

[4] 同上书，第 426 页。

质和主流。在这个问题上，广大农民是愿意在党的领导下逐步地走上社会主义道路的，同时党是能够领导农民走上社会主义道路的，"如果缺乏这种信心，我们就不可能在大约三个五年计划时期内基本上建成社会主义"[1]。第三，农村不能出现两极分化。如果在农村中让富农更富，而贫农仍然处于贫困地位，"这种情况如果让它发展下去，农村中向两极分化的现象必然一天一天地严重起来"，其结果是"失去土地的农民""继续处于贫困地位的农民""富裕中农"都将要"埋怨我们"，"对我们不满"。[2] 这就使我们的政权不能巩固下去。

　　为此，毛泽东提出，只有让农民共同富裕起来，他们才能相信共产党。"如果我们没有新东西给农民，不能帮助农民提高生产力，增加收入，共同富裕起来，那些穷的就不相信我们，他们会觉得跟共产党走没有意思，分了土地还是穷，他们为什么要跟你走呀？那些富裕的，变成富农的或很富裕的，他们也不相信我们，觉得共产党的政策总是不合自己的胃口。结果两下都不相信，穷的不相信，富的也不相信，那末工农联盟就很不巩固了。"毛泽东清楚地表达了这样的观点：领导农民走社会主义道路，就是要"使农民群众共同富裕起来，穷的要富裕，所有农民都要富裕，并且富裕的程度要大大地超过现在的富裕农民"。[3] 只有让广大农民特别是穷苦农民得到实实在在的利益，实现了共同富裕，他们才有跟着共产党走的理由。

（三）正面引导农民走共同富裕的社会主义新道路

　　一个脱胎于半殖民地半封建社会的国家，一个小农经济居绝对优势的社会，要走上社会主义道路，谈何容易！因此，在运用马克思主义理论于中国实际探索符合中国情况的社会主义道路过程中，难免会出现不同方向甚至一些原则问题上的争论。随着社会主义建设的开展，特别是经历"大跃进"和人民公社化运动的一些挫折以后，对"道路"问题，一些人又出现了不同程度的迷惘甚至

---

[1] 《毛泽东文集》第 6 卷，人民出版社 1999 年版，第 431 页。

[2] 同上书，第 437 页。

[3] 中共中央文献研究室编：《建国以来重要文献选编》第 7 册，中央文献出版社 1993 年版，第 308 页。

反复。这个时候，特别是在农业生产上，是一起走"共同富裕"的新路，还是回到"单干"的老路，人们在思想和实践中也或明或暗出现了一些波动。在总结经验和读书反思的过程中，毛泽东特别指出："不搞合作化，农民必然向两极分化，工农联盟就无法巩固。"[1] 在 20 世纪 60 年代进入国民经济调整时期后，毛泽东一方面提倡全党大兴调查研究之风，一切从实际出发、实事求是；另一方面针对平均主义的错误和瞎指挥风"给农民带来了严重的损失，使一部分人对集体生产丧失了信心"[2] 的情况，坚定地支持"从正面引导农民走集体生产共同富裕的道路，而不走单干的老路"[3] 的做法。

应该说，新中国成立以后，在探索社会主义建设规律和发展道路的过程中，尽管我们也曾出现过一些偏差，特别是陷入"文化大革命"那样的全局性错误，但是以毛泽东同志为主要代表的中国共产党人对引导全体人民实现共同富裕目标的认识是基本一致的，实践方向是始终如一的。他们坚持一方面"经常做工作，使他们认识国家富强对他们的好处，引导他们走共同富裕的道路"[4]，另一方面毫不动摇地推进全体人民共同富裕的伟大实践。

三、"社会主义最大的优越性就是共同富裕"

改革开放是决定当代中国命运和实现中华民族伟大复兴的关键一招。这一招的最终目的，就是实现全体人民的共同富裕。但是，由于受"文化大革命"期间"左"的思潮的影响，在推进改革开放过程中，一些人对"什么是社会主义、怎样建设社会主义"的一些基本问题，仍然存在认识上的模糊甚至实践上的偏差，比如，在社会主义本质问题上认识不清、态度不明，又如，在讲求效

---

[1]　中共中央文献研究室编：《毛泽东年谱（1949—1976）》第 4 卷，中央文献出版社 2013 年版，第 254 页。

[2]　中共中央文献研究室编：《建国以来重要文献选编》第 14 册，中央文献出版社 1997 年版，第 334 页。

[3]　同上书，第 336 页。

[4]　中共中央文献研究室编：《建国以来重要文献选编》第 7 册，中央文献出版社 1993 年版，第 416 页。

益时忽视社会公平，等等。对此，在开创中国特色社会主义道路过程中，以邓小平同志为主要代表的中国共产党人从理论思考和实践探索上给出了明确答案。

（一）打破"大锅饭"是走向共同富裕的重要突破口

以解决平均主义和吃"大锅饭"作为突破口，最终实现共同富裕，是邓小平作出的一个重要回答。他指出："过去搞平均主义，吃'大锅饭'，实际上是共同落后，共同贫穷，我们就是吃了这个亏。改革首先要打破平均主义，打破'大锅饭'，现在看来这个路子是对的。"[1]

社会主义的根本目标毫无疑问是共同富裕，但是在社会主义发展的初期，我国一度陷入平均主义的泥潭，这不可能走向共同富裕。必须首先打破平均主义、打破"大锅饭"，这是邓小平探索改革路径的一个重要突破口。为此，邓小平于 1978 年 12 月 13 日在《解放思想，实事求是，团结一致向前看》这篇重要讲话中，一方面明确提出"要允许一部分地区、一部分企业、一部分工人农民，由于辛勤努力成绩大而收入先多一些，生活先好起来"；另一方面提倡"一部分人生活先好起来，就必然产生极大的示范力量，影响左邻右舍，带动其他地区、其他单位的人们"，"使全国各族人民都能比较快地富裕起来"。[2] 把走向共同富裕作为方向和落脚点，这一点是明确的。自 20 世纪 80 年代初期起，在强调一部分人、一部分地区先富裕起来时，邓小平不断提醒人们要特别注意我们的目的和方向，不断强调先富和共富的关系，提醒人们"我们坚持走社会主义道路，根本目标是实现共同富裕"[3]。他在 1992 年的南方谈话中还解释了自己提出的"共同富裕"的构想："共同富裕的构想是这样提出的：一部分地区有条件先发展起来，一部分地区发展慢点，先发展起来的地区带动后发展的地区，最终达到共同富裕。如果富的愈来愈富，穷的愈来愈穷，两极分化就会产生，而社会主义制度就应该而且能够避免两极分化。"[4]

---

[1] 《邓小平文选》第 3 卷，人民出版社 1993 年版，第 155 页。

[2] 《邓小平文选》第 2 卷，人民出版社 1994 年版，第 152 页。

[3] 《邓小平文选》第 3 卷，人民出版社 1993 年版，第 155 页。

[4] 同上书，第 373—374 页。

对让一部分人、一部分地区先富起来的政策构想，社会上存在过一定的误解，对此，邓小平做了清晰的解释："我的一贯主张是，让一部分人、一部分地区先富起来，大原则是共同富裕。一部分地区发展快一点，带动大部分地区，这是加速发展、达到共同富裕的捷径。"[1] 他还不断强调，鼓励一部分地区、一部分人先富裕起来，其方向和目的正是带动越来越多的人富裕起来，最终达到共同富裕。

（二）社会主义的特点不是穷而是富

在深化改革和扩大开放过程中，我们也遇到一些需要理清的理论难点，其中就涉及社会主义和资本主义的根本区别问题。为此，邓小平从阐述社会主义本质问题的角度做了解答。

搞清社会主义的本质，是认清中国特色社会主义的前提。邓小平一语中的："社会主义最大的优越性就是共同富裕，这是体现社会主义本质的一个东西。"[2] 对于社会主义的发展方向和特点，邓小平明确提出："社会主义的根本任务是发展生产力，逐步摆脱贫穷，使国家富强起来，使人民生活得到改善。没有贫穷的社会主义。社会主义的特点不是穷，而是富，但这种富是人民共同富裕。"[3] 在谈到社会主义与资本主义的区别时，邓小平清楚地做了说明："社会主义与资本主义不同的特点就是共同富裕，不搞两极分化。"[4] 他特别强调："社会主义财富属于人民，社会主义的致富是全民共同致富。社会主义原则，第一是发展生产，第二是共同致富。"[5]

在对整个改革开放和社会主义现代化目标路径进行战略思考的过程中，邓小平反复提醒人们，社会主义的特征是搞集体富裕，社会主义的目的是促进全体人民共同富裕，"如果我们的政策导致两极分化，我们就失败了；如果产生了

---

[1]《邓小平文选》第3卷，人民出版社1993年版，第166页。

[2] 同上书，第364页。

[3] 同上书，第264—265页。

[4] 同上书，第123页。

[5] 同上书，第172页。

什么新的资产阶级，那我们就真是走了邪路了"[1]。中国特色社会主义道路，既不是平均主义和贫穷落后的老路，更不是两极分化、剥削至上的"邪路"。

（三）讲清楚道理并用逐步实现共同富裕的战略思想来统一全党的认识

思想的清醒和认识的统一并不是一蹴而就的。直到进入20世纪90年代后，邓小平还在不断强调要向人们讲清楚其中的道理，提醒人们："要把什么叫社会主义搞清楚，把怎么样建设和发展社会主义搞清楚。"[2]在视察南方时的谈话中，他依然强调："社会主义的本质，是解放生产力，发展生产力，消灭剥削，消除两极分化，最终达到共同富裕。就是要对大家讲这个道理。"[3]

社会主义的富是全体人民共同富裕，而实现共同富裕却是一个艰巨而复杂的历史过程，所以在领导建设中国特色社会主义的各个阶段，我们党和国家领导人始终强调要高度重视共同富裕的问题，不断要求全党搞清楚，并不断向全体人民讲清楚。

江泽民在阐述正确处理社会主义现代化建设中的若干重大关系问题时特别指出："要以邓小平同志关于让一部分地区一部分人先富起来、逐步实现共同富裕的战略思想来统一全党的认识。实现共同富裕是社会主义的根本原则和本质特征，绝不能动摇。"[4]他要求全党同志搞清楚"逐步实现全体人民共同富裕。这是历史唯物主义的真谛"[5]。

胡锦涛在谈到增强经济发展活力问题时也特别提出："引导和帮助农民走共同富裕道路。"[6]他强调"中国人民将达到现代化基础上的共同富裕"与"中华民族将实现伟大复兴"的同步性。[7]在建党九十周年的时候，他特别提醒全党

---

[1]《邓小平文选》第3卷，人民出版社1993年版，第111页。

[2] 同上书，第369页。

[3] 同上书，第373页。

[4]《江泽民文选》第1卷，人民出版社2006年版，第466页。

[5]《江泽民文选》第3卷，人民出版社2006年版，第132页。

[6]《胡锦涛文选》第1卷，人民出版社2016年版，第91—92页。

[7] 同上书，第322页。

同志："坚定不移走共同富裕道路。"[1]

围绕解决共同富裕的问题，我们党给出的答案是一步步深化的，特别是在 21 世纪如何建设中国特色社会主义的理论思考和实践探索中逐步回答的。这也成为党的代表大会报告中不断被写入并一以贯之的基本目标，即"逐步实现全体人民共同富裕，建设富强民主文明和谐的社会主义现代化国家"[2]。为此，我们党庄严承诺，要承担起实现国家繁荣富强和人民共同富裕的历史任务。

四、"共同富裕本身就是社会主义现代化的一个重要目标"

中国特色社会主义进入新时代，以习近平同志为核心的党中央把"扎实推进共同富裕"的问题提到了突出位置，着重强调必须更加注重共同富裕问题，"朝着实现全体人民共同富裕的目标稳步迈进"[3]。这既是马克思主义理论发展的内在逻辑，是我们党的性质宗旨和初心使命的根本要求，也是时代和实践发展的要求，是全面建设社会主义现代化国家的一个重要目标。为此，必须深入把握新时代谋划和推进这一目标的深远意义。

（一）扎实推进共同富裕是中国特色社会主义进入新时代的一个显著特征

党的十八大以后，习近平总书记在阐述"中国特色社会主义是社会主义而不是其他什么主义，科学社会主义基本原则不能丢，丢了就不是社会主义"这样的重大问题时特别强调，如果丢掉了包括"逐步实现全体人民共同富裕"在内的这些内容，"那就不成其为社会主义了"。[4] 他多次从不同角度阐述共同富

---

[1] 中共中央文献研究室编：《十七大以来重要文献选编》（中），中央文献出版社 2011 年版，第 975 页。

[2] 中共中央文献研究室编：《十八大以来重要文献选编》（上），中央文献出版社 2014 年版，第 10 页。

[3] 中共中央党史和文献研究院编：《十八大以来重要文献选编》（下），中央文献出版社 2018 年版，第 400 页。

[4] 《习近平谈治国理政》第 1 卷，外文出版社 2018 年版，第 21—24 页。

裕的问题，提醒全党同志站稳新时代坚持和发展中国特色社会主义的根本立场。

在给中国特色社会主义进入新时代做定位时，习近平总书记明确提到的一个重要特征就是"逐步实现全体人民共同富裕的时代"。他提醒人们，在这个时代着重解决的我国社会的主要矛盾是"人民日益增长的美好生活需要和不平衡不充分的发展之间的矛盾"，因此"必须坚持以人民为中心的发展思想，不断促进人的全面发展、全体人民共同富裕"，"朝着实现全体人民共同富裕不断迈进"。[1] 党的十九大报告至少有六次直接使用"共同富裕"的概念，这并不是偶然的。

无论是从"新时代"，还是从"特色"社会主义角度观察，都包含着"共同富裕"的主要发展目标和显著优势，这恰恰是中国共产党人始终把人民利益摆在至高无上的地位、始终把人民对美好生活的追求作为工作目标的结果。以习近平同志为核心的党中央在系统深刻地总结当今中国国家制度和国家治理体系具有的显著优势时，专门总结了一条，即"坚持以人民为中心的发展思想，不断保障和改善民生、增进人民福祉，走共同富裕道路的显著优势"[2]。

（二）扎实推进共同富裕是全面建成小康社会后的一个中心课题

习近平总书记在给中国特色社会主义进入新时代做定位的时候，还特别指出这是"决胜全面建成小康社会、进而全面建设社会主义现代化强国的时代"[3]。而共同富裕，就是全面建成小康社会后我们在全面建设社会主义现代化国家进而全面建设社会主义现代化强国过程中必须认真解决的一个中心课题。

以习近平同志为核心的党中央在中国特色社会主义新时代领导人民打赢了脱贫攻坚这场攻坚战，实现了全面建成小康社会的宏伟目标，为进一步扎实推进全体人民走向共同富裕打下了坚实的基础。正如习近平总书记强调的："消除贫困、改善民生、逐步实现共同富裕，是社会主义的本质要求，是我们党的重

---

[1] 习近平:《决胜全面建成小康社会　夺取新时代中国特色社会主义伟大胜利——在中国共产党第十九次全国代表大会上的报告》，人民出版社 2017 年版，第 11、19、45 页。

[2]《中国共产党第十九届中央委员会第四次全体会议文件汇编》，人民出版社 2019 年版，第 20 页。

[3] 习近平:《决胜全面建成小康社会　夺取新时代中国特色社会主义伟大胜利——在中国共产党第十九次全国代表大会上的报告》，人民出版社 2017 年版，第 11 页。

要使命。"[1]

当前，我国已经进入了全面建成小康社会的历史当口，也就是说突出地、实质性地解决共同富裕问题的时机已经成熟。正是在这样的历史背景下，以习近平同志为核心的党中央坚定地承担起了"突出地提出和解决"这一"中心课题"的历史任务，主动扛起了扎实推进共同富裕的历史责任。他告诫全党同志："共同富裕本身就是社会主义现代化的一个重要目标。我们要始终把满足人民对美好生活的新期待作为发展的出发点和落脚点，在实现现代化过程中不断地、逐步地解决好这个问题。"[2]

（三）扎实推进共同富裕是以习近平同志为核心的党中央向人民和国际社会作出的庄严承诺

党的十八大刚刚结束的时候，习近平总书记在明确表达"人民对美好生活的向往，就是我们的奋斗目标"时，清晰地告诉世人："我们的责任，就是要团结带领全党全国各族人民，继续解放思想，坚持改革开放，不断解放和发展社会生产力，努力解决群众的生产生活困难，坚定不移走共同富裕的道路。"[3]

扎实推进共同富裕，也是习近平代表中国共产党向国际社会作出的庄严承诺。在 2020 年 10 月召开"摆脱贫困与政党的责任"国际理论研讨会开幕之际，习近平以中共中央总书记、国家主席名义向会议致贺信，特别指出："消除贫困、改善民生、实现共同富裕，是中国特色社会主义的本质要求，是中国共产党的重要使命。"[4] 在同年 12 月举办"人类减贫经验国际论坛"时，他再次致信明确表示："中国共产党和中国政府始终把让人民过上好日子作为奋斗目标"，"中国将继续巩固和拓展脱贫攻坚成果，扎实推进共同富裕，不断提升民生福祉水

---

[1] 中共中央党史和文献研究院编：《十八大以来重要文献选编》（下），中央文献出版社 2018 年版，第 52 页。

[2] 《完整准确全面贯彻新发展理念，确保"十四五"时期我国发展开好局起好步》，载《人民日报》2021 年 1 月 30 日。

[3] 《习近平谈治国理政》第 1 卷，外文出版社 2018 年版，第 4 页。

[4] 《习近平向"摆脱贫困与政党的责任"国际理论研讨会致贺信》，载《人民日报》2020 年 10 月 13 日。

平"。[1] 对于作出的承诺，我们党历来都是认真履行并切实兑现的。

　　当然，对于一个拥有十几亿人口且发展不平衡、不充分的国家来说，实现全体人民的共同富裕是一个极其艰巨的任务，也是一个长期而复杂的历史过程。为此，以习近平同志为核心的党中央在领导制定国民经济和社会发展第十四个五年规划和2035年远景目标时，特别强调指出，"当前，我国发展不平衡不充分问题仍然突出，城乡区域发展和收入分配差距较大，促进全体人民共同富裕是一项长期任务，但随着我国全面建成小康社会、开启全面建设社会主义现代化国家新征程，我们必须把促进全体人民共同富裕摆在更加重要的位置，脚踏实地，久久为功，向着这个目标更加积极有为地进行努力"[2]。习近平总书记多次提醒全党同志，要求大家"朝着实现全体人民共同富裕的目标稳步迈进"。把握了积极、稳步、扎实的原则，就找准了新时代推进共同富裕目标的基本态度和主要方法。

　　[1] 《习近平向人类减贫经验国际论坛致贺信》，载《人民日报》2020年12月15日。
　　[2] 《中共中央关于制定国民经济和社会发展第十四个五年规划和二〇三五年远景目标的建议》，人民出版社2020年版，第55页。

第五篇

不断推进党的
建设新的伟大
工程

黄百炼 ┆ 国家教育行政学院原党委书记

跳出治乱兴衰的历史周期率
——中国共产党永葆先进性和纯洁性的成功实践

中国共产党历经千磨万击一路走过来，创造无数辉煌始终朝气蓬勃，取得巨大成就依然慎终如始，面对重大风险挑战保持顽强斗志，为的是践行党的初心使命，追求共产主义远大理想。为了不辱使命，中国共产党在掌握全国政权之前就开始思考如何跳出"其兴也勃焉，其亡也忽焉"的历史周期率。在破解执政党始终保持先进性和纯洁性的重大问题上，中国共产党找到了具有中国特色的成功道路，揭开了马克思主义执政党建设的"哥德巴赫猜想"的谜底。

一、跳出历史周期率是中国共产党始终保持先进性和纯洁性必须破解的根本性问题

中国共产党作为马克思主义政党从来不以夺取政权、巩固政权作为最终目标，而是把实现共产主义远大理想作为自己的目标。在新民主主义革命即将取得全国性胜利时，以毛泽东同志为主要代表的中国共产党人就开始深入思考在掌握全国政权之后如何不重蹈封建王朝治乱兴衰历史覆辙的问题，在党的历史上发生了著名的"甲申对""窑洞对""赶考对"三次重要对谈。[1] 新中国成立后，党的一些领导干部开始追求享受，甚至腐化堕落，引起了毛泽东的高度警觉。为了防范腐化变质的风险，消除党和政府中的腐败、特权和官僚主义等现象，中国共产党进行了不断探索和不懈斗争。改革开放初期，中国共产党坚持

---

[1] 参见石仲泉：《党史上事关生死的三次"重要对谈"》，载《学习时报》2020年5月25日。

一手抓改革开放，一手抓党风廉政建设，积极探索遏制腐败之道。面对改革开放新环境、新问题，邓小平清醒地认识到，"中国要出问题，还是出在共产党内部"，"要聚精会神地抓党的建设"。[1] 党的十三大就提出了"从严治党"的要求。

苏东剧变以后，世界社会主义运动陷入低潮，西方敌对势力加紧对我国进行颠覆渗透，特别是利用其较强的国际话语权，妖魔化中国共产党。1994 年，我国作出连接国际互联网的决定，西方敌对势力认为找到了颠覆渗透的利器，叫嚣有了互联网就有了对付社会主义的办法。它们利用互联网宣扬资本主义的"普世价值"和"历史终结论"，认为中国共产党没有经过西方式的政党选举就成为执政党，不具有执政的合法性。这种说法是完全站不住脚的。那么，如何能够始终赢得人民的广泛支持和拥护？党的十五大提出："从严治党，是保持党的先进性和纯洁性，增强党的凝聚力和战斗力的保证。"[2] 第一次在党的文件中有了保持党的先进性和纯洁性的概念。

2000 年 2 月，江泽民提出"三个代表"重要思想，他指出："在新的历史条件下，我们党如何更好地做到这'三个代表'，是一个需要全党同志特别是党的高级干部深刻思考的重大课题。"[3] "三个代表"重要思想是中国共产党进一步思考如何保持先进性、纯洁性，以及巩固党的执政地位问题的理论成果。党的十六大报告指出，"贯彻'三个代表'重要思想，关键在坚持与时俱进，核心在坚持党的先进性，本质在坚持执政为民"[4]，深刻揭示了中国共产党追求保持先进性和纯洁性的基本要义。同时，报告还提出了增强党的阶级基础，扩大党的群众基础的具体要求。胡锦涛在坚持"三个代表"重要思想的基础上，提出必须把党的执政能力建设和先进性建设作为主线，坚持党要管党、从严治党的方针，作出"先进性是马克思主义政党的生命所在，力量所在"[5] 的重要判断，组织开展保持共产党员先进性教育活动，使对执政党保持先进性的认识提高到了

[1] 《邓小平文选》第 3 卷，人民出版社 1993 年版，第 380 页。

[2] 《江泽民文选》第 2 卷，人民出版社 2006 年版，第 46 页。

[3] 《江泽民文选》第 3 卷，人民出版社 2006 年版，第 2 页。

[4] 同上书，第 537 页。

[5] 《胡锦涛文选》第 2 卷，人民出版社 2016 年版，第 655 页。

"生命之源"的高度。党的十八大闭幕不久，习近平总书记在走访民建中央时，特别"谈到了毛主席和黄炎培在延安窑洞关于历史周期律的一段对话，至今对中国共产党都是很好的鞭策和警示"。[1] 在纪念毛泽东诞辰 120 周年座谈会上，习近平总书记首次提出跳出历史周期率问题。他说："实现中华民族伟大复兴，关键在党。今天，我们正在进行具有许多新的历史特点的伟大斗争。全党要牢记毛泽东同志提出的'我们决不当李自成'的深刻警示，牢记'两个务必'，牢记'生于忧患，死于安乐'的古训，着力解决好'其兴也勃焉，其亡也忽焉'的历史性课题，增强党要管党、从严治党的自觉，提高党的执政能力和领导水平，增强党自我净化、自我完善、自我革新、自我提高能力。"[2]

党的十八大以来，以习近平同志为核心的党中央深入推进全面从严治党战略，大力营造风清气正的政治生态。在深入思考改革开放以来中国特色社会主义建设以及世界政党建设历史经验教训的基础上，习近平总书记提出要把跳出历史周期率作为执政党面临的根本性问题来思考。他指出："我们党作为百年大党，如何永葆先进性和纯洁性、永葆青春活力，如何永远得到人民拥护和支持，如何实现长期执政，是我们必须回答好、解决好的一个根本性问题。"[3] 他进一步指出，作为肩负实现远大抱负和理想的马克思主义执政党，"功成名就时做到居安思危、保持创业初期那种励精图治的精神状态不容易，执掌政权后做到节俭内敛、敬终如始不容易，承平时期严以治吏、防腐戒奢不容易，重大变革关头顺乎潮流、顺应民心不容易"，"我们党有 8900 多万名党员、450 多万个基层党组织，我看能打败我们的只有我们自己，没有第二人"。[4] 解决这四个"不容易"将在人类历史、国家治理史、政党发展史上创造一个史无前例的重大理论，创造一个崭新的历史辉煌，创造一个完全不同于资本主义政党制度的制度文明。

---

[1] 《"社会主义民主政治道路会越走越宽广"——记习近平总书记走访各民主党派中央和全国工商联》，载《人民日报》2012 年 12 月 27 日。

[2] 中共中央文献研究室编：《十八大以来重要文献选编》（上），中央文献出版社 2014 年版，第701 页。

[3] 习近平：《牢记初心使命，推进自我革命》，载《求是》2019 年第 15 期。

[4] 习近平：《推进党的建设伟大工程要一以贯之》，载《求是》2019 年第 19 期。

二、坚持以人民为中心是跳出历史周期率的成功之本

习近平总书记深刻指出："江山就是人民，人民就是江山。"[1] 中国共产党从建党之初就把为人民谋幸福、为民族谋复兴作为自己的初心和使命。从毛泽东提出全心全意为人民服务的根本宗旨，到习近平总书记提出以人民为中心的根本政治立场，不仅在思想上、理论上一以贯之地坚持了马克思主义政党的性质，更重要的是逐步创建了一套完整的坚持以人民为中心的国家治理体系，把维护党同人民群众的血肉联系建立在牢固可靠的思想政治和法治基础上，为跳出历史周期率奠立了成功之本。

中国共产党创造了群众路线这一根本工作路线。1927年蒋介石公开叛变革命，发动四一二反革命政变，大革命遭遇失败，工农运动陷入低潮。中国共产党为了在反动统治异常强大的险恶环境下寻找革命依靠力量、发展壮大党的队伍，创造了群众路线。这是中国共产党把马克思主义基本原理与中国革命实践相结合的伟大创造。由此，中国共产党在反动势力异常强大、敌我力量对比悬殊的情况下，找到了突破反动势力薄弱环节，把革命的同盟军转化为革命先锋队的科学路径。从此，中国革命从小到大，由弱转强，势不可当。党的八大把群众路线正式写入党章，群众路线成为毛泽东思想的活的灵魂之一。经过历次党代会的反复提炼，群众路线最终确定为"一切为了人民，一切依靠人民，从群众中来，到群众中去，把党的正确主张变成群众的自觉行动"的完整表述。群众路线创立以后，中国共产党的所有工作都以相信群众、依靠群众为出发点，把人民群众作为党的力量的源泉。有了人民群众的支持和拥护，中国共产党无论遇到多么强大的敌人，遇到多么难以克服的困难，都能无往而不胜，群众路线成为党发展壮大的生命线。

中国共产党创造性地坚持和完善了民主集中制，形成了科学领导制度。马克思主义政党要实现共产主义远大理想，必须有科学的组织领导制度作为载体。

---

[1] 习近平：《在党史学习教育动员大会上的讲话》，人民出版社2021年版，第15页。

民主集中制就是最恰当的组织领导形式。中国共产党在加强党的领导过程中，创造性地把坚持民主集中制与群众路线有机结合起来，使民主集中制有了源头活水，能够在中国大地扎下根来，并不断健全和完善。民主集中制科学地发挥了充分民主和相对集中的功能，促进了决策的民主化、科学化和法治化，能够做到在重大问题上不犯历史性、颠覆性的错误。同时，保证了党的集中统一领导和党中央权威，有助于坚决彻底地贯彻落实党的路线方针政策，能够一张蓝图绘到底，使党的领导越来越坚强有力，成为人民幸福、民族复兴的主心骨。以党的领导制度体系为内核的国家治理体系的不断成熟和定型，对于维护和巩固国家长治久安具有根本性、全局性、稳定性和长期性的作用。

中国共产党开辟了中国特色社会主义民主政治道路，人民当家作主的政治基础越来越牢固。马克思主义执政党领导的国家政权是人民的政权，人民当家作主是国家的基本性质和特征。中国共产党在思想上充分认识发展社会主义民主的极端重要性，党的十一届三中全会提出了使民主制度化、法律化的目标，党的十四大正式提出了"建设有中国特色的社会主义民主政治"的要求、党的十七大作出了"人民民主是社会主义生命"的重要论断。中国特色社会主义进入新时代，习近平总书记更加深刻地认识到发展民主法治的重要性和紧迫性，作出"没有民主就没有社会主义，就没有社会主义的现代化，就没有中华民族的伟大复兴"[1]的重要论断，大力推进民主法治建设。经过几代共产党人的努力，我国形成了一套由中国特色社会主义根本政治制度、基本政治制度、重要政治制度组成的完整的政治制度体系；形成了以宪法为核心，以法律为主干，以覆盖国家治理各领域、各环节的部门法为网络的法治体系。人民民主更加真实广泛管用，国家治理更加有利于充分调动广大党员和人民群众的积极性、创造性，更加有利于全国各族人民的团结统一，构筑坚定捍卫社会主义的铜墙铁壁。

中国共产党创造了思想建党的制度，不断筑牢党员干部拒腐防变的思想防线。跳出历史周期率最关键的是执政党的各级领导干部端正马克思主义权力观，

---

[1]　中共中央文献研究室编:《习近平关于社会主义政治建设论述摘编》，中央文献出版社 2017 年版，第 42 页。

真正做到权为民赋、权为民用。习近平总书记深刻指出："堡垒最容易从内部被攻破。从某种意义上说，自从党成立以来，我们党面临的最大风险是内部变质、变色、变味，丧失马克思主义政党的政治本色，背离党的宗旨而失去最广大人民支持和拥护。党的百年历史，也是我们党不断保持党的先进性和纯洁性，不断防范被瓦解、被腐化的危险的历史。"[1] 中国共产党在建立初期就深刻认识到思想教育的极端重要性，在 1929 年的古田会议上就确立了把思想建党放在党的建设首位的原则，从而破解了在工人阶级人数很少、农民占绝对优势的旧中国，如何建设具有广泛群众性的马克思主义政党的难题。思想建党原则确立以后，中国共产党一以贯之地重视和加强思想建设。在延安时期就创办了党校等干部教育培训机构，注重领导干部的党性修炼。每当革命、建设和改革发生历史性转变的重要时刻，中国共产党都把加强思想建设、统一全党思想作为党的建设的重要任务来抓，组织专门的学习教育活动。通过定期开展批评和自我批评，不断打扫个人思想的政治灰尘。思想建党的成功实践，正确把握了人的行为受思想支配的客观规律，极大地提高了广大党员干部的思想政治素质，为社会主义革命、建设和改革的胜利提供了强有力的信念支撑。党的十八大以来，中国共产党更加重视思想建党的落实落地，开展了一系列卓有成效的学习教育活动，进行了卓有成效的新闻宣传和舆论引导。这些活动的核心要义是激励全党牢记党的宗旨和使命，端正领导干部的权力观，从思想上、政治上解决"我是谁、来自谁、为了谁"的根本问题。党的十九届四中全会决定建立不忘初心、牢记使命制度，这必将在坚持不懈锤炼党员领导干部政治品格上发挥极为深远的影响，能够不断增强党员领导干部抵抗腐蚀侵袭的免疫力。

中国共产党确立了以人民为中心的国家治理标准、评价体系和调控机制，始终坚持国家治理的正确方向。新中国成立后，中国共产党坚持把人民利益放在第一位，在极其困难的条件下统筹全局，较好地处理生产、建设和人民生活水平提高的关系。党的十一届三中全会后，依据社会主要矛盾的变化，坚持"一个中心、两个基本点"的基本路线，从初步实现小康到全面建设小康社会，中华民族实现

---

[1] 习近平：《在党史学习教育动员大会上的讲话》，人民出版社 2021 年版，第 18 页。

了从站起来到富起来的历史性飞跃。以习近平同志为核心的党中央致力于把以人民为中心的政治理念落实到治国理政的各个领域和各个环节。他提出，衡量党的领导工作的标准是把"实现好、维护好、发展好最广大人民根本利益，把人民拥护不拥护、赞成不赞成、高兴不高兴、答应不答应作为衡量一切工作得失的根本标准，使我们党始终拥有不竭的力量源泉"[1]，做到用直观、具体、可以感知的标准来维护以人民为中心的根本政治立场，提出要让人民作为判断党是否落实以人民为中心的问题的评卷人。他说："我们党的执政水平和执政成效都不是由自己说了算，必须而且只能由人民来评判。人民是我们党的工作的最高裁决者和最终评判者。"[2]为此，中国共产党做了大量工作。例如，通过发展协商民主，及时把握群众的脉搏；通过改革领导干部考核评价体系，确保为民服务的方向；通过健全民主参与制度，提高民主监督制约力；通过扩大基层自治权力，让基层群众直接参加社会治理；把领导干部政绩评价权交给人民群众，按照人民的意愿加强和改进工作；等等。以人民为中心的根本政治立场越是融入国家治理体系之中，中国特色社会主义国家治理的本质属性就会越凸显。

综上所述，经过百年不断改革创新的中国共产党是一个把以人民为中心的理念扎扎实实融会贯通到治国理政方方面面的党。有人民群众的衷心支持和拥护，任何狂风巨浪都动摇不了中华人民共和国的根基。

三、发挥彻底的自我革命精神是跳出历史周期率的成功之魂

克服执政党自身存在的问题需要有坚定的信念、顽强的毅力和壮士断腕的魄力。中国共产党之所以有自我革命的精神，是因为除了国家、民族和人民的利益，没有任何自己的特殊利益。我国是在经济文化比较落后的条件下建设社会主义的，存在社会主义发展条件先天不足、剥削阶级思想影响深远、西方

---

[1] 中共中央党史和文献研究院编：《十八大以来重要文献选编》（下），中央文献出版社 2018 年版，第 352 页。

[2] 中共中央文献研究室编：《十八大以来重要文献选编》（上），中央文献出版社 2014 年版，第 698 页。

"颜色革命"攻势不断、改革发展稳定任务艰巨繁重等一系列问题。在推进社会主义建设的过程中，中国共产党面临"四大考验"，存在"四大危险"。只有永不停歇地进行自我革命，才能维护马克思主义政党的基本政治品格，才能够具有不断超越自己的强大精神力量。

以政治建设为引领，加强党的全面建设，牢牢把握党的领导的政治方向。政治是经济的集中表现，是一个党在履行使命过程中最关注、最需要解决的大事情。中国共产党作为具有远大理想的党，具有善于从政治上判断形势、分析问题、提出问题和解决问题的特点和优势。改革开放后，随着国际国内环境日趋复杂多变，要始终保持清醒的头脑，做到始终站在正确的一边，越来越凸显讲政治的重要性。20世纪末全党开展了以"讲学习、讲政治、讲正气"为主要内容的党性教育活动。党的十八大以来，习近平总书记提出了一系列关于加强党的政治建设的新理念新思想新战略，把政治建设放在党的建设的首位，强调以政治建设引领党的全面建设。全面从严治党从政治建设入手，深刻分析党内存在的消极因素，清醒认识保持党的先进性和纯洁性的重要性和紧迫性，从而消除了党和国家内部存在的严重隐患。党在革命性锻造中更加坚强，为党和国家事业发展提供了坚强的政治保证。

坚定不移地反腐败，不断清除腐败分子。权力是一把双刃剑，既可以用来为人民服务，也可以用来谋私利。执政党正确行使权力是始终保持先进性和纯洁性的关键。为了实现奋斗目标，中国共产党毫不留情地反对内部存在的腐败行为。1926年中国共产党颁布第一个惩治贪污腐化分子的文件，1932年在红色政权里打响惩治腐败的第一枪，反腐败斗争一直伴随着党发展壮大的全过程。党的十八大以来，中国共产党以零容忍、全覆盖、无禁区的铁腕手段"打虎""拍蝇""猎狐"，一举扭转了反腐败问题上的被动局面，赢得了国际社会的赞誉。十九大以来中国共产党继续毫不松懈地反腐败，把反腐败的视界扩大到所有国家公职人员，把反腐败的范围覆盖到所有的公权力领域，反腐败斗争一直在持续推进。

高度自觉地全面深化改革，推进国家治理体系和治理能力现代化，推动中国特色社会主义制度更加成熟、定型。我国的国家治理体系是在党的领导下治理国家的制度体系。国家治理体系和治理能力是中国共产党治理国家的制度载体和治理本领。虽然党的十八届三中全会才提出国家治理体系和治理能力的概念，但国家治理体系和治理能力的问题一直是治国理政的根本性、全局性、稳定性和长期性问题。国家治理体系的形成是由国家历史传承、文化传统、经济社会发展水平和人民的意志决定的。由于各种复杂的历史和现实的原因，我国治理体系并未健全完善，治理国家的本领还有不少短板。改革开放以来，中国共产党对经济体制进行了根本性的改革，把政治体制改革作为发展社会主义民主政治的突破口，精简机构、精兵简政、转变职能。经过几十年的改革，国家治理体系已经基本成熟和定型，国家治理能力也有了极大提高。党的十八大以来，以习近平同志为核心的党中央以自我革命的勇气全面深化改革，推进国家治理体系和治理能力现代化建设，对党和国家机构进行了革命性重塑。随着国家治理体系不断健全、治理能力不断提高，国家结构的四梁八柱将日益牢固。

不断强化自身监督，以自身监督带动全社会监督。自身监督是中国共产党自我革命的主要方式。习近平总书记指出："对我们党来说，外部监督是必要的，但从根本上讲，还在于强化自身监督。我们要总结经验教训，创新管理制度，切实强化党内监督。"[1] 中国共产党在长期的革命、建设和改革实践中深刻地认识到，始终保持党的先进性和纯洁性必须解决好党要管党的问题，因此在发展自身监督方面进行了许多创造。例如，加强纪律建设，严格规范党员行为，制定保障党员权利的党内法规，维护和发展党员的民主权利，建立党内政治生活准则，规范党员干部的政治行为，加强党风廉政建设，健全民主集中制等。党的十八大后，在推进全面从严治党的过程中，党内自身监督更加严格规范。例如，党内政治生活增强了时代性、战斗性、政治性、原则性；设置制度高压线，扎紧行使权力的制度笼子；稳步实现不敢腐、不能腐、不想腐一体推进的战略目标；以民主集中制为核心的党内法规不断健全完善，并落实到管党治党的组织机制和管理行为中；落实管党治党的主体责任和监督责任；党内民主不断扩

---

[1]　中共中央文献研究室编：《习近平关于全面从严治党论述摘编》，中央文献出版社 2016 年版，第 207 页。

大，党员的权利全面落实；下决心破解"一把手"监督难、同级监督难的自身监督难题等。中国共产党正在用刮骨疗毒的魄力解决党内存在的各种影响党的先进性、弱化党的纯洁性的行为，党内政治生态不断得到净化。

坚持不懈地进行干部人事制度改革，培养一大批忠诚干净担当的领导干部。各级领导干部是党的执政骨干，是国家治理过程中权力的行使者。党的力量来自人民，党的全面领导要靠党的组织体系去实现。党要出问题，首先是领导干部出问题。毛泽东说过，政治路线确定之后，干部就是决定的因素。在革命战争年代，领导干部的成长发展要经历血与火的考验。在此过程中党培养了一大批不畏强敌、能征善战的将才。取得政权之后，党面临在和平环境下考察和任用干部所遇到的一系列新情况、新问题的考验。面对干部队伍存在的各种问题，中国共产党进行了不少探索。进入改革开放和社会主义现代化建设新时期，中国共产党秉持实事求是的科学态度，以自我革命的勇气改革干部人事制度，废除领导干部职务终身制，解决了干部队伍存在的论资排辈、年龄老化、思想僵化、效率低下等问题，着力解决权力过于集中、官僚主义、家长制、一言堂、特殊化等问题。党的十八大以来，以习近平同志为核心的党中央以更大的决心推进干部人事制度改革，着力回答和解决"怎样是好干部""怎样成长为好干部""怎样把好干部用起来"三个问题。习近平总书记深刻指出："组织工作必须认真贯彻落实好党要管党、从严治党方针。"[1]继续用自我革命的勇气解决跳出历史周期率的问题。例如，对领导干部提出了忠诚干净担当的根本标准；对领导干部掌权用权提出了"三严三实"的要求；落实领导干部履职行为的问责制和重大责任终身追究制；扩大领导干部选拔任用的民主范围和民主权重；用制度落实领导干部能上不能下问题的解决等。干部人事制度不断改革，有利于聚天下英才而用之。

不断消除特权思想和特权行为，促进法治中国建设。特权思想和特权现象是扭曲的权力观在一些领导干部身上的表现，其本质是"特"，表现为放纵权力

---

[1] 中共中央文献研究室编：《十八大以来重要文献选编》（上），中央文献出版社 2014 年版，第 349 页。

行使、追求权力允许之外的待遇和享受。特权思想和特权的存在，造成执政党无法公正行使权力，致使党和政府的公信力和动员力下降，国家治理能力削弱，社会不平等加剧，社会风气败坏，社会矛盾尖锐复杂。总之，特权思想和特权现象是腐败和"四风"产生的总病根，是导致党脱离人民群众的总根源。苏东剧变的历史教训十分深刻。中国共产党对特权思想和特权行为高度警惕，进行了不少探索。老一辈无产阶级革命家率先垂范身体力行反特权，在全党树立了光辉的榜样。习近平总书记清醒地认识到反对特权思想和特权行为的长期性和复杂性，他在十八届中纪委二次全会上深刻指出："反腐倡廉建设，还必须反对特权思想、特权现象。"[1]他说："为什么要突出提出这个问题？就是因为群众对我们一些干部搞特殊化、要特权意见很大。""我提出这个问题，是因为这个问题不仅是党风廉政建设的重要内容，而且是涉及党和国家能不能永葆生机活力的大问题。"[2]"这个问题要作为一个大问题抓起来，请中央纪委进行研究，向中央提出工作意见"[3]。由此可见，习近平总书记是从战略上、源头上来思考解决反腐败和反"四风"的根本之策。2015年2月习近平总书记又进一步提出："全面依法治国必须抓住领导干部这个'关键少数'。"[4]

在以习近平同志为核心的党中央的领导下，经过全党的共同努力，反对特权思想和特权行为的工作取得了重大进展。例如，推进全面依法治国战略布局，法治中国建设正在稳步推进；通过健全制度和法律，在法律面前人人平等的社会环境正在形成；社会主义核心价值观深入人心，拉关系、"走后门"、人情社会、关系网、尊卑有序等封建人际关系越来越被人们所不齿；开辟网上群众路线，微博、微信等自媒体成为反特权的利器；健全和完善规章制度，规范领导干部的工作条件和生活待遇；严肃党的纪律，严厉惩处领导干部的特权行为；

---

[1] 中共中央文献研究室编：《十八大以来重要文献选编》（上），中央文献出版社2014年版，第136页。

[2] 同上书，第137页。

[3] 同上书，第138页。

[4]《领导干部要做尊法学法守法用法的模范　带动全党全国共同全面推进依法治国》，载《人民日报》2015年2月3日。

通过纠正冤假错案，清理领导干部存在的特权问题，伸张社会的公平正义等。随着反对特权思想和特权行为斗争的不断深化，我国的社会政治环境将更加平等公正。

四、中国特色社会主义道路越走越宽广是跳出历史周期率的成功底气

改革开放 40 多年的发展成就充分证明，中国共产党创立的中国特色社会主义道路是一条把共同理想和远大理想有机结合，能够使社会进步到达理想境界的正确道路。中国共产党有充分的信心圆满地完成自己的历史使命。正如习近平总书记指出的："我们党是中国工人阶级的先锋队，同时是中国人民和中华民族的先锋队，我们党的宗旨是全心全意为人民服务。只要我们始终坚持党的性质和宗旨，不变色、不变质，就一定能够跳出这个历史周期率。"[1]

社会主义是在马克思主义执政党的领导下追求社会的全面进步、人的全面发展，最大限度地扩大社会的公平正义，走共同富裕道路的社会形态。社会主义本质就是反对剥削、反对两极分化，与腐败水火不相容。坚持社会主义道路并不存在掉入历史周期率陷阱的历史必然性。正因为如此，我们在认识治乱兴衰历史周期现象时，把曾经一时用过的"律"改为"率"。历史上之所以出现马克思主义执政党也跳不出历史周期率的问题，是因为它们的工作出现了失误，偏离甚至背叛了社会主义的本质要求。党的十一届三中全会以后，中国共产党认真总结新中国成立以来的经验教训，在解放思想、实事求是的思想基础上创立了中国特色社会主义。苏东剧变之后，又深刻总结世界社会主义运动的经验教训，捍卫、坚持和发展了中国特色社会主义。中国特色社会主义进入新时代，开启了实现中华民族伟大复兴的新征程。中国特色社会主义经过几十年的建设已经完全改变了中国贫穷落后的面貌。党的领导是中国特色社会主义最本质的

---

[1] 中共中央纪律检查委员会、中共中央文献研究室编：《习近平关于党风廉政建设和反腐败斗争论述摘编》，中国方正出版社、中央文献出版社 2015 年版，第 6 页。

特征，中国共产党是中国特色社会主义的创立者、捍卫者和推进者。中国特色社会主义创立以来制定的路线方针政策、经济社会发展规划，一步步从理想变为现实，由蓝图变为美景。中国共产党的卓越领导力、中国人民的全面发展、中国社会的全面进步、中华人民共和国的繁荣富强得到了全世界的公认和好评。特别是14亿中国人民对中国共产党的高度信任和坚定不移的支持拥护，使西方敌对势力对中国共产党和中国人民关系的挑拨离间徒伤其劳。中国人民高度认同中国特色社会主义，由此产生并不断增强"四个自信"，将使中国特色社会主义道路越走越宽广。

中国共产党从成立起就处于生死存亡的危险和前所未有的考验之中。要在半殖民地半封建社会的基础上进行革命不仅面临异常强大的敌人，还面临开创中国式社会主义革命、建设和改革道路的种种考验。在十分险恶的环境和重大的挑战面前，中国共产党练就了理论创新、组织创新、制度创新、文化创新、治理创新的本领，具备了应对任何重大风险挑战的能力，战胜了一个个比自己强大的敌人，破解了一道道社会发展的难题，消除了大自然带来的各种重大灾害，打退了西方敌对势力组织的一次次颜色革命攻势，应对了各种国际风云的变幻，纠正了自己不断产生的问题与错误。经过100年的惊涛骇浪，中国共产党百炼成钢。

中国共产党之所以对跳出历史周期率充满信心，原因在于中国特色社会主义制度在与资本主义制度的竞争中显示出巨大优势，具有破解这一根本性问题的韧性与潜力。中国共产党始终代表最广大人民根本利益，保证人民当家作主，体现人民共同意志，维护人民合法权益。党的领导制度体系的健全和完善必将促进党的政治引领作用越来越强，保证中国特色社会主义这艘航船行稳致远。中国特色社会主义民主政治制度越来越突出人民在国家治理中的作用，必然形成破除"四大危险"的强大民主监督力量。社会主义法制体系的不断完备必将更加科学有效地规范权力运行，更加充分地体现社会公平正义。社会主义基本经济制度的发展必将不断解放和发展生产力，使社会主义的物质基础越来越雄厚，更加有利于人的全面发展，走共同富裕道路。社会主义先进文化制度的发展进步，有利于使社会主义的核心价值观成为全体公民的基本价值遵循，涤荡封建残余影响和其他剥削阶级的思想观念，筑牢领导干部拒腐防变的思想长城。党和国家监督体系的健全和完善必将建立新型的权力运行和制约机制，确保为民用权的性质不变。党的十九届四中全会对中国制度体系的建设做了全面规划和部署，这必将使中国特色社会主义制度的显著优势得到更加充分的释放。

五、全面从严治党走深走实是跳出历史周期率的成功之道

中国特色社会主义进入新时代，以习近平同志为核心的党中央以抓铁有痕、踏石留印的坚定决心和意志扎实推进全面从严治党战略，取得了历史性成就。正如习近平总书记指出的："党的十八大以来，我们探索出一条长期执政条件下解决自身问题、跳出历史周期率的成功道路，构建起一套行之有效的权力监督制度和执纪执法体系，这条道路、这套制度必须长期坚持并不断巩固发展。"[1]

始终保持政治上的警醒，以强烈的忧患意识不断发现自身的问题与不足。习近平总书记提出，全面从严治党首先要从政治上看。这就抓住了全面从严治党的根本和实质，党的建设有了长远的目标和精准的方向。只有善于从政治上看问题，才能随着执政时间的推移把那些弱化党的先进性，玷污党的纯洁性的问题逐个找出来，哪怕是一些潜在的、隐形的和习以为常的问题，都能在政治的放大镜和显微镜下发现。只有善于从政治上看问题，才能对长期执政面临的环境和形势产生强烈的忧患意识，才会对党面临的艰巨繁重的改革发展任务保持永不停歇的状态，才会对已经取得的成就具有逆水行舟的冷静，始终做到居安思危，牢固坚持底线思维，永远保持斗争精神。只要不丧失政治敏锐性和政治判断力，准确把握党内问题的性质及危害，只要对常态化问题不视而不见、麻木不仁，只要对频繁发生的问题不是轻描淡写、淡然处之，只要对可能发生的潜在问题不反应迟钝、错失良机，只要对老百姓的批评不是吹毛求疵、洗垢索瘢，就会对执政党的生死存亡有强烈的危机感和紧迫感，始终保持政治警醒。

---

[1] 《一以贯之全面从严治党强化对权力运行的制约和监督　为决胜全面建成小康社会决战脱贫攻坚提供坚强保障》，载《人民日报》2020 年 1 月 14 日。

用常抓不懈的恒心和毅力，坚持严的主基调，推进全面从严治党走深走实。社会意识具有相对的独立性，必须充分认识到腐朽没落思想意识污染社会的长期性。腐败是一个历史性、世界性、现实性的问题，在滋生腐败的土壤还没有被完全清除的情况下，腐败仍有反弹的可能。随着经济社会的发展，原有的管理漏洞被控制住了，还可能出现新的管理盲区和漏洞，仍然需要不断地治理。党的十八大以来，尽管全面从严治党取得了历史性成就，但旧的政治生态具有顽固性、反复性和变异性，党内仍然存在一些不可忽视的问题，决不能被胜利冲昏头脑，决不能以为从严治党可以毕其功于一役。全面从严治党要害在严，必须把严的主基调毫不松懈地坚持下去，在严的基础上把治党管党向走深走实推进。只有对党内存在的高频问题进行铁腕整治，果断处置，才不会矛盾聚集，伤筋痛骨；只有对党内存在的顽固性问题标本兼治，抽薪止沸，才不会扬汤止沸，寻枝摘叶；只有对党内存在的长期性问题综合施治，务求长效，才不会捉襟见肘，惜指失掌；只有对党内存在的普遍性问题正风肃纪，保持高压态势，才能激浊扬清，陈善闭邪；只有对老百姓反映的突出问题有效回应，不敷衍塞责，才能敬畏人民，不丢初心。只要治党管党真正做到从严、从实、从深，就会有一副金刚不坏之身。

紧扣党和人民群众血肉联系的关键，不断加强作风建设。党的作风是党的性质的外在表现，反映了党的政治品格和精神风貌。中国共产党在治国理政过程中坚持全心全意为人民服务的根本宗旨和以人民为中心的根本政治立场，坚持人民当家作主，坚持权为民用，坚持走共同富裕的道路等政治理念，都把关键和要害定格在党和人民群众的血肉联系上。因此，密切党同人民群众的血肉联系是党最鲜明的政治品格和最典型的精神风貌。不管党执政时间有多长，人民群众这泓载舟之水必须阔平如镜，上载之舟方能航行万里。坚持全面从严治党必须牢牢把握党同人民群众密切联系这个关键，不断加强作风建设。只有所有领导干部把自己当作人民的一员，平等待人，谦虚谨慎，而不是高人一等，颐指气使；只有充分尊重群众的首创精神，把人民群众作为智慧和力量的源泉，而不是自以为是，孤芳自赏；只有自觉把自己摆在人民公仆的位置，心虔志诚，闻过则喜，而不是文过饰非，讳疾忌医；只有高悬公正利剑，刀刃向内，敢于清除贪欲邪念和人治思想，而不是专横跋扈，目无法纪，党与人民群众的关系才会水乳交融。

深化标本兼治，构建不敢腐、不能腐、不想腐的反腐败体系。党的十八大以来反腐败斗争的实践说明，消除腐败是持久战，而不是阵地战。必须从腐败产生的主观原因和客观原因、国内原因和国际原因、历史原因和现实原因、体制原因和社会原因、个别原因和群体原因等诸方面入手分析腐败产生的复杂机理，找到标本兼治、综合施治的系统措施。标本兼治，实现不敢腐、不能腐和不想腐一体推进的战略目标，在全面建设社会主义现代化国家的过程中，要充分发挥全面从严治党的引领保障作用，推动各方面的建设齐头并进，使反腐败一体化的目标能够顺利实现。只要社会治理实现公开化、信息化和规范化，权力的行使不能随心所欲，就会极大提高腐败的成本，让人不敢轻举妄动；只要各种监督体系充分发挥综合功能，发现腐败行为露头就打，就会极大地压缩腐败的空间；只要法治社会的建设取得巨大成就，公民意识有极大提高，就会形成尊法守法用法的良好社会氛围，使人情社会、关系社会、徇情枉法的陈规陋俗销声匿迹；只要社会主义物质基础越来越雄厚，人民生活水平越来越富裕，就会在全社会抑制腐败的欲望；只要理想信念教育深入人心，成为每一个领导干部的人生价值和信条，就会抛弃私心杂念和低级趣味，成为襟怀坦白、胸有大志、追求崇高的人。中国特色社会主义为一体化推进反腐败目标提供了广阔的发展空间，这个目标一定能够实现。

强化党内监督，形成以党内监督为统领的监察体系和权力监督格局，不仅需要权力行使者守住底线，清正廉洁，还需要有良好的政治生态，建立与人的健康成长相互适应、相互促进的环境，形成有机统一的动态平衡系统。强化党内监督就是在共产党内部建立有利于党员干部健康成长内部环境的自我监督。形成以党内监督为统领的监察体系和权力监督格局就是要形成有利于党员干部健康成长的社会环境。这是毛泽东在"窑洞对"时就设想的"新路"。党的十八大以来，以习近平同志为核心的党中央，以勇于自我革命的精神强化对权力的制约，把老一辈政治家的理想变为现实。构建党统一指挥，集中统一、权威高效的监察体系，把制度优势转化为治理效能。习近平总书记在十九届中央纪委四次全会上指出："要把党委（党组）全面监督、纪委监委专责监督、党的工作部门职能监督、党的基层组织日常监督、党员民主监督等结合起来、融为一体。要以党内监督为主导，推动人大监督、民主监督、行政监督、司法监督、审计监督、财会监督、统计监督、群众监督、舆论监督有机贯通、相互协调。"[1] 我们党创造的党和国家监督体系，完全不同于西方以两院制、三权分立制为特征的权力制约机制。随着党和国家监督体系的健全和完善，一种既充分调动权力行使者的积极性，又严格规范权力行使政治方向，推动社会健康稳定发展的新型权力运行机制将成为崭新的制度文明，为人类政治发展作出独特的中国贡献。

必须指出，中国共产党通过不懈的探索，终于找到了始终保持先进性和纯洁性，跳出治乱兴衰历史周期率的成功道路，但并不等于走过了这条道路，不等于已经跳出了历史周期率陷阱。知道了这条路应该怎么走，接下来就是脚踏实地把这条路走下去。未来的道路崎岖不平，充满艰险，甚至还有不少悬崖断壁，需要发挥更加旺盛的斗争精神，施展更加高强的斗争本领，去迎接一个又一个重大风险与挑战。

---

[1] 《一以贯之全面从严治党强化对权力运行的制约和监督　为决胜全面建成小康社会决战脱贫攻坚提供坚强保障》，载《人民日报》2020 年 1 月 14 日。

| 林绪武 | 北京大学马克思主义学院教授、博士生导师、北京市哲学社会科学中国化马克思主义发展研究基地研究员 |
| 张玉杰 | 北京大学马克思主义学院博士生、北京市哲学社会科学中国化马克思主义发展研究基地研究助理 |

中国共产党统一战线建设的百年变迁及当代价值

2015 年 5 月，习近平总书记指出："在革命、建设、改革各个历史时期，我们党始终把统一战线和统战工作摆在全党工作的重要位置。"[1] 统一战线是马克思主义政党的突出优势和优良传统。中国共产党成立后，就开始了建立统一战线的探索，伴随着中国革命、建设、改革历程，其领导的统一战线建设发展实现了地位、性质、组织形式上的三个转变。三个转变的实现是由各个阶段的时代主题和党的任务决定的，具有内在关联性。因而，以三个转变深刻剖析党的统一战线建设的百年变迁，具有重要的理论价值和实践价值。

一、统一战线的地位：从革命策略向治国方略的转变

马克思主义经典作家认为统一战线包括两类联盟：一类是以工农联盟为基础的劳动者联盟，组成这种联盟是无产阶级政党的革命战略。列宁指出，无产阶级的"第一个同盟者就是占俄国人口绝大多数的、以千百万计的、广大的半无产者以及一部分小农群众"[2]，农民则是无产阶级的直接同盟军。另一类是无产阶级与资产阶级基于特定目标结成暂时的联盟，这是无产阶级政党的革命策

---

[1] 中共中央文献研究室编：《十八大以来重要文献选编》（中），中央文献出版社 2016 年版，第 556 页。

[2]《列宁全集》第 29 卷，人民出版社 2017 年版，第 20 页。

略。马克思说:"在政治上为了一定的目的,甚至可以同魔鬼结成联盟,只是必须肯定,是你领着魔鬼走而不是魔鬼领着你走。"[1]中国共产党成立初期,在共产国际的指导下,逐渐确立同资产阶级建立统一战线的革命策略,并在建立抗日民族统一战线的过程中,实现了统一战线由革命策略向革命战略的转变。

1922 年共产国际四大通过的《关于东方问题的总提纲》提出,"为了在反对帝国主义的革命解放斗争中获得喘息机会",殖民地半殖民地国家的无产阶级政党,"有必要同资产阶级民主派达成暂时的妥协"[2],建立反帝统一战线,但无产阶级政党必须保持独立性。这是中国共产党建立革命统一战线的理论基础。而事实上,共产国际积极说服中国共产党建立革命统一战线,是基于中国革命反帝反封建反军阀斗争的实际需要以及维护苏联利益的现实考虑。1923 年 6 月,党的三大作出建立以国共合作为基础的革命统一战线的决定。基于中国革命实际和政党力量对比的现实,中国共产党将建立革命统一战线视为一种革命策略,以期达到两个目的:"使全中国革命分子集中于国民党",尽快完成反帝反封建反军阀的革命任务;摆脱党的秘密状态,"从国民党左派中,吸收真有阶级觉悟的革命分子",壮大党的力量,扩大党的政治和社会影响力。[3]孙中山领导的中国国民党改组后重新解释的新三民主义成为第一次国共合作的政治基础,标志着中国共产党革命统一战线的建立,推动了大革命的到来。然而在 1927 年 4 月至 7 月,由于蒋介石、汪精卫背叛革命,革命统一战线尚未完成全部使命便走向破裂。

在建立抗日民族统一战线的过程中,共产国际发挥了"思想指导和组织调节"[4]的重要作用。1935 年 12 月,瓦窑堡会议将建立抗日民族统一战线确立为一种策略,阐明了抗日民族统一战线的组织形式。1936 年 4 月,中国共产党公

---

[1] 《马克思恩格斯全集》第 11 卷,人民出版社 1995 年版,第 552 页。

[2] 中国社会科学院近代史研究所翻译室编译:《共产国际有关中国革命的文献资料 (1919—1928)》,中国社会科学出版社 1981 年版,第 73 页。

[3] 中共中央文献研究室、中央档案馆编:《建党以来重要文献选编 (1921—1949)》第 1 册,中央文献出版社 2011 年版,第 259 页。

[4] 蒋建农:《关于抗日民族统一战线的若干问题研究》,载《中共党史研究》2013 年第 12 期。

开呼吁各党派"创立抗日的人民阵线以抵御日本帝国主义盗匪们的长驱直入"[1]。"抗日的人民阵线"出发点和落脚点是"抗日",但国民党当局攻击中国共产党是"假抗日",污蔑"抗日的人民阵线"是"中国共产党企图挽救其垂危的政治生命之一种新策略"[2],从而迫使中国共产党深入思考抗日民族统一战线的定位。1937年5月,毛泽东指出党的任务是"建立全民族的抗日统一战线的政策"[3]。把建立抗日民族统一战线称为"政策",体现了党开始从战略的高度来认识统一战线。1939年10月,《〈共产党人〉发刊词》提出:"统一战线,武装斗争,党的建设,是中国共产党在中国革命中战胜敌人的三个法宝,三个主要的法宝。"[4]统一战线的"法宝论",进一步突出了统一战线的革命战略地位。此后,党虽未否定统一战线的策略意义,却始终坚持从战略高度重视统一战线。

新中国成立后,统一战线由革命战略逐渐转变为治国方略。1951年3月,邓小平指出:"统战工作有其策略性,但更主要的是它的战略性。"[5]新中国第一部宪法——"五四宪法",确立了统一战线在新中国建设中的地位,规定"今后在动员和团结全国人民完成国家过渡时期总任务和反对内外敌人的斗争中,我国的人民民主统一战线将继续发挥它的作用"[6]。党的十一届三中全会之后,党和国家的工作全面拨乱反正,统一战线亦然。1979年10月,邓小平提出:"统一战线仍然是一个重要法宝,不是可以削弱,而是应该加强,不是可以缩小,而是应该扩大。"[7]这是对新时期统一战线仍将继续发挥作用的肯定。1999年9月,江泽民提出:"坚持和发展最广泛的爱国统一战线,是一项关系国家和社

[1] 中共中央文献研究室、中央档案馆编:《建党以来重要文献选编(1921—1949)》第13册,中央文献出版社2011年版,第104页。

[2] 叶翔之:《中国人民阵线运动批判》,载《青年公论》第1卷,第5期,1936年12月10日。

[3] 中共中央文献研究室、中央档案馆编:《建党以来重要文献选编(1921—1949)》第14册,中央文献出版社2011年版,第179页。

[4] 《毛泽东选集》第2卷,人民出版社1991年版,第606页。

[5] 《邓小平文选》第1卷,人民出版社1994年版,第187页。

[6] 中共中央文献研究室编:《建国以来重要文献选编》第5册,中央文献出版社1993年版,第521页。

[7] 《邓小平文选》第2卷,人民出版社1994年版,第203页。

会主义事业兴旺发达的战略任务。"[1] 统一战线在国家发展和社会主义建设中的战略地位更加凸显。2002 年 12 月，胡锦涛指出："统一战线是中国共产党团结一切可以团结的力量，夺取革命、建设和改革事业胜利的重要法宝，也是中国共产党执政兴国的重要法宝。"[2] 这再次高度强调了统一战线在党执政兴国中的战略地位，并拓展了统一战线"法宝论"的丰富内涵和时代内容，形成了两个"法宝论"。2015 年 5 月，习近平总书记强调统一战线是"党治国理政必须花大心思、下大气力解决好的重大战略问题"[3]，第一次把统一战线上升到治国理政的高度。同年，中央统战工作会议通过的《中国共产党统一战线工作条例（试行）》明确提出："统一战线是中国共产党凝聚人心、汇聚力量的政治优势和战略方针。"[4] 条例首次将统一战线"纳入党治国理政的战略全局"[5]，标志着统一战线实现了由革命战略到治国方略的转变，是中国共产党对马克思主义统一战线理论的创新性实践和创造性发展的总结。2020 年 11 月，《中国共产党统一战线工作条例》赋予统一战线"法宝论"新时代的内涵，强调统一战线"是夺取革命、建设、改革事业胜利的重要法宝，是增强党的阶级基础、扩大党的群众基础、巩固党的执政地位的重要法宝，是全面建设社会主义现代化国家、实现中华民族伟大复兴的重要法宝"[6]。新时代统一战线的三个"法宝论"的提出，更加凸显其在治国方略中的重要地位。

---

[1] 《江泽民文选》第 2 卷，人民出版社 2006 年版，第 416 页。

[2] 《把一切积极因素充分调动和凝聚起来　万众一心实现十六大提出的宏伟目标》，载《人民日报》2002 年 12 月 29 日。

[3] 中共中央文献研究室编：《十八大以来重要文献选编》（中），中央文献出版社 2016 年版，第 556 页。

[4] 同上书，第 539 页。

[5] 莫岳云：《习近平总书记关于加强统一战线工作重要论述的精髓要义》，载《马克思主义研究》2019 年第 12 期。

[6] 《中国共产党统一战线工作条例》，载《人民日报》2021 年 1 月 6 日。

二、统一战线的性质：从革命统一战线向爱国统一战线的转变

相较于马克思主义经典作家从无产阶级世界革命的视角阐发统一战线，中国共产党创造性地把统一战线提升到战略地位，将其作为党的总路线和总政策的重要组成部分，发挥了统一战线在国家建设和改革时期的重要作用，实现了由革命统一战线向爱国统一战线的转变。

革命统一战线是以革命目标一致性为基础而结成的阶级联盟，以划分敌我为主要特点，以武装斗争为主要手段。新民主主义革命时期的统一战线，"就是无产阶级领导的人民大众的反帝反封建的统一战线"[1]。大革命时期，"统治中国的是封建的军阀"[2]，资产阶级则成为革命统一战线的对象。在国共合作的基础之上，党领导建立了由工人、农民、小资产阶级和民族资产阶级构成，共同反对帝国主义、北洋军阀的革命统一战线。大革命后期，代表大地主大资产阶级的国民党右派背叛革命。共产国际要求党将资产阶级完全排斥在统一战线之外，影响了这一时期革命统一战线的发展。土地革命时期，党领导工人、农民和城市小资产阶级建立了共同反对帝国主义、封建主义和国民党反动派的工农民主统一战线。抗日战争时期，在第二次国共合作的基础之上，党领导建立了由工人、农民、民族资产阶级、小资产阶级和一部分大地主、大资产阶级构成的抗日民族统一战线。解放战争时期，党领导建立了包括全体中国人民在内的最广泛的人民民主统一战线。这一时期人民民主统一战线的主要任务是推翻"帝国主义、封建主义和官僚资本主义"[3]，首要任务是推翻"蒋介石国民党的反动统治"，建立新民主主义的国家政权。

到了社会主义革命时期，人民民主统一战线的主要任务变成"为巩固人

---

[1] 《周恩来选集》上卷，人民出版社1980年版，第207页。

[2] 中共中央文献研究室、中央档案馆编：《建党以来重要文献选编（1921—1949）》第1册，中央文献出版社2011年版，第258页。

[3] 《毛泽东选集》第4卷，人民出版社1991年版，第1313页。

民民主专政，巩固国防力量，肃清帝国主义在中国的侵略势力及封建主义和国民党反动派的残余，恢复和发展新民主主义的经济与文化，为进入社会主义准备条件"[1]。因而，这一时期的统一战线兼具革命和改造的双重特性，对资产阶级采取既团结又斗争的方针。对于愿意服从社会主义改造的民族资产阶级，党"采取逐步改造的方法，也就是统一战线的方法"[2]，以和平赎买的方式，实现对所有制和人的双重改造，体现了统一战线的改造特性；对于坚决反对社会主义改造的部分资产阶级，则采取直接剥夺的方式，体现了统一战线的革命特性。

我国社会主义改造基本完成后，"革命时期的大规模的急风暴雨式的群众阶级斗争基本结束"[3]。

社会主义建设时期，人民民主统一战线的任务是正确处理人民内部矛盾，调动一切积极因素，为推进社会主义现代化建设服务。

1979年10月，党中央提出发展和壮大革命的爱国统一战线。"革命的爱国统一战线"并非"一般名称的变动"，而是体现改革开放和社会主义现代化建设新时期统一战线的任务，即为社会主义现代化建设和祖国统一服务，这一任务具有过渡性。1981年6月，《关于建国以来党的若干历史问题的决议》提出："一定要毫不动摇地团结一切可以团结的力量，巩固和扩大爱国统一战线。"[4]这是党在历史上第一次提出爱国统一战线，标志着爱国统一战线正式登上历史的舞台，并在"八二宪法"中被确认为"由中国共产党领导的，有各民主党派和各人民团体参加的，包括全体社会主义劳动者、拥护社会主义的爱国者和拥护祖国统一的爱国者的广泛的爱国统一战线"[5]。

随着我国改革开放和社会主义市场经济体制改革向纵深发展，新的社会阶

---

[1] 中共中央文献研究室编：《建国以来重要文献选编》第1册，中央文献出版社1992年版，第145页。

[2] 中共中央文献研究室编：《建国以来重要文献选编》第4册，中央文献出版社1993年版，第316页。

[3] 《毛泽东文集》第7卷，人民出版社1999年版，第216页。

[4] 中共中央文献研究室编：《改革开放三十年重要文献选编》（上），中央文献出版社2008年版，第213页。

[5] 中共中央文献研究室编：《十二大以来重要文献选编》（上），人民出版社1986年版，第218页。

层不断涌现，尤其是非公有制经济中的市场主体逐渐成为一股重要的爱国力量。与此同时，爱国统一战线不断吸纳新的爱国力量，从而扩大了统一战线的群众基础。"八二宪法"确认的爱国统一战线包括全体社会主义劳动者、拥护社会主义的爱国者和拥护祖国统一的爱国者。2004 年 3 月，《中华人民共和国宪法修正案》将改革开放以来形成的、党的十六大报告提出的新的社会阶层作为"社会主义事业的建设者"写进宪法，爱国统一战线由此发展为"全体社会主义劳动者、社会主义事业的建设者、拥护社会主义的爱国者和拥护祖国统一的爱国者" [1] 的联盟。党的十八大以来，习近平总书记指出："团结全体中华儿女把我们国家建设好，把我们民族发展好，继续朝着中华民族伟大复兴的目标奋勇前进。" [2] 这体现了以中华民族伟大复兴的中国梦来凝聚共识和汇聚力量，成为新时代统一战线建设的新要求。为此，《中国共产党统一战线工作条例（试行）》将爱国统一战线确认为，"全体社会主义劳动者、社会主义事业建设者、拥护社会主义爱国者、拥护祖国统一和致力于中华民族伟大复兴爱国者的联盟" [3]。爱国统一战线的转变，凸显了其具有的广泛性、多样性和包容性特点。将"致力于中华民族伟大复兴爱国者"纳入爱国统一战线联盟中，有利于最大限度激发港澳台同胞和海外侨胞的爱国情感，既能为实现祖国完全统一和中华民族伟大复兴凝聚人心、汇聚力量，又能够以实现中华民族伟大复兴的中国梦凝聚社会共识，推动爱国主义、爱社会主义和坚持党的领导的内在统一。

三、统一战线的形式：从党内合作向政治协商的转变

中国共产党成立后就不断探索"基于统一战线所进行的党派合作实践" [4]，

---

[1] 中共中央文献研究室编:《十六大以来重要文献选编》（上），中央文献出版社 2011 年版，第 890 页。

[2] 《习近平谈治国理政》第 1 卷，外文出版社 2018 年版，第 36 页。

[3] 中共中央文献研究室编:《十八大以来重要文献选编》（中），中央文献出版社 2016 年版，第 539 页。

[4] 林尚立等:《新中国政党制度研究》，上海人民出版社 2015 年版，第 45 页。

视政党合作为建立和发展统一战线的重要路径，推动了统一战线的形式由党内合作向政治协商转变的重大创新。

大革命时期，以党内合作为主要方式的第一次国共合作的实现成为革命统一战线建立的标志。在革命统一战线指导下，国共合作创建了黄埔军校，培养了大量军事人才，为国民革命军北伐准备了重要条件，同时也推动了北伐战争的胜利发展，促进了工农运动的蓬勃发展，壮大了革命的力量，沉重打击了北洋军阀的反动统治。在维护革命统一战线及党内合作的过程中，中国共产党深化了对中国革命性质、任务、前途等重大问题的认识。但因国共两党宗旨根本不同，一旦某方或双方政治需要发生变化，分道扬镳在所难免，"只不过破裂的时间、形式和操作的力量不可预见而已"[1]。在党内合作过程中，中国共产党党员受到国民党重重掣肘，严重损害了党的独立性，为革命统一战线破裂埋下隐患。中山舰事件后，由于共产国际和党的策略失误，"共产党和国民党左派联合控制国民革命领导权的局面再也不复存在"[2]，革命统一战线宣告破裂。

九一八事变后，民族危机日益深重，中国共产党适时调整抗战策略，实现了从"反蒋抗日"到"逼蒋抗日"再到"联蒋抗日"的转变。这一时期，党吸取了革命统一战线破裂的教训，提出"组织各党派的联盟"[3]，以党外合作的方式实现了第二次国共合作，并在此基础上建立了抗日民族统一战线。党的实力的增强和领导权理论的日益成熟，是国共得以实行党外合作的重要因素。土地革命时期，党不仅创建了独立的武装力量、建立了中华苏维埃政权，而且深化了对无产阶级领导权的认识，坚决反对"牺牲党的政治上和组织上的独立性"[4]，确立了统一战线中的独立自主原则。抗日民族统一战线建立后，国共两党结束了十年内战，由对抗走向合作，实现了局部抗战向全国抗战的转变。国共两党

[1] 王继停：《第一次国共合作：各有所图的革命联合》，载《史学月刊》2010年第9期。

[2] 姚金果、苏杭等：《共产国际、联共（布）与中国大革命》，福建人民出版社2002年版，第212页。

[3] 《周恩来选集》上卷，人民出版社1980年版，第195页。

[4] 中共中央文献研究室、中央档案馆编：《建党以来重要文献选编（1921—1949）》第15册，中央文献出版社2011年版，第763页。

团结在抗日民族统一战线的旗帜下，正面战场与敌后战场在战略上相互配合，在战役上相互支援。同时，中国共产党击退和遏制国民党顽固派挑起的反共高潮，捍卫了抗日民族统一战线，推动了抗战的胜利。但由于党外合作方式天然地具有松散性和不稳定性，加上抗战胜利后国共两党对中国前途命运的诉求不同，合作破裂难以避免。1946 年 6 月，蒋介石单方面撕毁《双十协定》和停战协定，发动全面内战，标志着第二次国共合作全面破裂，党外合作的方式就此谢幕。

1949 年 9 月，中国人民政治协商会议（以下简称"人民政协"）第一届全体会议在北京举行。大会通过的《中国人民政治协商会议共同纲领》确定"中国人民政治协商会议，就是人民民主统一战线的组织形式"[1]。这样，统一战线由党外合作转向政治协商。尽管人民政协的形式和名称沿用了 1946 年政治协商会议，但其性质和地位已经发生了根本变化。周恩来指出，"中国人民政治协商会议是个长期性的组织"[2]，不仅存在于新民主主义社会，社会主义社会也将继续存在。人民政协是党领导下，"包含了工人阶级、农民阶级、城市小资产阶级、民族资产阶级和一切爱国民主人士的统一战线组织"[3]。党的领导属于政治领导，以政治协商的形式实现大团结大联合，"旨在经过各民主党派及人民团体的团结，去团结全中国各民主阶级、各民族"[4]。中国共产党通过人民政协这一组织形式与各民主党派、各人民团体平等协商，既保障了统一战线参加者的独立性，又调动和激发了他们的积极性，克服了党内合作对其独立性的损害。因而，人民政协提供了中国共产党与民主党派、各人民团体定期协商和就国内外重大问题及时交换意见的平台。同时，人民政协要求统一战线参加者必须遵守《中国人民政治协商会议共同纲领》《中国人民政治协商会议章程》，推动统一战

---

[1] 中共中央文献研究室、中央档案馆编：《建党以来重要文献选编（1921—1949）》第 26 册，中央文献出版社 2011 年版，第 758 页。

[2] 《周恩来统一战线文选》，人民出版社 1984 年版，第 136 页。

[3] 同上。

[4] 中共中央文献研究室、中央档案馆编：《建党以来重要文献选编（1921—1949）》第 26 册，中央文献出版社 2011 年版，第 745 页。

线的规范化和制度化发展，从而克服和超越了党外合作的松散性和不稳定性。

1954 年 9 月，一届全国人大一次会议闭幕后，人民政协结束了代行全国人大职权的使命，党内外围绕其性质展开了激烈争论。12 月，毛泽东提出，人民政协将长期存在，它不是"国家权力机关""国家的行政机关"，而是"统一战线组织"。同月，二届全国人民政协一次会议通过的《中国人民政治协商会议章程》，重申人民政协是统一战线的组织形式。1956 年底，社会主义改造基本完成，民主党派的阶级基础发生了根本变化。党的八大决议指出："必须按照长期共存、互相监督的方针，继续加强同各民主党派和无党派民主人士的合作，并且充分发挥人民政治协商会议和各级协商机构的作用。"[1] 该决议重申了民主党派重要的政治协商主体地位，为人民政协性质的拓展奠定了重要基础。

1982 年 12 月，《中国人民政治协商会议章程》恢复了人民政协作为统一战线组织的地位。1991 年 3 月，江泽民提出，人民政协"是中国共产党领导的多党合作和政治协商的重要组织形式"[2]，这是对人民政协性质的新概括。1994 年 3 月，《中国人民政治协商会议章程》将人民政协的性质拓展为爱国统一战线的组织、中国共产党领导的多党合作和政治协商的重要机构，体现人民政协作为政治协商平台的重要作用。2004 年 3 月，《中国人民政治协商会议章程》明确提出了人民政协是我国政治生活中发扬社会主义民主的重要形式，人民政协的性质由此拓展为三重维度。[3] 党的十九大报告指出："人民政协是具有中国特色的制度安排，是社会主义协商民主的重要渠道和专门协商机构。"[4] 2018 年 3 月，《中国人民政治协商会议章程》又将人民政协界定为"中国人民爱国统一战线的组织""中国共产党领导的多党合作和政治协商的重要机构""我国政治生活

[1]　中共中央文献研究室编：《建国以来重要文献选编》第 9 册，中央文献出版社 1994 年版，第 350 页。

[2]　政协全国委员会办公厅、中共中央文献研究室编：《人民政协重要文献选编》（中），中央文献出版社、中国文史出版社 2009 年版，第 506 页。

[3]　参见政协全国委员会办公厅、中共中央文献研究室编：《人民政协重要文献选编》（下），中央文献出版社、中国文史出版社 2009 年版，第 692 页。

[4]　习近平：《决胜全面建成小康社会　夺取新时代中国特色社会主义伟大胜利——在中国共产党第十九次全国代表大会上的报告》，人民出版社 2017 年版，第 38 页。

中发扬社会主义民主的重要形式""国家治理体系的重要组成部分""具有中国特色的制度安排"[1]，从而实现并日益完善了爱国统一战线、中国共产党领导的多党合作和政治协商制度与社会主义协商民主协同发展的新格局。人民政协的"成员主要是党派、团体推出的代表"[2]，具有鲜明的合作性。人民政协作为中国共产党领导的多党合作和政治协商的重要机构，能够从制度上保障和落实中国共产党与民主党派"长期共存、互相监督、肝胆相照、荣辱与共"的方针，汇聚执政党、参政党所代表的政治力量及其资源，有效协调党际关系和优化党派合作，从而进一步夯实爱国统一战线的基础。人民政协具有"组织上的广泛代表性和政治上最大限度的包容性"[3]，发扬社会主义民主的过程，就是凝聚社会共识、巩固和发展爱国统一战线的过程。因此，将人民政协确立为发扬社会主义民主的重要形式，并提升为社会主义协商民主的重要渠道和专门协商机构，能够进一步推动各党派、各团体、各界别的深入协商，有利于中国共产党及时掌握社会各界的利益诉求，整合吸纳社会各界的意见和建议，协调社会各界的矛盾冲突，从而实现思想和价值整合，不断增强爱国统一战线的凝聚力和向心力。将人民政协纳入国家治理体系，明确其是中国特色的制度安排，有利于从治国理政的战略全局协同促进政党关系和谐、民族关系和谐、宗教关系和谐、阶层关系和谐与海内外同胞关系和谐，为实现中华民族伟大复兴的中国梦汇聚磅礴力量。

四、统一战线建设的当代价值

中国共产党长期重视并坚持统一战线的建设与发展，充分发挥了统一战线凝心聚力的作用，为中国革命、建设和改革作出了重要贡献。纵观中国共产党统一战线百年建设变迁，总结历史经验，可以为新时代统一战线的创新发展提

---

[1] 《中国人民政治协商会议章程》，人民出版社 2018 年版，第 10—11 页。

[2] 《毛泽东文集》第 6 卷，人民出版社 1999 年版，第 385 页。

[3] 张平夫、陈煦主编：《人民政协理论体系初探》，中央文献出版社 2016 年版，第 200 页。

供有益借鉴。

第一，提高统一战线治国方略地位的法治化水平。坚持统一战线的战略地位，是党对马克思主义统一战线理论的重要贡献。新民主主义革命时期，党以政策、方针的形式明确统一战线的战略地位。新中国成立后，党将统一战线的战略地位由党的政策、方针逐步上升为国家意志，通过宪法这一国家根本大法对统一战线进行规范，有利于推动统一战线的科学化、制度化、平稳化发展。新时代，党要保障爱国统一战线在社会主义现代化建设和中华民族伟大复兴实现中国梦的新征程中切实发挥全局性的重要作用，亟须将爱国统一战线作为中国特色社会主义基本方略的地位贯彻落实到系统化、科学化的法律法规中。《中国共产党统一战线工作条例》的颁布就体现了这一要求。这有助于纠正爱国统一战线"麻烦论""花瓶论""上层论"等试图边缘化或取缔统一战线的错误观点。统一战线"解决的就是人心和力量问题"[1]，进一步明确统一战线的治国方略地位，能够有效发挥爱国统一战线协调各方利益关系、化解人民内部矛盾、汇聚各方智慧的重要作用。同时，加紧开展对爱国统一战线的科学研究，为爱国统一战线的法治化、制度化建设奠定了科学基础。

第二，协调统战目标一致性和对象多样性的统一。在建立抗日民族统一战线的过程中，党逐步确立了既团结又斗争的策略，保持了思想上、政治上和组织上的独立性。"斗争是团结的手段，团结是斗争的目的。以斗争求团结则团结存，以退让求团结则团结亡。"[2]"团结"凸显了斗争的目的，即坚决捍卫统一战线。"斗争"是实现团结的手段，以批评即政治攻势为主、以军事自卫为辅。"对于统一战线中各种不同的同盟者，我们的态度应该是有联合，有批评，有各种不同的联合，有各种不同的批评。"[3] 社会主义建设时期，党提出和确立了解决包括统一战线在内的人民内部矛盾的方针"团结——批评——团结"，为正确处理统一战线一致性和多样性的关系提供了重要理论指导。《中国共产党统一战

---

[1] 中共中央文献研究室编：《习近平关于社会主义政治建设论述摘编》，中央文献出版社 2017 年版，第 128 页。

[2] 《毛泽东选集》第 2 卷，人民出版社 1991 年版，第 745 页。

[3] 《毛泽东选集》第 3 卷，人民出版社 1991 年版，第 849 页。

线工作条例（试行）》提出把坚持一致性和多样性的统一作为新时代统战工作的方针，有利于协调和化解统一战线的内部矛盾，为实现中华民族伟大复兴的中国梦和祖国完全统一汇聚各方力量。"只要我们把政治底线这个圆心固守住，包容的多样性半径越长，画出的同心圆就越大。"[1]坚持统战目标的一致性，就是思想上同心同德、目标上同心同向、行动上同心同行。思想上同心同德是基础，即坚持党的领导、坚持爱国主义和中国特色社会主义，这是不能动摇的政治底线。以"同心"为基础允许存在多条半径，兼顾了统一战线对象的多样性和由此带来的价值观念的多样性、利益诉求的多样性，提高了新时代统一战线的包容性和开放性。

第三，构建大统战工作格局。2015年5月，习近平总书记提出："要坚持党委统一领导、统战部牵头协调、有关方面各负其责的大统战工作格局。"[2]《中国共产党统一战线工作条例》将构建大统战工作格局提升为统一战线工作的原则。大统战工作格局的核心是坚持和完善党的领导。党在爱国统一战线中居于领导地位，但党的领导是政治领导，即政治方向、政治原则和重大方针政策的领导，"确保党在统一战线工作中总揽全局、协调各方，保证统一战线工作始终沿着正确政治方向前进"[3]，尤其要纠正错误的工作方式，正确处理同党外代表人士的关系。各级党委要切实履行职责，帮助个别党员在思想意识上克服忽视或轻视统一战线工作的错误倾向，纠正个别党员在行动中以党内工作方式代替党外工作方式，或一味迁就、敷衍党外代表人士的错误做法，从而调动全党开展统一战线工作的积极性、主动性和创造性。大统战格局旨在调动各方力量的积极性，形成统一战线工作的合力，但统战部必须切实发挥牵头协调作用，否则统一战线工作的协作分工难以有效开展，实际工作也会陷入推诿、拉扯的内耗中，出现权责不明、沟通不畅等问题，大统战工作格局亦会流于形式。因而，统战部要加强党的政治建设、思想建设、组织建设、作风建设和纪律建设，着力增强

---

[1] 中共中央文献研究室编：《习近平关于社会主义政治建设论述摘编》，中央文献出版社2017年版，第131页。

[2] 同上书，第138页。

[3] 《中国共产党统一战线工作条例》，载《人民日报》2021年1月6日。

"四个意识"，确保能够将"党的意志和主张贯彻到统一战线工作各方面和全过程"[1]，能够建立起涵盖多部门、多单位的统一战线工作联席会议制度，使统战部系统和非统战部系统建立良好的沟通、协调和联动机制。同时，统战部要在坚持政治性和原则性的基础上，着力破除落后、僵化的统一战线思维，逐步探索适合新时代发展的统战方式和统战方法。

---

[1] 《中国共产党统一战线工作条例》，载《人民日报》2021 年 1 月 6 日。

▌ **王树荫** ▌ 北京师范大学马克思主义学院教授、博士生导师

▌ **耿鹏丽** ▌ 北京师范大学马克思主义学院博士研究生

从学习中走向未来
——中国共产党百年学习历程审视

中国共产党是马克思主义学习型政党，高度重视学习、善于进行学习是党的优良传统和政治优势。全面回顾中国共产党的重要学习活动，系统梳理党的领导人关于学习的重要论述，对中国共产党百年学习历程进行理性审视，总结学习经验、掌握学习方法，对推进党史学习教育、提高党的执政能力，具有重要的借鉴意义。

一、中国共产党百年学习的价值旨归

中国共产党在百年奋斗历程中，始终将学习作为一项重要战略任务，在不断学习中提升理论水平、增强党性修养、提高工作本领，不断推进马克思主义中国化进程，永葆党的先进性和纯洁性，解决中国革命、建设、改革实际问题，领导中国人民实现从站起来、富起来到强起来的伟大飞跃。

（一）学以明理：推进马克思主义中国化

中国共产党是高度重视理论学习、善于进行理论创新的学习型政党，始终遵循"只有以先进理论为指南的党，才能实现先进战士的作用"[1]的基本理念，

---

[1] 《列宁选集》第 1 卷，人民出版社 2012 年版，第 312 页。

通过学习提升全党马克思主义理论水平，夯实党的建设的理论基石，并在理论与实际结合中不断推进马克思主义中国化。

马克思主义是中国共产党的指导思想和理论基础。1938 年，毛泽东在党的扩大的六届六中全会上号召全党开展学习竞赛，强调学习理论是胜利的条件，"指导一个伟大的革命运动的政党，如果没有革命理论，没有历史知识，没有对于实际运动的深刻的了解，要取得胜利是不可能的"，"如果我们党有一百个至二百个系统地而不是零碎地、实际地而不是空洞地学会了马克思列宁主义的同志，就会大大地提高我们党的战斗力量，并加速我们战胜日本帝国主义的工作"。[1] 从 1942 年整风运动开启全党学习马克思主义理论的伟大创举，到中国特色社会主义新时代党史学习教育，我们党持续开展大规模的马克思主义学习运动，加强理论学习和推进理论创新，强调理论强党是党的建设的基础。习近平同志指出："学习是文明传承之途、人生成长之梯、政党巩固之基、国家兴盛之要。"[2] 党的百年发展历程揭示了一个真理，只有用科学理论武装全党，才能发挥先锋战士的作用。

坚持马克思主义基本原理和中国具体实际相结合，实现马克思主义中国化，是学习马克思主义的重要旨归。"我们党的历史，就是一部不断推进马克思主义中国化的历史，就是一部不断推进理论创新、进行理论创造的历史。"[3] 新民主主义革命时期，党内曾经长期受到"左"倾教条主义错误影响，致使革命事业遭受重大挫折。中国共产党不断与教条主义作斗争，强调"改造我们的学习"，指出"马克思主义的'本本'是要学习的，但是必须同我国的实际情况相结合"。[4] 新民主主义革命理论体系的形成标志着毛泽东思想的成熟，实现了马克思主义中国化第一次历史性飞跃，并在社会主义革命和建设时期"第二次结合"

---

[1]《毛泽东选集》第 2 卷，人民出版社 1991 年版，第 533 页。

[2] 中共中央文献研究室编:《十七大以来重要文献选编》(中)，中央文献出版社 2011 年版，第 252 页。

[3]《学党史悟思想办实事开新局 以优异成绩迎接建党一百周年》，载《人民日报》2021 年 2 月 21 日。

[4]《毛泽东选集》第 1 卷，人民出版社 1991 年版，第 111—112 页。

的学习实践中继续发展。党的十一届三中全会以后，从"讲学习、讲政治、讲正气"教育活动到"两学一做"学习教育，理论学习与理论创新相辅相成，马克思主义中国化在学习实践中不断发展，形成了包括邓小平理论、"三个代表"重要思想、科学发展观的中国特色社会主义理论体系以及习近平新时代中国特色社会主义思想。

（二）学以修身：保持党的先进性和纯洁性

党性修养是一个政党与阶级自觉性的最高体现，是共产党员实现德才兼备的内在要求。中国共产党要实现政治、思想、组织、作风、纪律的高度一致，推进党的自我革命、永葆党的生机活力，需要通过不断学习启悟全党自觉锻炼党性，成为无产阶级忠诚战士。

党性修养问题亟待解决。党性修养是党在思想、组织、作风各方面的综合反映，体现一个政党的精神风貌和内外形象。新民主主义革命时期，党内存在"政治上自由行动""组织上自成系统""在思想意识上，是发展小资产阶级的个人主义，来反对无产阶级的集体主义"[1]等一系列违反党性的倾向，"自然是由于党的组织基础的最大部分是由农民和其他小资产阶级出身的成分所构成的"[2]。新中国成立后，党的队伍急剧壮大，执政党面临党内思想作风不纯、领导干部贪污腐化等风险考验。党中央决定"在全党重新进行一次普遍的、深入的反官僚主义、反宗派主义、反主观主义的整风运动，提高全党的马克思主义的思想水平，改进作风，以适应社会主义改造和社会主义建设的需要"[3]。改革开放和社会主义现代化建设新时期以及中国特色社会主义新时代，我们党面临执政、改革开放、市场经济、外部环境四大考验，存在精神懈怠、能力不足、脱离群众、消极腐败四大危险，党内思想不纯、作风不纯、组织不纯现象大量

[1]　中共中央文献研究室、中央档案馆编：《建党以来重要文献选编（1921—1949）》第18册，中央文献出版社 2011 年版，第 444 页。

[2]　《毛泽东选集》第 1 卷，人民出版社 1991 年版，第 85 页。

[3]　中共中央文献研究室编：《建国以来重要文献选编》第 10 册，中央文献出版社 1994 年版，第223 页。

存在，形式主义、官僚主义屡禁不止。通过学习整顿，提升党性修养，成为亟待解决的永远在路上的重要问题。

党性修养事关党的先进性和纯洁性。党性是一个政党固有的根本属性，党性修养是党的先进性和纯洁性的体现，从根本上体现党的思想修养。"为了保持我们无产阶级的先锋战士的纯洁，提高我们的革命品质和工作能力，每个党员都必须从各方面加强自己的锻炼和修养。"[1]1941年，党中央作出《关于增强党性的决定》，推动全党统一意志、统一纪律、统一行动。1942年，党开展反对主观主义、宗派主义、党八股等不良倾向的整风运动，统一全党的思想。改革开放和社会主义现代化建设新时期，邓小平强调："对大多数党员来说，是通过思想教育，增强党性。"[2]胡锦涛认为："坚强的党性是成为高素质领导干部的决定性条件。一个干部党性强，即使其他素质有所欠缺，也比较好弥补；其他素质虽好，如果党性不强，就难当大任；如果丧失党性，甚至走向反面，那么其能力越强，负作用就越大。"[3]习近平总书记指出："作风问题根本上是党性问题。作风反映的是形象和素质，体现的是党性，起决定作用的也是党性。"[4]加强党性修养对于改善党群关系，增强拒腐防变能力，保持自身先进性和纯洁性，具有重要的历史和现实意义。

通过加强学习保持党的先进性和纯洁性。学习是中国共产党改造主观世界和客观世界的有效武器，是锻炼党性修养的起点和必要途径。刘少奇指出："共产党员必须使对马克思列宁主义的理论和方法的学习，同思想意识的修养和锻炼，这两者密切地联系起来，绝不应该使两者分割开来。"[5]从整风运动到解放战争时期"三查三整"整党运动，再到新中国成立初期整风整党运动，中国共产党"用自我批评的武器和加强学习的方法，来改造自己使适合于党与革命的

---

[1]《刘少奇选集》上卷，人民出版社1981年版，第103页。

[2]《邓小平文选》第3卷，人民出版社1993年版，第38页。

[3]《胡锦涛文选》第1卷，人民出版社2016年版，第166页。

[4] 中共中央文献研究室编：《习近平关于全面从严治党论述摘编》，中央文献出版社2016年版，第154页。

[5]《刘少奇选集》上卷，人民出版社1981年版，第120页。

需要"[1]。改革开放 40 多年来，党开展了一系列主题学习活动。从全面整党到"讲学习、讲政治、讲正气"党性党风教育，从保持共产党员先进性教育实践活动到基层党组织和党员创先争优活动，再到党的十八大以来先后开展的党的群众路线教育实践活动、"三严三实"专题教育、"两学一做"学习教育、"不忘初心、牢记使命"主题教育、党史学习教育等都证明，"高度重视学习、善于进行学习，是领导干部健康成长、提高素质、增强本领、不断进步的重要途径"[2]。

（三）学以致用：解决革命、建设、改革中的实际问题

学习的根本目的在于提高工作本领，把握规律性，增强创造性，解决中国革命、建设、改革中的实际问题。"高度重视学习，通过全党广泛而深入的学习推动事业的大发展大进步，是我们党的宝贵经验。"[3] 中国共产党始终坚持问题导向，将学习成果转化为推进中国革命、建设、改革事业发展的强大物质力量，扎实推进中华民族伟大复兴历史伟业。

推进伟大事业的必由路径。不断学习是中国共产党推进中国革命、建设、改革事业的重要法宝。毛泽东强调，只有深入学习马克思列宁主义，"才能使大家学会应用马克思主义的方法去观察问题、提出问题、分析问题和解决问题，我们所办的事才能办好，我们的革命事业才能胜利"[4]。面对改革开放和社会主义现代化建设的新形势、新任务，邓小平指出："我们现在所干的事业是一项新事业，马克思没有讲过，我们的前人没有做过，其他社会主义国家也没有干过，所以，没有现成的经验可学。我们只能在干中学，在实践中摸索。"[5] 中国特色社会主义进入 21 世纪，通过学习应对无限的未知与挑战，依然是推进党的事业

[1] 中共中央文献研究室、中央档案馆编：《建党以来重要文献选编（1921—1949）》第 18 册，中央文献出版社 2011 年版，第 445 页。

[2] 《领导干部要认认真真学习　老老实实做人　干干净净干事》，载《人民日报》2008 年 5 月 14 日。

[3] 中共中央文献研究室编：《十七大以来重要文献选编》（中），中央文献出版社 2011 年版，第 326 页。

[4] 《毛泽东选集》第 3 卷，人民出版社 1991 年版，第 839 页。

[5] 《邓小平文选》第 3 卷，人民出版社 1993 年版，第 258—259 页。

的必备之选。习近平总书记指出："在每一个重大转折时期，面对新形势新任务，我们党总是号召全党同志加强学习；而每次这样的学习热潮，都能推动党和人民事业实现大发展大进步。"[1]

克服"本领恐慌"的内在要求。中国共产党在革命、建设、改革各个历史时期，随着基本国情、主要矛盾、历史任务等变化，对全党学习能力不断提出新要求。毛泽东强调学习运动"有它的普遍意义和永久意义"[2]。毛泽东在新中国成立前夕告诫全党，随着党的工作中心由农村转入城市，全党要加强学习不熟悉的东西。进入改革开放和社会主义现代化建设新时期，邓小平指出："实现四个现代化是一场深刻的伟大的革命。在这场伟大的革命中，我们是在不断地解决新的矛盾中前进的。因此，全党同志一定要善于学习，善于重新学习。"[3]江泽民指出："从我们面临的形势、肩负的任务和干部队伍的状况看，我们做得还不够，甚至还很不够，必须继续努力，使全党的学习达到新的水平。"[4] 习近平总书记强调，要实现十八大以来提出的奋斗目标，把握好改革发展稳定大局，就要不断增强应对风险与挑战的本领，"如果不抓紧增强本领，久而久之，我们就难以胜任领导改革开放和社会主义现代化建设的繁重任务"[5]。

解决中国实际问题的必然选择。学习的根本目的在于研究和解决中国实际问题。全民族抗战时期，毛泽东号召党的高、中级干部联系实际认真学习马克思列宁主义，深入总结党的历史上正反两方面经验，强调"对于马克思主义的理论，要能够精通它、应用它，精通的目的全在于应用"[6]。改革开放以来，邓小平要求全党重新学习，全面开创中国特色社会主义新局面。习近平同志指出："要把研究和解决重大现实问题作为学习的根本出发点，使认认真真学习成为理论联系实际、学以致用，不断提高工作原则性、系统性、预见性和创造性的过

---

[1] 《习近平谈治国理政》第 1 卷，外文出版社 2018 年版，第 401 页。

[2] 《毛泽东文集》第 2 卷，人民出版社 1993 年版，第 177 页。

[3] 《邓小平文选》第 2 卷，人民出版社 1994 年版，第 152—153 页。

[4] 《江泽民文选》第 2 卷，人民出版社 2006 年版，第 280 页。

[5] 《习近平谈治国理政》第 1 卷，外文出版社 2018 年版，第 402 页。

[6] 《毛泽东选集》第 3 卷，人民出版社 1991 年版，第 815 页。

程。学习的目的在于运用，学习的成效在于解决实际问题。"[1]

二、中国共产党百年学习的内容指向

中国共产党是以马克思主义为指导的工人阶级政党，在百年学习中与时俱进，以掌握马克思主义基本理论为基础，学会运用马克思主义立场、观点、方法分析与解决问题；努力学习各领域专业知识与技能，成为中国革命、建设、改革的行家里手；注重汲取历史经验，把握中国革命规律、共产党执政规律、社会主义建设规律。

（一）切实掌握马克思主义理论看家本领

没有革命的理论，就没有革命的运动。学习马克思主义理论、马克思主义中国化最新成果，掌握马克思主义理论精髓，是中国共产党领导革命、建设、改革事业取得成功的根本保证。

学习马克思主义基本原理和经典著作。蕴含在马克思主义基本原理之中的辩证唯物主义和历史唯物主义是科学的世界观和方法论，是指引全党在各个历史时期学会改造主观世界与客观世界的理论武器。学习马克思主义基本理论是共产党人的必修课。毛泽东指出："马克思、恩格斯、列宁、斯大林的理论，是'放之四海而皆准'的理论。"[2] 在中国革命和建设的关键时刻，毛泽东总是给党内开列马克思主义经典著作书目，要求全党学习研究。进入改革开放和社会主义现代化建设新时期，党的历届中央领导集体都强调，"共产党员的指导思想、方法论必须是马克思主义的"[3]，"我们现在要建设有中国特色的社会主义，时代和任务不同了，要学习的新知识确实很多，这就更要求我们努力针对新的实际，

---

[1]《领导干部要认认真真学习　老老实实做人　干干净净干事》，载《人民日报》2008 年 5 月 14 日。

[2]《毛泽东选集》第 2 卷，人民出版社 1991 年版，第 533 页。

[3]　中共中央文献研究室编:《十三大以来重要文献选编》（中），中央文献出版社 2011 年版，第 40 页。

掌握马克思主义基本理论"[1]。

学习马克思主义中国化最新理论成果。中国化马克思主义是对马克思主义理论的继承与发展。马克思主义中国化进程实现了三次飞跃，产生了毛泽东思想、中国特色社会主义理论体系和习近平新时代中国特色社会主义思想三大理论成果。"理论创新每前进一步，理论武装就要跟进一步。"[2]从全民族抗战时期至今，党号召不仅"要用毛泽东思想的体系来教育我们的党，来引导我们前进"[3]，还要掌握其"实事求是、群众路线、独立自主"的活的灵魂，深入学习马克思主义中国化理论，"不断提高马克思主义思想觉悟和理论水平"[4]。随着中国特色社会主义理论体系和习近平新时代中国特色社会主义思想的形成和发展，全党不断掀起学习高潮，全面系统深入地学习马克思主义中国化最新成果，不断推进中国革命、建设、改革事业。

切实掌握马克思主义理论精髓。坚持理论联系实际，实事求是，一切从实际出发，是学习马克思主义的基本遵循，也是掌握马克思主义这一看家本领的关键一招。毛泽东强调，学习马克思主义要掌握具有普遍性的原理，"不应当把他们的理论当作教条看待，而应当看作行动的指南。不应当只是学习马克思列宁主义的词句，而应当把它当成革命的科学来学习"[5]。邓小平提出，"要努力把马克思主义的普遍原则同我国实现四个现代化的具体实践结合起来"[6]。胡锦涛指出，在 21 世纪将中国特色社会主义事业不断推向前进，"我们要坚持解放思想、实事求是、与时俱进，不断加强理论武装和推进理论创新"[7]。习近平总书记强调，实事求是"是我们党的基本思想方法、工作方法、领导方法。不论过去、现在和将来，我们都要坚持一切从实际出发，理论联系实际，在实践中

---

[1]《邓小平文选》第 3 卷，人民出版社 1993 年版，第 146—147 页。

[2]《习近平谈治国理政》第 3 卷，外文出版社 2020 年版，第 540 页。

[3]《邓小平文选》第 2 卷，人民出版社 1994 年版，第 44 页。

[4]《习近平谈治国理政》第 2 卷，外文出版社 2017 年版，第 35 页。

[5]《毛泽东选集》第 2 卷，人民出版社 1991 年版，第 533 页。

[6]《邓小平文选》第 2 卷，人民出版社 1994 年版，第 153 页。

[7]《胡锦涛文选》第 2 卷，人民出版社 2016 年版，第 215 页。

检验真理和发展真理"[1]。运用马克思主义观点、立场、方法解决中国实际问题，形成了理论联系实际、解放思想、实事求是、与时俱进的思想路线，这是辩证唯物主义和历史唯物主义一以贯之的思想精髓。

（二）全面掌握业务知识与技能

中国共产党一直强调学习内容应该是全面的、系统的。马克思主义理论是基础，而要做好本职工作，成为行家里手，还需要掌握各方面知识与技能。全面学习，既博又专，才能更好地认识和把握各类事物的矛盾，在错综复杂的局势中审视时代性、把握规律性、富于创造性，科学地制定各项方针政策措施，解决革命、建设、改革中的实际问题。

增强领导新民主主义革命本领。领导新民主主义革命，不仅要学习马克思主义理论，还要把握中国革命的规律；不但要熟悉军事斗争、政治斗争，还要掌握经济、文化、科学技术。毛泽东指出，时事问题与党的政策"这两项，过去的计划中没有包括进去，但这是十分需要的，因为这是实际的学问，也就是'今'的学问……不研究党的政策，单学习那些理论是不够的，会跟实际脱节的"[2]。针对党员干部中存在"对军事、政治比较会，对经济、文化不大会"[3]的现象，毛泽东要求学习和掌握经济、文化知识，甚至自然科学知识，认为"一个革命干部，必须能看能写，又有丰富的社会常识与自然常识，以为从事工作的基础与学习理论的基础"[4]，"我们的工农干部要学理论，必须首先学文化"[5]，这是学好理论和其他知识的基础。全民族抗战时期，毛泽东一再强调必须学会做经济工作，无论是为了革命事业还是人民的需要，"中国靠我们来建设，我们必须努力学习"[6]。人民解放战争进入决战决胜阶段，毛泽东要求全党同志"必

---

[1] 《习近平谈治国理政》第1卷，外文出版社2018年版，第25页。

[2] 《毛泽东文集》第2卷，人民出版社1993年版，第184页。

[3] 《毛泽东文集》第3卷，人民出版社1996年版，第108页。

[4] 《毛泽东文集》第2卷，人民出版社1993年版，第387页。

[5] 《毛泽东选集》第3卷，人民出版社1991年版，第818页。

[6] 同上书，第1020页。

须尽一切可能修理和掌握铁路、公路、轮船等近代交通工具，加强城市和工业的管理工作，使党的工作的重心逐步地由乡村转到城市"[1]。

提升社会主义革命和建设水平。在新民主主义革命即将取得全国胜利前夕，毛泽东号召"我们的同志必须用极大的努力去学习生产的技术和管理生产的方法，必须去学习同生产有密切联系的商业工作、银行工作和其他工作"[2]。随着党的工作重心从农村转入城市，毛泽东要求党和军队"必须用极大的努力去学会管理城市和建设城市"[3]，"必须向一切内行的人们（不管什么人）学经济工作。拜他们做老师，恭恭敬敬地学，老老实实地学"[4]。1953年，中国开始实施第一个五年计划，毛泽东希望党的领导干部努力"使自己成为精通政治工作和经济工作的专家。一方面要搞好政治思想工作，一方面要搞好经济建设。对于经济建设，我们要真正学懂"[5]。进入社会主义建设时期，党中央指出"过去我们有本领，会打仗，会搞土改，现在仅仅有这些本领就不够了，要学新本领，要真正懂得业务，懂得科学和技术，不然就不可能领导好"[6]。加紧掌握科学技术、经济管理等知识技能，才能解决社会主义革命和建设中面临的现实问题。

提高改革开放和现代化建设能力。改革开放和建设中国特色社会主义是一项全新的事业，党中央提出要学习和掌握一切关于社会主义现代化建设的理论、知识和技术。邓小平指出，"当前大多数干部还要着重抓紧三个方面的学习：一个是学经济学，一个是学科学技术，一个是学管理"[7]。江泽民要求各级领导干部"学习关于社会主义市场经济和现代金融、现代管理等方面的知识"[8]。胡锦涛强调，"在加强政治理论学习的同时，还要抓紧学习经济、法律、科技、文化、历史等方面知识，学习一切反映当代世界发展的新知识，学习做好工作所

[1]《毛泽东选集》第4卷，人民出版社1991年版，第1347页。

[2] 同上书，第1428页。

[3] 同上书，第1427页。

[4] 同上书，第1481页。

[5]《毛泽东文集》第6卷，人民出版社1999年版，第396页。

[6]《毛泽东文集》第7卷，人民出版社1999年版，第350页。

[7]《邓小平文选》第2卷，人民出版社1994年版，第153页。

[8]《江泽民文选》第2卷，人民出版社2006年版，第288页。

必需的一切知识，不断拓宽知识领域"[1]。中国特色社会主义进入新时代，给我们党提出了新的要求，习近平总书记强调，"学习党的路线方针政策和国家法律法规，这是领导干部开展工作要做的基本准备，也是很重要的政治素养……经济、政治、历史、文化、社会、科技、军事、外交等方面的知识，领导干部要结合工作需要来学习，不断提高自己的知识化、专业化水平"[2]。掌握自然科学、社会科学和岗位职责所必备的各种知识，是中国共产党以学益智、以学修身、以学促行的法宝。

（三）汲取历史经验与把握历史规律

读史可以明智，知古方能鉴今。历史是最好的教科书，从学习历史中汲取营养，获得前进的智慧与力量，是我们党一贯重视并倡导的思想方法和学习方法。重视历史学习、总结历史经验、把握历史规律，是我们党领导中国革命、建设、改革事业不断取得胜利的重要原因。

以毛泽东同志为主要代表的中国共产党人，在中国革命和建设的历史进程中，注重总结与学习历史经验，在汲取正反两方面经验中不断进步。毛泽东在延安时期指出，"学习我们的历史遗产，用马克思主义的方法给以批判的总结，是我们学习的另一任务"，继承历史遗产"对于指导当前的伟大的运动，是有重要的帮助的"。[3] 毛泽东强调研究历史，最主要的是要研究中共党史，"我们要研究哪些是过去的成功和胜利，哪些是失败，前车之覆，后车之鉴"，"如何研究党史呢？根本的方法马、恩、列、斯已经讲过了，就是全面的历史的方法"[4]，最重要的是"应该以中国做中心，把屁股坐在中国身上"[5]。1945 年，党的六届七中全会通过《关于若干历史问题的决议》，对建党以来的历史经验作出科学系统的总结。毛泽东告诫全党，"共产党人不要怕犯错误。错误有两重性。错误一

---

[1]《胡锦涛文选》第 1 卷，人民出版社 2016 年版，第 493 页。

[2]《习近平谈治国理政》第 1 卷，外文出版社 2018 年版，第 405 页。

[3]《毛泽东选集》第 2 卷，人民出版社 1991 年版，第 533、534 页。

[4]《毛泽东文集》第 2 卷，人民出版社 1993 年版，第 399、400 页。

[5] 同上书，第 407 页。

方面损害党，损害人民；另一方面是好教员，很好地教育了党，教育了人民，对革命有好处"[1]。中国革命与社会主义建设事业正是在不断学习、总结经验中取得伟大成就，为中国特色社会主义奠定了坚实的物质基础，提供了宝贵的思想资源。

十一届三中全会后，中国共产党继续总结正反两方面的历史经验，结合改革开放新时期实践，不断推进中国特色社会主义伟大事业。邓小平强调，总结历史是为了开辟未来，"我们是历史唯物主义者，研究和解决任何问题都离不开一定的历史条件"[2]，"历史上成功的经验是宝贵财富，错误的经验、失败的经验也是宝贵财富"[3]。1981年，十一届六中全会通过《关于建国以来党的若干历史问题的决议》，科学总结新中国成立以来社会主义革命和建设的历史经验，实事求是地评价毛泽东的历史地位，充分肯定毛泽东思想作为党的指导思想的伟大意义。江泽民强调，学习历史具有重要意义，"一名领导干部不善于从历史中吸取营养，不可能成为高明的领导者；一个政党不善于从总结历史中认识和把握社会发展的规律，不可能成为顺应历史潮流的自觉的政党；一个民族不善于从历史中继承和发展本民族与世界其他民族创造的优秀文明成果，就不可能屹立于世界民族之林"[4]。胡锦涛指出："只有铭记历史，特别是铭记我们党领导人民创造的中国革命史，才能深刻了解过去、全面把握现在、正确创造未来。"[5]

党的十八大以来，习近平总书记站在中华民族伟大复兴战略全局和世界百年未有之大变局的高度，以大历史观的恢宏视野强调，"历史是最好的教科书"，认为"学习党史、国史，是坚持和发展中国特色社会主义、把党和国家各项事业继续推向前进的必修课"[6]；在学习贯彻党的创新理论时，"同学习党史、新中

---

[1]《毛泽东文集》第7卷，人民出版社1999年版，第136页。

[2]《邓小平文选》第2卷，人民出版社1994年版，第119页。

[3]《邓小平文选》第3卷，人民出版社1993年版，第234—235页。

[4]《江泽民文选》第2卷，人民出版社2006年版，第301页。

[5] 胡锦涛:《坚持不懈地学习中国革命史，发扬光大党的光荣革命传统》，载《人民日报》2006年7月26日。

[6]《在对历史的深入思考中更好走向未来 交出发展中国特色社会主义合格答卷》，载《人民日报》2013年6月27日。

国史、改革开放史、社会主义发展史结合起来"[1]。通过学习历史，科学把握历史发展的主题和主线、主流和本质，在对历史的深入思考中把握现实境遇，从历史中汲取前进的智慧与动力。

三、中国共产党百年学习的实践遵循

实践出真知，从实践中学习真理，进而检验真理，这是善于学习的基本遵循。加强调查研究不仅是工作方法问题，而且是关系党和人民事业得失成败的谋事之道、成事之基。我们党百年来坚持理论联系实际的马克思主义学风，读有字之书，读无字之书，向一切先进学习，做到真学真懂真用。

（一）读有字之书

学习和研读马克思主义经典著作，既可加强对马克思主义基本理论的理解，也是把握中国近现代复杂历史问题和当代中国重大现实问题的钥匙。中国共产党人研读马克思主义经典著作，结合学习和工作实际，着重领悟其精神实质，掌握其立场观点方法，以达到学以致用的效果。

学习马克思主义最基本的方法就是读经典、学原文、悟原理。习近平总书记强调，"学习理论最有效的办法是读原著、学原文、悟原理，强读强记，常学常新"[2]。

原原本本学原理是基础，而要学深弄通，就需要学思结合，深入思考。习近平同志告诫"领导干部读书，要坚持阅读与思考的统一，在广泛阅读的基础上开动脑筋，对现实中的疑惑进行深入思考，力求把零散的东西变为系统的、孤立的东西变为相互联系的、粗浅的东西变为精深的、感性的东西变为理性的"[3]。

学深悟透，需要联系实际。习近平总书记强调，"如果不顾历史条件和现

---

[1] 《习近平谈治国理政》第 3 卷，外文出版社 2020 年版，第 540 页。

[2] 同上书，第 519 页。

[3] 《领导干部要爱读书读好书善读书 推动学习型政党学习型社会建设》，载《人民日报》2009 年 5 月 14 日。

实情况变化，拘泥于马克思主义经典作家在特定历史条件下、针对具体情况作出的某些个别论断和具体行动纲领，我们就会因为思想脱离实际而不能顺利前进，甚至发生失误"[1]。理论联系实际是马克思主义优良学风，是学懂弄通马克思主义理论的本质要求，也是通过学习理论掌握解决问题方法的根本体现。

（二）读无字之书

人民群众是历史的创造者、推动者，人民群众的实践既是获取知识、思想的源泉，也是检验知识是否与客观实际相符合的唯一标准。注重调查研究，重视汲取人民智慧，是我们党深得民心、深解民意的重要方式。我们党坚持从群众中来，到群众中去，与人民一道深入解读社会实践这本无字之书，推动党和国家事业不断前进。

中国共产党历来强调实践在认识中的重要作用。毛泽东提出"没有调查，没有发言权"的著名论断，为我们党形成调查研究的优良传统和工作作风作出巨大贡献。邓小平指出，"我们改革开放的成功，不是靠本本，而是靠实践，靠实事求是"[2]。江泽民强调，没有调查就没有决策权，中国特色社会主义建设"各种问题的解决都取决于正确的决策，而正确的决策来源于对客观实际的周密调查研究"[3]。习近平总书记强调，完成党的目标和任务要在全党大兴调查之风，"调查研究是我们党的传家宝，是做好各项工作的基本功"[4]。回顾中国共产党百年学习历史，全党重视调查研究，坚持理论与实践相结合，党的事业就顺利发展；忽视调查研究，就会导致主观与客观相脱离，使党和人民的事业遭受损失甚至挫折。

人民群众是历史的主体和创造者，"离开群众的实践，学不好科学理论，

---

[1] 习近平：《在哲学社会科学工作座谈会上的讲话》，人民出版社 2016 年版，第 13 页。

[2] 《邓小平文选》第 3 卷，人民出版社 1993 年版，第 382 页。

[3] 《江泽民文选》第 1 卷，人民出版社 2006 年版，第 308 页。

[4] 中共中央党史和文献研究院、中央"不忘初心、牢记使命"主题教育领导小组办公室编：《习近平关于"不忘初心、牢记使命"论述摘编》，党建读物出版社、中央文献出版社 2019 年版，第 219—220 页。

也难以获得真知"[1]。从群众的实践中获得真知就是要坚持群众路线这一工作方法。毛泽东以马克思主义认识论为基础，科学总结群众路线的工作方法，"要在人民群众那里学得知识，制定政策，然后再去教育人民群众"[2]。邓小平强调，各级领导机关要贯彻群众路线，深入基层，克服官僚主义的做派，"使领导工作人员有足够的时间深入群众，善于运用典型调查的方法，研究群众的情况、经验和意见"[3]。习近平总书记指出："群众路线是我们党的生命线和根本工作路线，是我们党永葆青春活力和战斗力的重要传家宝。"[4] 我们党一贯强调要把党的正确主张变为群众的自觉行动，把群众路线贯彻到全部学习活动之中。

（三）向先进学习

"伟大时代呼唤伟大精神，崇高事业需要榜样引领。"[5] 中国共产党倡导向领袖人物学习，引领时代方向；坚持与人民群众同行，弘扬时代精神；向榜样典型学习，树立时代标杆。从先进代表中汲取前进的智慧与力量，是党求真务实、善于学习的精神本色，也是与时代同行的精神助力。

向领袖学习，以领袖为旗帜。伟大领袖是一个时代的精神指引，他们的科学思想、人格品质具有伟大的凝聚力、号召力、感染力。周恩来号召全党在毛泽东的旗帜下前进，"学习毛泽东必须全面地学习，从他的历史发展来学习，不要只看今天的成就伟大而不看历史的发展"[6]。邓小平坚持实事求是的原则，客观评价历史人物的功过是非，强调"确立毛泽东同志的历史地位，坚持和发展毛泽东思想。这是最核心的一条。不仅今天，而且今后，我们都要高举毛泽东思想的旗帜"[7]。在中国特色社会主义新时代，全党"牢固树立'四个意识'，切

［1］《胡锦涛文选》第1卷，人民出版社2016年版，第141页。

［2］《毛泽东文集》第8卷，人民出版社1999年版，第324页。

［3］《邓小平文选》第1卷，人民出版社1994年版，第223页。

［4］《习近平谈治国理政》第1卷，外文出版社2018年版，第27页。

［5］ 同上书，第159页。

［6］《周恩来选集》上卷，人民出版社1980年版，第331、332页。

［7］《邓小平文选》第2卷，人民出版社1994年版，第291页。

实增强'四个自信',在思想上政治上行动上同以习近平同志为核心的党中央保持高度一致,做政治上的明白人"[1]。向领袖学习,就是要学习伟大领袖高瞻远瞩的政治远见、坚定不移的理想信念、得心应手的斗争艺术、驾驭全局的领导才能和"我将无我"的伟大政治情怀。

向人民学习,以人民为老师。人民群众是历史的创造者,离开群众的智慧和力量,共产党人就会失去先进性。毛泽东指出,"群众是真正的英雄,而我们自己则往往是幼稚可笑的,不了解这一点,就不能得到起码的知识"[2]。江泽民要求,"不断从人民群众在实践中创造的新鲜经验中吸取营养,不断改进和完善自己的工作"[3]。胡锦涛指出,"我们一定要摆正领导和群众的关系,坚持相信群众、依靠群众,尊重群众实践和创造,虚心向群众学习,不断从人民群众中汲取丰富政治营养"[4]。习近平同志认为,办法就在群众中,"群众的实践是最丰富最生动的实践,群众中蕴藏着巨大的智慧和力量"[5]。向人民学习,进而更好地为人民服务,这是中国共产党以人民为中心思想的根本体现。

向榜样学习,以榜样为标杆。榜样的力量是无穷的,无论是哪个时期的先进人物、先进事迹,都蕴藏着推动事物向前发展的力量。胡锦涛指出,学习先进典型,"要以他们为镜子,对照自己的思想言行,找出差距,有意识地在实践中加以磨练,自觉向先进学习、向榜样看齐,不断使自己的思想品德达到新的境界"[6]。习近平同志指出,学习先进典型"最关键的是要学精神、学品质、学方法",要充分调动学习的自觉性与主动性,"以自己的实际行动学习先进、保持先进、赶超先进"。[7]我们党重视向榜样学习、向先进典型学习,这是帮助党员干部增强党性修养、增长才干的必然选择。

[1] 中共中央党史和文献研究院编:《十八大以来重要文献选编》(下),中央文献出版社 2018 年版,第 698 页。

[2] 《毛泽东选集》第 3 卷,人民出版社 1991 年版,第 790 页。

[3] 《江泽民文选》第 3 卷,人民出版社 2006 年版,第 24 页。

[4] 《胡锦涛文选》第 1 卷,人民出版社 2016 年版,第 184 页。

[5] 习近平:《之江新语》,浙江人民出版社 2007 年版,第 61 页。

[6] 《胡锦涛文选》第 1 卷,人民出版社 2016 年版,第 184 页。

[7] 习近平:《之江新语》,浙江人民出版社 2007 年版,第 218 页。

▍周湘宁 ▍ 北京师范大学马克思主义学院博士研究生

▍吕增奎 ▍ 中央党史和文献研究院第四研究部研究员

党的百年群众路线的丰富意蕴、
历史生成、基本经验考察

"群众路线"第一次出现在党的正式文件里，是在 1929 年 9 月的"九月来信"之中，但党的群众路线思想是党的"遗传基因"，可以追溯到更早时期。各地共产党早期组织在建立之初就积极投入群众运动之中，中国共产党一经成立就旗帜鲜明地坚持群众路线，党的群众路线思想随着党的成长壮大而不断丰富发展。历史和现实都启示我们，党的最大政治优势是密切联系群众，党执政后最大的危险是脱离群众。群众路线思想是党的百年历程所形成的宝贵精神财富。考察其丰富意蕴，梳理其历史生成，总结其基本经验，是研究党的百年辉煌历史的一项重大课题。

一、党的百年群众路线思想的丰富意蕴

群众路线思想是党的百年奋斗过程中形成的重要理论，即一切为了群众，一切依靠群众，从群众中来，到群众中去，把党的正确主张变为群众的自觉行动。这五句话语言精练、思想深刻，需要我们深入解读其思想内涵。

（一）一切为了群众，坚持全心全意为人民服务的根本宗旨

第一，全心全意为人民服务是立党之本。群众路线集中体现了党的性质宗旨和理想信念。习近平同志指出："始终坚持全心全意为人民服务的根本宗旨，

是我们党始终得到人民拥护和爱戴的根本原因。"[1] 全心全意为人民服务，是党一切思想和行动的根本出发点和落脚点，是党区别于其他一切政党的根本标志。全心全意为人民服务的理想信念，激励着一代又一代中国共产党人砥砺前行。"一切为了群众，否则，革命就毫无意义。"[2] 中国革命是在长期敌强我弱的形势下进行的，为什么中国共产党人能够战胜千难万险，克服无数艰难险阻，取得最终胜利，就是因为始终坚持全心全意为人民服务。正是因为坚持全心全意为人民服务的理想信念，中国共产党才能带领中国人民在极端艰难中发展壮大，才能在险象环生中转危为安，才能在极端困苦中奋勇崛起，才能在滚滚向前的历史潮流中屹立于潮头，才能在风险考验中不断解决自身存在的问题，最终带领中国人民从一个胜利走向另一个胜利。

第二，坚持以群众路线为党的根本工作路线。全心全意为人民服务是党的一切工作的根本指针，党的政治路线和组织路线必须充分体现群众路线的基本要求。只有把群众路线作为自己的根本工作路线，才能真正确保党的路线、方针、政策的人民性。党的政治路线是党为了完成一个时期的政治任务而制定的总路线，坚持党的政治路线体现群众路线的要求，才能充分反映这一时期人民群众最迫切的需求，也才能够制定出人民群众拥护的政治路线，确保政治路线真正得以贯彻落实。"我们党是根据自己的纲领和章程，按照民主集中制组织起来的统一整体"[3]。党的民主集中制原则，既反对脱离集中的极端民主化，也反对脱离民主的个人专断，体现了党的个人与组织、少数与多数、下级与上级、全体党员与党的全国代表大会和中央委员会之间的正确关系，是坚持以群众路线为根本工作路线在党内工作中的正确反映。

第三，坚持在任何时候都把人民群众利益放到第一位。党在最广大人民群众的利益以外，没有任何自己的特殊利益。中国共产党人只能获得制度和规定

---

[1] 中共中央文献研究室编：《十七大以来重要文献选编》（下），中央文献出版社 2013 年版，第1025 页。

[2] 《刘少奇选集》上卷，人民出版社 1981 年版，第 234 页。

[3] 习近平：《干在实处　走在前列——推进浙江新发展的思考与实践》，中共中央党校出版社2006 年版，第 461 页。

范围内的个人利益，在个人利益和人民群众的利益发生冲突时，必须无条件地服从人民群众的利益。在任何时候任何情况下，都不允许任何组织或个人的利益凌驾于人民群众之上。部门利益、团体利益，必须服从最广大人民的根本利益。党的所有主张和行动都必须合乎最广大人民群众的根本利益，以得到最广大人民群众的拥护为根本出发点。习近平总书记在参加河北省委常委班子专题民主生活会时强调，作为党的干部，就是要全心全意为人民服务，真心诚意为党和人民的事业奋斗，"大公无私、公私分明、先公后私、公而忘私"[1]。

（二）一切依靠群众，坚持人民群众是推动历史发展的根本力量

第一，一切依靠群众，必须坚持历史唯物主义。马克思、恩格斯在《德意志意识形态》中，对唯心主义历史观进行了深刻批判，指出社会历史发展不是观念自身的运动，而是物质生产条件的创造过程，所以"可以用纯粹经验的方法来确认"[2]。历史研究的入口应当是现实的个人，马克思、恩格斯指出："这是一些现实的个人，是他们的活动和他们的物质生活条件，包括他们已有的和由他们自己的活动创造出来的物质生活条件。"[3] 因此，社会历史不是英雄人物所创造，也不是哲学思辨的结果，而是由人民群众在获得物质生活条件时所创造的。这样，马克思主义就在人类思想史上第一次指出：人民群众是社会历史真正的创造者，是真正的英雄。无产阶级政党在任何情况下都必须相信和依靠群众。

第二，一切依靠群众，必须充分尊重人民群众的历史主体地位。从依靠群众的观点出发，相信人民群众是党的力量的源泉。毛泽东指出，只要我们依靠人民群众，依靠人民群众无穷无尽的创造力，在任何时间和地方都能和人民群众打成一片，"那就任何困难也能克服，任何敌人也不能压倒我们，而只会被我们所压倒"[4]。从一切依靠群众、尊重人民的历史主体地位出发，就会发现任何

---

[1]　中共中央文献研究室、中央党的群众路线教育实践活动领导小组办公室编：《习近平关于党的群众路线教育实践活动论述摘编》，党建读物出版社、中央文献出版社 2014 年版，第 39 页。

[2]　《马克思恩格斯文集》第 1 卷，人民出版社 2009 年版，第 519 页。

[3]　同上。

[4]　《毛泽东选集》第 3 卷，人民出版社 1991 年版，第 1096 页。

恩赐的观点、代替群众做主的观点都是错误的，只有人民群众亲自进行斗争获得的胜利，才是属于人民群众的，也才是能够得以真正保卫的。因此，党要做的工作是，在人民群众还没有自觉的时候，启发人民群众自觉；在人民群众自觉之后，将人民群众组织起来，在实践中进一步引导人民群众。

第三，一切依靠群众，必须充分尊重伟大民族精神。中国人民书写了波澜壮阔的中华民族发展史，创造了博大精深的中华文明，培养了历久弥新的中华民族精神。中国人民具有伟大的创造精神、奋斗精神、团结精神和梦想精神。"中国人民在长期奋斗中培育、继承、发展起来的伟大的民族精神，为中国发展和人类文明进步提供了强大精神动力。"[1] 伟大的人民、伟大的民族、伟大的民族精神，是"我们坚定中国特色社会主义道路自信、理论自信、制度自信、文化自信的底气，也是我们风雨无阻、高歌行进的根本力量"[2]。因此，党必须充分尊重伟大民族精神，把"人民拥护不拥护、赞成不赞成、高兴不高兴、答应不答应作为衡量一切工作得失的根本标准"[3]。

（三）从群众中来，到群众中去，把党的正确主张变为群众的自觉行动

第一，坚持党和人民群众的辩证关系。承认人民群众是历史的真正创造者，承认共产党是带领人民群众进行历史新创造的唯一政治力量，是马克思主义哲学区别于其他一切哲学的根本标志。马克思列宁主义认为，进行艰苦卓绝的革命斗争，党需要引导群众，"没有为本阶级一切正直的人们所信赖的党，没有善于考察群众情绪和影响群众情绪的党，要顺利地进行这种斗争是不可能的"[4]。一切脱离依靠群众、不相信群众的观点，都是自断臂膀的夜郎自大；同样，党肩负着启发群众和组织群众的历史重任，离开党的领导，一切人民群众向前进的论调都是空谈。关于后者，毛泽东在全民族抗日战争时期指出，"日本敢于欺

---

[1] 《习近平谈治国理政》第 3 卷，外文出版社 2020 年版，第 140 页。

[2] 同上书，第 142 页。

[3] 同上。

[4] 《列宁选集》第 4 卷，人民出版社 2012 年版，第 155 页。

负我们，主要的原因在于中国民众的无组织状态"[1]，一旦通过群众路线把中国人民组织起来，日本侵略者将面对的是中国人民组成的汪洋大海。

第二，把群众路线作为党的根本作风。党要取得领导人民群众的资格，除了相信群众、依靠群众之外，还必须保持优良作风，始终保持与人民群众的血肉联系，赢得人民的信任与拥护，这是党把正确的主张变为群众的自觉行动的前提。群众路线就是党的根本路线、根本作风。习近平总书记指出："加强干部作风建设，最重要是要抓住保持同人民群众的血肉联系这个核心问题。"[2]理论与实践相结合的作风需要党始终坚持从群众中来，到群众中去，坚持从人民群众的伟大实践中总结理论，以人民群众的伟大实践来检验和发展理论。只有坚持把群众路线作为党的根本作风，才能始终保持党的优良作风不变质、不走样。

第三，从群众中来，到群众中去，是党的基本领导方法。这是马克思主义认识论在党的工作中的生动体现，即以实践为中介来发现、检验和发展真理。从群众中来，是在实践的基础上，由感性认识能动地上升到理性认识的过程；到群众中去，是理性认识回到实践、指导实践、改造世界的过程。从群众中来，到群众中去，循环往复，以至无穷。每一次都比上一次更加准确、更加具体、更加丰富，最终实现主观与客观相统一的目的。人民群众的实践既是我们认识的源泉，又是检验我们认识正确与否的最高标准。因此，毛泽东在《关于领导方法的若干问题》中指出："在我党的一切实际工作中，凡属正确的领导，必须是从群众中来，到群众中去。"[3]

二、党的百年群众路线思想的历史生成

建党初期与大革命时期是党的群众路线思想的萌芽阶段。1921年7月，党的一大通过的《中国共产党第一个纲领》就明确提出，"本党承认苏维埃管理制

---

[1] 《毛泽东选集》第2卷，人民出版社1991年版，第511页。

[2] 中共中央文献研究室、中央党的群众路线教育实践活动领导小组办公室编：《习近平关于党的群众路线教育实践活动论述摘编》，党建读物出版社、中央文献出版社2014年版，第1页。

[3] 《毛泽东选集》第3卷，人民出版社1991年版，第899页。

度，把工农劳动者和士兵组织起来"，为了人民群众的根本利益而奋斗，"承认无产阶级专政，直到阶级斗争结束"。[1]1922 年 7 月，党的二大制定的《关于共产党的组织章程决议案》提出，"我们既然是为无产群众奋斗的政党，我们便要'到群众中去'要组成一个大的'群众党'"[2]。1925 年，毛泽东在《中国社会各阶级的分析》中，分析了中国社会各阶级的经济地位及其对革命的态度并指出："工业无产阶级是我们革命的领导力量。一切半无产阶级、小资产阶级，是我们最接近的朋友。"[3]1927 年 3 月，为了回应党内外对于农民运动的责难，毛泽东撰写了《湖南农民运动考察报告》，指出农民运动暴风骤雨般的强大力量与发展形势，是任何力量都无法压制的，"他们将冲决一切束缚他们的罗网，朝着解放的路上迅跑"[4]。

　　土地革命战争时期是党的群众路线思想的形成阶段。1927 年 8 月，中共中央召开紧急会议，批评了以陈独秀为代表的右倾机会主义错误。毛泽东指出："以后要非常注意军事。须知政权是由枪杆子中取得的。"[5]只有实行"耕者有其田"的土地所有制，党对革命的领导才能得到农民的支持，武装斗争和建立革命政权才会有坚实的群众基础。1927 年 9 月，毛泽东率领秋收起义的部队上了井冈山，开辟了"农村包围城市，武装夺取政权"的革命道路。1929 年 9 月，根据中央政治局会议精神和周恩来、李立三的谈话要点，由陈毅起草、周恩来审定的《中央给红四军前委的指示信》（党史上称为"九月来信"）中，三次提到"群众路线"。这是在党的正式文件里，第一次出现"群众路线"概念。1930—1934 年，毛泽东、周恩来、刘少奇、瞿秋白、陈云等党的领导人都对党的群众路线思想进行了阐述，毛泽东将群众路线的工作方法和实事求是的思想路线紧密结合了起来。

[1] 中共中央文献研究室、中央档案馆编：《建党以来重要文献选编（1921—1949）》第 1 册，中央文献出版社 2011 年版，第 1 页。

[2] 同上书，第 162 页。

[3]《毛泽东选集》第 1 卷，人民出版社 1991 年版，第 9 页。

[4] 同上书，第 13 页。

[5]《毛泽东文集》第 1 卷，人民出版社 1993 年版，第 47 页。

抗日战争和解放战争时期，党的群众路线思想走向成熟。全民族抗日战争爆发后，针对"速胜论"和"亡国论"的错误观点，毛泽东在《论持久战》中指出："战争的伟力之最深厚的根源，存在于民众之中。"[1]只要数万万群众组织起来，日本侵略者就像冲入火阵的一匹野牛，被烧死就是它唯一的结局。党在这一时期的群众路线，集中体现在发动群众和武装群众，发展抗日游击队，巩固和扩大抗日根据地，使日寇陷入人民战争的汪洋大海。1945年，毛泽东在党的七大上作了《论联合政府》的政治报告，要求全党必须"全心全意地为人民服务，一刻也不脱离群众；一切从人民的利益出发"[2]。党的七大党章第一次比较全面地概括了建党以来群众路线的基本经验，第一次系统阐发了党的群众路线思想的基本内容，这标志着党的群众路线思想走向成熟。

从新中国成立到1978年党的十一届三中全会，党的群众路线思想进一步得到了丰富。在这一时期，我们党坚持依靠群众、发动群众、组织群众，对党内可能滋长的不良作风保持高度警惕，并通过整党、"三反"运动等保持了党的纯洁性，从而在社会主义革命和建设时期取得了卓越成就。1956年，党的八大第一次把"群众路线"写入党章。1957年，毛泽东在《正确处理人民内部矛盾的问题》中指出党和人民群众的关系是建立和巩固社会主义制度的基础。但是，从1958年开始，出现了将群众路线简单地等同于"群众运动"的错误倾向，给党和人民的事业造成了损失。

改革开放以来，是党的群众路线思想的恢复与发展阶段。"文化大革命"结束后，以邓小平同志为主要代表的中国共产党人，强调恢复和发展党的群众路线的极端重要性，不断加强党同人民群众的血肉联系，明确指出："群众是我们力量的源泉，群众路线和群众观点是我们的传家宝。"[3]1981年，党的十一届六中全会通过的《关于建国以来若干历史问题的决议》指出："群众路线就是一

[1]《毛泽东选集》第2卷，人民出版社1991年版，第511页。

[2]《毛泽东选集》第3卷，人民出版社1991年版，第1094页。

[3]《邓小平文选》第2卷，人民出版社1994年版，第368页。

切为了群众，一切依靠群众，从群众中来，到群众中去。"[1] 在此基础上，1982年，党的十二大党章增加了"把党的正确主张变为群众的自觉行动"[2]。至此，党的群众路线思想获得了内涵丰富的完整表述。邓小平强调："改革开放中许许多多的东西，都是群众在实践中提出来的。"[3] 改革开放以来，党始终坚持群众路线，人民群众的首创精神发挥出巨大威力，中国特色社会主义事业扬帆起航。

党的十三届四中全会以来，以江泽民同志为主要代表的中国共产党人提出了"立党为公，执政为民"的重要理念，提出了包括"始终代表最广大人民的根本利益"重要内容的"三个代表"重要思想。1990年，党的十三届四中全会通过的《关于加强党同人民群众联系的决定》，进一步丰富了党的群众观点，指出要牢固树立五种观点，即人民群众是历史创造者、向人民群众学习、全心全意为人民服务、干部的权力是人民赋予的、对党负责与对人民负责相一致。1992年，党的十四大党章对党的群众路线进行了完整概括，这一概括一直沿用至今，成为党的群众路线的权威表述。聚焦满足人民日益增长的物质文化需要这一重大问题，党坚定不移地解放和发展生产力，国家经济实力显著增强。2000年，党的十五届五中全会指出："我们已经实现了现代化建设的前两步战略目标，经济和社会全面发展，人民生活总体上达到了小康水平。"[4]

党的十六大以来，以胡锦涛同志为主要代表的中国共产党人提出了科学发展观。胡锦涛指出，科学发展观的核心是以人为本，"体现了我们党全心全意为人民服务的根本宗旨"[5]。践行科学发展观，对党的执政能力提出了更高的要求，胡锦涛要求全党特别是领导干部，"做到权为民所用，情为民所系，利为民所谋"[6]。

[1] 中共中央文献研究室编：《三中全会以来重要文献选编》下，中央文献出版社2011年版，第163页。

[2] 中共中央文献研究室编：《十二大以来重要文献选编》（上），人民出版社1986年版，第67页。

[3] 中共中央文献研究室编：《邓小平年谱（1975—1997）》（下），中央文献出版社2004年版，第1350页。

[4] 中共中央文献研究室编：《十五大以来重要文献选编》（中），人民出版社2001年版，第1369页。

[5] 《胡锦涛文选》第3卷，人民出版社2016年版，第4页。

[6] 中共中央文献研究室编：《十六大以来重要文献选编》（上），中央文献出版社2005年版，第84页。

2006 年，党的十六届六中全会通过了《中共中央关于构建社会主义和谐社会若干重大问题的决定》，强调构建社会主义和谐社会的指导思想，要以解决人民群众最关心、最直接、最现实的利益问题为重点。胡锦涛强调："加强领导，有重点分步骤持续推进社会主义和谐社会建设。"[1] 构建社会主义和谐社会这一重大战略思想的提出，符合人民群众的根本利益，是人民群众的共同愿景，使党的群众路线思想达到了新高度。为建设共同享有的和谐社会，我国取消了延续2600 多年的农业税，全面推进惠及亿万农民的社会主义新农村建设，实施安居工程，建立了覆盖城乡居民的社会保障体系。

党的十八大以来，以习近平同志为核心的党中央，围绕坚持党的根本宗旨、贯彻党的群众路线，推动党的群众路线思想进入了新时代。习近平总书记强调，党必须始终坚持人民立场，坚持人民主体地位，"虚心向人民学习，倾听人民呼声，汲取人民智慧"[2]，以人民群众的满意度作为衡量党的一切工作成败得失的标尺。党始终坚持尊重人民群众的主体地位，充分发挥人民群众的主体作用，尊重人民群众的意愿、经验、权利，以激发人民群众的创造活力，推进新时代中国特色社会主义事业。

以人民为中心的发展思想，是习近平总书记在新时代对党的群众路线思想的重大创新，深刻阐述了党的全部工作都把人民群众的愿望和要求作为决策的根本依据，"把党的群众路线贯彻到治国理政全部活动之中，把人民对美好生活的向往作为奋斗目标"[3]，使各项政策都体现人民群众的长远利益和现实利益。为保持党的先进性和纯洁性，全党深入开展了党的群众路线教育实践活动，增强了广大党员、干部贯彻党的群众路线的自觉性和坚定性，有效解决了群众强烈反映的突出问题，大大夯实了党的执政基础。

---

[1] 《胡锦涛文选》第 2 卷，人民出版社 2016 年版，第 525 页。

[2] 《习近平谈治国理政》第 3 卷，外文出版社 2020 年版，第 142 页。

[3] 习近平：《决胜全面建成小康社会　夺取新时代中国特色社会主义伟大胜利——在中国共产党第十九次全国代表大会上的报告》，人民出版社 2017 年版，第 21 页。

三、党的百年群众路线的基本经验

中国共产党在成立之初，就明确提出为人民群众的利益而奋斗的目标，旗帜鲜明地坚持群众路线，以区别于任何其他政党的全新姿态出现在中国政治舞台上。随着革命实践不断推进，党的群众路线思想也在不断发展，形成了内涵深刻的理论经验、历史经验和现实经验。

（一）群众路线决定着党和国家事业的成败

第一，理论经验启示我们，群众路线决定党的事业成败。习近平总书记在党的群众路线教育实践活动工作会议上指出："能否保持党同人民群众的血肉联系，决定着党的事业的成败。"[1]党的力量在于人民，只有坚持全心全意为人民服务的宗旨，党才能发展壮大，党领导的伟大事业才能形成星火燎原之势。党来自人民，只有保持同人民群众的血肉联系，才能立于不败之地，党领导的伟大事业才能具备坚实的根基；党植根于人民，只有充分发挥密切联系群众这一巨大优势，才能推动历史前进，党领导的伟大事业才能获得不竭的动力；党的血脉在于人民，只有坚定不移地与人民同呼吸共命运，才能经受住各种风险挑战，党领导的伟大事业才能从胜利走向胜利。

第二，历史经验告诉我们，党的事业成败根基在于群众路线。大革命时期，党正处于年幼阶段，以陈独秀为首的中央领导机关犯了右倾机会主义错误，拒绝接受毛泽东的正确意见，不敢支持农民这个伟大的同盟军，使党陷入了孤立无援的境地，给国民党叛变革命、发动反革命政变以可乘之机。以土地革命战争为起点，党的群众路线思想得以形成和贯彻，党找到了一条"农村包围城市，武装夺取政权"的正确革命道路，党领导的事业实现了由幼稚到成熟的伟大转变，最终夺取了新民主主义革命的胜利，建立了新中国。习近平总书记指出，

---

[1] 中共中央文献研究室编：《十八大以来重要文献选编》（上），中央文献出版社 2014 年版，第309 页。

党的十一届三中全会以来，党恢复了解放思想、实事求是的思想路线，"始终高度重视保持党同人民群众的血肉联系"[1]，全党作风状况为之焕然一新，有效保障了党的改革开放和社会主义现代化建设的顺利推进。

第三，现实经验启迪我们，群众路线为党的事业成功奠定基础。党的十八大以来，面对世界经济复苏乏力、局部冲突和动荡频发、全球性问题加剧的外部环境，面对中国艰巨繁重的改革发展稳定任务，我们党"必须紧紧依靠人民，充分调动最广大人民的积极性、主动性、创造性。开展党的群众路线教育实践活动，就是要使全党同志牢记并恪守全心全意为人民服务的根本宗旨，以优良作风把人民紧紧凝聚在一起"[2]，在全面深化改革、民主法治建设、思想文化建设、人民生活改善、生态文明建设、强军兴军、全方位外交和全面从严治党方面持续推进，推动党和国家事业发生了历史性变革。党的十八大以来，我们党之所以能够具有全面开创党和国家事业新局面的勇气，是因为党肩负着人民群众的重托；之所以解决了许多长期想解决而没有解决的难题，是因为解决的问题都顺应了人民群众的殷切期盼。

（二）坚持与发展群众路线，必须密切联系中国命运与人类命运，创新实践路径，完善相关制度

第一，坚持与发展群众路线，必须密切联系中国命运。党的十九大报告指出："中国共产党人的初心和使命，就是为中国人民谋幸福，为中华民族谋复兴。"[3] 中国人民的幸福与中华民族的命运紧密相连，群众路线就是中华民族危急存亡之际的一次关键抉择。鸦片战争以来，为探寻中华民族救亡图存的道路，无数仁人志士进行了前仆后继、虽败犹荣的斗争。1917 年，亿万俄国工人、农民和士兵的觉醒，汇聚成为划时代的十月革命，给探寻革命道路的中国先进知

---

[1] 中共中央文献研究室编：《十八大以来重要文献选编》（上），中央文献出版社 2014 年版，第309 页。

[2] 同上。

[3] 习近平：《决胜全面建成小康社会 夺取新时代中国特色社会主义伟大胜利——在中国共产党第十九次全国代表大会上的报告》，人民出版 2017 年版，第 1 页。

识分子以深刻的启迪，推动他们去研究和宣传这个革命所遵循的群众观点。在五四运动中登上历史舞台的中国工人阶级，以其革命性与纪律性在运动后期成为主力军。各地共产党早期组织成立后，就积极开展群众运动。李大钊指出："我们很盼望知识阶级作民众的先驱，民众作知识阶级的后盾。"[1] 为加强与人民群众的联系，各地共产党早期组织积极创办了一批供工人阅读的刊物，如上海的《劳动节》，北京的《劳动音》和《工人月刊》等。可以说，群众路线思想是党在孕育之初就携带的"遗传基因"，镌刻在党的伟大灵魂之上，走俄国的道路，走依靠人民群众的道路，是中华民族救亡图存道路的起点。坚持群众路线与中国命运紧密联系，不仅体现在中国共产党孕育之初，而且贯穿于党的全部历史。以党在新民主主义革命时期的正反两方面经验为例，可以较为充分地阐明这一问题。大革命时期，毛泽东的群众路线思想没有在党内占据主流地位，中国革命的动力不包括农民这个占人口绝大多数的群体，党因而缺乏支持革命的雄厚力量，不能完成近代中国两大历史任务。毛泽东指出："认清中国的国情，乃是认清一切革命问题的基本的根据。"[2] 彼时，中国共产党尚处于年幼阶段，不能充分地认识中国国情，群众路线也没有密切地联系中国之情况、中国之命运。在抗日战争时期，党牢牢把握住了社会主要矛盾，即中华民族与日本帝国主义侵略者的矛盾，团结了一切可以团结的力量，使日本侵略者陷入中国人民战争的汪洋大海之中。

第二，坚持与发展群众路线，必须密切联系人类命运。构建人类命运共同体理念之所以一经提出，就能够受到世界各国人民的广泛关注，并且日益得到世界各国人民的广泛而深刻认同，就在于其坚持群众路线，尊重各国人民的共同愿望，依靠各国人民建设持久和平与共同繁荣的世界。党的十八大以来，习近平总书记深刻洞察人类历史的发展进程，顺应世界人民、各国人民的愿望，提出了构建人类命运共同体理念，深刻回答了"建设一个什么样的世界、怎样建设这个世界"的重大问题。习近平总书记指出："让和平的薪火代代相传，让

---

[1]　中国李大钊研究会编注：《李大钊全集》第3卷，人民出版社2013年版，第221页。

[2]　《毛泽东选集》第2卷，人民出版社1991年版，第633页。

发展的动力源源不断，让文明的光芒熠熠生辉，是各国人民的期待。"[1] 然而，和平与发展仍然面临着世界经济增长乏力、金融危机、发展鸿沟扩大、强权政治、重大传染性疾病、气候变化等问题的挑战。因此，党的十九大报告呼吁："各国人民同心协力，构建人类命运共同体，建设持久和平、普遍安全、共同繁荣、开放包容、清洁美丽的世界。"[2] 这一理念体现了自由、平等、公平、正义等世界人民共同的价值追求，汇聚着世界各国人民对和平、发展向往的最大公约数，为把世界各国人民对美好生活的向往变成现实指明了方向，是群众路线思想在新时代的重要发展。

第三，坚持与发展群众路线，必须不断创新实践路径。人民群众是党的服务对象和依靠力量，人民群众到哪里，党的群众路线实践就必须跟到哪里。田间地头、工厂车间、大厦写字楼和基层连队是群众路线实践活动的传统场域。互联网和信息技术代表着新的生产力和新的发展方向，目前我国已成为网民数量全球第一的互联网大国，网络也成为党进行群众路线实践活动的新兴领域。习近平总书记指出："善于运用网络了解民意、开展工作，是新形势下领导干部做好工作的基本功。"[3] 党的群众路线实践必须适应互联网发展潮流，与时俱进地实现群众工作网络化、信息化和数字化。首先，党员干部必须深入到网民之中，成为网民中的普通一员，真切体会互联网时代人民群众的感受，努力做到"入网体民情"；其次，党员干部必须多层次、多维度地运用互联网资源，充分拓宽深入掌握民意的途径，真正做到"上网察民意"；最后，对网民意见应当有效回应，必须组织搜集、整理和研究网民意见的专门力量，通过网络与人民群众建立更加紧密的联系，切实做到"下网解民忧"。

第四，坚持和发展群众路线，必须不断健全和完善群众路线的各项制度。习近平总书记在党的十九届四中全会上指出，十八大以来，我们党把制度建设摆在更加突出的位置，提出"十三五"期间实现"各领域基础性制度体系基本

---

[1] 习近平：《论坚持推动构建人类命运共同体》，中央文献出版社 2018 年版，第 416 页。

[2] 同上书，第 491 页。

[3] 《习近平谈治国理政》第 2 卷，外文出版社 2017 年版，第 336 页。

形成"[1]的目标。坚持人民当家做主，紧紧依靠人民推动国家发展，是我国国家制度的显著优势。习近平总书记在阐述完善党的领导制度体系时明确提出，要"健全为人民执政、靠人民执政各项制度"[2]。这主要包括：完善党员、干部联系群众制度，完善防范脱离群众的制度，创新互联网条件下的群众工作机制，保障人民群众的主体地位；健全联系广泛、服务群众的群团工作体系，推动人民团体把各自联系的群众紧紧团结在党的周围；健全充满活力的基层群众自治制度，健全人民文化权益保障制度，坚持和完善统筹城乡的民生保障制度，强化提高人民健康水平的制度保障。强调为人民执政、靠人民执政是中国共产党领导制度体系中的重要内容，为党带领人民同心同德，顽强奋斗，夺取全面建设社会主义现代化国家新胜利提供制度保障。

---

[1] 《中共中央关于坚持和完善中国特色社会主义制度　推进国家治理体系和治理能力现代化若干重大问题的决定》，人民出版社 2019 年版，第 47 页。

[2] 同上书，第 8 页。

第六篇

21 世纪
世界社会主义
中流砥柱

| 于洪君 | 中央对外联络部原副部长兼当代世界研究中心主任、中国前驻乌兹别克斯坦大使

党的对外交往：中国革命与建设事业不可分割的一部分

中国共产党是一个拥有 100 年光辉历史、70 余年执政历史的伟大政党。自 1921 年成立时起，中国共产党就是具有宽广的世界情怀和远大的战略目标，并以推动人类社会共同进步为己任的重要国际力量。党的对外交往，一开始就是中国革命事业的重要组成部分。新中国成立后，特别是改革开放后，党的对外交往与国家外交彼此协调，密切配合，相得益彰，积累了许多经验。党的十八大以来，在习近平总书记直接领导下，党的对外交往又取得了新的突破，实现了创造性发展，既有力地维护了自身良好形象，又有力地配合了国家总体外交，为我国拓展发展与安全利益、营造现代化建设的良好外部环境，作出了独特贡献。如今，党的对外交往已不仅是新时期中国特色大国外交不可或缺的重要组成部分，同时也是当今世界大变局中国际政党政治景观中一道亮丽的风景线。

一、革命战争年代：丰富多彩的对外交往与艰苦卓绝的国内斗争相辅相成

20 世纪 20 年代初，在中华民族苦难深重的历史时刻，中国共产主义运动先驱者积极寻找救国救民的革命真理，首先把目光投向列宁领导建立的苏维埃俄国。陈独秀、李大钊等早期马克思主义者，与俄共（布）派来的第三国际即共产国际的代表建立直接联系并深入沟通，最终作出了建党决定。"十月革命一

声炮响，给我们送来了马克思列宁主义"[1] 说的就是这一历史事实。

共产国际及其所属组织赤色工会国际的代表，直接参与了中共一大的相关工作。一大确认"党中央委员会应每月向第三国际报告工作"[2]，表明中共与共产国际的关系一开始就十分密切。次年召开的中共二大，正式决定中共加入共产国际，确定中共为其"中国支部"。中共最初几次党代会文件，均有俄语文本，并且都送至共产国际总部。共产国际代表多方面参与中共活动，中共亦坚持参加共产国际的各种会议和相关活动，向其总部和相关组织派驻代表。中共一些重要活动家，如张太雷、瞿秋白、李立三、刘少奇、周恩来、任弼时、王稼祥等，都曾在共产国际及其相关组织工作过。中共在共产国际的活动是党的全部工作的重要组成部分。

列宁及其领导的俄共（布），首先将科学社会主义由理论变为现实，因而是当时国际共运的先锋队和主力军。中国早期共产主义者依靠俄共（布）及其创建的共产国际的支持，完成了组织上的建党任务并与共产国际保持密切联系。这是中华民族走向进步与解放的过程中寻求外部支持的一种历史必然，是中国共产主义先驱者们站在历史正确的一边，睿智而果敢地作出的经天纬地的伟大选择，既毋庸讳言，也无可厚非。

当时，伟大的民主主义者孙中山建立并领导的中国国民党，也是借助于苏俄和共产国际的帮助，完成政治改造，确立并实施联俄、联共、扶助农工三大政策的。来自苏联的政治和军事顾问，直接参加国共两党发动的第一次大革命，包括北伐战争。两党曾分别选派数以千计的优秀青年到苏联学习。1927 年，蒋介石背叛革命，中共处于白色恐怖之中，大批领导人和骨干力量到苏联学习。中共六大也是在联共（布）和共产国际的直接参与下，在莫斯科举行的。

毛泽东说过："中国共产党就是依照苏联共产党的榜样建立起来和发展起来的一个党。自从有了中国共产党，中国革命的面目就焕然一新了。"[3]1981 年，

---

[1] 《毛泽东选集》第 4 卷，人民出版社 1991 年版，第 1471 页。

[2] 中共中央文献研究室、中央档案馆编：《建党以来重要文献选编（1921—1949）》第 1 册，中央文献出版社 2011 年版，第 6 页。

[3] 《毛泽东选集》第 4 卷，人民出版社 1991 年版，第 1357 页。

中共十一届六中全会《关于建国以来党的若干历史问题的决议》也指出："中国共产党是马克思列宁主义同中国工人运动相结合的产物，是在俄国十月革命和我国五四运动的影响下，在列宁领导的共产国际帮助下诞生的。"[1] "在中共的对外关系发展过程中，这是一种很特殊的关系。"[2]

需要指出的是，即使在初创时期，中共许多方面还不很成熟，陈独秀等领导人对待联共（布）和共产国际，也主张"要保留独立自主的权力，要有独立自主的作法"[3]。以毛泽东同志为主要代表的中国共产党人，为抵制共产国际的错误指导，抵制来自莫斯科的粗暴干涉，进行了顽强斗争。1935 年遵义会议后，以毛泽东同志为主要代表的中国共产党人，曾尽最大努力消除外部因素对中共内部事务和中国革命的消极影响。长征期间，中共努力恢复与共产国际中断的联系，但独立自主地位不断加强，运用马克思主义理论独自解决本国问题的能力不断增强。

还需指出的是，当时世界革命风起云涌，各国进步力量谋求广泛的国际联合。中共初创时期的对外交往，并非仅限于苏俄和共产国际。周恩来、赵世炎等人在欧洲留学或工作时，同欧洲共产主义组织建立了联系。周恩来、朱德、李富春等人还参与过西欧共产党组织的活动。中共同越南共产主义运动、周恩来等人与越南革命家胡志明的革命情谊，就是那个时候建立起来的。胡志明曾与周恩来一道，协助苏联顾问在广州开展活动，请周恩来、李富春等中共党员到越南青年革命同志会政治培训班讲课，并通过周恩来的关系，选送越南青年到黄埔军校学习。到莫斯科东方大学学习后，他与中共的交往更加密切。正是在中共的大力支持下，1930 年，胡志明在香港九龙建立了越南共产党。1938 年，胡志明到了延安，见到了毛泽东、周恩来等人。当时，中共全力支持胡志明、长征等越南共产党人在中国开展革命活动，并曾经数次营救被捕入狱的胡志明。[4]

---

[1]　中共中央文献研究室编：《改革开放三十年重要文献选编》（上），中央文献出版社 2008 年版，第 182 页。

[2]　王家瑞主编：《中国共产党对外交往 90 年》，当代世界出版社 2013 年版，第 1 页。

[3]　同上书，第 2 页。

[4]　参见于洪君主编：《新型政党关系与新时代政党外交》，当代世界出版社 2019 年版，第 294 页。

1936 年，世界反法西斯斗争进入新阶段。中共对外交往与联络思路放宽、范围扩大。美国记者埃德加·斯诺（Edgar Snow）和美籍黎巴嫩人马海德（Shafick George Hatem）应邀来到延安。前者通过考察陕甘宁边区、采访毛泽东等中共领导人，写出了《红星照耀中国》，向国际社会展示了"那个时代最富吸引力的革命者"[1] 的美好形象；后者则以医生身份留在中共领导的革命队伍，后来加入中国国籍，为新中国的卫生事业献出了毕生精力。

1937 年抗日战争全面爆发，中共对外交往的思路和方式进一步调整。当年1 月，美国记者艾格尼丝·史沫特莱（Agnes Smedley）应邀访问延安。毛泽东、朱德、周恩来等亲自接见，全面阐释中国革命问题，深受感动的史沫特莱强烈要求加入中共。这一请求无法实现后，她义无反顾地走上抗日战场，成为外籍八路军随军记者，写出了大量正面宣传中共和中国革命的文稿，因此被西方某些势力贴上"中共辩护人"的标签。

1938 年 2 月，毛泽东代表中共提出建立三个反侵略统一战线，即中国的统一战线、世界的统一战线、日本的统一战线的政治主张。[2] 当年 7 月，他在会见应邀访问延安的世界学联代表团时表示："我们与你们永远团结起来，为中国的自由平等而战，为世界的永久和平与永久幸福而战！"他希望学联代表团"把中国伟大抗日战争的真相带给世界学生与人民"。[3] 这时，中国的抗日斗争和世界反法西斯斗争融为一体，相互联动，中共对外交往应时而动，有了新的部署和安排。毛泽东指示全党，要把对外宣传工作纳入到对外交往中来。

1938 年 10 月，毛泽东在中共扩大的六届六中全会上提出了要注意外宣的新思想，主张"设立一定机关，系统地收集一切敌军暴行，制成具体的文书、报告，宣扬于国外，唤起全世界注意，起来惩罚日本法西斯"。此外，他还主张"从各党派各人民团体推出代表，组织国际宣传团体，周游列国，唤起各国人民与政府

[1] ［美］肯尼斯·休梅克：《美国人与中国共产党人》，吉林文史出版社 1989 年版，第 66 页。
[2] 参见《毛泽东文集》第 2 卷，人民出版社 1993 年版，第 90 页。
[3] 《毛泽东文集》第 2 卷，人民出版社 1993 年版，第 136 页。

的对我同情，与我国政府的外交活动相配合"。[1] 这些新思想新主张，实质上是要把对外传播纳入党的对外工作范畴，使党的对外工作与政府外交相互统一。

此后，中共对外交往新局面迅速形成。越来越多的外国人士来到延安，其中包括加拿大共产党人、著名外科医生白求恩，印共派来支援中国抗日的柯棣华医生等。也有一些本来没有共产主义思想背景的外国志士仁人，通过中共对外交往渠道，投身至中国革命进程中来。譬如，被邓小平誉为伟大的国际主义战士的新西兰人路易·艾黎（Rewi Alley），先在上海马列主义小组学习，后来投身中国的抗日战争，创办培黎工艺学校，为中共领导的革命事业贡献终生。

1945 年抗日战争胜利后，中国革命进入新的发展阶段。推翻国民党统治、建立人民民主政权，成为革命的首要任务。中共对外交往从形式到内容又有了重大变化。其突出特点就是全面深化与苏联的关系，争取苏联实实在在地支持中国人民的解放斗争。毛泽东与斯大林以电报方式进行意见沟通，对稳定和发展两党关系具有重大意义。双方曾通过斯大林派驻中共的秘密联络员，商议毛泽东秘密访苏等重大问题。毛泽东也有意亲自访苏，以进一步协调两党政治方针。1948 年，苏联曾通过驻哈尔滨总领事，致电中共东北地区领导人高岗，建议中国党尽快建立全解放区政府。中共在东北地区的另一重要领导人林彪，曾致函斯大林，要求派顾问和专家帮助恢复国民经济。[2] 苏联派遣的来华帮助修复东北铁路的交通部副部长，实际上成了联共（布）和斯大林在中国的总代表。"从后来的情况看，中共在东北的发展是与苏联的支持与援助分不开的。"[3]

此时，因对日作战而占领了中国东北的苏联，国际地位和影响已远超第二次世界大战之前。中共根据国际力量对比和中国革命需要，通过党际交往渠道争取苏联支持，并以此为前提建立东北根据地，无疑是非常正确的。1949 年初，联共（布）中央政治局委员米高扬因毛泽东访苏无法实现，秘密来到中共中央

---

[1]　中共中央文献研究室、中央档案馆编：《建党以来重要文献选编（1921—1949）》第 15 册，中央文献出版社 2011 年版，第 619 页。

[2]　参见于洪君：《与世界同行——中国如何处理与外部世界的关系》，党建读物出版社 2019 年版，第 5 页。

[3]　王家瑞主编：《中国共产党对外交往 90 年》，当代世界出版社 2013 年版，第 19 页。

所在地西柏坡，与中共领导人就中国革命形势、未来政权建设以及中苏关系等重大问题交换意见和看法。"通过这次访问，中苏两党关系得到很大改善。"[1] 双方达成的广泛共识，为两党关系的后续发展提供了政治依据，也为新中国成立后两国关系的新发展奠定了坚实基础。

1949 年上半年，中国革命胜利在即。毛泽东为即将诞生的新中国外交制定了"另起炉灶"、"打扫干净屋子再请客"和"一边倒"三大方针，目的是要全面清除帝国主义在华势力及其影响，摆脱旧中国的外交传统和遗产，在东西方冷战已经形成的国际环境下，使新中国外交同以苏联为首的世界社会主义阵营保持一致。基于这一构想，当年夏天，中共中央派刘少奇率代表团秘密访苏，向苏方通报中国革命形势，争取苏联全面支持即将成立的新中国，同时为毛泽东访苏做准备。访问期间，刘少奇以书面形式向苏方详细通报了中国革命形势和中共建立新中国的构想，包括新政治协商会议与中央政府组成方式、外交政策以及苏中关系问题。报告建议"密切两党的相互联系，相互派遣适当的政治上的负责代表，以便处理两党有关的问题并增进两党相互的了解"[2]。

苏方坚定地支持成立新中国，向中共提出许多有益的建议，承诺了许多合作项目，其中包括帮助中共组建外宣机构等。刘少奇回国时，大批苏联专家随行来华，帮助中共恢复解放区经济。后来的事态发展证明，新中国成立前夕中共大力推进与苏联的友好交往，全力争取苏联支持和援助，十分必要，也非常及时。

当然，此时中共的对外交往对象不仅限于苏联。毛泽东的美国友人安娜·路易斯·斯特朗、被他尊为"国际共产主义战士"的李敦白，都是在抗战胜利后走进中国革命事业的。原美国共产党党员李敦白是经李先念、王震介绍，经毛泽东等五大中央书记批准，加入中国共产党的。他作为当时中共党内唯一的外籍党员，为宣传中共领导的革命战争和新中国建设事业作出了重大贡献。

---

[1] 王家瑞主编：《中国共产党对外交往 90 年》，当代世界出版社 2013 年版，第 22 页。

[2] 中共中央文献研究室、中央档案馆编：《建党以来重要文献选编（1921—1949）》第 26 册，中央文献出版社 2011 年版，第 535 页。

二、共和国初年：党际关系服从国家外交，相互间既有联系又有区别

1949 年 10 月中华人民共和国诞生，中国共产党成为执政党。毛泽东庄严宣告："凡愿遵守平等、互利及互相尊重领土主权等项原则的任何外国政府，本政府均愿与之建立外交关系。"[1] 苏联和社会主义各国很快与新中国建立了外交关系，但以美国为首的西方国家对中国革命胜利如芒在背。美国带头对新中国实行军事包围、经济封锁和外交孤立，企图将新生的人民政权扼杀在摇篮之中。

面对如此复杂的外部环境，中共坚定不移地执行向社会主义阵营"一边倒"的对外政策。党的对外交往，紧密配合新政府的外交工作，成为助力新中国自立于世界民族之林的核心因素。新中国驻苏大使王稼祥等人，不仅是国家元首的代表，同时也是中共派驻所在国执政党的全权代表。譬如，王稼祥到任时，不但要按国际惯例向苏联国家元首递交国书，同时还要向党的领袖斯大林呈交毛泽东的介绍信。信中表示：王稼祥除担任大使外，"同时以中共中央代表的资格""和你及联共中央接洽有关两党之间的事务"。[2] 这是中国共产党将党际关系与国家关系融为一体的重要创举，也是世界外交史上绝无仅有的特殊实践。20 世纪 50 年代初中越两国建交时，双方派驻对方的代表也具有国家代表和党的代表的双重身份。刘少奇以中央名义电示中方驻越代表罗贵波，他的身份就是"驻越南的大使并兼中国党驻越南的代表"。

1949 年底至 1950 年初毛泽东对苏联的访问，是中共将党际关系与国家关系统一起来，党的对外交往服务于国家外交的第一次重大实践。在这次访问中，苏方就历史上错误干涉中共党内事务表达了歉意，双方同意缔结新的中苏新约，同意周恩来率政府代表团参与两党会谈和签约谈判。苏方承诺向中方提供低息贷款，同意将苏军在东北缴获的财产无偿移交中方，将苏方经营的中长铁路改

---

[1] 《毛泽东文集》第 6 卷，人民出版社 1999 年版，第 2 页。

[2] 于洪君：《与世界同行——中国如何处理与外部世界的关系》，党建读物出版社 2019 年版，第 7 页。

为共管，而后无偿移交给中国。另将苏方在大连的行政管理权以及苏方临时代管或租用的财产交给中方，双方在石油等领域共建四个合营公司。[1] 那时，两党领导人相互信任，两党关系总体良好，为两国关系健康发展提供了坚实保障，同时也为社会主义阵营各国国家关系的发展起到了示范作用。

在当时世界革命风起云涌、全球左翼力量蓬勃发展的时代背景下，苏联高度重视中共在国际共运和民族解放斗争中的特殊影响。早在 1949 年刘少奇访苏时，斯大林就曾对他表示，在国际革命运动中，中共多做东方殖民地、半殖民地国家的工作，苏联对西方多承担些义务，多做些工作，"这是我们义不容辞的国际义务"[2]。建立新政权后，中共"接受了斯大林的建议，把多做东方殖民地、半殖民地国家的工作，纳入了党的对外工作的任务范围"[3]。新中国成立初年，中共"把传授自身革命经验和道路选择，作为支援亚洲各国人民和共产党开展争取民族解放斗争的主要形式"，强调"中国人民战胜帝国主义及其走狗、建立中华人民共和国的道路，是许多殖民地半殖民地国家的人民争取民族独立和人民民主所应该走的道路"[4]；确认"我们在革命胜利以后，用一切可能的方法去援助亚洲各被压迫民族中的共产党和人民争取他们的解放，乃是中国共产党与中国人民不可推辞的国际责任，也是在国际范围内巩固中国革命胜利的最重要的方法之一"[5]。

基于这样的认识，1950 年初，中共中央以原统战部二处为基础，组建对外联络部，专事党的对外交往和相关工作。王稼祥因经验丰富而成为首任部长。刘少奇在致王稼祥的亲笔信中指示说，中联部的任务是"与各国兄弟党联络，但具体任务也是最重要的任务是与东方各国兄弟党联络并帮助他们"。刘少奇还

[1] 参见裴坚章主编：《中华人民共和国外交史》第 1 卷，世界知识出版社 1994 年版，第 23—25 页。

[2] 师哲：《在历史巨人身边：师哲回忆录》，中央文献出版社 1991 年版，第 412 页。

[3] 王家瑞主编：《中国共产党对外交往 90 年》，当代世界出版社 2013 年版，第 29 页。

[4] 中共中央文献研究室、中央档案馆编：《建国以来刘少奇文稿》第 1 册，中央文献出版社 2005 年版，第 164 页。

[5] 中共中央文献研究室编：《刘少奇年谱（一八九八——一九六九）》下卷，中央文献出版社 1996 年版，第 245 页。

表示："配合这些工作的机关，则有工会、妇女、青年团体的国际联络部及外交部"。[1] 此后，中央向地方党组织发电，明确中联部的任务是负责对各国兄弟党及侨党[2] 的联络工作，同时还向驻各国使馆通报情况。中共中央当时设立的国际活动指导委员会也由王稼祥兼任主任。

中国共产党的对外交往，有时也称对外工作，从此成为新中国外交的重要战线。努力同苏联等社会主义国家执政党团结合作，通过党际交往推动国家关系发展，同时联合各国进步力量和友好人士，全力拓展新中国的国际活动空间，成为当时党的对外交往的主要内容。与此同时，尚处于革命斗争中的各国共产党、工人党和"侨党"，也是中共对外交往的重点对象。某些地方党组织不同程度地参与了党的对外交往和联络工作。党的对外工作与国家关系既有联系又有区别的特殊性，一度非常突出。譬如，在中日两国尚未建交的情况下，中共高度重视同日本各大在野党的交往，意在为日后两国关系正常化创造条件。1955年中共中央政治局通过的关于对日政策和对日活动的方针和计划，就是经周恩来总理同意，由王稼祥召集对日工作有关部门负责人共同讨论制定的。

自1955年起，中共开始反思党际关系中的某些理论和实践问题，注意以求同存异的方式对待党际之间的矛盾和分歧，先是改变了按照苏联标准判断社会主义国家执政党的性质的做法，后来又停止了帮助国外政党制定纲领和政策的做法。毛泽东、刘少奇等中共领导人反复向国外政党说明，只有本国的党最了解自己国家的情况，问题只能由自己解决。各国革命应依靠本国力量。1955年7月，中共撤回驻越顾问团。1956年初，援越顾问团工作全部结束。1958年6月，毛泽东在外交部务虚会上表示，代替兄弟党起草纲领的做法"行不通"。[3] 这些反思和调整极大地提高了中共对外交往的质量和水平，中共在国际上的影响显著提高。1956年党的八大召开时，来自世界各地50多个政党和组织的代表参加了大会。中共八大成了党的对外工作成就的一次大检阅。

---

[1] 中共中央文献研究室、中央档案馆编：《建国以来刘少奇文稿》第3册，中央文献出版社，第25页。

[2] 所谓侨党，是指某些国家以华人华侨为主要成员的政党。

[3] 参见王家瑞主编：《中国共产党对外交往90年》，当代世界出版社2013年版，第37页。

进入 60 年代，国际共运深刻裂变。中共对外交往的环境和条件发生重大变化。再加上"左"倾思潮干扰，党的对外交往与国家总体外交一样，空间日渐狭窄。70 年代初，中国党与社会主义国家执政党的联系大部分中断。曾经友好交往的 80 多个"老党"，只有 10 个还有联系。

三、改革开放后：确立党际关系四项基本原则，积极应对世界政党格局嬗变

党的十一届三中全会召开后，中国进入改革开放和社会主义现代化建设新时期。改革开放总设计师邓小平高瞻远瞩，全面而深入地分析了世界发展大势，得出了和平与发展是时代主题的科学判断。随着党和国家工作重心全面转移，所有对外工作必须服务于改革开放和现代化建设，党的对外工作调整势在必行。

实际上，早在 1977 年 5 月，时任中共中央主席、国务院总理华国锋电贺南斯拉夫领导人铁托 85 岁寿辰，即已拉开中共对外工作调整的序幕。受苏联影响，铁托曾被定性为现代修正主义"鼻祖"。中南两党相互隔绝并彼此攻击数十年后，共同创造关系正常化的必要条件，很快实现最高领导人互访。这一举动是中共全面调整对外交往方式、创造对外关系新格局的第一个重大举措。1978 年底，中联部向中央提交关于对外联络工作的几个问题的请示报告，主要精神是适应新形势，扩大工作面，为我国社会主义现代化建设创造有利的国际条件。报告特别提到，在与执政党交往时，也要有选择地同在野党进行接触。[1]

意大利共产党曾是西方世界人数最多、影响较大的"老党"。第二次世界大战之后初期，特别是国际共运大论战时，该党曾因放弃武装斗争、改行"议会道路"而被斥为右倾投降主义代表。进入 70 年代，该党奉行"欧洲共产主义"理论，主张独立自主、大小党一律平等，反对大党主义，与中共的政策主张日益接近。1980 年 4 月，该党总书记贝林格应邀访华，双方达成在完全平等、独立自主、互相尊重的基础上恢复和发展两党关系的共识。邓小平在会见贝林

---

[1] 参见王家瑞主编:《中国共产党对外交往 90 年》，当代世界出版社 2013 年版，第 106 页。

格时表示，"我要说三句话：一是过去的一切一风吹；二是当时有些问题我们看得不清楚，甚至有错误；三是我们双方统统向前看"[1]。1980 年 10 月，中央书记处肯定了中联部提出的关于对各类政党开展工作的设想，并作出了相应决议。此后，中共本着不纠缠历史旧账、一切向前看的原则，与西欧、北美、亚洲、拉美以及大洋洲的几乎所有"老党"恢复了友好交往。

1983 年，中联部将党的对外工作基本任务确定为，"本着独立自主的方针，继续扩大联系，进行广泛接触"；"同世界上所有愿意和可能与我党往来的共产党、社会党、民主主义政党及其他进步政党和组织建立联系"；"反对帝国主义、殖民主义、霸权主义，维护世界和平，推动人类社会进步事业向前发展，并为中国四化建设争取尽可能长的国际和平环境"。[2] 次年，胡耀邦在听取工作汇报时明确指示：外事工作的总方针是为我国的社会主义现代化建设服务，必须遵守两条原则，一是共产党的立场不能模糊，二是不要把我们的经验、观点和做法强加于人。在这两条原则下，要进一步扩大同各国人民、有关的友好政党之间的联系和往来。当时的中央领导人还特别强调，交往的方式要不拘一格，多种多样。还要注意做好周边国家的睦邻友好工作。[3]

自 20 世纪 80 年代中期起，中共与东欧各国执政党开始恢复联系，多次派团出访东欧国家，同古巴共产党的关系也逐步改善。1988 年 1 月，古巴领导人卡斯特罗的最高顾问组组长访华，中古就恢复两党关系达成协议。1989 年，经过多年努力，错综复杂的中苏关系终于拨云见日，两党两国关系正常化的条件基本成熟。当年 5 月，苏共中央总书记、苏联总统戈尔巴乔夫应邀访华，邓小平提出"结束过去、开辟未来"八字方针。中苏双方既不结盟也不对抗的新型关系，一直保持到 1991 年苏共消亡、苏联解体。

随着中共对外交往的全面调整和工作创新，中共同亚非拉地区民族民主主义政党的关系也有了重大突破和发展。中共中央 1978 年即已批准的关于开展对

[1] 中共中央文献研究室编：《邓小平年谱（1975—1997）》上卷，中央文献出版社 2004 年版，第 622 页。

[2] 王家瑞主编：《中国共产党对外交往 90 年》，当代世界出版社 2013 年版，第 109 页。

[3] 参见王家瑞主编：《中国共产党对外交往 90 年》，当代世界出版社 2013 年版，第 109 页。

非政党工作的基本方针，为全面推进中非政党交往提供了强有力的政策依据。1978—1979 年，中方接待了索马里等 10 国 11 批热带非洲地区的政党代表团。1979—1980 年初，中方首次以党的名义派团访问上述 10 国，中非政党交往出现前所未有的大发展局面。中共同拉美地区民族主义政党的友好往来，亦始于 1979 年 3 月，中共代表团应邀参加墨西哥革命制度党代表大会，同时与该地区其他国家 12 个政党进行接触。此后中共与拉美的政党交往趋于活跃。

此时，中共同各国社会党（含社会民主党、工党）的关系也逐步发展起来。1981 年 2 月，法国社会党领导人密特朗访华，中共与社会党的交往由构想变为现实。1983 年 3 月，中共同长期致力于中日友好的日本社会党建立关系。1984 年 5 月，德国社会民主党领导人勃兰特成功访华。到 80 年代末，中共同葡萄牙、意大利、西班牙等国社会民主主义类型的政党全部建立了友好交往和机制化联系。自 80 年代中期开始，中共超越意识形态分歧和社会制度差异，寻求同西方国家中右翼政党建立并发展友好关系，其中包括意大利共和党和天民党、澳大利亚自由党和国家党等。

在同世界各国各类政党，首先是与共产党恢复关系时，邓小平总结出党际交往的一条重要原则："各国的事情，一定要尊重各国的党、各国的人民，由他们自己去寻找道路，去探索，去解决问题，不能由别的党充当老子党，去发号施令。我们反对人家对我们发号施令，我们也决不能对人家发号施令。"他强调："这应该成为一条重要的原则。"[1] 1980 年 11 月，他对西班牙共产党总书记卡里略表示，国家无论大小，党无论大小，应该一律平等；每个国家不同，甚至一个很小的国家，也有自己的特点。后来，在同法国、印度等国共产党代表团谈话时，邓小平也表达了类似主张。1987 年，他在会见南斯拉夫共产主义者联盟代表团时，进一步提出："党与党之间要建立新型的关系。"[2]

根据历史经验和新的实践，中国共产党将耿飚于 20 世纪 70 年代提出，后被邓小平、胡耀邦等领导人充分论证的党际交往原则，即独立自主、完全平等，

---

[1] 《邓小平文选》第 2 卷，人民出版社 1994 年版，第 319 页。

[2] 《邓小平文选》第 3 卷，人民出版社 1993 年版，第 237 页。

互相尊重，互不干涉内部事务，确立为建立和发展党际关系的基本原则。1982年召开的党的十二大，将这四项基本原则写入了党章。1987年召开的党的十三大，又将其确定为中国党处理同一切外国政党的关系的基本准则。党的对外交往和整个对外关系局面焕然一新。到1989年时，中共已同世界上270多个不同类型的政党和组织建立了各种形式的交往与合作关系。

但就在这时，东欧剧变、苏联解体，东西方冷战结束。世界政党政治情势大变。美国带头在全世界推行西方的制度模式和价值观体系。原苏东地区的执政党突然间退出历史舞台，广大发展中国家纷纷改行多党制。发达国家的政党则大都停止同中共来往。中国的对外关系面临严峻考验。在此形势下，邓小平提出了稳住阵脚、沉着应付的战略方针和韬光养晦、有所作为的外交思想，明确表示中国不去寻求苏联原来的世界共产主义运动"中心"的地位，不扛旗、不当头，同时坚定地宣布："这是一个根本国策。"[1] 江泽民也表示："我们对外工作总的战略部署是要造成一个有利于我国现代化建设和改革开放的国际和平环境。"[2]

在这些重要思想指导下，打破西方孤立、粉碎外交"围剿"、继续为改革开放和社会主义现代化建设争取良好的国际环境，成为中国外交的重中之重，也是中共对外工作的主要任务。党的对外交往的重心，首先集中到同朝鲜、越南、老挝和古巴四国依然坚持社会主义道路的执政党的友好交往方面。1989年6月，在美国等西方国家联手"制裁"中国的情况下，朝鲜劳动党总书记金日成致信邓小平，对中国党和政府表示支持。随后，金日成特使、朝党中央政治局委员、中央书记许锬来华，再次表达对中方的支持。同年11月，金日成本人访华，中朝双方就如何坚持社会主义、坚持党的领导，进一步交换意见。古巴共产党此时也旗帜鲜明地支持中国。1989年9月底，古共中央书记索托率团访华，参加新中国成立40周年庆祝活动。中越两党一度中断的关系也由于双方共同修复而出现转机。1990年9月，中越领导人在中国成都举行会晤。1990年两

---

[1] 《邓小平文选》第3卷，人民出版社1993年版，第363页。

[2] 中共中央文献研究室编：《江泽民论有中国特色社会主义（专题摘编）》，中央文献出版社2002年版，第528页。

党两国关系完全正常化，各层次各领域友好往来全面展开。1995—1997年，古巴党和国家领导人卡斯特罗兄弟相继访华，对中国坚持党的领导和社会主义制度表示强力支持。

在冷战后国际关系空前严峻、世界政党情势变幻无定的形势下，中国共产党坚定不移地积极推进与世界各国各类新老政党的友好交往。中共同周边各国，特别是原来苏联地区及东欧各国，同日本、韩国、东南亚、南亚以及周边各国新老政党，同其他地区发展中国家各类政党和组织的友好交往，也很快活跃起来。经过一个短暂的困难时期，中共同西方国家政党的联系和交往也在新的基础上得到恢复。中国共产党的对外交往，非但没有"停滞"，反而进入全面推进、协调发展的新阶段。也正是从这时起，中共的对外交往注入了经济因素。其具体做法就是吸收地方负责人随党的代表团出访或者自行组团出访，访问中既要谈政治，又可谈经济，还可举行大规模招商引资活动，促成一系列重大经贸合作项目。另外，也正是从这时起，中共开始注意通过党际交往渠道，加强对国外政党治国理政经验，特别是执政党自身建设经验和教训的研究。各级代表团出访都要做相关调研工作，为中央和国内有关方面提供有参考价值的调研成果。

进入21世纪，丰富多彩的对外交往已成为国家总体外交最重要的组成部分，突出表现为中国同社会主义国家的党际关系迈上新台阶。1999—2000年，中越领导人频繁互访，党际关系和国家关系持续改善，双方成功解决了历史遗留的陆地边界和北部湾划界问题。2000年5月，金正日就任朝鲜最高领导职务后首次来访。两党领导人一致表示，要共同努力，继承传统，面向未来，睦邻友好，加强合作，不断充实中朝友好合作关系的内涵，把两国友好关系带入21世纪。此外，中共同其他各类政党的关系发展也取得了显著进展。据统计，21世纪来临时，中共已同140多个国家和地区的400多个政党和组织建立了不同形式的联系。这些政党和组织，既有执政的，也有参政的，还有在野的；既有与中共意识形态相同或相近的，也有明显不同甚至截然对立的；既有历史悠久的老党和大党，也有建立不久的新党和小党，甚至来自未建交国。

中共同社会党国际等国际政党组织，同欧洲议会五大党团即人民党、社会党、自由党、绿党、左翼联盟的党际交往，也在全面推进，也有新的发展。针对欧盟对华政策不稳定不理性不务实等突出问题，中共重点做地区性政党组织即欧洲人民党、欧洲社会党以及欧洲左翼党的工作，意在释疑解惑，增进互信，推动合作。中共同拉美与加勒比政党常设大会、阿拉伯政党大会、马格里布政党联盟等区域性政党组织的机制化交往，也逐步发展起来。2004年9月，中国共产党承办了第三届亚洲政党国际会议。包括中国在内，35个国家81个政党和政治组织350余人到会。社会党国际和某些非洲国家政党代表作为观察员出席。[1]2010年，中共举办亚洲政党扶贫专题会议，亚太地区28国55个政党以及部分非洲国家的政党代表、联合国计划开发署、亚洲议会大会等多边机制的代表，出席了会议。[2] 这些会议的成功举办，在国际上有力地展示了中国党、政府和人民改革创新、开明开放的良好形象。2012年，党的十八大召开，中国共产党全方位、多渠道、宽领域、深层次的对外交往格局已完全形成。

四、面对世界百年未有之大变局：构建人类命运共同体，打造文明互鉴新格局

　　党的十八大后，中国特色社会主义进入新历史时期，党和国家的各项事业生机盎然、锐气勃发。中国共产党的对外交往，从理论到实践，从形式到内容，从中央到地方，呈现出前所未有的创新发展的人好局面。习近平总书记提出的构建人类命运共同体、打造文明互鉴新格局、实行和平发展合作共赢新方针的崇高理念，为党的对外交往，亦即党的对外工作开辟新路径、创造新境界，提供了强大的思想指引和行动指南。他特别强调，"党的对外工作是我们党的一条重要战线，也是国家总体外交的重要组成部分"，而新时代党的对外工作的主要方式，是"抓政党、抓调研、抓人脉、抓形象"。[3]

[1]　参见于洪君主编：《中国特色政党外交》，社会科学文献出版社2017年版，第174页。

[2]　同上。

[3]　宋涛：《深入学习贯彻习近平总书记党的对外工作重要思想》，载《求是》2017年第7期。

习近平总书记高度重视党的对外交往。早在党的十八召开之前，他就多次以党的领导人身份率团出访，与多国政界领袖和政党要人，譬如俄罗斯总统普京、英国保守党领袖卡梅伦、哈萨克斯坦总统纳扎尔巴耶夫等人，建立了以相互理解和政治互信为基础的友好关系。在会见外国政要和党宾时，习近平总书记反复深入地阐述政党交往对于国家关系的重要意义，主张将政党交往纳入国家关系的总体进程之中。在听取党的外事部门汇报、视察相关部门工作时，他就党的对外工作发展规律和根本任务、对外工作基本原则和方式方法、职能部门机制体制建设与运行特点等问题，作出了一系列重要指示。

在习近平总书记的直接领导和参与下，十八大后党的对外交往服务于国家总体外交、服务于中国特色社会主义建设、服务于"一带一路"国际合作、服务于推动共建人类命运共同体，主动性、开拓性与创造性进一步彰显。首先，中共与社会主义国家执政党的交往频率更快，水平更高，更具有时代特点。譬如，中古两党2004年签署的交流合作协议顺利执行。双方机制化互访与重要情况通报成为常态。2013年中共十八届三中全会后，习近平总书记特使前往哈瓦纳通报全会精神。古共高层多位领导听取通报。2014年，习近平总书记访问古巴，被古方授予何塞·马蒂勋章。同年6月，古巴重要领导人米格尔·迪亚斯－卡内尔·贝穆德斯访问中国。2015年9月，他再次来华，专程参加中国抗日战争胜利70周年纪念活动。2016年，古共领导人劳尔·卡斯特罗特使、古共中央政治局委员巴尔德斯来华，专门通报古共七大情况，受到习近平总书记接见。[1]

再如，中越关系正常化时确立的"长期稳定、面向未来、睦邻友好、全面合作"的十六字方针，后来又补充了"好邻居、好朋友、好同志、好伙伴"四好精神。进入21世纪后，中越关系升格为"全面战略合作关系"。2015年，中越两党总书记实现互访。习近平总书记在越南表示："中越关系超越了一般意义上的双边关系，具有十分重要的战略意义。""我们愿同越南同志继续保持相互学习、相互借鉴、相互支持的好传统，携手为两国社会主义事业发展、为两国

---

[1] 参见于洪君主编：《中国特色政党外交》，社会科学文献出版社2017年版，第190页。

人民幸福安康努力奋斗。"[1]2016 年，双方高层会晤数十次，特使互访与热线电话持续不断。越共总书记阮富仲出任党的最高领导职务后曾五次访华，2017 年 1 月又以总书记身份第三次访华，成为当年中方接待的首位党宾，中国也因此成为他连任总书记后的首个出访国。两国中央部委和地方组织的交往渠道更加顺畅，内容也更加丰富。至 2017 年 5 月，双方共举办了 13 届理论研讨会。[2]

中老两国执政党的互动与交流同样密集而友好。在高层互访持续不断的同时，情况通报机制运转顺利，理论研讨活动起步良好。2010 年，双方以"社会主义现代化建设中的重大理论和实践问题"为题，在万象举办首届理论研讨会。2013 年，双方又以"新形势下加强党风廉政建设的经验"为题，在中国郑州举办了第二届理论研讨会。

十八大后，中共同其他各类政党的友好交往也有长足发展，并且积累了许多新鲜经验。中共与许多大国大党的机制化交流，可以说很有活力、很有前景，也很受欢迎。之所以如此，是因为这种交流对话关系到大国关系的长期性和稳定性，关系到中国的长期对外战略，关系到中国同国际体系中主要力量的相互了解和信任。机制化交流的最大特点就在于交往形式的稳定性、内容上的连续性。[3]其中影响较大的主要有中美政党高层对话、中欧政党高层论坛、中俄政党论坛和中俄执政党对话、中日政党交流机制、中印政党交流机制等。

美国是两党制国家，民主党与共和党虽然长期轮流执政，但组织非常松散，没有实体性的日常机构，开展机制化交流与对话难度很大。尽管如此，中方积极探索，全力推动，终于在 2010 年 4 月成功开启了两国政党高层对话机制。时任中共中央政治局常委、国家副主席习近平会见了美方代表团。双方就两国关系、政党交往和国际问题进行了深入交流。中方有关部门和地方党组织负责人参加了对话活动。美方认为首届中美政党高层对话取得了重要成果，使美方对中共、中国政治体制有了更加深入的了解。中美政党政治理念不同，但是在促

---

[1] 习近平:《共同谱写中越友好新篇章》，载《人民日报》2015 年 11 月 7 日。

[2] 参见于洪君主编:《新型政党关系与新时代政党外交》，当代世界出版社 2019 年版，第298 页。

[3] 参见王栋:《中国共产党努力推动大国大党对话机制》，载《公共外交季刊》2012 年秋季号。

进国家繁荣发展进程中面临相同或相似的任务，政党交流可以认清彼此的分歧和差异，寻找相同点和共同利益。[1]2012 年中共十八大后，第五届中美政党高层对话在华盛顿举行。中方介绍了中共十八大的相关情况，阐述了中国未来发展思路，强调中国将继续坚持改革开放，将以更加积极的姿态参与国际事务，为世界和平与发展作出更大贡献。2013 年，第六届中美政党高层对话在北京举行。此后，对话由最初每年两届改为每年一届，两国轮流举行。至 2016 年，中美政党高层论坛成功举行了九届。

中欧政党高层论坛同样起始于 2010 年，到 2016 年共举办五届，举办地点大都安排在中欧重要城市，吸引了中欧 65 个政党的代表参加，包括欧洲政党中的左中右各派。论坛涉及共同应对金融危机、共同应对气候变化、发展战略对接与合作、"一带一路"国际合作等重大问题。[2] 这一机制化平台的设立，"为双方围绕共同关切的话题进行开诚布公的对话和交流提供了渠道，有助于降低双方因受到信息不对称或信息扭曲等因素干扰而产生误解乃至误判的可能性，也为双方化解矛盾、扩大共识提供了难得的机会"[3]。

俄罗斯是在欧亚大陆接合部乃至全球事务中具有重大影响的国家，也是与中国利益交织最密切的重要邻国。两国机制化政党交流有两个平台：一是中俄政党论坛，二是中俄执政党对话机制。前者由中共和统一俄罗斯党共同举办，成立于 2007 年，俄方主要政党均可参与，具有议题广泛、参与者众、求真务实的特点。后者建于 2009 年，主要在中共与统俄党之间进行。2012 年中共十八大后，两国政党对话紧扣时代脉搏，围绕"党的建设与国家发展道路""群众路线与执政党现代化建设""党的执政能力与国家治理体系现代化"等双方感兴趣的问题深入展开。习近平总书记高度重视中俄政党对话机制。2015 年 12 月该机制第五次会议举行时，他致信表示，政党交往作为中俄全面战略协作伙伴关系的重要组成部分，对两国关系发展具有独特作用。中国共产党和俄罗斯统一

---

[1] 参见于洪君主编：《中国特色政党外交》，社会科学文献出版社 2017 年版，第 177 页。

[2] 参见于洪君主编：《新型政党关系与新时代政党外交》，当代世界出版社 2019 年版，第 90 页。

[3] 于洪君主编：《中国特色政党外交》，社会科学文献出版社 2017 年版，第 184 页。

党负有引领各自国家发展的重要使命。两党保持机制化交往，办好中俄执政党对话机制会议和中俄政党论坛，为两党就两国关系和执政党建设等战略性问题进行交流搭建了有效平台。[1]

日本和印度是中国的重要邻国，历史上的联系千头万绪，现实中的交往复杂多变。中方希望通过政党交流与对话，增进两国政治家和社会各界的相互了解，增进彼此间的相互认知和互信，推动国家关系改善和各领域务实合作。2006年中共与日本自由民主党、公明党建立的中日执政党交流机制在2009年中断后，于2015年重启。中共2006年与日本民主党建立的对话机制，自2007年正式启动并持续多年。印度是政党政治比较活跃的发展中大国，政党对国家政治生活和内外政策走向影响甚大。2003年《中印关系原则和全面合作宣言》签署后，两国政党关系进入新阶段。2003年，两国政党和政府有关部门建立定期交流机制。在该机制推动下，中共与印度国大党、印共（马）、印共等主要政党开始深入交流，与莫迪总理领导的人民党的联络趋于正常。在两国关系不够稳定的情况下，中共同印度各政党不同程度的机制化交往，对推进两国政治家之间的交流对话，推进两国民间友好往来，进而改善两国关系，意义不言自明。

2017年召开的党的十九大对于中国共产党及其领导下的各项事业，都具有承前启后、继往开来的重大意义。关于党的对外工作，习近平总书记明确表示：要"加强同各国政党和政治组织的交流与合作"[2]。2018年，中央召开外事工作会议，习近平总书记在讲话中强调，对外工作是一个系统工程，政党、政府、人大、政协、军队、地方、民间等要强化统筹协调，各有侧重，相互配合，形成党总揽全局、协调各方的对外工作大协同局面，确保中央对外方针政策和战略部署落到实处。[3]

党的十九大以后，党的对外交往进一步向纵深发展，对外工作体制机制创新又积累了许多新范例与新成果。党的十九大召开当年举行的中共与世界政

[1] 于洪君主编：《中国特色政党外交》，社会科学文献出版社2017年版，第181页。

[2] 《习近平谈治国理政》第3卷，外文出版社2020年版，第47页。

[3] 参见《坚持以新时代中国特色社会主义外交思想为指导　努力开创中国特色大国外交新局面》，载《人民日报》2018年6月24日。

党对话会，在世界政党关系史上留下了浓墨重彩的篇章。习近平总书记在对话会上庄严宣布：中国共产党是为中国人民谋幸福的党，也是为人类进步事业而奋斗的党。中国共产党要通过推动中国发展，给世界创造更多机遇。我们既不"输入"外国模式，也不"输出"中国模式，不会要求别国"复制"中国做法。中国共产党将"一如既往"，"为世界和平安宁作贡献""为世界共同发展作贡献""为世界文明交流互鉴作贡献"。习近平总书记还郑重重申："中国共产党将以开放的眼光、开阔的胸怀对待世界各国人民的文明创造，愿意同世界各国人民和各国政党开展对话和交流合作，支持各国人民加强人文往来和民间友好。"[1]

党的十九大后，世界百年未有大变局持续演进，国家关系的不稳定不确定性愈加突出。虽然中美、中欧、中日关系出现复杂多变的新情况，但第十届、十一届中美政党高层对话会，中日执政党交流机制第六、七、八次会议，均如期举行。2017年来华参加中日执政党交流机制第七次会议的日方代表团受到了习近平总书记的友好接见。

为了加深国际社会，首先是各国政党对中共历史使命和国际责任的认识和理解，党在十九大后继续加大传统的政党交往力度，坚持在党代会和中央全会后组团出访，向外部世界宣介党的大政方针，扩大与发展中国家政党的人力资源合作，将相关团组来华研讨与"一带一路"国际培训密切统一；同时注重服务多边外交，注重与各国政党的政策研讨和理论交流，注重配合主场外交活动。上合组织政党对话会、金砖国家政党对话会、中非政党对话会、中拉政党对话会、中阿政党对话会等活动接踵而至。

在上述所有这些活动中，公共外交和对外传播受到格外重视。阐释中共治国理政经验，包括反腐倡廉等自身建设经验，宣介改革开放、脱贫攻坚、绿色发展、治理现代化的新理念新成果，传播和平发展合作共赢的中国特色大国外交思想，倡导新秩序观新安全观新文明观，推动共建人类命运共同体，成为通过党的对外交往渠道开展公共外交和对外传播的主要内容。国际社会越来越清楚地意识到，中国发展壮大根源在于共产党的坚强领导。要想全面认识和了解

---

[1]《习近平谈治国理政》第3卷，外文出版社2020年版，第438页。

中华民族，必须了解中国共产党。要想探询并解开中国崛起之谜，必须研究和解析中共的执政理念。

2020年，新冠肺炎疫情肆虐全球，人类社会遭遇了现代历史以来最严重的一次公共安全危机。国际社会的各种交往与联系被迫"暂停"。但是，中国共产党对外交往没有停顿，反而更加活跃。许多会议研讨、交流互动，改以视频方式进行。中联部举办中国同印度医护人员抗疫经验视频交流会，为外国商会和知名跨国企业代表举办十九届五中全会精神专场宣介会，都是最好的例证。2021年2月，中联部与新疆维吾尔自治区共同举办"中国共产党的故事"新疆专题宣介会，来自80多个国家190多个政党或组织的310多位政党政要和知名人士参加了视频会议。4月，中俄执政党对话机制第九次会议也以视频方式举行。会议"以大变局背景下的中俄战略协作：执政党交流合作新起点新使命"为主题。习近平总书记和普京总统分别写信祝贺。利用此次会议，中方推介了习近平总书记《论坚持推动构建人类命运共同体》一书俄文版，会议取得圆满成功。

时代在前进，人类在发展。无论未来国际风云如何变幻，无论世界政党格局如何改写，不忘初心并永葆活力的中国共产党将一如既往，奋勇求索，不断加强对外交往，不断拓展对外联系，不断打造良好形象，不断提升国际影响，为中华民族的伟大复兴、人类文明的融合共生，坚持不懈地作出自己的独特贡献。

┊ 闫志民 ┊ 北京大学马克思主义学院教授

中国共产党成立 100 年来
对世界社会主义的贡献

中国共产党 1921 年成立后，勇敢地肩负起民族复兴和人民幸福的历史使命，先是领导中国人民经过长期艰苦奋斗，取得了新民主主义革命和社会主义革命伟大胜利，把一个半殖民地半封建的旧中国变成了独立自主的新中国，极大地增强了世界社会主义阵营的力量，扩大了社会主义在世界的影响，有力地推动了民族解放运动的发展，加速了帝国主义殖民体系的瓦解。接着，中国共产党又以苏为鉴，领导中国人民独立自主地进行社会主义建设道路的艰辛探索，在 1978 年党的十一届三中全会以后，通过实行改革开放成功开创出中国特色社会主义道路，通过 40 多年的努力取得了举世瞩目的伟大成就，使中国成为世界社会主义的中流砥柱，不仅在苏东剧变十分严峻的国际形势下坚持和发展了中国特色社会主义，而且推动世界社会主义迈向新的更高发展阶段。当前中国特色社会主义进入新时代，中国迎来了从站起来、富起来到强起来的伟大飞跃。习近平新时代中国特色社会主义思想引领中国全面建成小康社会，开启全面建设现代化强国新征程，推动构建人类命运共同体，在世界高高举起中国特色社会主义的旗帜，为世界社会主义在 21 世纪逐步走向伟大复兴，为人类的和平、发展作出了卓越贡献。

一、领导中国革命取得伟大胜利，开辟了东方落后
国家无产阶级革命新纪元

中国共产党诞生于 1921 年，当时正处于世界无产阶级革命重心由西方资

本主义国家经过俄国向东方落后国家转移的时期。列宁清楚地看到世界无产阶级革命所发生的这种历史性变化。他在 1923 年 3 月所写的《宁可少些，但要好些》一文中指出，"由于第一次帝国主义大战，东方已经最终加入了革命运动，最终卷入了全世界革命运动的总漩涡"[1]。他还强调，世界革命"斗争的结局归根到底取决于如下这一点：俄国、印度、中国等等构成世界人口的绝大多数。正是这个人口的大多数，最近几年来非常迅速地卷入了争取自身解放的斗争，所以在这个意义上说，世界斗争的最终解决将会如何，是不可能有丝毫怀疑的。在这个意义上说，社会主义的最终胜利是完全和绝对有保证的"[2]。历史的发展证明，列宁的这个判断是完全正确的。进入 20 世纪以后，介于东方与西方之间的俄国和经济文化落后的中国，先后成为世界无产阶级革命风暴的中心，并相继取得了无产阶级革命的胜利，为世界社会主义发展作出了决定性贡献。在俄国革命和中国革命的影响下，世界一大批经济文化比较落后的国家先后取得无产阶级革命的胜利。如果说俄国十月革命的胜利使社会主义从理论变为实践，开辟了人类历史的新纪元，那么此后中国共产党领导的中国革命的胜利，则开辟了东方落后国家无产阶级革命的新纪元。1989—1991 年苏东剧变后，世界社会主义运动的重心进一步向东方发展中国家转移，以中国为代表的东方社会主义国家在世界社会主义运动中的地位和作用变得更加突出、更加重要。

中国共产党领导的中国革命对世界社会主义的贡献主要有三个方面。

第一，把马克思主义与中国实际相结合，开创了不同于西欧和俄国的民主革命道路。无论是西欧国家的革命，还是俄国的十月革命，走的都是通过城市武装起义夺取国家政权的道路。以毛泽东同志为主要代表的中国共产党人在领导中国革命的实践中，坚持把马克思主义与中国革命实际相结合，克服了党内机械照搬俄国革命经验的教条主义，从半殖民地半封建社会的中国国情出发，开辟了农村包围城市、武装夺取政权的革命道路，经过长期的革命战争，最后取得了全国革命的胜利。这条革命道路与西欧国家和俄国的城市武装起义不同，

---

[1] 《列宁选集》第 4 卷，人民出版社 2012 年版，第 795 页。

[2] 同上书，第 795、796 页。

在世界社会主义运动中是开创性的，对殖民地和半殖民地国家的革命运动产生了重要影响。

在时间已过去了百年的今天，我们重申中国共产党开创的中国革命道路的意义，并不是像原来的苏联那样，要求其他发展中国家都照搬中国农村包围城市、武装夺取政权的革命道路，而是要说明，中国革命道路的开创，证明了世界上并不是只有西方和俄国那一条革命道路，而是存在着多种不同的革命道路，每个国家都要根据时代的发展变化和本国的具体情况，探索适合本国实际的革命道路和形式。这才是中国开创出自己的革命道路的真正价值和意义所在。

第二，根据中国半殖民地半封建社会的特点，创立了系统的新民主主义革命理论。这个理论的贡献是多方面的，其中最为突出的是在革命动力和对象问题上，把中国的资产阶级区分为官僚资产阶级和民族资产阶级，认为官僚资产阶级是帝国主义在中国的代理人和帮凶，与帝国主义、封建主义一样，是中国革命的对象；而民族资产阶级与帝国主义、封建主义既有矛盾的方面又有妥协的方面，在民主革命中是可以争取的革命力量。这个区分，使我们可以在民主革命中团结包括上层小资产阶级和民族资产阶级在内的一切可以团结的力量，把中国的民主革命由俄国的工农兵革命，发展为以工人阶级为领导的、以工农联盟为基础的人民民主革命，我们所要建立的国家政权也就由列宁所说的工农民主专政，扩大为人民民主专政。这个区分对我国的社会主义革命，也就是社会主义改造产生了很大影响。在取得新民主主义革命胜利后，我们对官僚买办资产阶级的生产资料加以没收，使之成为国有资产的一部分，而对于民族资产阶级，则允许其继续存在和发展，以利于恢复和发展国民经济。在开始进行社会主义改造以后，我们坚持把无产阶级与资产阶级的矛盾作为人民内部矛盾处理，对民族资产阶级实行利用、限制、改造的政策，从而开辟了我国资本主义工商业社会主义改造的和平之路。这是马克思主义革命理论在中国这样的半殖民地半封建国家的丰富和发展。由于世界其他发展中国家和中国一样，都存在着官僚资产阶级与民族资产阶级的区别，中国对资产阶级所作的区分和所采取的不同政策，对这些国家的革命无疑会有一定的借鉴作用。

第三，在社会主义革命中，与苏联、东欧国家普遍采取的暴力剥夺和疾风暴雨方式不同,我国对农业、手工业和资本主义工商业的社会主义改造,总体上是采取了典型示范、逐步推进的和平改造方式,对资本主义工商业者不仅按照人民内部矛盾对待,并且把对生产资料的改造与对人的改造有机结合,在世界社会主义历史上第一次成功实行了对民族资本家的和平赎买的政策。这为社会主义国家提供了以和平渐进方式进行社会主义改造的成功范例,不仅最大限度地减少了社会剧烈变革对经济的破坏,而且有力地促进了工农业生产的快速增长。

占世界人口四分之一的中国取得革命胜利,大大增强了世界社会主义国家的力量,使社会主义国家的人口占到世界总人口的三分之一,领土面积占到世界陆地总面积的四分之一。中国革命胜利同时也极大地鼓舞了亚非拉落后国家的人民,有力地推动了民族解放运动的发展,加速了帝国主义殖民体系的瓦解。

二、进行社会主义建设道路的艰辛探索,推动世界社会主义独立自主潮流的发展

1956 年我国进入社会主义社会以后,中国共产党科学地对待苏共二十大对斯大林错误的揭露和批判,开始以苏为鉴、独立自主地探索中国自己的社会主义建设道路,为推动马克思主义与本国建设实践相结合作出了贡献。同时在世界社会主义运动中,主张各国共产党之间独立平等,按照和平共处五项原则处理社会主义国家之间的相互关系,反对苏联在党际和国家关系中的大党主义、大国主义,是世界社会主义运动中独立自主潮流的主要代表。

社会主义从一国发展到多国以后,尤其是在新建立的社会主义国家全面展开社会主义建设以后,包括苏联在内的社会主义国家面临的主要问题是如何适应国际形势从战后恢复到和平建设的转变,把马克思主义与新的时代特点及本国社会主义建设实践相结合,探索自己国家的社会主义建设道路。但这个时期,苏联继续奉行大党主义和大国主义,不但把本国在特殊历史条件下形成的社会主义模式说成是各国建设社会主义的统一模式,而且以是否遵循和照搬这种苏联模式作为衡量真假社会主义的标准,动不动就对其他社会主义国家的内部事

务进行干涉。这严重阻碍了社会主义国家自主探索本国的社会主义建设道路，破坏了社会主义国家之间的正常关系，成为社会主义国家之间发生矛盾冲突甚至最后走向分裂的主要根源。面对苏联共产党的大党主义、大国主义所造成的这种严峻局面，中国共产党坚持独立自主探索自己的社会主义建设道路，以各种形式抵制苏共的错误做法，成为世界社会主义运动独立自主潮流的主要代表。

中国共产党在民主革命中就已经深刻认识到把马克思主义与中国实际相结合的重要性，认识到必须从本国实际出发学习和借鉴外国经验。在新中国成立以后，由于缺乏社会主义建设经验，我们虽然在某些方面，主要是经济方面，曾经照搬了苏联的某些体制和做法，但在实践中越来越感到其中的某些东西并不完全适合中国的情况，需要从中国实际出发建设社会主义。1956 年进入社会主义社会后不久，毛泽东等中央领导立即开展了大规模的调查研究，同年 2—4 月先后听取了 34 个部门的汇报，并和与会者边谈边议，探讨中国怎样进行社会主义建设的问题。而正在这个时候，苏联共产党于同年 2 月 14 日—25 日召开了第二十次全国代表大会，揭露和批判了斯大林的错误，这对于我们党的领导人解放思想、全面认识苏联建设经验起了重要的作用。在同年 4 月 4 日讨论《关于无产阶级专政的历史经验》一文时，毛泽东指出，这篇文章的发表表明我们对苏共二十大有了明确但也是初步的态度。议论以后还会有，问题在于我们自己从中得到什么教益。最重要的是要独立思考，把马列主义的基本原理同中国革命和建设的具体实际相结合。民主革命时期，我们吃了大亏之后才成功地实现了这种结合，取得了新民主主义革命的胜利。现在是社会主义革命和建设时期，我们要进行第二次结合，找出在中国怎样建设社会主义的道路。

这年的三四月份，以毛泽东同志为主要代表的中国共产党人，把对苏联经验教训的讨论与对中国经济的调查紧密结合，正式开始了以苏为鉴、探索中国自己的社会主义建设道路的过程，初步形成了一系列新的思想观点。1956 年 4 月 25 日，毛泽东在中央政治局扩大会议上所作的《论十大关系》的讲话，就是这个探索的第一个代表性成果，初步总结了中国社会主义建设的经验，提出了探索适合中国国情的社会主义建设道路的任务。接着，我们党在同年 9 月召开了第八次全国代表大会，毛泽东发表了《关于正确处理人民内部矛盾的问题》

等重要著作，在探索我国自己的社会主义建设道路上取得了重要成果。

中国共产党不仅是世界社会主义运动中自主探索革命和建设道路的典范，而且利用自己在社会主义国家中的重要地位，成为世界社会主义运动中坚持独立自主路线，反对苏联大党主义、大国主义的主要代表。早在 1956 年 9 月中共八大期间，毛泽东在接见南斯拉夫共产主义者联盟代表团时，就鲜明地提出反对长期以来苏联与其他国家共产党、工人党之间的不平等关系，即所谓的"父子党"关系。他说："自由、平等、博爱，是资产阶级的口号，而现在我们反而为它斗争了。是父子党，还是兄弟党？过去是父子党，现在有些兄弟党的味道了，但也还有些父子党的残余。这也是可以理解的，残余不是一天就能搞清的。去掉盖子以后，使人可以自由思考。现在有点反封建主义的味道。由父子党过渡到兄弟党，反对了家长制度。那时的思想控制很严，胜过封建统治。一句批评的话都不能听。而过去有些开明君主是能听批评的。"[1]

接着我们党在 1956 年 10 月的波兰事件和匈牙利事件中，积极推动苏联共产党以平等态度处理与其他社会主义国家的关系。1956 年 6 月，波兰发生了举世震惊的波兹南事件；7 月，波兰统一工人党召开七中全会总结波兹南事件的教训，讨论如何推进国内改革；随后又为在 1948 年苏南冲突中被撤销总书记职务并在 1951 年被关进监狱的哥穆尔卡平反，还确定在 10 月举行八中全会，改组中央政治局，选举哥穆尔卡为第一书记。但就在 10 月 17 日波兰统一工人党八中全会举行时，赫鲁晓夫等四名苏共领导人未经邀请飞抵华沙上空，强行要求参会，同时开始调动军队向华沙等地进发。面对严峻的波兰局势，苏共主动征求中国的意见，要求中共派代表团去莫斯科商谈。在中国的积极推动下，苏联转变了处理波兰问题的方针，停止了正在进行的军事调动，准备承认以哥穆尔卡为首的党中央。随后，波苏两党代表团在平等的气氛中举行会议，并发表了联合公报，波兰问题得到了比较平稳的解决。波兰事件的结果使得对苏联干涉本国内政强烈不满的匈牙利人民深受鼓舞，一些右翼团体也乘机活跃起来，

---

[1] 中共中央文献研究室编：《毛泽东传（1949—1976）》（上），中央文献出版社 2003 年版，第 540—541 页。

1956 年 10 月 23 日爆发了大规模的游行示威，要求纳吉上台，并为过去的受害者平反，这场大规模的群众运动由于国内外反动势力的参与很快失去控制。就在这个时候，处境十分被动的苏联，经过与中国共产党的讨论，于 1956 年 10 月 30 日发表了《苏联政府关于发展和进一步加强苏联同其他社会主义国家的友谊和合作的基础的宣言》。这个宣言采纳了中国共产党关于社会主义国家之间也应该遵守和平共处五项原则的意见，检讨了苏联在同其他社会主义国家关系上的错误。中国在同年 11 月 1 日发表声明，支持苏联政府的宣言。这里需要指出，苏联在一开始并不接受按照和平共处五项原则处理社会主义国家的关系，而且极力进行辩解，后经双方讨论，最后还是接受了这个意见，把它写在了宣言中。

把和平共处五项原则作为处理社会主义国家关系的准则，是中国共产党对世界社会主义的重大贡献。在此之前，苏联一直片面强调社会主义国家利益的一致和共同方面，忽视彼此的不同和差异方面，要求各个社会主义国家无条件服从社会主义国家的共同利益，实际上也就是苏联的利益，把对待苏联的态度作为衡量真假国际主义的试金石。这就为苏联以维护社会主义国家共同利益为名，打着国际主义旗号干涉其他社会主义国家内部事务提供了借口，而坚持维护本国利益，强调从本国实际出发建设社会主义，却被说成是反苏反共反社会主义。正因为如此，列宁提出的和平共处外交政策长期被限制在不同社会制度国家之间，中国和缅甸、印度所倡导的和平共处五项原则也被视为只是处理不同社会制度国家关系的原则。经过波兰和匈牙利事件，中苏两国共产党通过宣言和声明的形式宣布社会主义国家之间也应该遵守和平共处五项原则，这对于从根本上打破社会主义国家间关系的旧格局，推动社会主义各国独立自主地探索本国社会主义道路，推动世界社会主义的健康发展，具有深远的意义。

鉴于 1955 年苏南关系的恢复和 1956 年苏共二十大以后出现的波兰事件和匈牙利事件，1957 年在莫斯科举行的社会主义国家共产党和工人党代表会议、64 国共产党和工人党代表会议上，如何认识社会主义的共同规律和各国社会主义的特点，如何处理社会主义国家间的相互关系等问题，成为会议讨论的重要课题。中国共产党对于在这些问题上达成共识发挥了重要作用。在会议筹备的过程中，苏联准备了一个会议宣言草案并征求中共的意见，我们党根据中国经验增加了一段坚持马克思主义与本国实际相结合的内容："马克思列宁主义要求根据每个国家的具体历史条件创造性地运用社会主义革命和社会主义建设的共同原则，不允许机械地抄袭他国共产党的政策和策略。列宁曾经多次告诫，必须使共产主义的基本原则正确地适应于民族的和民族国家的特殊情况。一个无产阶级政党如果忽视了民族特点，就必然会脱离生活，脱离群众，就必然会使社会主义事业遭受损失。但是，如果夸大这些特点的作用，借口民族特点而脱离马克思列宁主义关于社会主义革命和社会主义建设的普遍真理，也必然会使社会主义事业遭受损失。"[1] 这段话的基本观点为会议宣言所接受。会议发表的宣言依据当时人们对这个问题的认识，总结了各国社会主义革命和建设的共同规律，同时肯定了各国社会主义建设形式和方法的多样性。会议宣言在谈到社会主义国家之间的关系时强调，社会主义各国把相互关系建立在完全平等、尊重领土完整、尊重国家独立和主权、互不干涉内政的原则基础上，并在此基础上相互援助、加强团结。社会主义各国和各党间存在的问题，完全可以通过同志式的平等讨论和交换意见解决。这和我们党的主张也是基本一致的。

这次会议的宣言草案是由苏共起草并经中苏两国共产党共同修改后提交代表会议的，12 个社会主义国家的共产党和工人党通过相互协商和集体努力，消除了彼此间的某些意见分歧，就当时国际共产主义运动的重大问题达成一致意见，签署了《社会主义国家共产党和工人党宣言》。南斯拉夫由于不同意这个宣言的某些观点没有签字，但也在 64 国共产党和工人党的和平宣言上签了字。中国代表团特别是毛泽东在协调各党关系和化解分歧方面做了大量工作，对这次会议的成功发挥了决定性的作用。但是在这次莫斯科会议期间，苏共再次向中共提出要办一个指导各国共产党和工人党的刊物，还提出成立一个统一的组织[2]，这实际上是又回到共产国际和情报局时期的做法。毛泽东明确表示，不同

---

[1] 程中原：《胡乔木与1957年〈莫斯科宣言〉》，载《北京党史》2013 年第 4 期。

[2] 1956 年 3 月，苏共代表米高扬来中国，就曾建议成立社会主义国家联络局并创办一个刊物，以代替欧洲共产党和工人党情报局。

意办一个刊物，也不同意在近期内成立组织。但考虑到加强社会主义国家联系和团结的需要，毛泽东主动提出社会主义国家以苏联为首，但为首者的职责只限于定期召开社会主义国家共产党和工人党的会议，由苏共作为会议的召集人。这实质上是把苏共和其他国家共产党放在平等的地位上，努力把过去的"父子党"关系变为"兄弟党"关系。

莫斯科会议以后，苏联并没有真正放弃对其他国家共产党和工人党内部事务的干涉，包括对中国事务的干涉。1958年赫鲁晓夫访问中国时曾提出，要与中国建立"联合舰队"和在中国沿海设置苏联"长波电台"，遭到毛泽东断然拒绝。1959年苏美领导人戴维营会谈后，苏联的世界战略做了重大调整，中苏两国共产党在一系列重大问题上产生了严重分歧，这种分歧在1960年后演变为激烈的中苏论战。这时苏联的大国主义、大党主义开始发展为霸权主义，先是单方面撕毁合同、撤走专家，使我国蒙受了巨大的损失，接着又组织力量对中国和不同意他们观点的阿尔巴尼亚等国进行围攻，甚至在中苏边界陈兵百万，威胁中国安全，挑起边界武装冲突，导致国际共产主义运动的大动荡、大分裂，给世界社会主义造成了极大的损失。这时中国与苏联大国主义、霸权主义进行了坚决斗争，代表了世界社会主义运动中各国党独立自主的潮流。正是在这种十分困难的情况之下，我们党始终坚持自主进行社会主义建设道路的艰辛探索，也推动了"欧洲共产主义"的发展以及其他社会主义国家的改革尝试。

三、中国改革开放和现代化建设的成功实践，在世界上开启了一条发展和完善社会主义的道路

在苏联东欧国家改革普遍失败、世界社会主义遭受严重挫折的情况下，中国从1978年开始的改革开放取得伟大成功，不但经受住了苏东剧变带来的巨大冲击，而且取得了系统的成功经验和举世瞩目的建设成就，使中国在世界社会主义低潮中一枝独秀，并带动了越南、老挝等社会主义国家的改革发展，为世界社会主义开辟了一条完善和发展的道路。

在苏共二十大揭露和批判斯大林的错误以后，苏联和大多数东欧国家先后

开始了对传统的苏联政治经济体制，也就是我们通常所说的苏联模式的改革。但这些改革尝试基本上被控制在苏联所允许的范围之内，仅限于对传统苏联模式的完善和修补，再加上其他一些原因，致使改革很难迈出实质性步伐，以致经济社会发展不断放缓，最终陷入停滞不前的困境。1985年戈尔巴乔夫担任苏共总书记以后，也沿袭这种传统思维进行名为"加速战略"的改革，同样收效甚微，于是他便改弦更张，提出所谓改革"新思维"，用"人道的民主的社会主义"取代科学社会主义，把改革变成了改向，导致了苏联解体，使世界社会主义遭受严重挫折。

就在苏联和东欧国家改革普遍遭到失败的时候，1978年开始的中国改革却取得了决定性胜利，1987年党的十三大形成了系统的社会主义初级阶段理论，提出了党在社会主义初级阶段的基本路线，规划了我国现代化建设的"三步走"发展战略，有力地推动了社会生产力的发展，明显改善了人民生活。这使我国经受住了1989—1991年苏东剧变和1989年国内政治风波的考验。不仅如此，在1992年邓小平南方谈话和党的十四大以后，我国的改革开放又有了新的重大发展，尤其是建立社会主义市场经济体制和成功加入世界贸易组织，把我国的改革开放提高到更高水平。

同苏联和东欧社会主义国家相比，中国的改革开放之所以能够取得成功，主要有以下经验。第一，坚持实事求是的思想路线。经过"实践是检验真理的唯一标准"的讨论，打破了"两个凡是"的束缚，形成了解放思想、实事求是的思想路线，从此中国的改革开放有了正确的指导思想，真正做到一切从中国的实际出发。第二，正确认识本国的基本国情。社会主义国家长期以来存在的一个共同问题，是对本国的社会发展水平估计过高，对建设社会主义的长期性、艰巨性认识不足。这是苏联和东欧国家改革脱离实际和长期收效甚微的重要原因之一。我们党在十一届三中全会以后，很快就觉察到我国也存在同样的问题，于是创造性地提出社会主义初级阶段理论，其核心要义是，脱胎于半殖民地半封建社会的中国，在进入社会主义社会以后，必须经历一个社会主义初级阶段，并指出我国当前处于并将长期处于社会主义初级阶段，党的一切工作必须从这个基本国情出发。这为我国开创中国特色社会主义道路奠定了重要的理论基石，使我国的改革开放有了基本依据，从根本上避免了改革脱离实际的风险。第三，进行社会主义再认识。社会主义改革的根本问题，是要通过改革完善和发展社会主义，但是长期以来，包括我国在内的许多社会主义国家，对于什么是社会主义并没有完全搞清楚，于是在改革传统的苏联模式的时候，就分不清哪些是社会主义的本质要求，是必须坚持和发展完善的，哪些是违背社会主义本质要求的，是必须进行革命性改革的。在以邓小平同志为主要代表的中国共产党人领导下，通过对社会主义的再认识，我们成功地解决了这个改革的最大难题。邓小平首先提出了我们必须坚持的四项基本原则，把它和改革开放一起，作为党的基本路线的两个基本点，强调二者相辅相成、有机统一，不可偏废，强调在改革中既要反对不敢改革开放的僵化保守思想，又要反对背离四项基本原则的资产阶级自由化思潮。在1992年的南方谈话中，他又进一步提出，社会主义的本质是解放生产力，发展生产力，消灭剥削，消除两极分化，最终达到共同富裕。根据对社会主义本质的认识，他提出判断改革得失成败的标准，主要看是否有利于发展社会主义社会的生产力，是否有利于增强社会主义国家的综合国力，是否有利于提高人民的生活水平。邓小平的这些思想排除了人们在改革开放中对于姓"社"还是姓"资"问题的纠结，从根本上解放了人们的思想，既通过改革开放更好地坚持了社会主义，又通过改革开放发展和完善了社会主义。第四，把对外开放作为基本国策。中国的改革成功既得益于把改革作为解放和发展生产力的又一次革命，也得益于把实行对外开放作为一项基本国策。苏联和东欧国家的改革，在前期基本上沿袭了斯大林关于社会主义与资本主义两个平行市场理论，对社会主义国家以外的世界基本上是封闭的；在后期又完全照搬西方国家的做法，甚至请西方国家的专家为自己设计改革方案。中国则与此不同，从一开始就把改革和开放结合在一起，认为我们不仅要对苏联传统体制进行革命性改革，而且要实行全方位的对外开放，利用国内外两个市场、两种资源发展经济，利用人类社会创造的一切优秀文明成果建设社会主义。邓小平说："社会主义要赢得与资本主义相比较的优势，就必须大胆吸收和借鉴人类社会创造的一切文明成果，吸收和借鉴当今世界各国包括资本主义发达国家的一切反映现代社会化生产规律的先进经营方式、管理方法。"[1]我国的对外开放是坚定不移的和不断扩大的，但又是完全从中国实际出发、把学习借鉴和创新发展相结合的，40多年来取得了巨大的成效。现在中国的开放程度已经超过了某些西方国家，而我国的社会主义也变得更加强大。第五，大胆而又稳妥的改革方法。苏联和东欧国家的改革，要么思想僵化保守，改革长期迈不开步子，旧体制难以得到根本突破；要么急功近利，企图在短时间内一举取得成功，戈尔巴乔夫刚上台时推行的"加速战略"和后来搞的"休克疗法"，都具有这样的特点。而中国的改革完全是从实际出发的，由于社会主义改革是史无前例的，没有成功的经验可供借鉴，只能在实践中一步一步地探索前进，所以我们采取的是长期的渐进的改革战略，这个战略的基本特点是摸着石头过河，后来发展到顶层设计与摸着石头过河相结合。总的要求是邓小平提出的胆子要大、步子要稳，既要解放思想，敢想、敢闯、敢试，又要稳步向前推进，不断总结经验和纠正错误，以保证不犯长期性、全局性的错误。

我国的改革开放在中国共产党的领导下，就是运用以上方法破解了怎样进行社会主义改革这个世界性的难题，成功开创出一条强国之路，使我国的社会主义建设取得了举世瞩目的辉煌成就。在中国的影响下，越南、老挝、古巴等社会主义国家也先后走上了社会主义改革道路，中国的改革开放经验和做法为这些国家改革开放和社会发展提供了重要的借鉴。

四、中国特色社会主义进入新时代，在世界上高高举起中国特色社会主义旗帜

党的十八大以来，中国特色社会主义进入新时代，中华民族迎来了从站起来、富起来到强起来的伟大飞跃。随着我国由大到强的巨大变化，我国正日益走近世界舞台的中央，国际地位不断提升，世界影响迅速扩大，从而在世界高高举起了中国特色社会主义伟大旗帜，为推动世界社会主义发展作出了重大贡

---

[1] 《邓小平文选》第3卷，人民出版社1993年版，第373页。

献。可以毫不夸张地说，新时代中国特色社会主义已经成为世界社会主义的中流砥柱。这主要表现在三个方面。

第一，以习近平同志为核心的党中央把马克思主义基本原理与新时代中国具体实践相结合创立的习近平新时代中国特色社会主义思想，充分展现出中国特色社会主义理论与时俱进的创造力。它既是中国特色社会主义取得的最新理论成果，也是科学社会主义理论在 21 世纪最耀眼的思想成就。习近平新时代中国特色社会主义思想为科学社会主义理论作出了一系列原创性贡献，例如关于当前的世界形势，习近平总书记提出了世界正处于百年未有之大变局的重要论断；关于马克思主义国家学说，习近平总书记创立了系统的中国特色社会主义治国理政理论；关于社会主义的本质特征，习近平总书记创造性地提出中国共产党的领导是中国特色社会主义的最本质特征；关于如何发展社会主义，习近平总书记提出了以人民为中心、创新协调绿色开放共享的新发展理念；关于社会主义基本原则，习近平总书记把合乎自然规律地改造和利用自然作为科学社会主义基本原则之一，并从实际出发构建了系统的社会主义生态文明建设思想；关于党的建设，习近平总书记在原来的思想、组织、作风、制度建党的基础上，创造性地提出政治建党，而且把它作为党的建设的首要任务；关于世界治理问题，习近平总书记站在世界历史的高度审视当今世界历史发展趋势和人类面临的重大问题，提出推动构建人类命运共同体；等等。习近平新时代中国特色社会主义思想，从理论和实践结合上系统回答了新时代坚持和发展什么样的中国特色社会主义、怎样坚持和发展中国特色社会主义这个重大时代课题，丰富了科学社会主义理论，扩大了社会主义思想在世界的影响，开创了马克思主义发展的新境界，为科学社会主义在 21 世纪的新发展作出了新的重大的贡献。

第二，新时代中国特色社会主义在实践中取得的辉煌成就，充分展现出中国特色社会主义的强大生命力和巨大优越性。在中国共产党的领导下，中国经过 40 多年的改革开放，已经由一个贫穷落后的国家变为世界第二大经济体和世界最大的贸易进出口国，许多工农业产品的产量位居世界首位，对世界发展的年贡献率超过了美国、欧盟和日本的总和。尤其是党的十八大以来，我国的发展成功实现了从数量迅速扩张到提高质量效益的根本转变，取得了决胜全面建成小康社会的伟大胜利，开启了全面建设社会主义现代化强国的新征程，国家综合国力显著增强，许多重大科技创新达到世界领先水平，人民生活跃上了全面小康新台阶，全方位地展开了与各国的交流与合作。通过不断增强国力和不断扩大对外影响，中国在世界上高高举起中国特色社会主义旗帜，破除了许多人长期以来对社会主义在社会制度和意识形态方面的偏见，提高了社会主义在人们心目中的威信，显著增强了社会主义在世界上的影响力。

第三，新时代中国特色社会主义对世界的影响力，不仅取决于中国特色社会主义本身所取得的巨大成就，同时还在于中国为解决世界面临的各种重大问题，贡献了中国智慧、中国方案、中国力量。新时代中国特色社会主义对解决世界问题的一大贡献，是根据世界一体化的历史趋势所造成的各国利益高度相关，你中有我、我中有你的现实，提出推动构建人类命运共同体，以建设一个"持久和平、普遍安全、共同繁荣、开放包容、清洁美丽的世界"[1]。这个倡议一经提出就受到联合国和国际社会的普遍欢迎，是新时代中国特色社会主义对世界的一大贡献。中国特色社会主义对世界的另一大贡献是中国现代化的成功，为世界落后国家走向现代化，提供了与西方发达国家不同的另一种选择。现在许多发展中国家对中国现代化奇迹很感兴趣，为了解决本国的发展问题，纷纷研究和借鉴中国经验，与中国展开广泛合作，而中国也欢迎其他国家共享中国的发展成果，主动倡议与各国按照共商、共建、共享的原则建设"一带一路"，使之成为我国与世界各国平等合作、共同发展的国际平台。新时代中国特色社会主义对世界的贡献，还表现在中国作为世界和地区大国勇敢地担当起了自己的大国责任，在国际事务中坚决反对强权政治和霸权主义，坚持按照合作共赢原则发展各国之间的和平友好关系，积极为推动解决世界的各种现实问题贡献中国力量，充分展现了中国特色社会主义的大国外交风采，扩大了社会主义在世界上的影响。

当今世界正处于百年未有之大变局，我国也处在社会主义现代化建设两个

---

[1] 习近平:《在第十三届全国人民代表大会第一次会议上的讲话》，人民出版社 2018 年版，第12 页。

百年奋斗目标的交汇期。我国现代化建设第二个百年奋斗目标的任务是十分伟大的，同时也更为艰巨复杂。行百里者半九十，我们要大力发扬党的百年奋斗的优良传统，认真总结第一个百年革命、建设、改革的历史经验，为创造全面建设社会主义现代化国家的新辉煌，为最终实现中华民族伟大复兴的中国梦，为世界社会主义走向复兴和新的发展，为实现全人类解放的伟大事业而努力奋斗。

吕薇洲 | 中国社会科学院大学教授、博士生导师，中国社会科学杂志社副总编辑、研究员

百年中国共产党永葆先进性的历史经验
——基于国际共产主义运动的视角

先进性是马克思主义政党的本质属性和根本特征，也是马克思主义执政党的生命所系和力量所在。国际共产主义运动的经验和教训深刻表明，党的先进性建设是马克思主义政党的根本任务和永恒课题，关系党的生死存亡和前途命运。回望建党百年走过的历程，中国共产党之所以能够不断从小到大，从弱到强，成为领导中国革命、建设和改革事业的核心力量，之所以能够在复杂变化的国际国内环境中立于不败之地，创造一个又一个举世瞩目的伟大成就和彪炳史册的人间奇迹，根本原因就在于中国共产党始终高度重视并不断保持和发展党的先进性。实践已经证明并将继续证明，保持先进性不仅是中国共产党一贯追求的政治目标，也是应对各种风险挑战，不断夺取革命、建设和改革胜利的历史经验和重要法宝，是立足党的百年历史新起点、统筹中华民族伟大复兴战略全局和世界百年未有之大变局、更好肩负起全面建设社会主义现代化国家历史重任的必然要求。

一、永葆先进性是马克思主义政党的本质属性

无论是着眼于马克思主义政党建设的理论逻辑，还是立足于国际共产主义运动的历史逻辑，都可以得出这样一个结论：永葆先进性是马克思主义政党的本质要求。马克思主义政党的先进性，是由其性质宗旨、理想信念、奋斗目标决定的，集中体现在以下四个方面。

（一）先进政党有马克思主义科学理论为指导

指导思想是一个政党的精神旗帜。以马克思主义这一科学世界观和方法论武装自己，是马克思主义政党区别于一切剥削阶级政党的根本标志。一个政党要保持和发展先进性，必须有正确的理论武装。

在创建无产阶级政党的过程中，马克思、恩格斯明确要求，把包括辩证的历史的唯物主义、工人阶级的政治经济学和科学社会主义在内的新理论体系作为党的指导思想，强调"有一个新的科学的世界观作为理论的基础"是马克思主义政党"很大的优点"。[1]列宁继承了马克思、恩格斯的上述思想，在总结和分析俄国工人运动经验教训的基础上提出，马克思主义政党必须有科学理论的指导，"只有以先进理论为指南的党，才能实现先进战士的作用"[2]。列宁不仅从理论上而且还从实践上科学诠释了结合时代特点和本国革命斗争实际发展马克思主义理论的极端重要性。处于帝国主义时代的列宁，系统研究西方各国经济社会发展状况，深刻揭示了帝国主义时代无产阶级社会主义革命的历史必然性，为十月革命及其胜利提供了强大的思想武器和直接的理论指导。在列宁主义的指导下，俄国工人组织组建了新型无产阶级革命政党，建立了世界上第一个社会主义国家，并在巩固政权的过程中，坚持把马克思主义普遍真理同苏维埃俄国的具体实际相结合，努力探索经济文化落后国家建设社会主义的道路，取得了社会主义建设的初步进展并积累了宝贵经验。列宁的建党理论和实践充分表明，作为无产阶级求得自身解放和全人类解放的强大思想武器，马克思主义是社会主义事业的理论基础。但马克思主义并非一成不变的教条，其实际运用"随时随地都要以当时的历史条件为转移"[3]。马克思主义只有与时代发展同进步，与各国国情和实际紧密结合，才能发挥其理论指导作用，焕发出强大的

---

[1]《马克思恩格斯文集》第 2 卷，人民出版社 2009 年版，第 599 页。

[2]《列宁专题文集·论无产阶级政党》，人民出版社 2009 年版，第 71 页。

[3]《马克思恩格斯文集》第 2 卷，人民出版社 2009 年版，第 5 页。

创造力和生命力，成为引领时代发展的旗帜。

在国际共产主义运动史上，既有像列宁那样坚持和发展马克思主义的典范，亦有僵化教条地对待马克思主义乃至背离抛弃马克思主义的典型。2021 年恰逢苏联解体、苏共灭亡 30 周年。众所周知，苏东剧变的一个重要原因就是没有处理好坚持和发展马克思主义的关系，致使马克思主义的指导地位遭到不断削弱、马克思主义政党的思想阵地逐渐缩小。尤其是苏共二十八大直接宣布将"人道的、民主的社会主义"作为党的指导思想，使苏共自动解除了思想武装，也使广大党员干部和群众丧失了识别能力，加剧了思想混乱和社会动荡，并最终从根本上摧毁了曾一度在人类历史上创造过辉煌业绩、在世界反法西斯战争中作出过卓越贡献的苏共及社会主义制度。受苏共影响，波兰、匈牙利、捷克斯洛伐克等东欧国家的共产党，也先后宣布放弃马克思主义，转而奉行民主社会主义，甚至全盘接受西方资产阶级政治理念。

必须始终坚持马克思主义基本原理，并在实践中不断创新和发展马克思主义；一旦失去马克思主义理论的指导，共产党就会因没有正确的指导思想和理论基础而迷失方向，走向歧途。

（二）先进政党有共产主义理想信念为支撑

理想信念是一个政党的政治灵魂。坚定共产主义理想信念，坚守共产党人精神追求，是马克思主义政党的安身立命之本，也是其永葆先进性的重要支撑。

共产主义理想并非乌托邦和主观臆造，而是马克思运用唯物史观和剩余价值学说，基于对资本主义社会基本矛盾的深入剖析，对人类社会发展规律的科学揭示。马克思在科学揭示社会主义、共产主义历史必然性的同时，也明确预见到这一历史进程的长期曲折性。"无论哪一个社会形态，在它所能容纳的全部生产力发挥出来以前，是决不会灭亡的；而新的更高的生产关系，在它的物质存在条件在旧社会的胎胞里成熟以前，是决不会出现的。"[1] 在《法兰西内战初稿》中，马克思再次告诫："工人阶级知道，他们必须经历阶级斗争的几个不同

---

[1] 《马克思恩格斯文集》第 2 卷，人民出版社 2009 年版，第 592 页。

阶段……他们知道，这一革新的事业将不断地受到各种既得利益和阶级自私心理的抗拒，因而被延缓、被阻挠。"[1] 列宁也反复强调走向社会主义、共产主义的"这条道路决不会是笔直的，而是难以想象的复杂"[2]。譬如，在分析垄断阶段资本主义基本矛盾时，列宁既强调"私有经济关系和私有制关系已经变成与内容不相适应的外壳了，如果人为地拖延消灭这个外壳的日子，那它就必然要糜烂"，又指出"它可能在腐烂状态中保持一个比较长的时期"。[3]

共产主义崇高理想和奋斗目标的确立，为无产阶级指明了前进方向，激励着无产阶级为实现这一伟大理想而奋斗。

然而，纵观国际共产主义运动发展的历史，对于资本主义向社会主义、共产主义过渡的历史进程，不仅在理论上存在着误解，而且在各国共产党人的实践中，也出现过低估社会主义建设难度，表现出一种急于求成、超越发展阶段，急于向社会主义、共产主义过渡的倾向，并最终导致社会主义建设陷入困境、归于失败。苏东剧变与这些国家共产党未能正确判断社会主义发展进程、未能科学制定社会主义革命和建设战略策略直接相关，也与这些国家共产党未能正确对待自己的历史、未能坚定共产主义必胜的信念直接相关。理想信念的缺失，致使苏东国家共产党在社会主义建设出现问题时，在外部因素的威逼利诱下，打着否定斯大林的旗号，淡化乃至放弃社会主义纲领和共产主义信仰，最终酿成了亡党亡国的惨剧。

国际共产主义运动的发展历程表明，理想信念的坚定源于思想理论的坚定，源于对历史规律的把握。共产党人既"要有最伟大的理想、最伟大的奋斗目标，同时，又要有实事求是的精神和最切实的实际工作"[4]；既要坚定社会主义、共产主义必胜的信念，又要扎实做好现阶段的每一项工作。只有始终高扬理想信念旗帜，以坚定的共产主义理想为精神支撑，才能确保党更加坚强有力、党的事业更加兴旺发达。

[1]《马克思恩格斯文集》第3卷，人民出版社2009年版，第198—199页。

[2]《列宁全集》第34卷，人民出版社2017年版，第44页。

[3]《列宁选集》第2卷，人民出版社2012年版，第687页。

[4]《刘少奇选集》上卷，人民出版社1981年版，第128页。

（三）先进政党有人民群众的支持拥护为基础

民心向背是检验一个政党是否具有先进性的试金石。始终保持同人民群众的血肉联系是马克思主义政党区别于其他政党的显著标志，也是共产党人永葆先进性的必然要求。"如果自诩高明、脱离了人民，或者凌驾于人民之上，就必将被人民所抛弃。任何政党都是如此，这是历史发展的铁律，古今中外概莫能外。"[1]

人民群众是历史的创造者，是社会变革和社会发展的决定力量，这是历史唯物主义的一个基本原理。马克思、恩格斯在创立唯物史观的过程中，深刻阐明了人民群众的历史作用："历史活动是群众的活动，随着历史活动的深入，必将是群众队伍的扩大。"[2] 他们还科学界定了马克思主义政党与人民群众之间的关系，"无产阶级的运动是绝大多数人的，为绝大多数人谋利益的独立的运动"，共产党人"没有任何同整个无产阶级的利益不同的利益"。[3] 这一原理要求马克思主义政党要始终代表广大人民群众的利益，把群众路线作为根本工作路线。

列宁在新型无产阶级政党的创建和发展过程中，进一步丰富和发展了马克思主义政党的群众路线思想。他指出："无产阶级政党的义不容辞的责任就是和群众在一起。"[4]"生气勃勃的创造性的社会主义是由人民群众自己创立的"[5]，"只有相信人民，只有投入生气勃勃的人民创造力泉源中去的人，才能获得胜利并保持政权"[6]。"把千百万劳动群众组织起来，这是革命最有利的条件，这是革命取得胜利的最深的泉源。"[7]"我们需要的是能够经常同群众保持真正联系的党，善于领导这些群众的党。"[8] 列宁的这些论述，科学回答了马克思主义政党为什

[1] 习近平：《论中国共产党历史》，中央文献出版社 2021 年版，第 63 页。

[2] 《马克思恩格斯文集》第 1 卷，人民出版社 2009 年版，第 287 页。

[3] 《马克思恩格斯选集》第 1 卷，人民出版社 2012 年版，第 411、413 页。

[4] 《列宁全集》第 32 卷，人民出版社 2017 年版，第 28 页。

[5] 《列宁专题文集·论社会主义》，人民出版社 2009 年版，第 399 页。

[6] 《列宁全集》第 33 卷，人民出版社 2017 年版，第 61 页。

[7] 《列宁选集》第 3 卷，人民出版社 2012 年版，第 709 页。

[8] 《列宁全集》第 39 卷，人民出版社 2017 年版，第 228 页。

么要坚持群众路线、如何坚持群众路线等问题，为苏俄社会主义革命和建设事业的发展奠定了坚实基础，为苏共执政地位的确立和巩固作出了积极贡献，为世界上无产阶级政党的建立和发展提供了重要遵循。

纵览国际共产主义运动史上无产阶级政党的兴衰存亡，都与其执政党建设，与其秉持的人民观直接相关。历史充分表明，人民是政党最牢固的根基，无产阶级政党只有始终代表广大人民的利益，才能巩固自己赖以生存的基础，否则便招致亡党灭国的悲剧。苏共惨遭解散、痛失政权的事实，为世界各国共产党提供了深刻教训。苏共曾因成功解决"和平、土地、面包"问题赢得人民支持和拥护，进而激发了人民忘我革命和建设，但在长期执政过程中，苏共却逐渐脱离人民群众，出现了与人民利益根本对立的严重的官僚特权现象，这是导致其最终丧失民心、失去民意，被苏联人民抛弃的重要原因。我们从中可以得到一个非常重要的启示：民心向背，是决定一个政党、一个政权盛衰的根本因素。共产党人必须始终保持同人民群众的血肉联系，不断从人民群众中汲取经验、智慧和力量。马克思主义政党的理论路线和方针政策以及全部工作只有顺民意、谋民利、得民心，才能得到人民群众的支持和拥护，才能永远立于不败之地。

（四）先进政党有民主集中制的组织原则为保障

民主集中制是马克思主义政党的根本组织原则、组织制度和领导制度，是马克思主义政党加强自身建设、永葆先进性的制度保障。

马克思、恩格斯在为世界上第一个国际性的无产阶级政党——共产主义者同盟制定的章程中，既规定"所有盟员都一律平等，他们都是兄弟"，又强调盟员必须"服从同盟的一切决议"[1]；在总结巴黎公社经验教训时，马克思指出："巴黎公社遭到灭亡，就是由于缺乏集中和权威。"[2] 列宁继承和发展上述思想，反复强调加强党的纪律性和统一领导的必要性。他说，"无产阶级在争取政权的斗争中，除了组织，没有别的武器"，"专制制度压迫的各族无产者反对专制制度、

---

[1] 《马克思恩格斯全集》第 4 卷，人民出版社 1958 年版，第 572 页。
[2] 《马克思恩格斯文集》第 10 卷，人民出版社 2009 年版，第 375 页。

反对日益紧密团结的国际资产阶级的斗争中要取得胜利，集中制是必不可少的"[1]，并在1906年明确提出"党内民主集中制的原则是现在一致公认的原则"[2]，要求将民主集中制确立为无产阶级政党的根本组织原则。列宁这些思想为各国无产阶级政党的建立和发展奠定了思想理论和组织原则基础。

"民主集中制是民主基础上的集中和集中指导下的民主相结合的制度。"[3] 缺乏民主，必然会导致官僚主义的滋生、个人迷信的盛行、腐败现象的蔓延。否定集中，必然会导致党内无组织无纪律的状况，使党陷于涣散和瓦解。这是从国际共产主义运动得出的一条重要经验和启示。

苏东国家共产党丧失政权的一个重要原因，就是没有很好地落实民主集中制的组织制度和原则，没有正确处理民主与集中的关系。俄国十月革命后，由于国内外环境极其严峻，为确保党的凝聚力和战斗力，列宁更多地强调党要有铁的纪律和高度集中的组织原则。然而，随着苏联内外形势的变化，苏共未能很好地处理党内民主和党的集中统一之间的关系，忽视甚至破坏党内民主，造成了大量冤假错案，严重伤害了一大批干部群众，也损害了党和国家的声誉，成为国内外反共反社会主义势力攻击共产党和社会主义的把柄。后来苏共虽采取了一些措施，但依然没有从根本上健全和完善民主集中制。戈尔巴乔夫甚至借扩大党内民主、发扬社会主义民主之名，实行"无条件的民主"，推行"自愿原则"，规定在中央和地方关系上，加盟共和国如果不同意苏共中央的决议可以不执行。这种无条件的极端民主的推行，造成了苏共基层党组织涣散，广大党员丧失对党的信任，大批党员退党。从1989年1月到1991年1月，苏共党员就减少了290万人，大部分基层组织或解散或停止活动。东欧各国共产党也出现了不同程度的组织涣散问题，党的凝聚力战斗力锐减。苏东各国群众性的集会和游行示威不断，反对派趁机打着"民主化"旗号从事反共反社会主义的破坏活动，最终导致苏东国家政治危机日益严重，各国共产党逐渐失去民心纷纷

---

[1] 《列宁选集》第1卷，人民出版社2012年版，第526、467页。

[2] 《列宁全集》第12卷，人民出版社2017年版，第214页。

[3] 中共中央文献研究室编：《十六大以来重要文献选编》（上），中央文献出版社2005年版，第39页。

垮台。"苏联共产党在戈尔巴乔夫执政时期从软弱涣散到最后猝然解体,与否定民主集中制有直接的关系。"[1] 苏东剧变的教训表明,无产阶级政党只有坚持和健全党的民主集中制,实现党内高度民主和团结一致,才能保持党的强大凝聚力,保持党的生机和活力。

二、中国共产党的百年历史是永葆先进性的历史

中国共产党成立伊始,就把党的先进性建设作为一项长期而又常新的战略任务。"党的百年历史,也是我们党不断保持党的先进性和纯洁性,不断防范被瓦解、被腐化的危险的历史。"[2] 在百年发展历史中,中国共产党围绕如何坚持和发展党的先进性进行了积极探索并积累了宝贵经验。

(一)通过百年马克思主义中国化的推进,永葆党的思想理论先进

中国共产党是由马克思主义孕育催生、用马克思主义武装锤炼出来的政党,从一开始"就是一个以马克思列宁主义的理论为基础的党","因为这个主义是全世界无产阶级的最正确最革命的科学思想的结晶"。[3] 从诞生之日起,中国共产党就把马克思主义确立为立党立国的指导思想,作为社会主义事业的理论基础和行动指南。

在100年波澜壮阔的奋斗历程中,中国共产党始终坚持将马克思主义基本原理与时代特征相结合,将马克思主义创造性地运用于中国的具体实践,在中国革命、建设和改革实践中不断推动实现马克思主义中国化。正如习近平总书记所说:"我们党的历史,就是一部不断推进马克思主义中国化的历史,就是一部不断推进理论创新、进行理论创造的历史。"[4]

马克思主义的伟大力量在于它是和各个国家具体的革命实践相联系的。然

---

[1] 魏泽焕:《苏共兴衰透视》,广东人民出版社 1998 年版,第 268 页。

[2] 习近平:《在党史学习教育动员大会上的讲话》,人民出版社 2021 年版,第 18 页。

[3] 《毛泽东选集》第 3 卷,人民出版社 1991 年版,第 1093 页。

[4] 习近平:《在党史学习教育动员大会上的讲话》,人民出版社 2021 年版,第 18 页。

而在成立初期，年轻的中国共产党一度出现过"把马克思主义教条化、把共产国际决议和苏联经验神圣化的错误倾向，曾使中国革命几乎陷于绝境"[1]。1938年中共扩大的六届六中全会，毛泽东同志明确提出了"马克思主义中国化"的命题，要求中国共产党"学会把马克思列宁主义的理论应用于中国的具体的环境"，使之在每一表现中带着中国的特性，"按照中国的特点去应用它，成为全党亟待了解并亟须解决的问题。"[2]进入新时代以来，习近平总书记反复强调："要立足我国实际，以我们正在做的事情为中心，聆听人民心声，回应现实需要，深入总结中国特色社会主义实践，更好实现马克思主义基本原理同当代中国具体实际相结合，同时也要放宽视野，吸收人类文明一切有益成果，不断创新和发展马克思主义。"[3]

理论的生命力在于创新。正是基于创新发展马克思主义的历史使命和责任担当，中国共产党始终把马克思主义基本原理同中国具体实际相结合，坚持解放思想和实事求是相统一，不断推进实践基础上的理论创新，不断开辟马克思主义新境界，形成了毛泽东思想、邓小平理论、"三个代表"重要思想、科学发展观等一系列马克思主义中国化的重大理论成果，为党和人民事业发展提供了既一脉相承又与时俱进的科学理论指导，为增进全党全国各族人民的团结统一提供了坚实思想基础。

党的十八大以来，以习近平同志为核心的党中央，立足中国特色社会主义进入新时代这一新的历史方位，紧密结合新的时代条件和实践要求，以全新的视野深化对共产党执政规律、社会主义建设规律、人类社会发展规律的认识，形成了 21 世纪中国的马克思主义——习近平新时代中国特色社会主义思想，标志着马克思主义中国化达到了一个新的高度。

中国共产党马克思主义中国化的百年实践证明，"马克思主义的命运早已同中国共产党的命运、中国人民的命运、中华民族的命运紧紧连在一起，它的

---

[1] 中共中央文献研究室编：《关于建国以来党的若干历史问题的决议注释本》，人民出版社 1983 年版，第 47 页。

[2] 《毛泽东选集》第 2 卷，人民出版社 1991 年版，第 534 页。

[3] 《习近平谈治国理政》第 2 卷，外文出版社 2017 年版，第 67 页。

科学性和真理性在中国得到了充分检验，它的人民性和实践性在中国得到了充分贯彻，它的开放性和时代性在中国得到了充分彰显！"[1] 可以说，中国共产党之所以能够完成近代以来各种政治力量不可能完成的艰巨历史任务，之所以能够实现从建党的开天辟地，到新中国成立的改天换地，到改革开放的翻天覆地，再到党的十八大以来的历史性成就、历史性变革，关键就在于坚持将马克思主义基本原理同中国实际和时代特点结合起来，不断推进马克思主义中国化，用创新的中国化马克思主义来进一步立党兴党强党。在这个意义上我们可以自豪地宣称："马克思主义深刻改变了中国，中国也极大地丰富了马克思主义。"[2]

在全面建设社会主义现代化国家新征程中，中国共产党应继续推进马克思主义中国化进程，通过实践创新和理论创新，始终走在时代前列，成为时代先锋，不断焕发新的强大生命力和战斗力。

（二）通过百年伟大精神谱系的构筑，永葆党的理想信念坚定

理想信念是一个政党的精神支柱，标志着它的奋斗目标、价值追求和精神动力，是其党员政治觉悟、思想境界和道德情操的集中体现。对马克思主义的信仰，对社会主义和共产主义的信念，是中国共产党的命脉和灵魂，是支撑共产党人坚定事业信心的动力源泉，也是党经受住任何考验的精神支柱。

从诞生之日起，中国共产党就把实现共产主义确立为最高理想和最终目标，把为共产主义、社会主义而奋斗确定为自己的纲领。"中国共产党之所以叫共产党，就是因为从成立之日起我们党就把共产主义确立为远大理想。"[3] 在百年发展历程中，无论是在革命阶段、建设阶段还是改革阶段，崇高的理想、坚定的信念始终是中国共产党人的政治灵魂，是中国共产党人从事共产主义事业的固有之意。正如习近平总书记所说："我们党的每一段革命历史，都是一部理想信念的生动教材。"[4]

---

[1] 习近平:《论中国共产党历史》，中央文献出版社 2021 年版，第 202 页。

[2] 习近平:《在党史学习教育动员大会上的讲话》，人民出版社 2021 年版，第 12 页。

[3] 习近平:《论中国共产党历史》，中央文献出版社 2021 年版，第 123 页。

[4] 同上书，第 37 页。

在革命战争年代，无数革命先烈为了共产主义崇高理想而献出了宝贵生命。1921—1949 年，中国共产党领导的革命队伍中，有名可查的烈士就达 370 多名。[1] 这在世界政党史上绝无仅有。"砍头不要紧，只要主义真"，"敌人只能砍下我们的头颅，决不能动摇我们的信仰"，这些振聋发聩的诗句誓言，生动展现了共产党人对共产主义远大理想的坚贞。正是凭借远大理想和崇高追求构筑起来的强大精神支柱，中国共产党人经受一次次挫折而又一次次奋起，完成了新民主主义革命，建立了中华人民共和国。

在和平发展时期，中国共产党人怀着共产主义远大理想，带领人民群众掀起了轰轰烈烈的社会主义革命、建设和改革热潮，许多共产党员在平凡的岗位上作出英雄壮举，"宁肯少活二十年，拼命也要拿下大油田"，"活着没有治好沙丘，死了也要看着我的同志们把沙丘治好"，这些气势轩昂的承诺宣示，鲜活呈现了共产党人积极进取、牺牲奉献的品格。正是胸怀共产主义的远大理想和中国特色社会主义的共同理想，中国共产党人坚守了为人民谋幸福的初心、承载了为民族谋复兴的使命，领导中国人民实现了从站起来到富起来、强起来的伟大飞跃，创造了人类社会发展史上的发展奇迹。

中国共产党百年历史充分证明，中国共产党人的理想信念建立在对马克思主义的深刻理解之上，建立在对人类社会发展规律和我国国情的准确把握之上。这种崇高的理想信念，是中国共产党带领全国人民前进的重要精神保障，是共产党人保持先进性和纯洁性的精神动力，是共产党人经受住任何考验的精神支柱。"我们党之所以历经百年而风华正茂，饱经磨难而生生不息，就是凭着那么一股革命加拼命的强大精神。"[2]

（三）通过百年初心使命的践行，永葆党的性质宗旨不变

中国共产党全心全意为人民服务的根本宗旨，决定了党"必须以合乎最广

[1] 参见中共中央宣传部理论局：《新时代面对面——理论热点面对面·2018》，学习出版社、人民出版社 2018 年版，第 64 页。

[2] 习近平：《在党史学习教育动员大会上的讲话》，人民出版社 2021 年版，第 19 页。

大人民群众的最大利益，为最广大人民群众所拥护为最高标准"[1]。

中国共产党的人民观是在马克思主义群众观基础上形成、在国际共产主义运动和中国共产党自身发展中完善的。中国共产党成立之时，就把"人民"二字镌刻在党旗上，把为中国人民谋幸福、为中华民族谋复兴作为自己的初心使命。毛泽东曾形象地把共产党人比作"种子"，把人民比作"土地"，要求共产党人要同人民结合起来，"在人民中间生根、开花"[2]。"我们党的百年历史，就是一部践行党的初心使命的历史，就是一部党与人民心连心、同呼吸、共命运的历史。"[3]

中国共产党的群众观点和群众路线形成于新民主主义革命时期。党的二大制定的《关于共产党的组织章程决议案》提出："我们既然是为无产群众奋斗的政党，我们便要'到群众中去'组成一个大的'群众党'。"[4]1929年"九月来信"中，群众路线首次出现在党的正式文件中。同年召开的古田会议指出，党的工作要"在党的讨论和决议之后，再经过群众路线去执行"[5]，这可视为群众路线的萌芽。党的七大系统阐发了党的群众路线的核心内容和基本观点，不仅提出了"人民，只有人民，才是创造世界历史的动力"，还要求全党必须"全心全意为人民服务，一刻也不脱离群众；一切从人民的利益出发"，强调"共产党人的一切言论行动，必须以合乎最广大人民群众的最大利益，为最广大人民群众所拥护为最高标准"。[6]这标志着党的群众观点和群众路线正式形成。

中国共产党的群众观点和群众路线在社会主义革命和建设时期得到了发展。这一时期，毛泽东撰写了《坚持艰苦奋斗，密切联系群众》等著作，系统阐述了相关思想。党的八大把"群众路线"写入党章。在实践中，我们党坚持

---

[1]《毛泽东选集》第3卷，人民出版社1991年版，第1096页。

[2]《毛泽东选集》第4卷，人民出版社1991年版，第1162页。

[3] 习近平:《在党史学习教育动员大会上的讲话》，人民出版社2021年版，第15页。

[4] 中共中央文献研究室、中央档案馆编:《建党以来重要文献选编（1921—1949）》第1册，中央文献出版社2011年版，第162页。

[5] 中共中央文献研究室编:《关于建国以来党的若干历史问题的决议注释本》，人民出版社1983年版，第546页。

[6]《毛泽东选集》第3卷，人民出版社1991年版，第1031、1094、1096页。

相信群众、依靠群众、发动群众和组织群众，取得了社会主义革命和建设的初步成就。

改革开放和社会主义现代化建设新时期，党的群众观点和群众路线得到了很大丰富。邓小平明确提出："群众是我们力量的源泉，群众路线和群众观点是我们的传家宝。"[1] "三个代表"重要思想中，"始终代表最广大人民的根本利益"是根本出发点和落脚点，要求"充分发挥人民群众的积极性、主动性、创造性，在社会不断发展进步基础上，使人民群众不断获得切实的经济、政治、文化利益"[2]。科学发展观中"以人为本"的思想"体现了我们党全心全意为人民服务的根本宗旨"[3]，胡锦涛"群众利益无小事"等论断的提出，彰显了共产党人"权为民所用、情为民所系、利为民所谋"[4] 的责任担当。

新时代以来，党的群众观点和群众路线得到了创新发展。围绕执政为了谁、执政依靠谁、如何执好政掌好权等问题，习近平总书记发表了一系列重要讲话，明确要求"始终把人民放在心中最高位置"，庄严宣示"把人民对美好生活的向往作为奋斗目标，推动改革发展成果更多更公平惠及全体人民"[5]，强调"能否保持党同人民群众的血肉联系，决定着党的事业的成败"[6]。习近平新时代中国特色社会主义思想和党的十八大以来的实践，把"人民至上""人民幸福""人民美好生活"展现得淋漓尽致。

历史雄辩地证明，中国共产党之所以能够谱写革命、建设和改革的辉煌篇章，关键在于能够始终坚持全心全意为人民服务的根本宗旨，始终保持与人民群众的血肉联系，始终把实现、维护和发展好人民的利益作为一切工作的出发点和落脚点。"延安革命根据地政权是陕北人民用小米哺育出来的"，"淮海战役

---

[1]《邓小平文选》第 2 卷，人民出版社 1994 年版，第 368 页。

[2]《江泽民文选》第 3 卷，人民出版社 2006 年版，第 279 页。

[3]《胡锦涛文选》第 3 卷，人民出版社 2016 年版，第 4 页。

[4] 中共中央文献研究室编:《十六大以来重要文献选编》（中），中央文献出版社 2011 年版，第 68 页。

[5] 习近平:《在党史学习教育动员大会上的讲话》，人民出版社 2021 年版，第 16 页。

[6] 中共中央文献研究室编:《十八大以来重要文献选编》（上），中央文献出版社 2014 年版，第 309 页。

胜利是靠老百姓用小车推出来的","改革开放的历史伟剧是亿万人民群众主演的",百年中共党史中一个个鲜活的事例雄辩地证明,江山就是人民,人民就是江山,人心向背关系党的生死存亡。保持党同人民群众的血肉联系是中国共产党无往而不胜、永葆先进性的法宝。

（四）通过百年组织原则的贯彻，永葆党的团结统一

党的团结统一是党的生命,是党的先进性的重要体现。"保证党的团结和集中统一是党的生命,也是我们党能成为百年大党、创造世纪伟业的关键所在。"[1] 党章明确规定党员必须"维护党的团结和统一"。通过民主集中制维护党的团结和统一,是中国共产党在长期革命和建设中形成的优良传统,也是新形势下确保全党统一意志、统一行动的重要制度保障。

作为马克思主义政党,中国共产党是按照民主集中制组织起来的,民主集中制度贯穿于党的全部实践活动。民主集中制包括民主和集中两个方面,两者互为条件、相辅相成、缺一不可。民主基础上的集中和集中指导下的民主相结合,既可以最大限度地激发全党的创造活力,又可以有效统一全党的思想和行动。离开了民主谈集中,就必然导致独断专行;离开了集中谈民主,就必然导致一盘散沙。

中国共产党在百年发展历程中,曾多次运用民主集中制这一有力武器,同破坏党的团结统一的行为进行斗争。譬如,红军长征途中,针对张国焘分裂红军、另立"中央"的严重错误,以毛泽东同志为主要代表的中国共产党人严格执行党的纪律,通过了《关于张国焘同志错误的决议》,使全党全军认清了他的分裂行为及其严重后果,从而维护了党和军队的团结统一。又如,由于"左"倾教条主义者的错误领导,红军第五次反"围剿"失败,中共中央率领红一方面军开始长征。经过通道会议、黎平会议、猴场会议和遵义会议,中国革命逐渐走上了正确的道路,最大限度体现了民主集中制原则,在充分发扬民主的基础上,作出一系列具有历史意义的决定,实现了中国革命的历史性转折,成为

---

[1] 习近平:《在党史学习教育动员大会上的讲话》,人民出版社 2021 年版,第 21 页。

我党成功践行民主集中制度的典范。当然,中国共产党百年历史发展过程中,也有民主集中制未能很好贯彻的沉痛教训,如"文化大革命"。

中国共产党的百年历史反复证明,什么时候民主集中制坚持得好,党就风清气正、充满生机活力,党的事业就蓬勃发展;什么时候民主集中制受到破坏,党内矛盾和问题就会滋生蔓延,党的风气就会受到损害,党的事业就会遭遇挫折。

党的十八大以来,习近平总书记从维护党的团结统一的高度,反复重申贯彻民主集中制的重要性和必要性,要求把民主和集中有机统一起来,真正把民主集中制的优势变成我们党的政治优势、组织优势、制度优势、工作优势。十八大以来,党中央的各项决策部署都是在严格执行民主集中制,充分发扬党内民主,广泛听取各方面意见的基础上作出的。中国共产党能够保持和发展先进性,关键是有民主集中制的组织原则和制度作保障。作为正确规范党内政治生活、处理党内关系的基本准则,民主集中制是提升党组织的创造力、凝聚力、战斗力,加强党的团结统一的重要法宝,是反映、体现全党同志和全国人民利益与愿望,保证党的路线方针政策正确制定和执行的科学、合理、有效率的制度,是党赖以存在和发展的最基本的制度保证,也是中国共产党最大的制度优势。

三、结语

党的先进性和党的执政地位并非一蹴而就,亦非一成不变。一个政党过去先进不等于现在先进,现在先进不等于永远先进。在长期执政条件下,各种弱化党的先进性、损害党的纯洁性的因素无时不有,各种违背党的初心使命、动摇党的执政根基的风险无处不在,马克思主义政党的先进性和纯洁性不会随着时间推移而自然保持下去。作为具有百年历史、拥有9600多万党员、在最大社会主义国家执政70多年的大党,中国共产党在复杂的国际国内环境中,在前所未有的风险挑战面前,如何永葆先进性和纯洁性、永葆青春活力?如何永远得到人民拥护和支持,实现长期执政?这是我们必须回答好、解决好的根本性问题。尤其是在"两个一百年"奋斗目标的历史交汇点上，立足于中国共产党百年历史的新起点，着眼于开启全面建设社会主义现代化强国的新使命，必须将永葆党的先进性作为一项重大战略任务，不断总结历史经验，提高执政本领，不断提高应对风险挑战的能力水平，确保党在世界形势深刻变化的历史进程中始终走在时代前列，在坚持和发展中国特色社会主义的历史进程中始终成为坚强领导核心。

｜ 王子凤 ｜ 中国社会科学院马克思主义研究院国际共产主义运动研究部助理研究员

｜ 潘金娥 ｜ 中国社会科学院马克思主义研究院国际共产主义运动研究部主任、研究员

百年回眸与启示：
共产国际及其与中国革命的关系

成立于 1919 年 3 月 6 日并于 1943 年 5 月 15 日宣布解散的共产国际（第三国际）在其存续的 24 年里，在 65 个国家建立了 76 个支部，发展了 300 多万名党员，对 20 世纪上半叶的世界革命和国际共产主义运动，包括对中国共产党的成立和早期中国革命，产生了不可磨灭的影响。关于共产国际的历史地位及其与中国革命的关系，长期以来在世界各国共产党和学术界中存在不同的看法。站在中国共产党成立 100 周年的重要历史窗口，借助世界各国共产党的视角重新考察共产国际及其与中国革命的关系的历史经验和教训，将有助于回答我们"党从哪里来，到哪里去"的问题，并激发我们对新的历史条件下国际共产主义运动和国际联合问题的思考，为中国特色社会主义在世界社会主义和国际共产主义运动中如何发挥作用提供历史镜鉴。

一、共产国际在世界无产阶级革命运动中的
历史地位与贡献

共产国际与中国共产党和中国革命的关系问题，不仅是中国共产党历史上的重要课题，而且也是国际共产主义运动史上的重要问题。因此，了解共产国际与中国共产党和中国革命的关系，首先要将其放在共产国际与世界无产阶级革命运动中考察。

长期以来，世界共产党和国内外学术界对于共产国际存在的必然性及其历史功过一直存在争议。2019 年是共产国际成立 100 周年，各国共产党和学界掀起了重新评价共产国际的热潮。对于共产国际的评价，目前存在争议的问题主要集中于两个方面，即是否有必要建立共产国际，以及如何客观评价其历史功过。

（一）是否有必要成立共产国际

关于共产国际的成立，有部分学者认为共产国际是"早产儿"[1]，认为列宁对世界革命形势的估计不足，而且当时的客观条件还不成熟，成立这一国际组织为时过早，共产国际是国际共运在新的历史条件下有了一定程度的发展而又发展不够的产物，是必然要诞生但又过早地产生的不成熟的果实[2]。还有学者否定共产国际创立的必要性，认为共产国际的成立带有偶然性，是"主观意志支配"的产物。这种看法的主要理由是：共产国际的成立是为了搞世界革命，但历史表明世界革命并未到来，共产国际的成立是非必要之举；共产国际日后在指导各国革命上犯了一系列错误，所以这个组织的存在没有必要；共产国际后来成为苏联推行大国、大党主义的工具，因而共产国际的成立弊多利少。[3] 大部分共产党人和学者则认为，共产国际的成立具有合理性和必然性，而不是"早产儿"或某人"主观意志支配"的结果。从共产国际成立的历史背景、理论准备和组织准备等方面来看，共产国际的成立是历史发展的必然。

第一，从历史背景来看，共产国际的成立是基于当时世界革命形势发展的需要。共产国际是 20 世纪初，尤其是第一次世界大战后国际共产主义运动发展的产物。共产国际的成立是依据马克思、恩格斯关于无产阶级实现国际联合是战胜资本主义、取得社会主义胜利的必要条件的论断，同时也是第一次世界大

---

[1]　参见姜辉、潘金娥主编：《国际共产主义运动发展报告（2019—2020）》，社会科学文献出版社 2020 年版，第 49 页。

[2]　参见陆少华：《论共产国际的"早产"及其消极影响》，载《史学月刊》1987 年第 1 期。

[3]　参见夏道源：《国外一些著作关于共产国际的评论》，载《国际共运史研究资料》第 10 辑。

战期间国际共产主义运动发展的合乎规律的结果。[1] 第一次世界大战中，第二国际领导人背叛了无产阶级国际主义立场，支持本国资产阶级政府参加帝国主义战争，放弃了领导无产阶级革命运动的使命。与此同时，欧亚等地工人运动和民族独立运动在十月革命的鼓舞下出现了革命高潮，以列宁为首的无产阶级政党为应对时代挑战，承担起历史的重任和担当，作出了成立新的国际的历史性抉择，把无产阶级团结起来，共同抵抗帝国主义的攻击。

第二，马克思主义的新发展为共产国际成立奠定了理论基础。成功的革命需要三个条件：其一，统治阶级无法用传统手段统治国家；其二，大多数工人在现有制度下看不到解决他们问题的方法；其三，必须有一个纪律严明、组织有序、具有明确的反资本主义的思想理论和坚定地夺取政权的意愿的共产党。[2] 显然，20世纪初爆发的第一次世界大战和各地反殖民主义战争，说明前两个条件已经具备。而共产国际成立之时，列宁立足于资本主义已经从自由竞争资本主义阶段进入垄断资本主义阶段的现实，对帝国主义的特征进行了深刻揭露，提出无产阶级革命可以在资本主义薄弱环节爆发并在一国首先取得胜利的科学论断，他对如何建设无产阶级专政等问题做了深入探讨。列宁的思想丰富和发展了马克思主义，为共产国际的成立奠定了坚实的理论基础。

第三，无产阶级力量的壮大和团结为共产国际成立提供了阶级和组织准备。在1915年，列宁就开始筹建新的国际，做了大量工作来团结左翼力量，推动各国社会党左翼组建共产党。1917年俄国十月革命成功后，在俄国十月革命的影响和推动下，芬兰、奥地利、匈牙利、波兰、阿根廷、希腊和德国的革命左翼相继成立了共产党，瑞士、罗马尼亚、捷克斯洛伐克、法国和英国等国也先后建立了共产主义小组。共产党和共产主义小组的成立以及左翼力量的发展和不断壮大，为共产国际的建立提供了组织基础。

由此可见，共产国际的成立是一定历史条件下的必然产物，是国际共产主

---

[1] 参见姜辉、潘金娥主编：《国际共产主义运动发展报告（2019—2020）》，社会科学文献出版社2020年版，第37页。

[2] 参见姜辉、潘金娥主编：《国际共产主义运动发展报告（2019—2020）》，社会科学文献出版社2020年版，第38页。

义运动发展到一定阶段的合理的、必然的结果。

（二）共产国际对国际共产主义运动的历史贡献

共产国际在其存续的 24 年间，在领导国际共产主义运动中发挥了重要作用。就其历史贡献来说，主要体现在如下几个方面：

第一，共产国际的成立推动了国际共产主义运动的大发展。俄罗斯联邦共产党领导人久加诺夫认为："共产国际的历史意义在于，在世界范围内把马克思列宁主义与群众工人运动结合在一起，推动建立无产阶级政党和动员劳动人民在反对帝国主义和法西斯主义的斗争中捍卫自己的利益，加强了工人的国际团结，把殖民地和附属国的民族解放运动引上了一个新的水平。共产国际开展的工作为后来的成就奠定了基础，其中包括共产党在许多国家取得胜利并形成世界社会主义体系。"[1]

第二，指导和帮助各国建立共产党，并推动殖民地半殖民地国家的民族解放运动。共产国际派代表直接帮助和指导世界各国共产党或建立共产主义小组，并帮助它们制定马克思主义理论纲领和行动纲领，明确当时历史条件下革命的主要任务。此外，共产国际还为各国共产主义运动提供了大量的活动经费，培养了革命骨干力量，为殖民地半殖民地国家民族解放运动的胜利作出了重大贡献。

第三，推动建立世界反法西斯战线从而维护了世界和平和正义事业。共产国际号召各国建立和发展世界反法西斯统一战线，积极参加世界反法西斯斗争。在共产国际建立统一战线的思想指导下，法国、西班牙和中国最终取得了反法西斯战争的胜利。

（三）共产国际存在的失误和过错

共产国际在其存续期间犯有一些错误，这是各国共产党的共识。在共产国际成立 100 年的 2019 年，世界各国共产党进行了反思，认为共产国际的主要过

---

[1] ［俄］根·安·久加诺夫：《共产国际的宝贵经验》，刘淑春摘译，载《世界社会主义研究》2019 年第 5 期。

错体现在如下几个方面：

第一，高度集中的组织原则和僵化的运作方式削弱了各国共产党的自主性和创造性。共产国际二大提出的"二十一条"即《加入共产国际的条件》，规定"共产国际代表大会及其执行委员会的一切决定，所有加入共产国际的党都必须执行"[1]。这一高度集中组织原则对于提升初生的共产党的理论水平和组织力量发挥了积极作用，但是随着各国共产党的逐渐成熟和发展壮大，这一制度的弊端逐渐凸显。这表现在两个方面：一是将俄国的利益凌驾于各成员国的利益之上，导致共产国际沦为维护苏联的政治工具；二是将不符合各国国情的政治指示强加给各成员党，各国共产党没有自主决策权，导致一些国家的革命遭遇失败。

第二，共产国际对社会民主党的政策失误导致路线混乱和革命性被削弱。一方面在共产国际建立初期，列宁对社会民主党中的左翼、国际派采取团结的态度。但是，共产国际五大把社会民主党不加分析地全部划入资产阶级政治力量的范畴。对社会民主党的态度变化，导致社会民主党最终与反共、反苏的势力合谋，并开始攻击和镇压共产党和工人运动。另一方面，共产国际七大确立的关于建立"工人统一战线"的策略，以及与之相关的共产党人可以参加工人政府，对社会民主党施压，促其发生"革命化"转变，直至与之合作的一系列主张，对各共产党领导的革命运动造成困惑，逐渐削弱了反对社会民主党的初始路线，增强了共产国际队伍中的右倾机会主义立场，甚至为第二次世界大战后产生的实行阶级妥协的欧洲共产主义和"新左派"埋下了种子。[2]

第三，共产国际的教条主义让一些党无法接受。共产国际将苏俄经验教条化，忽视各国国情的差异，把苏俄经验不加区分地推广到其他国家，致使苏俄经验在各国水土不服，使一些国家革命遭遇挫折。土耳其共产党指出，共产国际成立后，"保卫苏维埃，维护一国的社会主义建设，成为共产国际各党的首要

任务。于是问题也出来了——共产国际旨在保卫苏维埃革命的策略有时被理论化为一种普遍的、无条件接受的战略"[1]。

二、共产国际与中国革命的关系

作为国际共产主义运动中的一部分，共产国际与中国革命之间的关系中既有共产国际与世界无产阶级革命关系的普遍性问题，同时也有与中国的特殊性问题。二者之间的关系长期以来也是我国学术界一直关注的问题。

关于如何评价二者之间关系，周恩来早在 1960 年 7 月的一次会议就指出："共产国际从成立到解散共存在二十四年（一九一九——一九四三），三个八年。毛泽东同志说它是两头好，中间差。两头好，也有一些问题；中间差，也不是一无是处。"[2] 周恩来对共产国际的评价是客观和辩证的，既肯定了共产国际对中国革命的积极作用，同时也指出了共产国际在指导中国革命过程中存在错误。本文据此分为三个历史阶段来进行回顾和考察。

（一）第一个八年（1919 年 3 月—1927 年 7 月）：对中国共产党的成立和中国革命提供重要指导和帮助

从 1919 年 3 月共产国际成立到 1927 年 7 月大革命失败的头一个八年，共产国际对中国革命从思想路线、革命策略、干部培养和财政物资等多方面提供了重要的指导和帮助。

一是将马克思主义传播到中国，指引中国先进知识分子"走俄国人之路"。五四运动之后，中国工人运动蓬勃发展。为加强马克思列宁主义的传播和建立中国共产党，共产国际不仅提供了经费资助创办党的刊物，同时还派出代表到中国亲自指导。例如，俄共（布）西伯利亚局东方民族代表部维经斯基于 1920

---

[1] 参见姜辉、潘金娥主编：《国际共产主义运动发展报告（2019—2020）》，社会科学文献出版社 2020 年版，第 39 页。

[2] 《周恩来选集》下卷，人民出版社 1984 年版，第 300 页。

年春来到上海，亲自为《新青年》《劳动界》撰稿，共产国际执行委员、共产国际远东局负责人之一马林也为《共产党》月刊撰写文章；共产国际还在上海建立《俄华通讯社》，翻译介绍和刊载苏俄、共产国际的重要文件；在上海开办外国语学校教授马克思主义理论，成立马克思主义研究会，培养马克思主义的骨干。这些帮助坚定了中国知识分子对共产主义、俄国十月革命和"走俄国人之路"的信心。

二是推动和帮助建立中国共产党。正如 1981 年中国共产党十一届六中全会通过的《关于建国以来党的若干历史问题的决议》所指出的："中国共产党是马克思列宁主义同中国工人运动相结合的产物，是在俄国十月革命和我国五四运动的影响下，在列宁领导的共产国际的帮助下诞生的。"[1]

1920 年 4 月，维经斯基一行被共产国际派往中国，联系"南陈北李"，帮助建立中国共产党。维经斯基一行在上海会见了陈独秀、戴季陶、李汉俊、沈玄庐、张东荪等人。维经斯基介绍了共产国际和俄共（布）的情况，探讨了中国社会改造等问题。他与陈独秀"经过多次座谈，对中国革命的前途基本上有一致的估计"[2]，认为创建中国共产党的条件已经成熟。1920 年 8 月，在维经斯基的帮助下，上海共产主义小组正式成立，陈独秀被推选为书记，成员包括陈独秀、李汉俊、沈玄庐、陈望道、俞秀松、施纯统、杨明斋、李达共八人。上海共产主义小组是以列宁主义建党原则建立的中国第一个共产主义小组。1920 年 10 月，在马迈耶夫的帮助下，李大钊成立了北京共产党早期组织。随后，在共产国际的指导和帮助下，广州、武汉、济南、长沙等地的共产主义小组先后成立。1921 年 6 月，马林被共产国际正式派往中国，按照共产国际第二次代表大会决议精神指导中国共产党的筹建工作，与其同行的还有赤色国际工会的尼科尔斯基。

三是帮助中国共产党认清当前阶段的革命性质和主要任务。早期中国共产

---

[1] 中共中央文献研究室编：《三中全会以来重要文献选编》（下），人民出版社 1982 年版，第 788 页。

[2] 吴少京：《亲历者忆——建党风云》，中央文献出版社 2001 年版，第 48 页。

主义者对中国革命运动同世界革命运动之间的关系缺乏全面的认识，他们把半殖民地半封建中国的错综复杂的矛盾，简单地归为无产阶级与资产阶级之间的矛盾。为了开好中国共产党第三次全国代表大会，共产国际执委会在发给中共中央的指示中指出："在中国进行民族革命和建立反帝战线之际，必须同时进行反对封建主义残余的农民土地革命。"因此，"全部政策的中心问题乃是农民问题"，中国共产党"应当力求实现工农联盟"。[1] 按照共产国际的指示，6月召开的中共三大对国共合作和国民革命等问题进行了探讨，阐述了国民革命的意义、性质、对象、动力、无产阶级及其政党在国民革命中的地位和作用，国民革命与工人运动的关系，如何开展国民革命等一系列重大问题。

四是帮助改组国民党并促进第一次国共合作。共产国际不仅指导中国共产党制定正确的民主革命纲领，同时也帮助国民党改组，并积极促成第一次国共合作。俄共（布）中央应孙中山邀请，派鲍罗廷到广州帮助孙中山改组国民党。鲍罗廷帮助起草了国民党组织法、党纲、党章等重要文件。1922年8月，马林带来共产国际的指示，即"我们共产主义组织的成员加入孙逸仙的国民党，并主动成立单独的工会组织"[2]。中共中央"尊重国际纪律，遂不得不接受国际提议，承认加入国民党"[3]。中国共产党于1923年6月中旬在广州举行第三次全国代表大会，会议讨论了共产国际执委会1923年1月通过的《关于中国共产党和国民党的关系问题的决议》，决定同国民党建立统一战线，共产党员以个人身份加入国民党，帮助孙中山把国民党改组成民主革命联盟，同时保持中国共产党在组织上和政治上的独立性。在共产国际和中国共产党的支持和帮助下，国民党第一次全国代表大会于1924年1月在广州召开，标志着国民党改组的完成，第一次国共合作的正式形成。正是国共合作统一战线的形成，广州革命根据地

---

[1]　黄修荣主编:《共产国际、联共（布）与中国革命档案资料丛书》第2册，北京图书馆出版社1997年版，第456页。

[2]　黄修荣主编:《共产国际、联共（布）与中国革命档案资料丛书》第1册，北京图书馆出版社1997年版，第179—180页。

[3]　《"二大"和"三大"——中国共产党第二、第三次代表大会资料选编》，中国社会科学出版社1985年版，第521页。

得以建立，北伐战争取得胜利。

五是帮助建立学校，培养革命干部队伍。一方面，为帮助孙中山建设一支革命军队和广东根据地，苏联政府派遣了切列潘诺夫、尼古拉·捷列沙托夫、弗拉基米尔·波利亚科等作为顾问推进黄埔军校的筹建工作，并且向军校内的教官及学员教授政治和军事经验。黄埔军校的教学工作得以大力展开，培养了大量的军事人才。另一方面，还在莫斯科建立了中山大学接收中国学生，培养革命干部。中山大学在其成立的五年内，共招收四期，培养了 800 多名学生。他们当中有很多人后来成为国共两党的要员。[1]

六是为中国革命活动提供大量的财政和物资援助。尽管无法取得完整的统计数据，但根据各种资料来源，共产国际自 1920 年起就一直为中共提供着财政援助，其中前十年左右是以按月提供经费的形式给予的，在以后的日子里，变成了针对中共所需要的临时性专项拨款形式。共产国际对中共特别是其前期的生存和发展曾经起过至关重要的作用。在很长一段时间里，经费援助的多少，与党的活跃程度乃至发展的快慢，明显地是成正比的。[2] 此外，共产国际还提供了大量的军事物资。根据相关资料记载，"1924 年 10 月运到黄埔军校的苏联枪支 8000 支，1925 年第一次拨款 10 万卢布作为黄埔军校的经费"[3]。

总体而言，共产国际成立的前八年对中国革命多方面发挥着积极的作用，但是也存在指导上的一些失误，特别是对国民党右翼的妥协退让，使无产阶级失去了对民主革命的领导权。正是共产国际在国民党二大和中山舰事件上的妥协退让给了蒋介石发展势力的机会，把革命的希望主要寄托在蒋介石等国民党上层人士身上，致使蒋介石发动"四一二"反革命政变，汪精卫发动"七一五"反革命政变，国民革命最终失败。

---

[1]　参见黄修荣、黄黎：《共产国际、联共（布）视角下的中国革命》，河北教育出版社 2020 年版，第 97 页。

[2]　参见杨奎松：《共产国际为中共提供财政援助情况之考察》，载《社会科学论坛》2004 年第 4 期。

[3]　曹军：《中国共产党与共产国际关系史研究》，陕西人民出版社 2001 年版，第 90 页。

（二）第二个八年（1927年7月—1935年），严重的"左"倾错误路线造成中国革命的巨大损失

从1927年7月大革命失败到1935共产国际召开七大，中国共产党连续发生了三次"左"倾错误，给中国共产党领导的中国革命造成了巨大损失，主要原因在于共产国际"第三时期"理论对中国革命的影响和共产国际代表的错误指导。

一是斯大林的"三阶段论"、罗明纳兹的"不断革命论"和以瞿秋白为代表的"左"倾盲动主义。大革命失败后，斯大林代表俄共（布）提出关于中国革命的"三阶段论"。"三阶段论"犯了严重的"左"的路线错误，对民主革命的长期性、曲折性、复杂性认识不足。罗明纳兹以斯大林的"三阶段论"为理论基础，提出了"不断革命论"，认为革命性质是"不间断革命"。罗明纳兹对中国民主资产阶级缺乏具体分析，他所提出的无产阶级必须在反帝反封建的同时开展反对中国资产阶级的阶级斗争，为以瞿秋白为代表的"左"倾错误提供了土壤。它在批判陈独秀右倾错误的同时，没有注意防止"左"的倾向。他指责南昌起义前线委员会执行的是"机会主义的旧政策"，在政治上、策略上、军事上犯了"极大的错误"，是"软弱的军事投机"，因此，他给以周恩来为书记的前委全体成员以警告处分。他还指责秋收起义的负责人犯了"单纯军事行动"的机会主义错误，并给湖南省委全体成员以纪律处分，并解除了毛泽东的党中央临时政治局候补委员职务。以瞿秋白为代表的"左"倾盲动主义错误，在罗明纳兹的错误指导下产生了，并在中共中央占据了统治地位。在"左"倾盲动的指导下，党的组织遭到严重的破坏。

二是共产国际过分夸大资本主义总危机的"第三时期"理论导致以李立三为代表的"左"倾冒险主义。共产国际于1928年7月在莫斯科召开第六次代表大会。共产国际六大认为，共产国际支部的主要错误是右倾，所以要急速"左"转。同时，共产国际把十月革命的成功经验绝对化，指示中国共产党要以城市为中心组织武装暴动。李立三对共产国际过分夸大资本主义总危机的"第三时期"理论和其他一些"左"的理论过度运用和发展，片面夸大国内统治阶级的

危机，过高估计革命力量的发展，不切实际地提出争取以武汉为中心的附近省区的首先胜利，进而在全国推翻国民党政权，建立全国革命政权的"策略总路线"。1930 年 9 月，中国共产党在上海召开扩大的六届三中全会批评了李立三的"左"倾冒险错误。李立三在会上做了自我批评，承认错误，之后离开中央领导岗位。此后，以毛泽东同志为主要代表的中国共产党人，逐步摆脱"城市中心论"的思想束缚，总结大革命以来的正反两方面经验，提出了走"农村包围城市"的道路。

三是以王明为代表的"左"倾教条主义的错误。共产国际六大之后，其方针政策更加向"左"发展。1931 年 1 月，中共六届四中全会在上海召开，在共产国际代表米夫的安排下，会议选出新政治局委员 16 人，王明负责实际工作。四中全会提出了"对共产国际路线百分之百忠实"的口号。王明将十月革命的经验照搬照抄到中国，"左"倾教条主义在中央占据统治地位，提出了很多不符合中国实际的错误政策策略，譬如在革命形势和党的任务问题上，无视中国革命中敌强我弱的基本事实，否认中国革命的长期性、曲折性和不平衡性，强调全国形势是"新的革命运动的高潮日益增长"[1]；在中国革命的道路上，反对毛泽东等同志开辟的建立农村根据地，以农村包围城市，最后夺取城市的正确道路；在党的各项政策问题上，提出了许多超越民主革命的政策；在党内斗争问题上，片面夸大党内斗争的意义和作用，认为这是党的一切行动和指导的基础。王明的"左"倾教条主义错误路线，导致第五次反"围剿"失败，使白区革命力量全部丧失，红区的革命力量损失了 90%，丧失了除陕甘宁边区以外的一切革命根据地；使红军由 30 万人降到 2.5 万人；使中国共产党由 30 万党员降到 3 万党员。而在国民党区域的党组织几乎全部丧失，使中国革命陷于极端危险的境地。[2]

在革命的生死紧要关头，1935 年 1 月党中央在遵义召开了政治局扩大会议，

---

[1] 《中共党史教学参考资料（一）》，人民出版社 1957 年版，第 345 页。

[2] 参见马红霞、马熙敏编著：《共产国际和中国革命的关系》，陕西人民出版社 2005 年版，第174 页。

即遵义会议，结束了王明的"左"倾教条主义错误，并确立以毛泽东为代表的新的中央的正确领导，从而挽救了红军，挽救了党，挽救了中国革命。遵义会议是我们党历史上伟大转折，自此中国走上了将马克思列宁主义与中国实际相结合的正确道路。

（三）第三个八年（1935年7月—1943年6月）：推动国共两党第二次合作，助力中国取得抗日战争的胜利

共产国际于1935年7月25日至8月20日在莫斯科召开第七次代表大会，作出了建立反法西斯人民阵线和反帝民族主义战线的决策，通过《中国苏维埃政府、中国共产党中央为抗日救国告全体同胞书》（即《八一宣言》）。按照共产国际关于建立反法西斯统一战线和《八一宣言》的精神，为克服党内存在的"左"倾关门主义倾向，中共中央于1935年12月17日起在陕西定县瓦窑堡召开政治局会议（即瓦窑堡会议），提出了中国共产党关于建立抗日民族统一战线的政治策略，由"逼蒋抗日"到"联蒋抗日"的转变完成后，开始进行第二次的国共合作。最终，蒋介石在1937年9月23日发表《对中国共产党宣言的谈话》，标志着国共合作的实现和抗日民族统一战线的最终形成。国共合作对最终取得抗日战争的胜利作出积极贡献。

在抗日战争时期，共产国际主要发挥积极的作用，但同时也出现不小的错误。首先，在抗日民族统一战线问题上，苏联以本国利益为出发点，不顾中国的具体实际，过早地要求中国共产党放弃"反蒋"方针，导致共产国际在中国抗日战争中犯了右倾主义错误。其次，王明提出的"一切经过统一战线""一切服从统一战线"的错误主张，实质上是要求中共停止阶级斗争、一切服从国民党，放弃无产阶级在抗日统一战线中的独立自主和领导权。

三、共产国际及其与中国革命关系的历史经验与启示

在共产国际的指导和帮助下建立起来的中国共产党，百年来经历了曲折和艰辛，并取得辉煌的成就。目前，中国特色社会主义进入了新时代，中国共产

党正带领中华民族走向伟大复兴。中国共产党所领导的中国特色社会主义事业所取得的成就，既是中华民族的成就，也是国际共产主义运动的重大成果。尽管中国共产党不谋求领导地位，但客观上，以中国共产党为领导核心的中国特色社会主义事业对世界的影响越来越大，新时代中国特色社会主义成为 21 世纪世界社会主义走向振兴的中流砥柱。[1] 与此同时，近年来各国共产党加强了多边、双边联系和交流，加强国际和地区层面各党间的相互沟通、经验分享和团结协作，世界各国共产党加强国际联合趋势日趋明显。[2] 百年未有之大变局中的一个突出特点是，两种社会制度的竞争出现了"东升西降"的明显趋势，但这还不等于"社升资降"。如何推动"东升西降"转变为"社升资降"，这是 21 世纪的时代课题，也是重大任务，我们研究国际共运要树立这种历史担当。

因此，总结共产国际的历史经验与教训并从中得出有益启示，对于中国共产党正确认识在当今国际共产主义运动中的地位和作用以及如何履行好推动世界社会主义和国际共产主义运动发展的历史使命来说，具有迫切现实意义。结合当前的时代条件，从共产国际与中国革命的历史经验教训中我们得出如下启示。

（一）深刻认识马克思主义关于国际主义是无产阶级解放的重要条件的思想

各国共产党都是以马克思主义为指导的无产阶级政党，无产阶级和全人类的解放是各国共产党和国际共产主义运动的目标，要实现这 目标，国际联合是必经之路。马克思、恩格斯高度重视工人阶级的国际联合，并且为此付出了艰辛的努力。《共产党宣言》强调："联合的行动，至少是各文明国家的联合的行动，是无产阶级获得解放的首要条件之一。"[3]《共产党宣言》本身就是马克思、恩格斯为第一个共产党的国际组织——"共产主义者同盟"起草的纲领性文件，

---

[1] 参见姜辉：《新时代中国特色社会主义对世界社会主义的重大贡献》，载《人民日报》2018 年 5 月 22 日。

[2] 参见潘金娥：《2018 年国际共产主义运动：变革、调整与复兴》，载《世界社会主义研究》2019 年第 5 期。

[3] 《马克思恩格斯选集》第 1 卷，人民出版社 2012 年版，第 419 页。

并在宣言的最后发出了"全世界无产者，联合起来"的号召。马克思、恩格斯还把"共产党人强调和坚持整个无产阶级共同的不分民族的利益"作为共产党与其他无产阶级政党的一个原则加以区别。在马克思、恩格斯的指导下，各国工人政党先后建立了"第一国际""第二国际"，列宁遵循马克思、恩格斯思想，领导创建了"第三国际"即"共产国际"，这些国际组织都为推动世界社会主义运动作出了巨大贡献。自苏联解体以来，世界社会主义运动陷入了低潮，在很大程度上同无产阶级及其政党放弃了国际联合思想有关。世界各国共产党在回顾共产国际百年历史经验教训时普遍认为，世界社会主义运动的复兴必须在坚持国际主义的旗帜下，重建社会主义力量的国际联合。[1]

（二）以共产主义远大目标理想团结和统一思想

马克思主义是世界各国共产党共同的指导思想，坚持马克思主义为解放无产阶级和全人类最终实现共产主义目标理想，才能找到各国共产党共同的意识形态和革命的目标方向。2019 年，世界各国共产党在共产国际百年之际回顾其历史经验教训时得出一点启示：要时刻对夺取政权做好准备，任何人都无法预测革命会在哪一天爆发，只有在思想理论和斗争实践上做好准备，才能抓住革命的机会。[2] 在 20 世纪下半叶，国际共运逐渐偏离了马克思主义，最终被各种机会主义肢解。

各国共产党认为，意识形态的统一往往比革命运动的组织形式和运作方式更为重要。所谓意识形态的统一，指的是对当今时代问题的性质、帝国主义的本质、法西斯主义、资本主义以及社会主义与资本主义的关系等问题的看法相一致。当前，世界各国共产党对上述问题存在不同看法，需要加强各党之间的联系，通过党际交流、学术论坛等各种方式加强交流和沟通，争取达成更大共识。

---

[1] 参见姜辉、潘金娥主编：《国际共产主义运动发展报告（2019—2020）》，社会科学文献出版社 2020 年版，第 34—63 页。

[2] 参见姜辉、潘金娥主编：《国际共产主义运动发展报告（2019—2020）》，社会科学文献出版社 2020 年版，第 38 页。

（三）遵守党际交往基本原则和各国发展道路的多样化

马克思、恩格斯在国际共产主义运动早期提出的无产阶级及其政党的国际联合思想，爱国主义和国际主义相结合以及各国党之间坚持独立自主、平等协商的原则，对指导当代中国共产党政党外交仍然具有现实意义；列宁关于各国革命道路的统一性与多样性以及尊重各党独立自主权利的观点，仍然是各国共产党制定对外交往原则的理论依据。[1]然而，在实践中，共产国际并未把握好各党独立自主的原则，将联共（布）的意志置于各国共产党之上，最终导致共产国际的分裂。中国共产党吸取共产国际的教训，在新中国成立后与外国各种类型政党交往实践过程中，初步形成了党际关系四项原则，即坚持独立自主、完全平等、相互尊重、互不干涉内部事务的原则，这一原则对 21 世纪的党际交往具有指导意义。

我们应当吸取共产国际的教训，认识到社会主义发展道路具有多样性，在坚持以马克思主义为指导和共产主义远大理想的前提下，尊重各国独立自主地探索适合本国的社会主义理论与实践。

（四）以构建人类命运共同体推动新时代的国际交流合作

"全世界无产者，联合起来"是各国共产党始终未曾放弃的口号。当今世界在百年未有之大变局和新冠肺炎疫情叠加影响下，"东升西降"的趋势更加明显，社会主义的理念更加具有吸引力，在世界动荡中更加彰显中国特色社会主义的制度优越性和中国共产党的定力。面对西方资产阶级在疫情和所谓人权方面合围中国和抹黑中国的企图，国外一些共产党和政治组织积极发声表示对中国共产党的支持。国外共产党的这一态度，源于中国特色社会主义的巨大成功和蓬勃发展，更是基于以构建人类命运共同体为主要内容的习近平外交思想广泛深入人心。

在这样的背景下，我们应当顺应时代潮流，加强与世界各国共产党的沟通、

---

[1] 参见王创锋：《新时期中国共产党政党外交理论与实践研究》，中共中央党校 2006 年博士论文。

合作与交流，探讨治国理政和长治久安的经验，增进与各国共产党之间的团结和友谊，分享中国共产党和中国特色社会主义的成功秘诀，尤其是让世界各国更加深入了解并赞同构建人类命运共同体的倡议，让构建人类命运共同体成为21世纪各国共产党团结合作和共同引领世界社会主义走向复兴的旗帜。